中华人民共和国海船船员培训大纲熟悉训练资源

U0962899

船舶管理

（二/三副）

大连海事大学交通运输教材研究所 组织编写

驾驶专业

大连海事大学出版社

图书在版编目(CIP)数据

船舶管理：二/三副／中国海事服务中心编．—大连：大连海事大学出版社，2020.11(2022.8 重印)
中华人民共和国海船船员培训大纲熟悉训练资源
ISBN 978-7-5632-4079-1

Ⅰ.①船…　Ⅱ.①中…　Ⅲ.①船舶管理—技术培训—教材　Ⅳ.①U692

中国版本图书馆 CIP 数据核字(2020)第 230097 号

大连海事大学出版社出版

地址:大连市黄浦路523号　邮编:116026　电话:0411-84729665(营销部)　84729480(总编室)

http://press.dlmu.edu.cn　E-mail:dmupress@dlmu.edu.cn

大连永盛印业有限公司印装　大连海事大学出版社发行

2020 年 11 月第 1 版　2022 年 8 月第 5 次印刷

幅面尺寸:184 mm×260 mm　字数:513 千　印张:20.75

出版人:刘明凯

责任编辑:李继凯　责任校对:杨　洋

封面设计:解瑶瑶　版式设计:解瑶瑶

ISBN 978-7-5632-4079-1　定价:62.00 元

前 言

为有效履行《1978年海员培训、发证和值班标准国际公约》，进一步规范海船船员的培训、发证工作，提高培训质量，提升海员业务素质，交通运输部颁布了《中华人民共和国海船船员适任考试和发证规则》(以下简称“20规则”)，并发布《中华人民共和国海事局关于印发〈中华人民共和国海船船员适任考试和发证规则实施办法〉的通知》。通知指出：“‘20规则’第二十九条规定的适任考试按照《海船船员培训大纲》确定的适任标准和内容实施。”

为更加有效地配合海船船员适任考试培训，帮助考生顺利通过考试，大连海事大学交通运输教材研究所在深入解读《海船船员培训大纲》的基础上，研究部海事局公布的大纲训练资源，针对海船船员适任考试的特点，组织编写了“中华人民共和国海船船员培训大纲熟悉训练资源”(以下简称“训练资源”)。

“训练资源”涵盖了各航区、各船舶等级、各部门的海船船员，所有专业、职级的考试内容，包括：

《航海学》(船长/大副)
《船舶操纵与避碰》(船长/大副)
《船舶结构与货运》(大副)
《航海英语》(船长/大副)
《船舶管理》(船长/大副)
《航海学》(二/三副)
《船舶操纵与避碰》(二/三副)
《船舶结构与货运》(二/三副)
《航海英语》(二/三副)
《船舶管理》(二/三副)

《GMDSS综合业务》
《GMDSS英语阅读》

《主推进动力装置》(大管轮)
《船舶辅机》(大管轮)
《船舶电气与自动化》(轮机长/大管轮)
《船舶管理》(轮机长/大管轮)
《轮机英语》(轮机长/大管轮)
《船舶动力装置》(轮机长)
《主推进动力装置》(二/三管轮)
《船舶辅机》(二/三管轮)
《船舶电气与自动化》(二/三管轮)
《船舶管理》(二/三管轮)
《轮机英语》(二/三管轮)

《船长/驾驶员训练指南》(未满500总吨)

《轮机长/大管轮训练指南》(未满750 kW)
《二/三管轮训练指南》(未满750 kW)

《船舶电气》(电子电气员)

《船舶机舱自动化》(电子电气员)
《船舶管理》(电子电气员)
《信息技术与通信导航系统》(电子电气员)
《电子电气员英语》(电子电气员)

《水手业务》
《机工业务》
《电子技工业务》

《基本安全》
《精通救生艇筏和救助艇、精通快速救助艇、高级消防》
《船舶医疗》
《船舶保安》

《油船和化学品船货物操作》
《液化气船货物操作》
《客船船员特殊培训》
《大型船舶操纵特殊培训》
《高速船船员特殊培训》
《船舶装载危险和有害物质作业》
《使用气体或其他低闪点燃料船舶》
《极地水域船舶操作》

“训练资源”具有针对性强、实用性强的特点,是海船船员参加适任考试、培训必不可少的参考书。

“训练资源”的出版,得到了中国海事服务中心的大力支持,在此表示感谢。在“训练资源”的编写过程中得到了各海事管理机构、航海院校、海员培训机构、航运企业等单位的关心和帮助,特致谢意。

大连海事大学交通运输教材研究所
2020 年 11 月

目　录

第一章

国际公约

第一节 SOLAS 公约

1. 下列哪些属于《国际海上人命安全公约》所包括的内容？
   ①船舶构造；②无线电通信设备；③航行安全；④货物运输；⑤船舶营运安全管理
   A. ①②③④　　B. ①③④⑤
   C. ①②④⑤　　D. ①②③④⑤
2. SOLAS 公约是关于船舶在海上航行时________方面最重要的国际公约。
   A. 保障人命安全　　B. 保障财产安全
   C. 保护海洋环境　　D. 保障船东利益
3. SOLAS 公约由________组成。
   ①公约正文；②两个议定书；③公约附则；④附属于公约附则的单项规则
   A. ①②③④　　B. ①③
   C. ②③④　　D. ①②
4. 根据《国际海上人命安全公约》的规定，下列说法错误的是________。
   A. 公约适用于从事国际航行的船舶　　B. 客船系指载客超过 15 人的船舶
   C. 货船系指非客船的任何船舶　　D. 乘客不包括一周岁以下儿童
5. 根据我国《国内航行海船法定检验技术规则》的规定，下列说法错误的是________。
   A. 规则适用于从事国内航行的船舶　　B. 客船系指载客超过 15 人的船舶
   C. 货船系指从事货物运输的任何船舶　　D. 乘客不包括一周岁以下儿童
6. SOLAS 公约不适用于________。
   ①500 总吨以下的货船；②非机动船；③制造简陋的木船；④营业性的游艇
   A. ①②③　　B. ②③④
   C. ①②③④　　D. ①③④
7. 根据《中华人民共和国船舶海上设施检验条例》和《国内航行海船法定检验技术规则》的规定，船舶检验管理的主管机关是________。
   A. 中国船级社　　B. 中国船检局
   C. 交通运输部　　D. 中华人民共和国海事局
8. 根据《国内航行海船法定检验技术规则》，航区划分为________。

A. 远海航区、近海航区、近岸航区和遮蔽航区
B. 远海航区、近海航区、沿海航区和遮蔽航区
C. 远洋航区、沿海航区、沿岸航区和遮蔽航区
D. 一类沿海航区、二类沿海航区、近岸航区和遮蔽航区

9. SOLAS 公约所定义的“客船”是指________。
A. 载客超过 12 人的船舶
B. 任何搭载乘客的船舶
C. 载客超过 5 人的船舶
D. 为载运乘客而建造或改建的船舶

10. SOLAS 公约适用于经授权悬挂缔约国政府国旗的________。
A. 500 总吨以下的货船
B. 非机动船
C. 制造简陋的木质机动船
D. 营业性的游艇

11. SOLAS 公约适用于________。
A. 经授权悬挂缔约国政府国旗的从事国际航行的未满 500 总吨的客船
B. 非缔约国的从事国际航行的船舶
C. 经授权悬挂缔约国政府国旗的从事国内航行的船舶
D. 经授权悬挂缔约国政府国旗的从事国际航行的未满 500 总吨的货船

12. SOLAS 公约的附则不包括________。
A. 救生设备与装置
B. 气体和其他低闪点燃料船舶安全操作
C. 航行安全
D. 危险货物运输

13. SOLAS 公约的附则不包括________。
A. 港口国监督程序
B. 极地水域营运船舶的安全措施
C. 加强海上安全的特别措施
D. 船舶安全营运管理

14. 以下________不是通过附属于 SOLAS 公约来强制实施的单项规则。
A. 国际海上避碰规则
B. 国际船舶与港口设施保安规则
C. 国际海上危险货物规则
D. 国际船舶安全营运和防污染管理规则

15. 以下________不是通过附属于 SOLAS 公约来强制实施的单项规则。
A. 散货船安全装卸操作规则
B. 货物积载和系固安全操作规则
C. 散装谷物安全装运规则
D. 防止船舶生活污水污染规则

16. IGF 规则是________的简称。
A. 气体或其他低闪点燃料船舶安全规则
B. 国际船舶安全营运和防止污染管理规则
C. 国际船舶和港口设施保安规则
D. 固体散装货物安全操作规则

17. 根据《国际海上人命安全公约》的规定，500 总吨及以上的货船救生设备和其他设备的检验包括________。
①初次检验；②换证检验；③定期检验；④年度检验；⑤附加检验
A. ①②⑤
B. ①②③⑤
C. ①②④⑤
D. ①②③④⑤

18. 根据《国内航行海船法定检验技术规则》的规定，海上货船适航证书的检验包括________。

①初次检验;②换证检验;③中间检验;④年度检验;⑤船底外部检验

A. ①②⑤ B. ①②③⑤

C. ①②④⑤ D. ①②③④⑤

19. 根据《国内航行海船法定检验技术规则》,对船舶所进行的任何检验完成以后,未经________的许可,对经过检验的结构、布置、机器、设备及其他项目,概不得变动。

A. 船舶所有人 B. 海事主管机关

C. 船舶检验机构 D. 船舶建造人

20. 根据 SOLAS 公约,对船舶进行的任何检验完成后,未经________许可,已经检验的结构布置、机器、设备及其他项目均不得做任何变动。

A. 主管机关 B. 船检机构

C. 认可组织 D. 船东

21. 根据 SOLAS 公约的规定,某一缔约国政府授权所签发的证书,其他缔约国政府________。

A. 应视这些证书与其所签发的证书具有同等的效力

B. 根据授权签发证书的缔约国发证情况评估而定

C. 经双方签订互认协议后具体同等效力

D. 可以不予认可

22. 根据 SOLAS 公约规定,船舶的安全证书不可由________签发。

A. 主管机关

B. 主管机关正式授权的任何个人或组织

C. 主管机关委托另一缔约国政府

D. 船东选择的船级社

23. 根据 SOLAS 公约规定,船舶的安全证书由主管机关或其正式授权的任何个人或组织签发,还可委托另一缔约国政府代为签发证书,但无论由谁签发,________都应对证书完全负责。

A. 主管机关 B. 签发证书的机构或个人

C. 船舶所有人 D. 船长

24. 货船________均应附有一份设备记录报告。

①货船设备安全证书;②货船无线电安全证书;③货船构造安全证书;④货船安全证书

A. ①②③④ B. ①②③

C. ①②④ D. ①②

25. 某货船在港口国检查过程中,对保温救生服配备的数量有异议时,应以________的记录为依据。

A. 货船设备安全证书 B. 货船设备安全证书记录

C. 货船结构安全证书 D. 货船登记证书

26. 某货船在港口国检查过程中,对船舶配备的电子海图显示与信息系统后备装置有异议时,应以________的记录为依据。

A. 货船设备安全证书 B. 货船设备安全证书记录

C. 货船无线电证书 D. 货船无线电证书记录

27. 依照 SOLAS 公约,AIS 设备归属于________。

A. 无线电设备　　B. 航行设备

C. 通信设备　　D. 自动控制设备

28. 根据 SOLAS 公约规定，最深分舱载重线是相应于船舶________吃水的水线。

A. 夏季载重线　　B. 热带载重线

C. 冬季载重线　　D. 热带淡水载重线

29. 根据 SOLAS 公约对客船分舱载重线的规定，以下说法不正确的是________。

A. 为了保持所要求的分舱程度，应在船舶两舷勘定并勘绘相当于所核准的分舱吃水载重线

B. 所勘定和勘绘的分舱载重线应载入客船安全证书

C. 分舱载重线可能勘绘于现行国际船舶载重线公约所确定的海水中最深载重线以上

D. 船舶装载不得使按现行国际船舶载重线公约所确定的适合于所在季节和区域的载重线标志淹没于水中

30. 根据 SOLAS 公约的规定，货船内用以保证水密完整性的门在航行时通常应保持关闭，如使用这类门应经________的批准。

A. 船长　　B. 大副

C. 三副　　D. 值班驾驶员

31. 根据 SOLAS 公约的规定，干货船水密舱壁上的所有滑动门和铰链门都应设有指示器，并在何处给出显示这些门的开/闭状态的指示？

A. 机舱　　B. 起居场所

C. 驾驶室　　D. 船长室

32. 干货船水密舱壁上的所有滑动门和铰链门都应设有指示器，并在何处给出显示这些门的开/闭状态的指示？

A. 机舱　　B. 起居场所

C. 驾驶室　　D. 船长室

33. 根据 SOLAS 公约规定，干货船水密舱壁上的所有滑动门和铰链门都应设有指示器，在________内应能显示这些门是开启还是关闭。

A. 驾驶室　　B. 集控室

C. 生活区走廊　　D. 餐厅

34. 根据 SOLAS 公约规定，下列对舱壁甲板以上开口的水密装置的要求不正确的是________。

A. 露天甲板以上的所有舱室都应保证水密

B. 露天甲板上的所有开口都应可以关闭

C. 露天甲板以上第一层甲板以下的所有舷窗都应保证水密

D. 舱壁甲板上的排水孔应能在任何气候条件下将水迅速排出舷外

35. 根据 SOLAS 公约规定，位于甲板以下的船壳外板上的开口，在海上应保持永久关闭。为了船舶的操纵需要并且不损害船舶的安全时，________可授权船长根据需要打开某些特殊的门。

A. 主管机关　　B. 船公司

C. 船级社　　D. 港口国

36. 根据 SOLAS 公约规定，用以确保内部开口水密完整性的出入门和舱盖的使用应经________批准。

A. 值班驾驶员　　B. 主管机关
C. 船长　　D. 船公司

37. 根据 SOLAS 公约规定，客船水密门、舷窗等的关闭装置的操作演习应每________举行一次。
A. 周　　B. 月
C. 日　　D. 航次

38. 根据 SOLAS 公约及我国相关规定，关于破损控制图的要求，下列说法中正确的是________。
①在驾驶室应有固定显示的或可随时使用的破损控制图；②破损控制图应标明各层甲板及货舱水密舱室的界限；③破损控制图应标明因浸水而产生横倾后的扶正装置；④所有船上应有1套破损控制图或复印品，永久性地置于甲板室外面的风雨密盒内
A. ①②③④　　B. ②③④
C. ①③④　　D. ①②③

39. 根据 SOLAS 公约及我国相关规定，驾驶室应设有永久展示或随时可用的破损控制图，此外还应给船上________提供包含上述资料的小册子。
A. 高级船员　　B. 每一名船员
C. 甲板部船员　　D. 管理级船员

40. 根据 SOLAS 公约规定，驾驶室应设有永久展示或随时可用的破损控制图，以下________不属于图上应清晰显示的内容。
A. A 级和 B 级分隔的各个区域
B. 每层甲板及货舱的水密舱室限界
C. 水密舱室的开口及其关闭装置和任何控制位置
D. 扶正由于进水产生的横倾的装置

41. 船舶在建造完工时做倾斜试验，目的是确定________。
A. 吃水标志　　B. 空船排水量
C. 空船重心位置　　D. 稳性要素

42. “主竖区”系指船体、上层建筑及甲板室以________分成的区段。
A. A 级分隔　　B. B 级分隔
C. C 级分隔　　D. D 级分隔

43. 船舶的防火措施有________。
①控制可燃物；②控制通风；③控制热源；④结构防火
A. ①②③　　B. ②③④
C. ①③④　　D. ①②③④

44. 构成主竖区的舱壁必须满足________要求。
A. A 级分隔　　B. B 级分隔
C. C 级分隔　　D. 30 分钟耐火试验

45. 防火建造的“其他等效材料”是指________。
A. 不燃材料
B. 燃点与钢材相同的材料
C. 加热至 750 ℃时，不致影响其性能的材料

D. 经标准耐火试验规定的曝火时间后，在结构性和完整性上与钢具有同等效能的材料

46. 起居处所与相邻的机器、货舱、服务处所之间应采用________。

A. A 级分隔　　B. B 级分隔

C. C 级分隔　　D. D 级分隔

47. 耐火分隔中的 A 级分隔分为________等级。

A. 4 个　　B. 3 个

C. 2 个　　D. 1 个

48. "A 级分隔"是指经________分钟的标准耐火试验至结束时，能防止________通过。

A. 60；烟及火焰　　B. 90；烟及火焰

C. 60；火焰　　D. 90；火焰

49. 船舶防火结构中的"B 级分隔"是指________。

A. 标准耐火试验最初 1 小时结束时，能防止火焰通过

B. 标准耐火试验最初半小时结束时，能防止烟及火焰通过

C. 标准耐火试验最初 1 小时结束时，能防止烟及火焰通过

D. 标准耐火试验最初半小时结束时，能防止火焰通过

50. 耐火分隔中的 B 级分隔分为________等级。

A. 4 个　　B. 3 个

C. 2 个　　D. 1 个

51. 船舶防火分隔中，其构造应在 1 小时的标准耐火试验至结束时，能防止烟及火焰通过的分隔是________。

A. A 级分隔　　B. B 级分隔

C. C 级分隔　　D. D 级分隔

52. 防火分隔等级最高的是________。

A. A 级分隔　　B. B 级分隔

C. C 级分隔　　D. D 级分隔

53. "A 级分隔"是指由符合________要求的舱壁与甲板所组成的分隔。

①以钢或其他等效材料作分隔材料，并有适当的防挠加强；②其构造能在 1 小时的标准耐火试验至结束时，防止烟及火焰通过；③用经认可的不燃材料隔热

A. ①②③　　B. ①②

C. ②③　　D. ①③

54. B 级分隔是指由符合________要求的舱壁、甲板、天花板或衬板所组成的分隔。

①其构造能在最初半小时的标准耐火试验结束时，防止火焰通过；②具有符合规定的隔热值；③以认可的不燃材料制成

A. ①②③　　B. ①②

C. ①③　　D. ②③

55. 下列选项中，哪项是防火分隔要求最高的？

A. "A-30"级　　B. "A-15"级

C. "A-0"级　　D. "B-15"级

56. 根据《国际海上人命安全公约》，船舶消防安全目标包括________。
①防止火灾和爆炸的发生；②减少火灾造成的生命危险；③减少火灾对船舶、船上货物和环境的破坏危险；④将火灾和爆炸抑制、控制和扑灭在火源舱室内；⑤为乘客和船员提供充分和随时可用的脱险通道
A. ①②③④⑤　　B. ①②④
C. ①②③　　D. ①②③④
57. 根据《国际海上人命安全公约》，有关船舶结构防火的说法错误的是________。
A. 货船的结构防火分为 7 个耐火等级　　B. A 级分隔包括 A-60、A-30、A-15、A-0
C. B 级分隔包括 B-30、B-15、B-0　　D. C 级分隔不再做进一步的详细分类
58. 根据 SOLAS 公约，"C"级分隔系指用认可的不燃材料制成的分隔，________防止烟和火焰通过以及限制温升的要求。
A. 30 分钟内　　B. 15 分钟内
C. 5 分钟内　　D. 不必满足
59. 根据《国内航行海船法定检验技术规则》，A 级分隔的构造应在至少________的标准耐火试验结束时能防止烟及火焰通过。
A. 60 分钟　　B. 30 分钟
C. 15 分钟　　D. 0 分钟
60. 根据《国内航行海船法定检验技术规则》，B 级分隔的构造应在至少________的标准耐火试验结束时能防止烟及火焰通过。
A. 60 分钟　　B. 30 分钟
C. 15 分钟　　D. 0 分钟
61. SOLAS 公约附则第Ⅱ章关于船舶消防安全的功能要求不包括________。
A. 用耐热与结构性限界面，将船舶划分为若干主竖区和水平区以及限制可燃材料的使用
B. 探知火源区域内的任何火灾以及抑制和扑灭火源处所内的任何火灾
C. 灭火设备的随时可用性
D. 火灾无法控制后弃船设备的随时可用性
62. 根据 SOLAS 公约附则第Ⅱ章对防火分隔的定义，以下说法不正确的是________。
A. "A"级分隔的构造经 1 小时的标准耐火试验至结束时，能防止烟及火焰的通过
B. "B"级分隔的构造应在最初半小时的标准耐火试验结束时，能够防止火焰通过
C. "C"级分隔的构造不必满足防止烟和火焰通过以及限制温升的要求，可以使用可燃材料
D. "A"级分隔以钢或其他等效的材料制造，用经认可的不燃材料隔热
63. 根据 SOLAS 公约附则第Ⅱ章规定，"A"级分隔和"B"级分隔的构造应经过________小时和最初________小时的标准耐火试验至结束时，能防止火焰的通过。
A. 1；0.5　　B. 2；1
C. 3；1　　D. 2；0.5
64. 根据 SOLAS 公约附则第Ⅱ章，"主竖区"系指由"________"级分隔分成的船体、上层建筑和甲板室区段，在任何一层甲板上的平均长度和宽度一般不超过________米。
A. A；40　　B. A 或 B；30

C. A;30　　D. A 或 B;40

65. 使用手提 CO_2 灭火器灭火时，应站在火场________，对准火焰________喷射。

A. 上风;中部　　B. 上风;根部

C. 下风;中部　　D. 下风;根部

66. 防火毯能有效扑灭哪种火灾?

A. 电气着火　　B. 气体着火

C. 厨房平底锅着火　　D. 含碳物质着火

67. 火灾蔓延的方式有________。

A. 热传导、热辐射、热对流　　B. 热传导、热辐射、热喷溅

C. 热传导、热对流、热喷溅　　D. 热辐射、热对流、热喷溅

68. 按照 SOLAS 公约的规定，每一艘船至少应配备________套消防员装备。

A. 1　　B. 2

C. 3　　D. 4

69. 根据 SOLAS 公约的规定，防火控制图内应标明下列哪些内容?

①每层甲板的控制站;②A 级和 B 级分隔的各个区域;③各舱室和甲板出入通道的细节;④通风系统的细节

A. ①②③④　　B. ②③④

C. ①②③　　D. ①③④

70. 防火控制图内应标明下列哪些内容?

①每层甲板的控制站;②A 级和 B 级分隔的各个区域;③各舱室和甲板出入通道的细节;④通风系统的细节

A. ①②③④　　B. ②③④

C. ①②③　　D. ①③④

71. 根据 SOLAS 公约的规定，下列哪些消防设备需要定期维护保养?

①自动喷水器、探火和失火报警系统;②防火门，包括其控制装置;③挡火闸和挡烟闸、风机及其控制装置;④消防员装备

A. ①②③④　　B. ①②④

C. ①③④　　D. ②③④

72. 对船舶消防设备定期进行维护、保养、检查的项目包括________。

①通风系统的防火(烟)挡板;②防火门及其控制系统;③紧急逃生呼吸装置;④燃油供应的紧急切断装置

A. ②③④　　B. ①②③

C. ①②　　D. ①②③④

73. 根据 SOLAS 公约要求，消防设备维修保养计划通常包括________等系统或设备。

①消防管系;②固定式灭火系统;③通风系统;④消防员装备

A. ①②③　　B. ①②③④

C. ②③④　　D. ①②④

74. 消防设备维修保养计划通常包括________等系统或设备。

①消防管系;②固定式灭火系统;③通风系统;④消防员装备

A. ①②③ B. ①②③④

C. ②③④ D. ①②④

75. 船舶消防设备维护与保养、检查和试验应涉的船舶消防设备包括________。

①固定灭火系统;②火灾探测和报警系统;③隔离系统,包括防火挡板、防火门、应急切断系统等;④公共广播系统、应急照明系统

A. ①②③ B. ①②④

C. ①③④ D. ①②③④

76. 以下有关船舶消防设备维护与保养、检查和试验工作,表述不妥的是________。

A. 三副应该负责制订船舶消防设备维护与保养、检查和试验计划

B. 三副应该独自完成全船消防设备维护与保养、检查工作

C. 船舶公共广播系统,通用应急报警系统也应列入船舶消防设备维护与保养、检查和试验计划内

D. 船消防设备维护与保养、检查计划应用通俗易懂的文字和图示予以表达

77. 船舶消防设备状态的保持, 每周应检查确认________。

①固定灭火系统所在处所的应急照明正常;②消火栓附近没有堆积杂物;③消防皮龙(水带)及水枪放置在消火栓附近的消防皮龙箱内,处于可使用状态并摆放整齐,没有被挪作他用;④消防皮龙数量符合防火控制图的要求;消防皮龙箱的铰链正常,箱内均配有 F 或 Y 型扳手

A. ①②③④ B. ②③④

C. ①②④ D. ①③④

78. 下列关于船舶消防设备状态保持的措施,时间间隔是每周的是________。

①检查固定灭火系统所在处所的应急照明正常,消防皮龙(水带)及水枪放置在消火栓附近的消防皮龙箱内,处于可使用状态并摆放整齐,没有被挪作他用;②检查确认消防员装备与紧急逃生呼吸装置中的供气瓶完好、无泄漏;③对灭火探测和报警系统进行手动测试;④对灭火探测和报警系统的主控面板进行外观清洁、检查

A. ①②③ B. ①③④

C. ①②④ D. ②③④

79. 下列关于船舶消防设备状态保持的说法,错误的是________。

A. 每 2 年对 CO_2 灭火系统中的钢瓶(含启动瓶)进行称重检查

B. 干粉灭火器里的干粉每年或按制造厂规定(取时间短者)进行一次性能检测,如有干粉结块或重量减少达 10%时,应重新充装

C. CO_2 灭火器每年应至少进行一次称重检查,如灭火剂泄漏量超过 20%时,应予检修并补足灭火剂

D. 泡沫灭火器里的灭火剂每 2 年或按制造厂规定(取时间短者)进行一次性能检测,如有灭火剂变质,应重新充装

80. 下列关于船舶消防设备状态保持的说法,正确的包括________。

①每月检查确认船上的紧急逃生呼吸装置按规定配足并保持在有效期内,其所存放的位置与防火控制图标识的位置一致;②每月检查确认消防员装备的数量、位置、标识和防火控制图保

持一致；③每月检查手提（便携）式和推车式灭火器的存放位置是否与防火控制图标识的位置一致；④每周检查确认消防皮龙数量与防火控制图的要求保持一致

A. ①②④　　B. ②③

C. ①②③④　　D. ①②③

81. 下列关于船舶消防设备状态保持的说法，正确的包括________。

①消防皮龙每3个月至少应取出摊开并重卷一次，使折叠处得到变换；②每年对所有消火栓进行工作试验，对所有消防皮龙进行水压试验；③每月检查确认消火栓标识清晰，各部件完好，出水阀活络，消防皮龙无破损和霉变，与接头连接可靠；④每周检查确认消防皮龙（水带）及水枪放置在消火栓附近的消防皮龙箱内，处于可使用状态并摆放整齐，没有被挪作他用

A. ③④　　B. ①②④

C. ①②③④　　D. ①②③

82. 根据《国际海上人命安全公约》，船上的消防系统的维护保养计划一般不包括________。

A. 消防总管、消防泵、消火栓、手提式灭火器、消防员装备、固定式灭火系统和其他灭火设备

B. 水密门，包括其控制装置

C. 燃油供给紧急切断装置、通风系统

D. 自动喷水器、探火和失火报警系统、通用应急报警系统、紧急逃生呼吸装置

83. 根据《国际海上人命安全公约》，下列哪项不属于液货船额外要求的消防系统维护保养项目？

A. 紧急逃生呼吸装置　　B. 惰性气体系统和易燃气体探测器

C. 甲板泡沫系统　　D. 液货泵舱的消防安全装置

84. 根据SOLAS公约附则第Ⅱ章对船舶消防设备维护保养、试验和检查的规定，以下说法不正确的是________。

A. 维护保养、试验和检查应根据IMO《防火系统和设备维护保养和检查指南》进行

B. 维护保养、试验和检查应充分考虑到确保灭火系统和设备的可靠性

C. 维护保养计划应保存在船上，并应在主管机关要求时出示，以供其检查

D. 维护保养程序必须由人工编制

85. 根据SOLAS公约规定，船舶消防设备维护保养计划中不包括________。

A. 固定式探火和失火报警系统及固定式灭火系统和其他灭火设备

B. 紧急逃生呼吸装置、消防员装备

C. 手提式灭火器，包括备用气瓶

D. 弃船用的救生设备

86. 按照SOLAS公约规定，所有船舶至少应携带________套消防员装备，每艘500总吨及以上的船舶至少应配备________只国际通岸接头。

A. 2；1　　B. 3；2

C. 2；2　　D. 3；1

87. 根据SOLAS公约对船上防火控制图的规定，以下说法不正确的是________。

A. 所有船上应有固定展示的防火控制图

B. 防火控制图中的细节可编成小册子，每个高级船员一本

C. 防火控制图应尽可能保持与船舶出厂时的实际情况一致

D. 防火控制图如有改动,应尽可能立即更正

88. 根据 SOLAS 公约对船上防火控制图的规定,以下说法不正确的是________。

A. 防火控制图是船上消防的总布置图

B. 防火控制图应张贴在船上明显位置

C. 防火控制总布置图标明每层甲板的控制站,A 级、B 级分隔的各区域

D. 控制图的情况应与实际情况保持一致,不得做任何改动

89. 根据 SOLAS 公约规定,防火控制图的内容不包括________。

A. 每层甲板的控制站　　B. B 级和 C 级分隔的各个区域

C. 各舱室和甲板出入通道细节　　D. 通风系统细节

90. 大型固定 CO_2 灭火系统气瓶________年称重一次,若称重低于标准重量的________及时充装。

A. 2;90%　　B. 1.5;90%

C. 2;80%　　D. 1;80%

91. 船上消防总管隔离阀的作用是________。

A. 将甲板消防水管系与消防总管的其他部分分开

B. 将机舱消防水管系与消防总管的其他部分分开

C. 将生活区消防水管系与消防总管的其他部分分开

D. 将机舱消防水管系与甲板消防水管系分开

92. 国际通岸接头的作用是________。

A. 将船舶主消防管和岸上连接,以便借助船上消防水灭岸上的火灾

B. 将船舶甲板消防管和岸上连接,以便船舶和岸上联合灭火

C. 将船舶主消防管和岸上连接,以便借助岸上消防水扑灭船舶火灾

D. 将船舶甲板消防管和岸上连接,用于扑灭船舶货舱火灾

93. 船舶生活区内应至少有________套 EEBD(紧急逃生呼吸装置),具体存放位置见防火控制图;________用于探火、灭火;空气瓶至少可使用________分钟。

A. 1;不可以;5　　B. 2;可以;10

C. 2;不可以;10　　D. 3;可以;15

94. 探火员使用的压缩空气瓶,应保证至少能够使用________分钟,低压警报报警后至少还能使用________分钟。

A. 30;10　　B. 20;5

C. 30;5　　D. 30;8

95. 按照船舶消防设备状态保持基本要求,下列表述不恰当的是________。

A. 船舶应按 SOLAS 公约、FSS 规则、国家主管部门以及各公司安全体系的规范要求配备消防设备、设施

B. 全船的消防设备状态的保持都是由三副亲自完成的

C. 对船舶消防设备的维护保养情况应记入"船舶消防、救生设备检查养护登记簿"

D. 检查维护保养情况,也应记入"船舶应急设备试验、检查、修理记录簿"

96. 根据《国际海上人命安全公约》,关于客船防火巡逻的规定,下列说法错误的是________。

A. 所有客船应保持有效的巡逻制度

B. 防火巡逻目的是预防火灾或及时发现火灾

C. 防火巡逻员应受过专门培训，熟悉船舶的布置

D. 防火巡逻员应受过专门培训，熟悉相关消防设备的位置和操作方法

97. 根据 SOLAS 公约对客船上的消防巡逻的规定，以下说法不正确的是________。

A. 在载客超过 36 人的客船上应保持有效的巡逻制度，以便迅速探知火灾的发生

B. 应对每名消防巡逻员进行培训

C. 每名消防巡逻员应熟悉船舶的布置以及可能需要由他使用的任何设备的位置和操作方法

D. 应为每名消防巡逻员配备一套消防员装备

98. 船上火灾自动报警装置主要是由________和________两大部分组成。

A. 探测器；喷水器　　B. 喷水器；报警器

C. 光电器；探测器　　D. 探测器；报警器

99. 火灾探测和报警系统包括________。

①固定式探火系统；②火灾报警系统；③防火门及其控制系统；④供电和燃油的应急切断系统

A. ①②③④　　B. ①②③

C. ①②④　　D. ①②

100. 根据 SOLAS 公约对载运危险货物的船舶规定的附加的安全措施，下列________不是其需要满足的功能要求。

A. 应配备防火系统以保护船舶免受因载运危险货物而带来的额外火灾危险

B. 应将危险货物与着火源充分隔开

C. 应针对因载运危险货物而带来的危险配备适当的人员保护设备

D. 所有消防设备都应按一定比例增加配备

101. 载运危险货物的船舶除配备符合要求消防员装备外，还应额外配备________套符合要求的抗化学侵蚀的全面防护服。

A. 1　　B. 2

C. 3　　D. 4

102. 载运危险货物的船舶除应按照对普通船舶要求配备呼吸器外，还应配备额外至少________套自给式呼吸器，并对所要求的每个呼吸器配备 2 个备用充气瓶。

A. 1　　B. 2

C. 3　　D. 4

103. 根据 SOLAS 公约，救生设备和装置应经________认可。

A. 船级社　　B. 主管机关

C. 认可组织　　D. IMO

104. 根据 SOLAS 公约规定，每艘要使用的救生艇筏，均应设置 1 名驾驶员或持证人员负责指挥。其中“持证人员”系指持有主管机关按照现行的 STCW 公约要求签发或承认的________的人员。

A. 精通救生艇筏业务证书　　B. 适任证书

C. 管理级适任证书　　D. 甲板部适任证书

105. 根据 SOLAS 公约附则第Ⅲ章及我国相关规定,所规定的救生设备和装置应经________认可。

A. 主管机关　　B. 船级社

C. 船公司　　D. 国际海事组织

106. 2006 年 7 月 1 日生效的 SOLAS 公约第Ⅲ章第 32.3 条关于保温救生服的规定________。

①要求货船上为每个船员配备一件保温救生服。另外,对于除散货船以外,且永久航行于温暖水域的其他货船,经主管机关同意可予以免除;②2006 年 7 月 1 日以前建造的现有船,应于 2006 年 7 月 1 日及以后的第一次 SE 检验前,为船上每人配备一套保温救生服;③这些个人救生服配备后,可以替代个人救生衣;④由隔热材料制作的救生服应能保证人体穿着它在 0 ℃到 2 ℃的静水里浸泡 6 小时,体温下降不超过 2 ℃

A. ①②③④　　B. ②③④

C. ①②③　　D. ①②④

107. 根据 SOLAS 第Ⅲ章的要求,每艘 500 总吨及以上的货船,应至少配备________台双向甚高频(VHF)无线电话设备;每舷应至少配备________台雷达应答器;在驾驶室内应配备不少于________支符合要求的火箭降落伞火焰求生信号。

A. 5;2;6　　B. 2;2;10

C. 3;1;12　　D. 1;2;3

108. 浸水服的主要作用是________。

A. 为求生者提供额外浮力

B. 因其颜色鲜艳,易于被发现

C. 起到保温作用,防止落水人员的体温丧失太快

D. 统一服装,体现正规公司的素质

109. 以下有关救助艇的表述,正确的是________。

A. 救助艇系指为指安全寻回幸存者而配备的艇

B. 救助艇系指从弃船时起能维持遇险人员生命的艇

C. 救助艇系指为救助遇险人员而设计的艇

D. 救助艇系指为救助遇险人员及集结救生艇筏而设计的艇

110. 根据 SOLAS 公约的规定,以下陈述有误的是________。

A. 应为船上每位船员配备一份在紧急情况时必须遵循的明确的须知

B. 货船上的应变部署表和应变须知应展示在全船各明显之处

C. 应在乘客舱室内张贴应变部署表

D. 客船上的应变须知应在集合地点及其他乘客处所明显地展示出来

111. 关于应变部署表和应变须知,以下陈述有误的是________。

A. 应为船上每位船员配备一份在紧急情况时必须遵循的明确的须知

B. 货船上的应变部署表和应变须知应展示在全船各明显之处

C. 应在乘客舱室内张贴应变部署表

D. 客船上的应变须知应在集合地点及其他乘客处所明显地展示出来

112. 根据 SOLAS 公约的规定,在乘客舱室内张贴配有适当文字的示意图和应变须知,以告知乘

客________。

①集合地点;②紧急情况时必须采取的必要行动;③救生衣的穿着方法;④火灾的扑救方法

A. ①②③④　　B. ①②③

C. ②③④　　D. ②③

113. 根据《国际海上人命安全公约》，有关应变部署表和应变须知的说法有误的是________。

A. 为船上每个人员配备 1 份在紧急情况下必须遵循的明确的须知

B. 在驾驶室、机舱和船员起居处所张贴应变部署表和应变须知

C. 还须在船首库房张贴一份应变部署表和应变须知

D. 应变部署表和应变须知至少包括集合站、救生衣穿着方法、应急职责等

114. 根据 SOLAS 公约，符合要求的应变部署表和应变须知应在全船各显著部位展示，包括________。

①驾驶室;②机舱;③船员起居处所;④各层甲板

A. ①③④　　B. ①②④

C. ①②③④　　D. ①②③

115. 根据 SOLAS 公约，应为船上________配备 1 份在紧急情况下必须遵循的明确的须知。

A. 每个人员　　B. 每个高级船员

C. 应变部署表中的指定人员　　D. 管理级船员

116. 根据 SOLAS 公约，应变部署表应写明分派给不同船员的任务，包括________。

①救生艇筏和其他救生设备的属具配备;②通信设备的使用;③指派处理火灾的消防队的人员配备;④关于使用灭火设备及装置的专门任务

A. ①③④　　B. ①②④

C. ①②③　　D. ①②③④

117. 根据 SOLAS 公约，应变部署表应写明分派给不同船员的任务，包括________。

①船上水密门、防火门、阀、泄水孔、舷窗、天窗、装货舷门和其他类似开口的关闭;②救生艇筏的准备工作和降落;③救生艇筏和其他救生设备的属具配备;④通信设备的使用

A. ①③④　　B. ①②④

C. ①②③　　D. ①②③④

118. 根据 SOLAS 公约，应变部署表应规定________负责确保维护保养救生和消防设备，使其处于完好状态，并立即可用。

A. 指定的高级船员　　B. 指定的驾驶员

C. 水手长　　D. 船长

119. 根据 SOLAS 公约，以下有关应变部署表和应变须知，表述有误的是________。

A. 应变部署表应规定指定的高级船员负责确保维护保养救生和消防设备，使其处于完好状态，并立即可用

B. 应变部署表应规定关键人员失去能力后的替代人员，要考虑到不同的紧急情况可能要求采取不同的行动

C. 应变部署表应写明分派给不同船员的任务

D. 应变部署表应说明在紧急情况下，指派给船员的与乘客有关的各项任务

120. 根据《国内航行海船法定检验技术规则》,应变部署表应在船舶开航前制定完毕,由船长签字后将其副本张贴在________。如遇船员变动或情况改变,应及时修订。

①驾驶室;②机舱;③居住处所;④公共处所

A. ①③④　　B. ①②④

C. ①②③　　D. ①②③④

121. 根据《国内航行海船法定检验技术规则》,以下有关应变部署表和应变须知,表述有误的是________。

A. 应变部署表应指明负责维护的指定的高级船员,以便保证救生设备和消防设备处于完好状态,并立即可用

B. 应变部署表应指明关键人员受伤后的替换者,要考虑到不同应变情况要求不同的行动

C. 应变部署表对各工种船员安排的任务

D. 应变部署表应规定召集全体船员至救生艇、筏的明确信号,并列出这些信号的全部细节,由应急报警系统释放

122. 根据《国内航行海船法定检验技术规则》,应变部署表应在船舶开航前制定完毕,由________签字后将其副本张贴在驾驶室、机舱、居住及公共处所。

A. 验船师　　B. 船长

C. 指导驾驶员　　D. 三副

123. 根据《国内航行海船法定检验技术规则》,应变部署表对各工种船员安排的任务包括________。

①装备救生艇、筏和其他救生设备;②指定处理火灾的消防人员的配备;③救生艇、筏的准备和降落;④通信设备的使用

A. ①③④　　B. ①②④

C. ①②③　　D. ①②③④

124. 根据《国内航行海船法定检验技术规则》,应变部署表对客船客运部门船员安排的任务包括________。

①向乘客发出报警;②查看乘客是否穿好衣服,是否正确地穿好救生衣;③维持通道及梯道的秩序,并控制乘客的走动;④把毛毯送到救生艇上去

A. ①③④　　B. ①②④

C. ①②③　　D. ①②③④

125. 根据 SOLAS 公约对船舶应变部署表和应变须知的规定,以下陈述有误的是________。

A. 应为船上每位船员配备一份在紧急情况时必须遵循的明确的须知

B. 货船上的应变部署表和应变须知应展示在全船各明显之处

C. 客船上的应变须知应在集合地点及其他乘客处所明显地展示出来

D. 应在乘客舱室内张贴应变部署表

126. 根据 SOLAS 公约规定,货船上的应变部署表和应变须知应展示在全船各明显之处,不包括________。

A. 驾驶室　　B. 机舱

C. 舵机间　　D. 船员起居处所

127. 根据 SOLAS 公约规定，在乘客舱室内张贴配有适当文字的示意图和应变须知，其内容不包括________。

A. 集合地点　　B. 紧急情况时必须采取的必要行动

C. 救生衣的穿着方法　　D. 火灾的扑救方法

128. 根据 SOLAS 公约规定，客船上不需要在________张贴用适当文字书写的图解和应变须知，向乘客介绍他们的集合点、应急时必须采取的行动、救生衣的穿着方法等。

A. 驾驶台　　B. 乘客舱室

C. 集合地点　　D. 其他乘客处所

129. 根据 SOLAS 公约规定，船舶应变部署表不需要张贴在________。

A. 各船员房间　　B. 驾驶台

C. 机舱　　D. 主要走廊和其他船员集合的场所

130. 根据 SOLAS 公约，在客船上，船舶应变部署表中应写明在紧急情况下船员关于乘客的有关任务，这些任务不包括________。

A. 维持通道及梯道上的秩序　　B. 大体上控制乘客的动向

C. 确保把毛毯送到救生艇筏上　　D. 确保乘客能知道救生艇的操纵性能

131. 每一船员应能熟练穿着保温救生服。公约要求：在无人协助的情况下，能够在________分钟内穿着完毕，________弃船或弃船演习时应穿着保温服。

A. 2；寒冷地区　　B. 1；每一次

C. 1；寒冷地区　　D. 2；每一次

132. 在释放应急警报信号后，要求船员在________分钟内到达指定地点。

A. 1　　B. 2

C. 3　　D. 4

133. 根据《国际海上人命安全公约》及我国相关规定，有关操作须知有哪些规定？

①在救生艇筏及其降落操纵器上或附近设置警告标志；②标志符号应为 IMO 建议的标准符合；③在救生艇筏及其降落操纵器上或附近设置设备操作示意图；④在应急照明条件下容易看清

A. ①②③④　　B. ①②

C. ③④　　D. ①③④

134. 根据《国际海上人命安全公约》及我国相关规定，以下有关救生艇筏及其降落操纵器上或附近设置告示或标志，表述不准确的是________。

A. 有示意图说明操纵器的用途及其操作程序

B. 不强制要求提供应急照明

C. 告知有关须知或注意事项

D. 使用符合 IMO 建议案的符号

135. 根据 SOLAS 公约，以下有关救生艇筏及其降落操纵器上或附近设置告示或标志，正确的有________。

①有示意图说明操纵器的用途；②有设备的操作程序；③有告知有关须知或注意事项；④有应急照明，可以看清楚告示和标志

A. ①③④
B. ①②④
C. ①②③
D. ①②③④

136. 根据《国际海上人命安全公约》及我国相关规定，应在________上或附近，设置操作须知。
A. 救生艇筏及其降落操纵器
B. 所有救生设备
C. 自由降落式救生艇
D. 吊架式救生筏

137. 根据《国际海上人命安全公约》及我国相关规定，应在救生艇筏及其降落操纵器上或附近设置操作须知，以下________不是其应满足的要求。
A. 有示意图说明此操纵器的用途及此项设备的操作程序
B. 提出有关须知或注意事项
C. 在任何光照条件下都容易看清
D. 使用符合 IMO 建议案的符号

138. 根据 2008 年 7 月 1 日生效的 SOLAS 公约 2006 修正案 MSC. 216(82)的规定：自由降落式救生艇，每________至少有一次船员应登上救生艇，在其座位中正确系固并开始降落下水程序，但不必实际释放救生艇(即释放钩不应松开)。
A. 1 个月
B. 3 个月
C. 6 个月
D. 12 个月

139. 根据 2008 年 7 月 1 日生效的 SOLAS 公约 2006 修正案 MSC. 216(82)关于救生艇索的规定________。
①仍然要求每 30 个月掉头一次；②发现艇索耗蚀超过制造厂规定的标准或者使用达到 5 年(取早者)时，应更换艇索；③新的要求应在 2008 年 7 月 1 日后体现在 ISM 体系文件中；④船舶应在 2008 年 7 月 1 日后执行上述新要求，并在维修保养记录中做出调整
A. ①②③
B. ①②③④
C. ②③④
D. ①②④

140. 根据 SOLAS 公约的规定，对救生艇筏存放和降落的要求表述正确的是________。
①每艘救生艇筏的存放应使 3 名船员能在 5 min 内完成降落和登乘准备工作；②救生艇筏在船舶最轻载航行，不利纵倾达 10°及向任何一舷横倾达 20°时能安全降落；③货船上所有救生艇筏应能在发出弃船信号后 10 min 内载足全部人员和属具降落；④救生艇应能在船舶于平静水面上前进航速达 5 kn 时安全降落下水
A. ①②③④
B. ①②③
C. ①②④
D. ②③④

141. 船舶在风浪中放艇的做法哪项有误？
A. 备车减速至 5 kn 以下
B. 防止先脱前钩
C. 机动艇下水前先启动
D. 放艇时为避免艇与大船相撞，应解开止荡索

142. SOLAS 公约规定，在合理可行的情况下，专用救助艇应承载被指派的船员每________个月降落下水一次，并在水中操纵，无论如何，这个要求每________个月至少进行一次。
A. 1;2
B. 1;3

C. 2;2　　　　D. 2;3

143. 根据《国际海上人命安全公约》，下列有关救生艇筏的配员与监督的说法正确的有________。

①每艘救生艇筏至少要设置 2 名指挥人员；②每艘救生艇筏的指挥人员应为驾驶员或持证人员；③救生艇筏指挥人员应有 1 份该救生艇筏船员名单；④每艘机动救生艇筏要分配 1 名能操作艇筏的人员

A. ②③④　　　　B. ①②

C. ③④　　　　D. ①③④

144. 根据《国际海上人命安全公约》，下列有关救生艇筏的配员与监督的说法有误的是________。

A. 每艘救生艇筏均应设置 1 名驾驶员或持证人员负责指挥，如为救生艇，还应指派 1 名副指挥

B. 救生艇筏负责人应有 1 份该救生艇筏船员名单，并应确保在其指挥下的船员是熟悉他们的各项任务的

C. 救生艇的副指挥亦应有 1 份该救生艇船员名单

D. 每艘机动救生艇筏指派 2 名能操作发动机和略微调整的人

145. 根据《国内航行海船法定检验技术规则》，持证救生艇员应具备的条件包括________。

①应是经验丰富的船员，经考核合格后取得证书；②受过救生艇和其他救生设备降落下水以及划桨、推进机械的操作训练；③熟悉救生艇和其他救生用品的实际操作；④能理解和回答各种救生设备操作口令

A. ①③④　　　　B. ①②④

C. ①②③　　　　D. ①②③④

146. 根据 SOLAS 公约对救生艇筏的配员的规定，船上应有足够数量的________来操作救生艇筏及其降落装置。

A. 驾驶员或持证人员　　　　B. 熟练水手

C. 高级船员　　　　D. 轮机员

147. 根据 SOLAS 公约对救生艇筏的配员的规定，每艘要使用的救生艇筏均应设置 1 名________负责指挥。

A. 驾驶员或持证人员　　　　B. 熟练水手

C. 高级船员　　　　D. 轮机员

148. 根据 SOLAS 公约规定，以下关于每艘要使用的救生艇筏的指挥人员，不能满足相关要求的是________。

A. 驾驶员负责指挥救生艇

B. 持证人员负责指挥救生艇

C. 经主管机关准许，精通救生筏操纵和操作的人员负责指挥救生艇

D. 经主管机关准许，精通救生筏操纵和操作的人员负责指挥救生筏

149. 根据 SOLAS 公约第Ⅲ章的要求，关于货船上救生筏的配备要求，如果救生筏不是存放在能在单层开敞甲板上方便地做舷对舷转移的地方，则每舷配备的救生筏应能容纳本船总人数

的________。

A. 30%　　B. 50%

C. 100%　　D. 200%

150. 下列哪些救生艇的操作符合要求?

①一般情况不得随意使用救生艇;②救生演习和应急救助时可以放艇;③放艇须经三副同意;④港内放艇还应事先得到海事局的批准

A. ①②③④　　B. ②③④

C. ①②④　　D. ①②③

151. 船舶每舷救生艇内存放的救生信号数量:火箭降落伞信号________支,手持火焰信号________支,漂浮烟雾信号________支。

A. 2;2;1　　B. 4;4;4

C. 6;6;2　　D. 4;6;2

152. 救生艇所配备的淡水可供满载人员使用________天。

A. 4　　B. 5

C. 6　　D. 7

153. 以下有关救生艇筏配员的表述,正确的有________。

①船上应有足够数量受过培训的人员进行召集和协助未受培训的人员;②每艘救生艇筏,都应设置 1 名驾驶员或持证人员负责指挥;③救生艇应指派 1 名副指挥;④为每艘机动救生艇筏指派 1 名能操作发动机并能进行略微调整的人员

A. ①②③　　B. ①②④

C. ①③④　　D. ①②③④

154. 以下有关救生艇筏配员的表述,正确的有________。

①船上应有足够数量的船员对船上全体人员弃船所需要的救生艇筏及其降落装置进行操作;②救生艇筏负责人应有 1 份该救生艇筏船员名单;③救生艇副指挥也应有 1 份该救生艇船员名单;④为每艘救生艇筏指派 1 名能操作发动机并能进行略微调整的人员

A. ①②③　　B. ①②④

C. ①③④　　D. ①②③④

155. 根据《国内航行海船法定检验技术规则》,以下有关训练手册的配备,表述准确的是________。

A. 每间船员餐室、文娱室和每间船员室应配有 1 份符合本条要求的训练手册

B. 每间船员餐室及文娱室,或每间船员室应配有 1 份符合本条要求的训练手册

C. 每间船员餐室及文娱室应配有 1 份符合本条要求的训练手册

D. 每间船员室应配有 1 份符合本条要求的训练手册

156. 根据《国内航行海船法定检验技术规则》,训练手册的主要内容应包括________。

①救生衣救生服的穿着法;②集合的路线和地点;③救生艇、筏和救助艇的回收;④救生设备应急修理须知

A. ①③④　　B. ①②④

C. ①②③　　D. ①②③④

157. 根据《国内航行海船法定检验技术规则》，训练手册的主要内容应包括________。

①有救生衣救生服（如适用）的穿着法；②发动机及其附件的用法；③拯救方法，包括直升机救助、船舶救助、抛绳设备的使用方法；④应变部署表所列的所有职责

A. ①③④　　B. ①②④

C. ①②③　　D. ①②③④

158. 根据 SOLAS 公约，以下有关培训手册的表述，不正确的是________。

A. 应在每一船员餐厅、娱乐室和在每一船员居住舱室内配备 1 本培训手册

B. 培训手册应用船舶的工作语言写成

C. 培训手册的任何部分都可以用视听辅助教材形式提供

D. 配有海上撤离系统的每艘船舶应设有用于该系统的船上培训教具

159. 根据 SOLAS 公约，培训手册可分成若干分册，应包含________的详细解释。

①救生衣、救生服和抗暴露服的穿着法（按适用者）；②在救生艇筏内降落的方法；③所有救生属具的用法；④应变部署表与应变须知所列出的所有其他措施

A. ①③④　　B. ①②④

C. ①②③　　D. ①②③④

160. 根据 SOLAS 公约，培训手册可分成若干分册，应包含________的详细解释。

①图解说明无线电救生设备的用法；②营救落水人员的程序；③暴露的危害性和穿用保暖衣服的必要性；④救生设备应急修理须知

A. ①③④　　B. ①②④

C. ①②③　　D. ①②③④

161. 根据 SOLAS 公约，培训手册可分成若干分册，应包含________的详细解释。

①降落区域内防护方法与防护设备的用法；②SART&EPIRB 的用法；③海锚的用法；④救生设备应急修理须知

A. ①③④　　B. ①②④

C. ①②③　　D. ①②③④

162. 根据 SOLAS 公约，对于救生设备的保养要求包括________。

①对救生设备检查时所用的检查清单；②维护保养与修理须知；③定期维护保养计划；④润滑点示意图，并注明建议用的润滑剂

A. ①③④　　B. ①②④

C. ①②③　　D. ①②③④

163. 根据 2008 年 7 月 1 日生效的 SOLAS 公约 2006 修正案 MSC. 216(82) 的规定，船上的《培训手册》和培训教材等使用的语言必须为________。

A. 英语　　B. 工作语言

C. 船旗国语言　　D. 英、法、西班牙语之一

164. 船上训练与授课的内容包括但不限于________。

①气胀式救生筏的操作与使用；②低温保护问题；③低温急救护理及其他合适的急救方法；④在恶劣天气和海况中使用救生设备所必需的专门知识；⑤消防设备的操作与使用

A. ①②④⑤　　B. ①②③

C. ①②③④　　D. ①②③④⑤

165. 根据《国际海上人命安全公约》及我国相关规定，每次消防演习应包括下列哪些内容？
①到指定地点集合；②检查消防员装备；③检查有关的通信设备；④准备施放固定二氧化碳灭火系统
A. ①②③　　B. ①②④
C. ②③④　　D. ①②③④

166. 根据《国际海上人命安全公约》及我国相关规定，每次消防演习应包括下列哪些内容？
①启动消防泵；②检查个人救助设备；③检查供随后弃船用的必要装置；④至少使用两支符合规定的水枪
A. ①②③　　B. ①②④
C. ②③④　　D. ①②③④

167. 根据《国际海上人命安全公约》及我国相关规定，按照有关规定，每次消防演习时除启动消防泵外，应至少使用________支水枪，以显示该系统处于正常工作状态。
A. 1　　B. 2
C. 3　　D. 4

168. 根据《国际海上人命安全公约》及我国相关规定，每次消防演习应包括下列哪些内容？
①向集合地点报到，并准备执行应变部署表中规定的任务；②启动消防泵，至少使用 1 支水枪，以显示该系统处于正常工作状态；③检查消防员装备和其他人员的救助设备；④检查有关的通信设备
A. ①③④　　B. ②③④
C. ①②④　　D. ①②③

169. 根据《国际海上人命安全公约》及我国相关规定，每次消防演习应包括________等内容。
①检查消防员装备和其他人员的救助设备；②检查有关的通信设备；③检查演习区域内水密门、防火门、防火闸和通风系统的操作情况；④检查供随后弃船用的必要装置
A. ①②③　　B. ①③④
C. ②③④　　D. ①②③④

170. 根据《国际海上人命安全公约》及我国相关规定，消防演习时，可分别模拟________，进行相应的消防程序的演练。
①机舱火灾；②厨房火灾；③生活区着火；④货舱着火
A. ①②③④　　B. ②③④
C. ①②④　　D. ①③④

171. 根据《国际海上人命安全公约》及我国相关规定，每次进行消防演习时可针对不同部位的火灾分别进行________等方面的演练。
①火灾报警；②人员集合；③关闭通风；④组织探火、灭火
A. ①②③④　　B. ②③④
C. ①②④　　D. ①③④

172. 根据《国际海上人命安全公约》及我国相关规定，船舶每次消防演习的程序包括________等方面。

①鸣放警报信号；②船员集合；③关闭通风，组织探火、灭火；④演习总结讲评

A. ①②③④　　B. ②③④

C. ①②④　　D. ①③④

173. 根据《国际海上人命安全公约》及我国相关规定，船舶组织每次消防演习时应做到________。

①消防演习前应制订消防演习计划；②船长任消防演习的现场指挥；③船员在火警发出2分钟内携带器材到达指定地点；④演习结束后，演习的内容和情况应如实记入航海日志

A. ①②③④　　B. ②③④

C. ①②④　　D. ①③④

174. 根据《国际海上人命安全公约》及我国相关规定，每次弃船演习应包括下列哪些内容？

①全体人员（值班人员除外）向集合地点报到；②检查救生衣穿着情况；③启动并操作救生艇发动机；④至少降下一艘救生艇

A. ①②③　　B. ①②④

C. ②③④　　D. ①②③④

175. 根据《国际海上人命安全公约》及我国相关规定，弃船演习时，下列说法不正确的是________。

A. 专用救助艇应在每次演习中放至水面操纵

B. 不同的艇尽可能轮流降放

C. 放艇命令由船长发布

D. 所有参与演习的人员均应穿好救生衣

176. 根据《国际海上人命安全公约》及我国相关规定，下列关于救生演习内容错误的是________。

A. 向集合地点报到，并准备执行应变部署表中规定的任务

B. 查看船员和旅客的穿着是否合适

C. 启动和操纵救生艇发动机

D. 至少降下一只救生筏

177. SOLAS公约规定，在弃船演习时每艘救生艇应________。

A. 每个月降落下水一次　　B. 每3个月降落一次

C. 每3个月降落下水一次　　D. 每6个月降落下水一次

178. 根据SOLAS公约规定，自由降落式救生艇应每________个月至少有一次船员登艇熟悉降艇程序，但不必实际降放艇，在不超过________个月的间隔期内，仅搭载操艇人员自由降落下水。

A. 1；3　　B. 1；6

C. 3；6　　D. 3；12

179. 根据SOLAS公约规定，在合理可行的情况下，专用救助艇应乘载被指派的船员应每________个月降落下水一次，并在水中操纵。无论如何，这个要求每________个月进行一次。

A. 1；3　　B. 1；6

C. 3;6　　　　D. 3;12

180. 根据《国际海上人命安全公约》及我国相关规定，关于"船上训练与授课"，下列说法错误的是________。

A. 根据 SOLAS 公约，船员上船后应尽快在不迟于 2 个月内，对其进行有关使用包括救生艇筏属具在内的船上救生设备和使用船上灭火设备的船上培训

B. 紧急逃生呼吸装置的使用训练应视为船上培训的一部分

C. 目前，国内船上通常配置由国家海事局组织编写的训练手册，外国籍船上通常配置由国际海事组织编写的海员手册，这些手册应存放在餐厅、娱乐室、船员舱室及其他公共场所

D. 训练手册应包括不同部位消防演习的程序和步骤，弃船、救生演习的程序和步骤等内容

181. 根据《国际海上人命安全公约》及我国相关规定，下列关于"船上训练与授课"的说法，正确的是________。

A. 船上训练应参考训练手册中的内容进行

B. 船上讲授船舶灭火设备、救生设备用法及海上救生的课程的授课间隔应与应急演习时间间隔不同

C. 船上训练的课程内容不包括低温保护问题，体温过低的急救护理

D. 在每艘装有吊架降落式救生筏的船上，应按不超过 3 个月的间隔期举行一次此项设备用法的船上培训

182. 根据《国际海上人命安全公约》及我国相关规定，下列关于"船上训练与授课"的说法，错误的是________。

A. 每次船上授课可以包括船舶救生设备和灭火设备的各个不同部分，但在任何 2 个月的授课期内应包括该船的全部救生和灭火设备

B. 培训手册应使用英语编写，并应在每一船员餐厅和娱乐室或在每一船员居住舱室内配备 1 本培训手册

C. 培训手册中应包括有关烟气的危害、电气火灾、易燃液体和船上类似的常见危险的一般防火安全实践和预防手段

D. 每位船员均应听课，每次听课有未参加听课的值班人员应专门补课

183. 根据《国际海上人命安全公约》，下列关于船上培训和演习的说法有误或不确切的是________。

A. 培训船员熟悉船舶的布置和可能需要其使用的任何灭火系统和设备的位置及操作

B. 因工作位置特殊性，应对轮机部船员重点培训紧急逃生呼吸装置位置的熟悉和使用

C. 对承担灭火职责的船员，开展船上培训和演习对其履行职责的能力进行定期评估，不断提高灭火技能

D. 开展船上培训和演习，确保灭火组织处于操作就绪状态

184. 根据《国际海上人命安全公约》，下列关于应急培训与演习的说法有误或不确切的是________。

A. 演习应尽实际可能做到像真实发生了紧急情况

B. 每名船员每月应至少参加一次弃船演习和一次消防演习

C. 如有 25%以上的船员未参加船上的上个月弃船和消防演习，应在该船离港前举行该两项

船员演习

D. 当船舶在经重大改装后首次投入营运时，或有新船员时，应在开航前举行这些演习

185. 根据《国际海上人命安全公约》，下列有关弃船演习要求内容错误的是________。

A. 先鸣放警报信号，然后通过公共广播或其他通信系统宣布进行演习，将乘客和船员召集至集合站，并确保他们已知晓弃船命令

B. 船员和乘客集合站报到，并准备执行应变部署表所要求的任务

C. 查看乘客和船员穿着是否合适，是否正确地穿好救生衣

D. 完成任何必要的降落准备工作后，至少降下两艘救生艇

186. 根据《国际海上人命安全公约》，下列有关弃船演习要求内容错误的是________。

A. 先鸣放警报信号，然后通过公共广播或其他通信系统宣布进行演习，将乘客和船员召集至集合站，并确保他们已知晓弃船命令

B. 船员和乘客集合站报到，查看乘客和船员穿着是否合适，是否正确地穿好救生衣

C. 在每次弃船演习时，应测试用于集合与弃船的应急照明系统

D. 完成任何必要的降落准备工作后，至少降下两艘救生艇

187. 根据《国际海上人命安全公约》，下列有关弃船演习放艇要求内容错误的是________。

A. 完成任何必要的降落准备工作后，至少降下一艘救生艇，不同的救生艇应尽实际可能在相继演习中轮流降放

B. 操作降落救生筏所用的吊筏架，启动并操作救生艇发动机，介绍无线电救生设备的使用

C. 模拟搜救几位被困于客舱中的乘客

D. 每艘救生艇应在弃船演习中每 2 个月至少有一次乘载被指派的操艇船员降落下水，并在水上进行操纵

188. 根据《国际海上人命安全公约》，下列有关弃船演习时，对救生艇或救助艇下水要求错误的是________。

A. 每艘救生艇应在弃船演习中每 3 个月至少有一次乘载被指派的操艇船员降落下水，并在水上进行操纵

B. 除兼作救生艇的救助艇外，其他救助艇均应在合理和可行的范围内，每个月搭载指定的船员降落下水并在水上进行操纵。在任何情况下，应至少每 3 个月按此要求进行一次

C. 救生艇与救助艇的降落下水演习是在船舶前进航行中进行，则演习应仅在遮蔽水域内、并在有此类演习经验的驾驶员监督下进行

D. 自由降落式救生艇应按不超过 3 个月的间隔期，仅搭载操艇船员自由降落下水

189. 根据《国际海上人命安全公约》，船上每次消防演习的内容包括________。

①向集合站报到，检查消防员装备和其他个人救助设备，并检查有关的通信设备；②启动一个消防泵，要求至少射出两股水柱；③检查演习区域内的水密门、防火门、挡火闸以及通风系统主要进出口的工作情况；④检查弃船装置和设备

A. ①②③④　　B. ①②③

C. ②③④　　D. ①③④

190. 根据《国际海上人命安全公约》，下列有关消防演习的说法错误的是________。

A. 在制订消防演习计划时，应充分考虑船型和货物类型等各种紧急情况下的常规做法

B. 每次消防演习应启动一个消防泵，要求至少射出三股水柱，以表明该系统处于正常的工作状态

C. 消防演习中使用过的设备应立即恢复到完好的操作状况

D. 消防演习中发现的任何故障和缺陷，应尽快予以消除

191. 根据《国际海上人命安全公约》，下列有关船上培训与授课的说法错误的是________。

A. 船员上船后，应在不迟于 2 个星期内尽快对其进行有关使用包括救生艇筏属具在内的船上救生设备和使用船上灭火设备的船上培训

B. 船上培训主要讲授船舶灭火设备和救生设备的用法以及海上救生的课程，授课间隔期没有要求

C. 配置吊架降落式救生筏的船舶应按不超过 4 个月的间隔期举行一次该设备用法的船上培训

D. 每次授课可以包括船舶救生设备和灭火设备的各个不同部分，但在任何 2 个月的授课期内应包括该船的全部救生和灭火设备

192. 根据《国际海上人命安全公约》，在航海日志上应记录________。

①演习举行集合的日期和时间；②弃船演习和消防演习的详细情况；③船上培训；④如在指定时间内未举行全部集合、演习或培训项目，则应在航海日志内记述其原因和已举行的集合、演习或培训项目的范围

A. ①②③④　　B. ①②③

C. ①②④　　D. ①②

193. 根据 SOLAS 公约，每次船上授课可以包括船舶救生设备和灭火设备的各个不同部分，但在任何________的授课期内应包括该船的全部救生和灭火设备。

A. 2 个月　　B. 1 个月

C. 2 周　　D. 4 个月

194. 根据 SOLAS 公约，船上培训的内容包括________。

①船舶气胀式救生筏的操作与使用；②低温保护问题，体温过低的急救护理的急救程序；③灭火设备的操作与使用；④围蔽处所的相关风险和安全进入围蔽处所的船上程序

A. ①③④　　B. ①②④

C. ①②③　　D. ①②③④

195. 根据 SOLAS 公约，船上培训的内容应包括________。

①船舶气胀式救生筏的操作与使用；②营救落水人员的计划和程序；③在恶劣气候和恶劣海况中使用船舶救生设备所必需的专门课程；④围蔽处所的相关风险和安全进入围蔽处所的船上程序

A. ①③④　　B. ①②④

C. ①②③　　D. ①②③④

196. 根据 SOLAS 公约对船上应急培训的规定，以下说法不正确的是________。

A. 船上授课与应急演习的时间间隔相同

B. 每次授课需涵盖要求的所有内容

C. 授课内容包括讲授消防救生设备用法及救生须知

D. 每位船员均应听课

197. 按照 SOLAS 公约有关培训的要求，船员上船后的 2 周内应进行使用________的船上培训。

A. 与岗位职责相关设备　　B. 船舶防污设备

C. 救生、消防设备　　D. 操舵仪设备

198. SOLAS 公约规定，在装有吊架降落救生筏的船上，应在不超过________个月的间隔期内应进行一次该设备用法的船上训练。

A. 1　　B. 3

C. 4　　D. 6

199. 按照 SOLAS 公约有关船上培训的要求，培训的内容不包括________。

A. 在恶劣天气、海况中使用救生设备的知识

B. 消防设备的用法

C. 海上救生须知

D. 雷达的使用

200. 按照 SOLAS 公约有关船上培训的要求，培训的内容不包括________。

A. 消防设备的操作与使用　　B. 气胀式救生筏的操作与使用

C. 人员落水后的低温保护　　D. GMDSS 的使用

201. 按照 SOLAS 公约有关要求，对船员的救生、消防训练中的授课内容不包括________。

A. 气胀式救生筏的操作与使用

B. 消防设备的操作与使用

C. 低温保护知识及恶劣气象海况下使用救生设备的知识

D. 救生艇水中操纵技能

202. 根据 SOLAS 公约和我国相关法规要求，以下关于船舶弃船和消防演习时间间隔的说法不正确的是________。

A. 每位船员每月应参加至少一次弃船和消防演习

B. 若有 25%以上的船员未参加上个月的弃船和消防演习，应在该船离港后 24 小时内举行此两项演习

C. 客船每位船员每周参加至少一次弃船和消防演习

D. 非短途国际航行客船，应在乘客上船后 24 小时内举行乘客集合演习

203. 根据 SOLAS 公约，航行时间超过一周的国际航行客船，除了应每周进行弃船和消防演习，还应每周进行________演习。

A. 应急操舵　　B. 油污应变

C. 水密门和舷窗的操作　　D. 防火门和挡风闸的操作

204. 根据 SOLAS 公约规定，________应参加船上每 2 个月内至少举行一次的封闭处所进入和救助演习。

A. 全体船员

B. 甲板部船员

C. 具有封闭处所进入职责和救助职责的船员

D. 高级船员

205. 根据 SOLAS 公约规定,每次封闭处所进入和救助演习不需要包括________。

A. 检查并使用工作所用的工具和设备

B. 检查并使用通信设备和程序

C. 检查并使用测量封闭处所内空气的仪器

D. 检查并使用救助设备和程序

206. 根据 SOLAS 公约和我国相关规定,关于船上消防演习说法不正确的是________。

A. 应进行火灾报警、鸣放警报信号

B. 应进行关闭通风、探火、灭火等演练

C. 为使船员熟练掌握灭火程序,每次消防演习尽量模拟同一处所着火

D. 演习结束后讲评

207. 根据 SOLAS 公约和我国相关规定,下列关于消防演习内容的说法不正确的是________。

A. 向集合地点报到,并准备执行应变部署表中规定的任务

B. 检查是否按应变部署表上的规定携带指定的器材

C. 检查消防员装备和其他人员的救助设备

D. 启动一个消防泵,要求至少射出 3 股水柱

208. 根据 SOLAS 公约和我国相关规定,每次消防演习不需要进行________。

A. 向集合地点报到并准备执行应变任务

B. 检查是否携带指定的器材

C. 检查供随后弃船用的必要装置

D. 启动并运转救生艇发动机

209. 根据 SOLAS 公约和我国相关规定,以下进行救生演习释放救生(助)艇的说法不符合要求的是________。

A. 每次演习至少降下一艘救生艇,不同的艇尽可能轮流降放

B. 每艘救生艇每 3 个月降落下水一次,并在水中操纵

C. 自由降落式救生艇应每 6 个月搭载艇员降放,但不必脱钩

D. 专用救助艇每 3 个月至少降落下水一次

210. 根据 SOLAS 公约和我国相关规定,每次弃船演习不需要进行________。

A. 使用报警系统,集合船员旅客,确保他们知道弃船命令

B. 检查船员旅客穿着

C. 检查消防员装备

D. 介绍无线电救生设备的使用

211. 根据 SOLAS 公约和我国相关规定,以下关于弃船演习不符合规定要求的是________。

A. 航行中放艇,应在有遮蔽的水域进行

B. 每次弃船演习应试验应急照明

C. 放艇应在有经验的驾驶员监督下进行

D. 连续多次降放同一艘艇,以便船员熟练掌握放艇要领

212. SOLAS 公约规定的船上救生消防授课的周期应为________。

A. 每个月　　B. 每 2 个月

C. 每3个月　　D. 与弃船消防演习间隔相同

213. 根据SOLAS第Ⅲ章的要求，船上三副应按规定进行授课，而且每位船员均应听课，课程应包括但不局限于________。

①船舶气胀式救生筏的操作与使用；②低温保护问题，体温过低的急救护理和其他合适的急救程序；③在恶劣气候和恶劣海况中使用船舶救生设备所必需的专门课程；④灭火设备的操作与使用

A. ①②③④　　B. ①②③

C. ②③④　　D. ①②

214. 根据SOLAS公约的要求，应尽快在不迟于________个星期内对新上船船员进行有关使用包括救生艇筏属具在内的救生设备和消防设备的船上训练。

A. 4　　B. 3

C. 2　　D. 1

215. 货船应在________内进行一次救生演习，若有________船员未参加上1个月的演习，则应在离港后24小时内举行这样的演习。

A. 1个月；20%　　B. 2个月；25%

C. 1个月；25%　　D. 2个月；20%

216. 对于应急演习的目的表述不正确的是________。

A. 提高船员安全意识，树立居安思危、常备不懈思想，使船员熟悉应变岗位及职责，避免应急时惊慌失措

B. 仅是为了应对PSC、船旗国等有关方的检查

C. 使船员熟练掌握各种应急设备的操作技能，以便在应急时能正确操作这些设备

D. 检查、试验各类应急器材、设备的技术状态，发现问题及时解决，使其处于随时可用状态

217. 根据SOLAS公约及国内相关规定，应急演习的时间间隔，表述不正确的是________。

A. 每位船员每月应至少参加弃船和消防演习各一次

B. 若有25%以上船员未参加上个月的弃船和消防演习，应在该船离港24小时内举行

C. 每6个月进行一次应急舵演习

D. 油污应变演习每3个月，最长不超过6个月应进行一次

218. 根据《国际海上人命安全公约》及我国相关规定，船舶救生设备维修保养、检查和试验的年度计划应包括的设备有________。

①救生艇、救助艇和救生筏；②救生衣及其附件；③救生信号；④雷达应答器与紧急无线电示位标

A. ①②③　　B. ①②④

C. ①③④　　D. ①②③④

219. 根据《国际海上人命安全公约》及我国相关规定，以下有关保温救生服的维护与检查，表述有误的是________。

A. 每月检查保温救生服上的反光带，必要时换新

B. 每五年送岸进行一次保温救生服的压力试验和检测

C. 每月检查一次哨笛和自亮灯

D. 每月检查一次自亮灯电量是否充足

220. 根据 SOLAS 公约规定,所有救生艇和救助艇的发动机在________应进行一次运转试验,总时间不少于 3 分钟。

A. 每次演习时　　B. 每个航次中

C. 每周内　　D. 每个月内

221. 根据《国际海上人命安全公约》及我国相关规定,下列哪些救生设备需要定期维护保养?

①救生艇及艇架;②救生筏及筏架;③个人救生用具;④通信工具

A. ①②③④　　B. ①②④

C. ①③④　　D. ②③④

222. 根据《国际海上人命安全公约》及我国相关规定,下列关于救生设备状态的保持的说法,错误的是________。

A. 对救生艇和救助艇发动机的检修和试验由二管轮负责

B. 船舶救生设备的维护保养、检查和试验计划涉及的救生设备包括:救生(助)艇、救生筏、救生圈、救生衣、救生视觉信号、无线电救生设备等

C. 救生(助)艇每月需检查确认救生艇操作规程和救生艇标志的完好性

D. 船上由三副负责制订船舶救生设备的维护保养、检查和试验计划,并报大副列入"船舶年度维修计划"中

223. 根据 SOLAS 公约规定,对救生艇属具应________检查一次,以确保完整无缺并处于良好状态。

A. 每周　　B. 每季度

C. 每月　　D. 每半年

224. 根据《国际海上人命安全公约》及我国相关规定,对救生艇属具应________检查一次,以确保完整无缺并处于良好状态。

A. 每周　　B. 每季度

C. 每月　　D. 每半年

225. SOLAS 公约规定,对所有救生艇筏、救助艇及降落设备应________进行目视检查,以确保其立即可用。

A. 每周　　B. 每季度

C. 每月　　D. 每半年

226. 根据《国际海上人命安全公约》及我国相关规定,对所有救生艇筏、救助艇及降落设备应________进行目视检查,以确保其立即可用。

A. 每周　　B. 每季度

C. 每月　　D. 每半年

227. 根据《国际海上人命安全公约》及我国相关规定,下列有关救生设备的表述不正确的是________。

A. 航行期间所有救生设备均应处于随时可用状态

B. 应按规定对救生设备进行维修保养

C. 定期对救生设备进行试验和检查

D. 每周检查一遍所有的救生设备

228. 根据《国际海上人命安全公约》及我国相关规定，下列有关救生设备的检查和试验表述不正确的是________。

A. 应每周对救生艇筏及其降落设备进行目视检查

B. 按检查表每月检查救生艇属具确保其处于良好状态

C. 只要条件允许每周对所有救生艇发动机进行运转试验，总时间不少于5分钟

D. 每周对通用应急报警系统进行试验

229. 根据《国际海上人命安全公约》及我国相关规定，以下有关救生设备的检查周期，表述有误的是________。

A. 抛绳器每月检查一次

B. 救生视觉信号每月或每次出航前应检查一次

C. 紧急无线电示位标每2年由认可的无线电检验机构对其进行全面的操作效用试验

D. 公共广播系统每月至少检查与试验一次

230. 根据《国际海上人命安全公约》及我国相关规定，下列关于船舶救生设备状态保持的措施，时间间隔是1年的是________。

①以最大降速对救生艇的绞车制动器进行动态试验；②对紧急无线电示位标进行全面操作效用试验；③将气胀式救生筏的静水位压力释放器送至船检部门认可的检修站检修；④检查救生艇中的救生干粮，发现过期、变质应及时更换

A. ②③④　　B. ①③④

C. ①②④　　D. ①②③

231. 根据《国际海上人命安全公约》规定，在合理可行的情况下，专用救助艇应乘载被指派人员每________下水一次并在水中操纵。无论如何，这个要求每________至少进行一次。

A. 1周；1个月　　B. 1个月；3个月

C. 1个月；6个月　　D. 3个月；6个月

232. 根据《国际海上人命安全公约》规定，对于自由降落式救生艇，搭载操艇人员自由降落入水或模拟降落入水的周期为________。

A. 每周　　B. 每月

C. 不超过3个月　　D. 不超过6个月

233. 根据《国际海上人命安全公约》，下列有救生设备使用准备状态、维护保养与检查的说法错误的是________。

A. 在船舶离港前以及在航行期间的任何时候，所有救生设备均应处于工作状态，并立即可用

B. 船上应备有救生设备船上维护保养须知，并应按须知进行维护保养

C. 吊艇索应定期检查，要特别注意穿过滑轮的区域

D. 吊艇索磨损严重而换新或按不超过4年的间隔期予以换新，取早者

234. 根据《国际海上人命安全公约》，下列有救生设备使用准备状态、维护保养与检查的说法错误的是________。

A. 救生设备及其易损或易耗而需要定期更换的部件，应配有备件与修理设备

B. 救生设备的容器、支架、搁架及其他类似存放装置的位置，应用专用标志符号加以标记，表明该位置存放的设备及用途

C. 某个位置存放多个设备，则标志应表明数量

D. 按照规定的周期对救生设备进行检查，检查结果记入船上的体系文件，无须记入航海日志

235. 根据《国际海上人命安全公约》，救生设备的每周检查应包括________。

①所有救生艇筏、救助艇及降落设备进行目视检查；②条件许可，所有救生艇和救助艇的发动机应进行运转试验，总时间不少于3分钟；③如果天气和海况允许，货船应将救生艇（自由降落式救生艇外）在不载人的情况下从其存放位置做必要的移动；④试验通用应急报警系统

A. ①②③④　　B. ①②③

C. ①②　　D. ①

236. 根据《国际海上人命安全公约》，下列关于救生设备的月度检查的说法有误的是________。

A. 所有救生艇筏、救助艇及降落设备应进行目视检查，以确保其立即可用

B. 如果天气和海况允许，货船应将救生艇在不载人的情况下从其存放位置做必要的移动，包括自由降落式救生艇

C. 每月应使用检查清单对救生设备（包括救生艇属具）检查，以确保其完整无缺并处于良好状态

D. 检查报告应载入航海日志

237. 关于船舶救生设备状态的保持，下列表述不正确的是________。

A. 三副负责制订维护保养、检查和试验计划，并报大副列入“船舶年度维修保养计划”中

B. 三副、三管轮为船舶救生设备状态保持的责任人

C. 对船舶救生设备的维护保养情况应分别记入“船舶消防、救生设备检查养护登记簿”和“船舶应急设备试验、检查、修理记录簿”内

D. 全船救生设备状态的保持都是由三副亲自完成的

238. 救生（助）艇，每周检查内容包括，但不限于________。

①所有救生艇、救助艇和降落设备均应进行外观检查；②只要环境温度在发动机启动和运转要求的最低温度以上，所有救生艇和救助艇的发动机均应运转（正倒车）试验；③只要天气和海况允许，货船除自由降落式救生艇以外的救生艇，应在不载人的情况下从其位置做必要的移动；④每艘救生艇至少降落下水一次，并在水面操纵；⑤对救生艇承载装置进行检修和操作试验

A. ①②③④⑤　　B. ①②③④

C. ①②③　　D. ①②⑤

239. 对气胀式救生筏检查较全面的是________。

①每周对救生筏及降落设备做外观检查；②每月外观检查救生筏及筏架，以及救生筏系固件，确认充气拉索完好状态，③每年将救生筏、静水压力释放器送至船检部门认可的检修站检修；④每5年彻底检查救生筏降落设备

A. ①②　　B. ①②③

C. ①②③④　　　　D. ②③④

240. 对于保温救生服(浸水服),下列哪项不属于每月检查内容?

A. 保温救生服的编号、船名、船籍港清晰

B. 自亮灯电量充足并在有效期内

C. 对保温救生服进行压力试验和检测

D. 检查其上反光带,必要时予以更换

241. 根据《国际海上人命安全公约》,有关卫星紧急无线电示位标,下列说法正确的有________。①安装位置易于接近;②可随时由人工释放并能由一人携入救生艇筏;③当船舶沉没时,能自由漂浮,并当浮起时,能自动启动发送遇险报警;④能人工启动发送遇险报警

A. ①②③④　　　　B. ②③④

C. ①②④　　　　D. ②④

242. 根据 SOLAS 公约第Ⅳ章附则的定义,“A1 海区”系指至少由一个具有连续 DSC 报警能力的________所覆盖的区域,该区域可由各缔约国政府规定。

A. 甚高频(VHF)海岸电台的无线电话

B. 中频(MF)海岸电台的无线电话

C. Inmarsat 对地静止卫星

D. 海岸电台任一无线电话

243. 根据 SOLAS 公约第Ⅳ章附则的定义,“A2 海区”系指除 A1 海区以外,至少由一个具有连续 DSC 报警能力的________所覆盖的区域,该区域可由各缔约国政府规定。

A. 甚高频(VHF)海岸电台的无线电话

B. 中频(MF)海岸电台的无线电话

C. Inmarsat 对地静止卫星

D. 海岸电台任一无线电话

244. 根据 SOLAS 公约第Ⅳ章附则的定义,“A3 海区”系指除 A1 和 A2 海区以外,由具有连续报警能力的________所覆盖的区域。

A. 甚高频(VHF)海岸电台的无线电话

B. 中频(MF)海岸电台的无线电话

C. Inmarsat 对地静止卫星

D. 海岸电台任一无线电话

245. 根据 SOLAS 公约第Ⅳ章附则的定义,“海上安全信息”不包括向船舶播发的________信息。

A. 航行警告　　　　B. 气象预报和警报

C. 与安全有关的紧急信息　　　　D. 航次指令

246. 根据 SOLAS 公约第Ⅳ章附则的规定,航行在海上的每艘船舶的 GMDSS 设备的基本功能不包括________。

A. 发送和接收船对船遇险报警

B. 接收岸对船遇险报警

C. 发送和接收驾驶室对驾驶室的通信

D. 发送和接收驾驶台对本船应急现场的通信

247. 根据 SOLAS 公约第Ⅳ章附则的规定,航行在海上的每艘船舶的 GMDSS 设备的基本功能不包括________。

A. 发送船对岸遇险报警　　B. 发送和接收船对船遇险报警

C. 发送和接收岸对船遇险报警　　D. 发送和接收搜救协调通信

248. 根据 SOLAS 公约要求,每艘客船和 300 总吨及以上的货船应配有一台 VHF 无线电装置,________频道不是要求其必须能发送和接收的无线电话的频道。

A. 6　　B. 8

C. 13　　D. 16

249. 根据 SOLAS 公约规定,每艘客船和 300 总吨及以上的货船应配有的无线电设备不包括________。

A. 一台能在 VHF 70 频道上保持连续 DSC 值班的无线电装置

B. 一台能在 3 GHz 频带上工作的雷达应答器

C. 一台 NAVTEX 接收机

D. 一台卫星 EPIRB

250. 根据 SOLAS 公约对船舶无线电设备的规定,每艘客船和 300 总吨及以上的货船应配有________。

A. 一台能在 VHF 的 68 频道上保持守听的无线电装置

B. 一台能在 3 GHz 频带上工作的雷达应答器

C. 一台 BNWAS 设备

D. 一台能接收来自 Inmarsat 增强群呼系统的海上安全信息的无线电设备

251. 根据 SOLAS 公约及我国相关法规对船舶无线电值班的规定,每艘船舶在海上时如实际可行,应在船舶通常驾驶的位置在 VHF ________频道上保持连续守听值班。

A. 16　　B. 13

C. 6　　D. 71

252. 根据 SOLAS 公约对船舶无线电值班的规定,每艘船舶在海上时,以下说法不正确的是________。

A. 如装有 VHF 无线电装置,应在 DSC 70 频道保持连续值班

B. 如装有 MF 无线电装置,应在 DSC 遇险和安全频率 2187.5 kHz 保持连续值班

C. 装有 MF/HF 无线电装置的船舶,应在 DSC 遇险和安全频率 2187.5 kHz 和 4207.5 kHz 中的一个频率上保持连续值班

D. 装有 Inmarsat 船舶地面站的船舶,应对卫星岸对船的遇险报警保持连续值班

253. 根据 SOLAS 公约要求,AIS 应具备哪些功能?

①自动向配有相应设备的岸台、其他船舶提供有关安全信息;②自动从其他装有类似设备的船舶接收信息;③监视和跟踪其他船舶;④与岸基设施交换数据

A. ①③　　B. ②③④

C. ①②③④　　D. ①②④

254. 按规定,航行数据记录仪系统,包括所有传感器,应每隔多长时间做性能试验?

A. 半年　　B. 一年

C. 两年　　D. 30 个月

255. 从事国际航行的未配备 VDR 的现有货船，为了帮助海事调查，应配备________。

A. AIS　　B. SVDR

C. LRIT　　D. ECDIS

256. 根据《国内航行海船法定检验技术规则》，10000 总吨及以上的船舶应配备 2 部雷达装置，应至少有 1 台能在________频带上工作。

A. 3 GHz　　B. 9 GHz

C. 518 kHz　　D. 2182 kHz

257. 根据 SOLAS 公约规定，对于 10000 总吨及以上的船舶，必须配备的船载航行系统及设备不包括________。

A. 一台不依赖于任何动力的标准磁罗经　　B. 一台 9 GHz 雷达

C. 一台自动雷达标绘仪　　D. 一个回旋速率指示器

258. 根据 SOLAS 公约对船载航行系统和设备的配备要求，________不是船舶配备 AIS 应满足的功能要求。

A. 自动向配有相应设备的岸台、其他船舶和飞机提供船舶识别码、船型、船位等信息

B. 自动从其他装有类似设备的船舶接收这种信息

C. 监视和跟踪其他船舶

D. 与其他装有类似设备的船舶的语音通话

259. 根据 STCW 公约第Ⅷ章第 34 条 2 款规定，标准罗经的误差每班至少测定________次，如可能，在任何大幅度改变航向后也应测定；标准罗经和陀螺罗经应经常核对，罗经复示器应与主罗经同步。

A. 1　　B. 2

C. 3　　D. 4

260. 船舶________时，驾驶台航行值班报警系统应始终处于工作状态。

A. 在海上航行　　B. 在海上航行和港内锚泊时

C. 任何时候(营运期间)　　D. 在海上时

261. 下列有关引航员登离船装置的提法哪项不符合 SOLAS 公约的要求？

A. 当从海面到登船入口处的距离超过 9 m 时，不可单独使用软梯

B. 如果引航员有要求，两根直径不小于 28 mm 的安全绳应牢固地系固在船上

C. 在引航员登船时应准备好一根撇缆绳

D. 引航员软梯的装设和引航员的登离船安全应由水手长负责

262. 根据 SOLAS 公约的规定，以下表述正确的是________。

A. 引航员登离船装置的安放和引航员的登船，应由负责的驾驶员进行监督

B. 引航员登离船装置的安放和引航员的登船，应由值班水手或水手长进行监督

C. 负责的值班水手应护送引航员经由安全通道前往和离开驾驶台

D. 应将登离船装置长期固定在一舷供引航员登离船

263. 根据 SOLAS 公约及我国相关法规的规定，当水面至入口处的距离超过________时，应用一个舷梯或其他同样安全方便的装置与引航员软梯相连。舷梯的设置应导向________。

A. 9 m；船尾　　B. 9 m；船首

C. 12 m；船尾　　D. 12 m；船首

264. 根据 SOLAS 公约的规定，在人员登离船时，应准备好________，以便随时可用。

①带有自亮灯的救生圈；②撇缆绳；③支柱；④舷墙梯

A. ①②③④　　B. ①②③

C. ①③④　　D. ②③④

265. 根据 SOLAS 公约及我国相关法规对引航员登离船装置的要求，所有船舶，当从海平面至船舶入口或出口处的距离超过________，并欲将舷梯或其他安全方便的装置与引航员软梯一起供引航员登离船使用时，应在每舷装有这种设备，除非该设备可被移动以供任一舷使用。

A. 8 m　　B. 9 m

C. 10 m　　D. 12 m

266. 根据 SOLAS 公约及我国相关法规对引航员登离船装置的要求，下列说法正确的有________。

①夜间应备有照明灯光；②应有一个带自亮浮灯的救生圈；③应有一根撇缆绳；④从海面到登船入口的距离不超过 10 m 时可单独使用软梯

A. ①②③④　　B. ②③④

C. ①③④　　D. ①②③

267. 根据 SOLAS 公约及我国相关法规对引航员登离船装置的要求，下列说法不确切的是________。

A. 从海面到登船入口的距离超过 9 m 时，不可单独使用软梯

B. 应配备两根系牢于船上的安全绳

C. 应有一根撇缆绳

D. 应有一个带有烟雾信号的救生圈

268. 根据 SOLAS 公约规定，引航员登离船装置的安放和引航员的登船，应由________进行监督。

A. 负责的驾驶员　　B. 值班水手或水手长

C. 大副　　D. 船长

269. 下列有关引航员登离船装置的说法不符合 SOLAS 公约的要求的是________。

A. 当从海面到登船入口的距离超过 9 m 时，不可单独使用软梯

B. 如果引航员有要求，两根直径不小于 28 mm 的安全绳应牢固地系固在船上

C. 在引航员登船时应准备好一根撇缆绳

D. 引航员软梯的装设和引航员的登离船安全应由水手长负责

270. 根据 SOLAS 公约规定，有关引航员登离船装置说法正确的是________。

A. 引航员登离船装置的安放和引航员的登船，应由负责的驾驶员进行监督

B. 应将登离船装置长期固定在一舷供引航员登离船

C. 负责的值班水手应护送引航员经由安全通道前往和离开驾驶台

D. 引航员登离船装置的安放和引航员的登船，应由值班水手或水手长进行监督

271. 根据 SOLAS 公约规定，夜间引航员登离船时应配备适当照明，________不是需要其照亮的位置。

A. 舷外水面　　B. 舷外的引航员登离船装置

C. 引航员登船位置　　D. 引航员离船位置

272. 按照 SOLAS 公约的要求，船舶应在________张贴操舵装置的遥控系统和动力装置转换程序的操作说明和方框图。

①驾驶室；②机舱；③舵机室；④引航员房间；⑤船长房间和轮机长房间

A. ②③④⑤　　B. ①②③⑤

C. ②③④　　D. ①③

273. 根据 SOLAS 公约的规定，下列有关操舵装置的试验和操作要求哪些正确？

①船舶开航前 12 h 内应对操舵装置进行检查和试验；②驾驶台和舵机室内应张贴操舵装置遥控系统及操舵装置动力装置转换程序操作说明及方框图；③至少每 3 个月进行一次应急操舵演习；④操舵装置检查和测试的日期以及应急操舵演习的日期及细节应记入航海日志

A. ①②③　　B. ②③④

C. ①②③④　　D. ①②④

274. 根据 SOLAS 公约，船舶开航前 12 h 内，应由船员对操舵装置进行校核和试验，试验程序应包括________操作。

①主操舵装置、辅助操舵装置、操舵装置遥控系统；②驾驶室内的操舵位置、应急动力供应、相对于舵实际位置的舵角指示器；③操舵装置遥控系统动力故障报警器、操舵装置动力设备故障报警器；④自动隔断装置及其他自动设备

A. ①③④　　B. ①②④

C. ①②③　　D. ①②③④

275. 下列关于"操舵装置试验和演习" 说法，符合 SOLAS 公约的是________。

A. 操舵装置常规校核和试验外，应至少每 2 个月进行一次应急操舵演习，以练习应急操舵程序；演习应包括在舵机室内的直接控制、与驾驶室的通信程序以及（如适用）转换动力供应的操作

B. 仅要求在驾驶室内永久展示操舵装置遥控系统和操舵装置动力设备转换程序的简单操作说明，并附有方框图

C. 操舵装置校核和试验应仅包括：按所要求的操舵装置能力进行满舵试验、驾驶室与舵机室之间通信设备的操作

D. 进行操舵装置校核和试验的日期，以及进行应急操舵演习的日期和详细内容应做记录

276. SOLAS 公约规定，应急操舵演习至少每________个月应进行一次。

A. 4　　B. 3

C. 2　　D. 1

277. 根据《国内航行海船法定检验技术规则》规定，主操舵装置和舵杆应能在船舶最大航海吃水和以最大营运前进航速前进时将舵自一舷 35°转至另一舷 35°，并在相同条件下在不超过________内将舵自一舷 35°转至另一舷 30°。

A. 15 s　　B. 28 s

C. 30 s　　D. 60 s

278. 根据《国内航行海船法定检验技术规则》规定，辅助操舵装置应能在船舶最大航海吃水和以

最大营运前进航速的一半但不小于 7 kn 时进行操舵，在不超过________内使舵自一舷 15°转至另一舷 15°。

A. 15 s　　B. 28 s
C. 30 s　　D. 60 s

279. 按照 SOLAS 公约的要求，下列有关应急操舵演习的说法不正确的是________。
A. 试验在驾驶室内直接控制操舵装置　　B. 进行转换动力供应的操作
C. 试验驾驶台与机舱间的通信程序　　D. 应急操舵演习时全体船员都应参加

280. 根据 SOLAS 公约规定，每次应急操舵演习的演习内容不必包括________。
A. 对操舵装置进行外观检查　　B. 在操舵装置室直接操作舵机
C. 进行动力供应转换　　D. 与驾驶台通信的程序

281. 根据 SOLAS 公约规定，每次应急操舵演习的演习内容不必包括________。
A. 在操舵装置室直接操作舵机　　B. 进行动力供应转换
C. 与驾驶台通信的程序　　D. 操满舵试验

282. 根据 SOLAS 公约规定，下列有关应急操舵的说法正确的是________。
A. 应急操舵是指船舶在救助遇难人员时的操舵
B. 应急操舵是指船舶在各种应急条件下的操舵
C. 应急操舵通常是指船舶处于失控状态下的操舵
D. 应急操舵通常是指船舶因故无法在驾驶台操舵，而必须在舵机室进行的操舵

283. 根据 SOLAS 公约，以下陈述错误的是________。
A. 为保证船员在安全事务上进行有效的操作，应确定一种工作语言并记入船舶的航海日志中
B. 适用公约的每艘船舶，应备有一份由主管机关签发的最低安全配员证书或等效文件
C. 如果船上确定的工作语言不是船旗国的官方语言，所有需张贴的图纸和清单都应采用该船旗国官方语言
D. 除非涉及通信的各方使用除英语外的同一语言，英语应作为驾驶台的工作语言

284. 根据 SOLAS 公约规定，各缔约国政府应颁发一份________，作为船舶配备足够数量和胜任的船员的凭证。
A. 最低安全配员证明或等效文件　　B. 船员适任证书与培训合格证
C. 船舶国籍证书　　D. 海事劳工证书

285. 根据 SOLAS 公约规定，在所有船舶上，为确保船员在安全事务上起到有效作用，应规定一种工作语言并将其记录在船舶航海日志上。________应确定适当的工作语言。
A. 公司或船长　　B. 主管机关
C. 公司 DPA　　D. 船长和轮机长

286. 根据 SOLAS 公约规定，各缔约国政府应确保所有船舶从________观点出发，配备足够数量和胜任的船员。
A. 海上人命安全　　B. 船舶类型与尺度
C. 船舶操作需求　　D. 海上应急

287. 根据 SOLAS 公约，如果接到遇险警报信号的船舶不能前往援助，该船长必须将未能前往援

助遇险人员的理由载入________，并通知________。

A. 航海日志；相应的搜救机构　　B. 航海日志；遇险船舶

C. 无线电日志；相应的搜救机构　　D. 无线电日志；遇险船舶

288. 根据 SOLAS 公约，遇险船舶的船长在尽可能与应答过遇险信号的各船船长协商后，有权召请________的一艘或数艘船舶前来救助。

A. 被遇险船船长认为最有能力给予援助

B. 被遇险船船东认为最先进

C. 被遇险船上所有船员确认为最适当

D. 被遇险船船长认为费用最低

289. 根据 SOLAS 公约关于遇险通信的规定，以下陈述不正确的是________。

A. 只要接到来自任何方面关于海上人员遇险的信息，就应以全速前往援助

B. 被召请援助船舶的船长有义务履行应召，并指挥船舶全速前往援助遇险人员

C. 已应召船舶，如有可能，应通知遇险人员或搜救机构本船正在前往援助中

D. 船长必须将未能前往援助遇险人员的理由载入航海日志，并通知相应的搜救机构

290. 按照 SOLAS 公约要求，处于能提供援助位置的船舶船长在接到有关海上人员遇险的信号时，下列做法不正确的是________。

A. 立即全速前往救助遇险人员

B. 通知遇险人员或搜救机构正在前往救援

C. 如不能前往救助，应将情况报告船旗国主管机关

D. 将未能前往援助遇险人员的原因载入航海日志

291. 根据 SOLAS 公约第Ⅴ章航行安全第 32 条“危险通报”的规定：船上有责任自行采取一切措施将下列信息通知附近各船和能与之通信的最近岸上主管当局________。

①船舶遇到危险的冰、危险的漂浮物或其他任何对航行的直接危险；②船舶遇到热带风暴或未曾收到暴风警报而遇到蒲福 10 级或 10 级以上的风力时；③船舶遇到伴随强风的低于冰点的气温致使上层建筑严重积聚冰块的天气时；④船舶遇到任何形式的海盗攻击时

A. ①②③④　　B. ②③④

C. ①②③　　D. ①②④

292. 作为值班驾驶员，没有收到风暴警报而观测风力达到蒲福风级________级及以上时，应立刻报告船长。

A. 8　　B. 9

C. 10　　D. 11

293. 在海上收到遇险警报后，值班驾驶员应________。

①核对遇险报警信息；②报告船长；③值守遇险通信频道；④按船长指示行事

A. ①②③　　B. ①②④

C. ②③④　　D. ①②③④

294. 根据 SOLAS 公约，对于危险货物的分类，根据________进行分类。

A. ISM 规则　　B. IMSBC 规则

C. IMGS 规则　　D. IMDG 规则

295. 根据 SOLAS 公约,散装运输危险液体化学品应符合________的要求。
A.《国际海运危险货物规则》
B.《国际海运固体散装货物规则》
C.《国际散装运输危险化学品船舶构造和设备规则》
D.《国际气体运输船规则》

296. 根据 SOLAS 公约,《国际散装运输危险化学品船舶构造和设备规则》(IBC 规则)适用于________。
A. 化学品液货船　　B. 液货船
C. 干散货船　　D. 油船

297. 根据 SOLAS 公约,以下有关化学品液货船的要求,表述正确的有________。
①应符合《国际散装化学品规则》的要求;②应按 IBC 规则中的规定予以检验和发证;③所发的证书应受港口国正式授权人员的控制;④也适用于运载石油或易燃货品的船舶
A. ①②④　　B. ①②③
C. ①③④　　D. ①②③④

298. 根据 SOLAS 公约,________系指经建造或改建用于散装运输《国际气体运输船规则》所列的任何液化气体或其他货品的货船。
A. 化学品液货船　　B. 气体运输船
C. LNG 运输船　　D. LPG 运输船

299. 根据 SOLAS 公约,气体运输船系指经建造或改建用于散装运输________所列的任何液化气体或其他货品的货船。
A. IBC 规则　　B. IGC 规则
C. IMSBC 规则　　D. IMDG 规则

300. 根据 SOLAS 公约对谷物装运的规定,以下说法不正确的是________。
A. 除另有规定,装运谷物的货船应符合《国际谷物规则》的要求
B. 除另有规定,装运谷物的货船应持有 1 份按该规则要求的批准文件
C. 对装运谷物的货船的批准文件是强制的
D. 在船长使托运人确信该船的装载情况符合要求之前,不应装载谷物

301. 根据 SOLAS 公约附则第Ⅶ章关于危险货物运输的规定,以下说法不正确的是________。
A. 除另有规定,本章规定适用于所有船舶中装运的包装危险货物
B. 本章规定还适用于化学品液货船和气体运输船
C. 本章规定同时适用于船用物料和设备
D. 不符合规定要求的则禁止装运包装危险货物

302. 根据 SOLAS 公约附则第Ⅶ章关于危险货物装运的要求,以下说法不正确的是________。
A. 包装危险货物的装运应符合 IMDG 规则的有关规定
B. 每艘装运包装危险货物的船舶应具有一份特别清单、舱单或积载图
C. 危险货物清单、舱单或积载图应列出船上危险货物及其位置
D. 船舶装货前应备有一份危险货物清单、舱单或积载图的副本,以供港口国当局指定的人员或组织使用

303. 根据 SOLAS 公约附则第Ⅶ章关于危险货物装运的要求，以下说法不正确的是________。
  A. 包装危险货物的装运应符合 IMDG 规则的有关规定
  B. 每艘装运包装危险货物的船舶应具有一份特别清单、舱单或积载图
  C. 危险货物清单、舱单或积载图应列出船上所有货物及其位置
  D. 船舶驶离前应备有一份危险货物清单、舱单或积载图的副本，以供港口国当局指定的人员或组织使用

304. 下列有关 ISM 规则的叙述哪些正确？
  ①ISM 规则是《国际船舶安全营运及防污染管理规则》的简称；②ISM 规则通过 SOLAS 公约强制执行；③ISM 规则是关于船舶安全营运和防止污染管理的国际标准
  A. ①③　　B. ①②
  C. ②③　　D. ①②③

305. 下列有关 ISM 规则的叙述哪些正确？
  ①ISM 规则是《国际船舶安全营运及防污染管理规则》的简称；②ISM 规则是 SOLAS 公约的组成部分；③ISM 规则是强制执行的规则；④ISM 规则是关于船舶安全管理、安全操作和防止污染方面的一个国际标准
  A. ①②③　　B. ①②③④
  C. ②③④　　D. ①②④

306. 关于 NSM 规则，以下陈述有误的是________。
  A. 为了保障水上交通安全，保护水域环境，应用 ISM 规则的原理，结合我国实际情况，制定了 NSM 规则
  B. NSM 规则为国内航行船舶及其公司提供了一个安全营运和防止污染的管理标准
  C. NSM 规则适用于在我国沿海水域内航行的所有船舶及其公司
  D. NSM 规则的主管机关为中华人民共和国海事主管机关

307. ISM 规则适用于下列哪类国际航行船舶（不论其建造日期）？
  ①客船（包括高速客船）；②500 总吨及以上的油船、化学品液货船、气体运输船、散货船和高速货船；③500 总吨及以上其他货船和海上移动式钻井平台
  A. ①②　　B. ①③
  C. ②③　　D. ①②③

308. ISM 规则的要求________。
  A. 可适用于所有船舶　　B. 仅适用于客船
  C. 仅适用于货船　　D. 仅适用于军用船舶

309. ISM 规则中提及的“符合证明”，是指发给符合 ISM 规则要求的________的证明文件。
  A. 公司　　B. 船舶
  C. 人员　　D. 货主

310. 国际安全管理（ISM）规则的目标是________。
  ①防止人员伤亡；②保证海上安全；③避免对财产造成损失和对海洋环境造成危害
  A. ①③　　B. ①②
  C. ②③　　D. ①②③

311. ISM 规则目的是为________提供一个国际标准。

①船舶营运安全;②船舶防止污染管理;③船舶营运成本管理;④船员管理

A. ①②④　　B. ①②

C. ②③　　D. ①②③④

312. 下列哪些是 ISM 规则的目标?

①保证海上安全;②防止人员伤亡;③避免对环境,特别是海洋环境造成危害及对财产造成损失;④降低船舶营运成本

A. ①②③　　B. ①②③④

C. ②③④　　D. ①②④

313. 根据 ISM 规则,公司制定的安全管理目标应该包括________。

①提供船舶营运的安全做法;②为船舶提供安全的工作环境;③针对已认定的所有风险制定了防范措施;④不断地提高岸上和船上相关人员的安全管理技能

A. ①②④　　B. ②③④

C. ①②③　　D. ①②③④

314. 根据 NSM 规则,公司应建立、实施并保持包括以下哪些要求的安全管理体系?

①船、岸人员的职责、权限和相互间的联系渠道;②事故和不符合规定情况的报告程序;③对紧急情况的准备和反应程序;④内部审核、有效性评价和管理复查程序

A. ①③④　　B. ①②③④

C. ①②③　　D. ②③④

315. 根据 NSM 规则,应在公司和船上建立、实施并保持包括________功能要求的安全管理体系。

①安全和环境保护方针;②事故和不符合规定情况的报告程序;③对紧急情况的准备和反应程序;④内部审核、有效性评价和管理复查程序

A. ②③④　　B. ①②③④

C. ①②③　　D. ①②④

316. 指定人员的责任和权力应包括________。

①对各船的安全营运方面进行监控;②对各船的防污染方面进行监控;③确保按需要提供足够的资源和岸上的支持

A. ②③　　B. ①②

C. ①③　　D. ①②③

317. 根据 ISM 规则,对公司体系内每一艘船舶的安全及防污染范围内进行监控,并提供公司与船上人员间的联系人是________。

A. 指定人员　　B. 机务经理

C. 总船长　　D. 公司总经理

318. 根据 NSM 规则,以下陈述有误的是________。

A. 公司应当保证在船上实施的安全管理体系中包含一个强调船长权力的明确声明

B. 公司应当在安全管理体系中确立船长的绝对权力

C. 公司应当保证在安全和防止污染事务方面赋予船长绝对责任

D. 公司应当保证在船长要求时给予必要的协助

319. 根据 NSM 规则，公司应当________。
①建立程序，以标识、描述船上可能出现的紧急情况；②明确对可能出现的紧急情况如何做出反应；③制订应急行动的训练和演习计划；④确保在任何时候对其船舶所面临的危险、紧急情况和事故能做出反应
A. ①③④　　B. ②③④
C. ①②③　　D. ①②③④

320. 根据 ISM 规则，公司应当建立有关程序，使船上人员能够获得以________书写的有关安全管理体系的信息。
A. 船上工作语言　　B. 船员懂得的语言
C. 船旗国语言　　D. 船上工作语言或船员懂得的语言

321. 对涉及船舶安全和防止污染的关键性的船上操作，公司应当________。
①建立制定有关方案和须知的程序；②与之有关的各项工作，应当明确规定并分配给适任人员；③与之有关的各项工作，保证船上所有人员均能胜任
A. ①②③　　B. ②③
C. ①②　　D. ①③

322. NSM 规则中提及的"重大不符合"，是指________，需要立即采取纠正措施的可辨别的背离，包括未能有效和系统地实施 NSM 规则的要求。
A. 对人员安全构成严重威胁
B. 对船舶安全构成严重威胁
C. 对环境构成严重危险
D. 对人员或船舶或环境安全构成严重威胁

323. 根据 ISM 规则，对于船舶和设备的维护，公司应当建立有关程序，以保证________。
①按照适当的时间间隔进行检查；②报告已知的不符合规定的情况；③采取适当的纠正措施；④保存与船舶和设备维护有关的检查、报告、纠正等活动的记录
A. ①②③　　B. ②③④
C. ①②③④　　D. ①③④

324. 公司按照 ISM 规则建立的船舶和设备的维护程序，为满足要求，应当保证________。
①按照适当的间隔期进行检查；②报告已知的不符合规定的情况并附可能的原因；③采取适当的纠正措施；④保存这些活动的记录
A. ①　　B. ①②
C. ①②④　　D. ①②③④

325. 下列有关安全管理证书的叙述哪项不正确？
A. DOC 由主管机关签发给符合 ISM 规则的每一公司
B. 船长应保存 DOC 的正本，以便在查验时出示
C. SMC 由主管机关签发给每一艘已经按照经认可的安全管理体系运作的船舶
D. DOC 和 SMC 的有效期均为 5 年，临时 SMC 有效期不超过 6 个月

326. 根据 SOLAS 公约规定，ISM 规则的要求________。
A. 可适用于所有船舶　　B. 不适用于客船

C. 仅适用于货船　　D. 不适用于海上移动式钻井平台

327. 根据 SOLAS 公约规定,下列关于船舶安全营运管理要求的说法不正确的是________。
A. 船舶所有人应符合 ISM 规则的要求
B. 船舶应符合 ISM 规则的要求
C. 船舶应由持有符合证明的公司营运
D. 船上应持有和公司对应的符合证明的副本

328. 根据 SOLAS 公约规定,下列关于 ISM 发证的说法不正确的是________。
A. 应为每一符合 ISM 规则要求的公司签发符合证明
B. 符合证明原件应保存在船上,以便船长在被要求验证时出示
C. 船上应持有符合 ISM 规则要求的安全管理证书
D. 符合证明文件应由主管机关、主管机关认可的组织或应主管机关请求由另一缔约国政府签发

329. 在船上运行安全管理体系的意义包括控制和减少________,以保证船舶在海上安全航行。
①不符合规定的情况;②事故;③险情;④机械自然损耗
A. ②③④　　B. ①③④
C. ①②③　　D. ①②③④

330. 对在船上运行的 SMS 的内审,是指由船公司的________对在船上运行的 SMS 进行的系统的、独立的内部安全评审,以确定船上的安全及防止污染活动是否符合 SMS 的要求。
A. 内部审核员　　B. 内部专家
C. 外审员　　D. 内部审核员或内部专家

331. 船上配备的 SMS 文件通常是由________等一系列文件构成。
①安全管理手册;②安全管理程序文件;③安全操作须知与指南类文件;④安全记录类文件
A. ①②③④　　B. ②③④
C. ①②③　　D. ①②④

332. 根据 ISM 规则,对涉及船舶安全和防止污染的船上________操作,必须为其制定操作方案和须知文件。
A. 关键性　　B. 专项技术性
C. 预防性　　D. 重要与核心性

333. ________属于关键操作。
①在受限水域或交通密集区航行时的操作;②在接近陆地水域或交通密集水域船舶突然失去操纵能力时的操作;③能见度不良条件下航行时的操作;④恶劣气象条件下航行时的操作
A. ①②③　　B. ②③④
C. ①②③④　　D. ①②④

334. ________属于特殊操作。
①货运单元系固操作;②海图改正;③航海出版物的改正;④保持船舶水密完整性操作
A. ①②③④　　B. ②③④
C. ①②③　　D. ①②④

335. 在 SMS 文件中,哪个不属于关键操作?

A. 明火作业　　B. 在受限水域或交通密集区航行

C. 海图及图书资料改正　　D. 洗舱及关键性机器操作

336. ________等的装卸和船上移驳操作属于船上关键操作。

①危险货物；②有毒有害物质；③海洋污染物质；④油类

A. ①②④　　B. ①②③

C. ②③④　　D. ①②③④

337. ________属于船上关键操作。

①在通航条件受到限制水域航行时的操作；②在交通密集水域中航行时的操作；③能见度不良条件下航行时的操作；④恶劣气象条件下航行时的操作

A. ①②③④　　B. ①②③

C. ②③④　　D. ①②④

338. 下列操作中哪项是关键操作？

A. 大风浪中航行　　B. 海图改正

C. 船舶保安　　D. 货物绑扎

339. 下列操作中哪项是关键操作？

A. 船舶保安　　B. 海图改正

C. 装卸危险货物　　D. 货物绑扎

340. 下列操作中哪项是特殊操作？

A. 大风浪中航行　　B. 货物绑扎

C. 雾航　　D. 装卸危险货物

341. 下列操作中哪项是特殊操作？

A. 危险货物和有毒害物质的装卸　　B. 能见度不良条件下的航行

C. 海上加油、驳油　　D. 改正海图和有关出版物

342. 船上应当保存 DOC 的________，以备检查时出示。

A. 正本　　B. 副本

C. 正本或副本　　D. 正本和副本

343. 船上应当保存 SMC 的________，以备检查时出示。

A. 正本　　B. 副本

C. 正本或副本　　D. 正本和副本

344. ISM 规则中提及的“安全管理体系”是指能使公司人员有效实施公司的安全与环境保护方针的________的体系。

A. 结构化、文件化　　B. 制度化、专业化

C. 制度化、文件化　　D. 机构化、专业化

345. 根据 ISM 规则要求，公司建立并维护的安全管理体系不必________。

A. 符合强制性规定及规则

B. 对国际海事组织、主管机关所建议的规则、指南和标准予以考虑

C. 对船级社和海运行业组织所建议的规则、指南和标准予以考虑

D. 对港口国监督备忘录组织的检查标准予以考虑

346. 根据 ISM 规则要求,公司建立的安全管理体系应满足的基本功能要求不包括________。
A. 港口国监督迎检程序
B. 确保船舶的安全营运和环境保护符合有关的国际和船旗国立法的指令和程序
C. 船、岸人员的权限和相互间的联系渠道
D. 事故和不符合规则规定情况的报告程序

347. 根据 ISM 规则要求,公司建立的安全管理体系应满足的基本功能要求不包括________。
A. 公司提高营运经济效益目标
B. 安全和环境保护方针
C. 对紧急情况的准备和反应程序
D. 内部评审和管理复查程序

348. 根据 ISM 规则,应在公司和船上建立、实施包括________功能要求的安全管理体系。
A. 安全和环境保护方针
B. 增收节支降耗
C. 海上货物运输程序
D. 提高船舶营运经济效益

349. 安全管理体系在船上的建立的三个阶段不包括________。
A. 初始运行
B. 预运行
C. 试运行
D. 正常运行

350. 在船公司选定的代表船上进行 SMS 预运行,其目的不包括________。
A. 考查船公司拟定的 SMS 文件的系统性、适用性、有效性和可执行性
B. 考查 SMS 能否在公司所有船上有效运行
C. 考查不符合规定的情况、事故、险情能否得到及时报告和纠正
D. 考查文件发放、回收、修改是否及时、有效

351. 对在船上运行的 SMS 的外审不包括________。
A. 初次审核
B. 中间审核
C. 换证审核
D. 年度审核

352. 关于 SMS 的外审,说法不正确的是________。
A. 初次审核是对船舶建立并运行的 SMS 的首次审核
B. 中间审核是按 SMS 外审要求在 SMC 有效期的中期前后进行的审核
C. 换证审核是 SMC 到期前进行的审核,以确定能否为该船核发新的 SMC
D. 临时审核是当船舶发生重大安全事故,为确认 SMC 证书的有效性而进行的审核

353. 当 SMS 发生重要更改,或存在严重不合格而又不在换新审核、期间审核或年度审核时,应进行________。
A. 初次审核
B. 换证审核
C. 附加审核
D. 特别审核

354. 我国实施 NSM 规则的主管机关是________。
A. 交通运输部
B. 交通运输部安全监督局
C. 中国船级社
D. 工商局

355. 除换证审核以外,DOC 须经________审核才有效,SMC 须经________审核才能保持有效。
A. 年度;中间
B. 中间;年度
C. 年度;年度
D. 中间;中间

356. 船上应当保存 DOC 的________以及 SMC 的________,以备检查时出示。

A. 副本；正本　　B. 正本；副本
C. 正本；正本　　D. 副本；副本

357. 船上配备的 SMS 文件是由一系列文件构成，其中通常不包括________。
A. 安全管理手册
B. 安全管理程序文件与安全操作须知与指南类文件
C. 安全记录类文件
D. 货物绑扎系固手册

358. 以下属于关键性操作中的特殊操作的是________。
A. 明火作业　　B. 进入封闭处所
C. 制订航次计划　　D. 高空/舷外作业

359. 以下属于关键性操作中的关键（临界）操作的是________。
A. 船舶开航前货物绑扎系固　　B. 海图和航海出版物的改正
C. 船舶和设备的日常维护保养　　D. 添加燃油操作

360. 以下属于关键性操作中的关键（临界）操作的是________。
A. 大风浪中航行　　B. 海图改正
C. 船舶设备维护　　D. 船舶稳性、强度的校核

361. 根据 SOLAS 公约，船舶保安警报系统的功能说法不正确的是________。
A. 应向有关主管当局发送船舶保安警报
B. 应向任何其他船舶发送船舶保安警报
C. 应在关闭前持续发送船舶保安警报
D. 应在复位前持续发送船舶保安警报

362. 根据 SOLAS 公约，船舶保安报警系统应能够从________启动。
A. 驾驶室和至少一个其他位置　　B. 船长室和驾驶室
C. 报房和船长室　　D. 船上的至少三个位置

363. 根据 SOLAS 公约加强海上保安措施的特别规定，船舶保安报警系统启动后应具备________功能。
A. 发出声光报警
B. 向附近船舶发送警报，以获得援助
C. 向主管机关指定的当局发送船对岸的保安警报
D. 接收主管机关在保安方面的指示

364. 从船舶保安角度考虑，在确定适当的照明水平和位置时，应考虑________。
①船舶人员应能够发现到船舶外部岸侧和海侧的活动；②应覆盖船上和船舶周围的区域；③覆盖区应便于在进入点进行人员身份查验；④便于人员安全
A. ②③　　B. ①②③
C. ①②　　D. ①②③④

365. 按照 ISPS 要求，某人想登轮，但拒绝检查，你应采取什么措施？
A. 如果他出示证件，就允许他登轮　　B. 向他解释保安程序，并拒绝登轮
C. 拘留他　　D. 允许他登轮，并通知船长

366. 按照 ISPS 要求,船上建立限制区域的目的是________。

①阻止擅自进入;②保护乘客、船舶人员;③保护船上敏感的保安区域,保护货物和船舶物料;④存放贵重物品

A. ②③　　B. ①②③④

C. ①②③　　D. ①②

367. 按照 ISPS 要求,发现船上限制区域的门被强制打开,你应采取什么措施?

A. 立即换锁

B. 提升保安等级为 3 级

C. 对限制区域进行调查,报告船长并提交事件报告

D. 启动保安警报

368. 船上由________负责决定进入船舶通道的打开与关闭。

A. 船长　　B. 船舶保安员

C. 主管机关　　D. 公司保安员

369. 船舶采取了停止上下人员、装卸货物、交付物料的措施,用以对进入船舶加强控制,该措施通常属于保安等级________时应采取的措施。

A. 1　　B. 2

C. 3　　D. 4

370. 为符合 ISPS 要求,船舶监控可采用________等措施。

①照明;②值班及保安人员的巡逻;③自动监控设备

A. ①②③　　B. ②③

C. ①③　　D. ①②

371. 按照 ISPS 要求,船上保安组织的成员有________。

①船长;②船舶保安员;③部门保安员及其他负有保安职责的船员

A. ①②③　　B. ②③

C. ①③　　D. ①②

372. 可以成为潜入船舶的通道有________。

①克令吊吊臂;②舷窗;③输油管;④伙食吊

A. ①②③　　B. ②③

C. ①③　　D. ①②③④

373. 按照 ISPS 要求,船上多长时间进行一次保安演习?

A. 不超过三个月的时间间隔　　B. 不超过一个月的时间间隔

C. 不超过六个月的时间间隔　　D. 不超过一年的时间间隔

374. 如果你检查到某人将危险物品藏匿在行李中并欲带上船,你将采取什么措施?

A. 立即通知公司保安员　　B. 允许登轮,并跟随着该员

C. 拒绝登轮,并通知港口当局　　D. 将保安等级提升到 3 级

375. ISPS 要求多长时间进行一次船岸全方位保安演习?

A. 至少每年一次　　B. 至少每年两次

C. 至少每两年一次　　D. 至少每三个月一次

376. 如何防止未被授权的人员登轮？

A. 除船员外，不允许任何人登轮

B. 用金属探测器扫描搜查所有登轮人员

C. 依赖港口设施控制登轮通道

D. 严格控制登轮通道，限制非授权的人员登轮

377. 在公海上航行的船舶的保安等级应该由________确定。

A. 主管机关　　B. 最近的缔约国政府

C. 公司　　D. 船长

378. 在港内靠泊的外籍船舶，其船舶保安等级应该由________确定。

①船旗国主管机关；②港口国政府；③公司；④船长

A. ①②③④　　B. ①②

C. ①②④　　D. ②

379. SOLAS 公约中对船舶识别号应永久性标记位置的描述不正确的是________。

A. 要求在船尾或船体中部左舷和右舷核定载重线以上

B. 要求在船舶上层建筑左舷或右舷

C. 要求在船首左右舷核定载重线以上但应在船名之下

D. 要求在船舶上层建筑正面的可见位置

380. 船舶识别号应永久性地标记在下列位置________。

①在船尾或船体中部的左舷和右舷核定载重线以上；②上层建筑左舷或右舷，或上层建筑正面的可见位置；③机器处所的一个端部横舱壁上，或在一个舱口上；④油船的泵舱内

A. ①②④　　B. ①②③④

C. ①②③　　D. ②③④

381. 根据 SOLAS 公约，船舶 IMO 识别号应永久标记于船尾或船体中部左舷和右舷的________，或上层建筑________的可见位置。

A. 最深核定载重线以下；正面

B. 最深核定载重线以上；正面

C. 最深核定载重线以下；左舷、右舷或正面

D. 最深核定载重线以上；左舷、右舷或正面

382. 根据 SOLAS 公约关于船舶识别号的规定，以下说法不正确的是________。

A. 该永久性标志可制成突出的字符，或刻入或用中心冲头冲制

B. 该永久性标志应清晰可见，与船体上的任何其他标记分开

C. 该永久性标志应在船舶外部、内部各标记一个

D. 船舶识别号由船舶所有人授予船舶

383. 根据 SOLAS 公约规定，船舶识别号永久性标记位置不需要标记在________。

A. 船尾或船体中部左舷和右舷核定载重线以上

B. 上层建筑正面或侧面可见位置

C. 船尾

D. 船首

384. 根据 SOLAS 公约规定,连续性概要记录由________签发。

A. 船旗国主管机关　　B. 港口国主管机关

C. 船公司　　D. 船级社

385. 根据 SOLAS 公约规定,对连续概要记录的任何已有记载可以进行________。

A. 修改　　B. 删除

C. 擦除或涂盖　　D. 复制

386. 根据 SOLAS 公约规定,连续性概要记录 CSR 由________保管。

A. CSO　　B. SSO

C. 船长　　D. 值班驾驶员

387. 根据 SOLAS 公约规定,连续性概要记录的格式由________制定。

A. IMO　　B. 船旗国主管机关

C. 船公司　　D. 船级社

388. 根据 SOLAS 公约规定,下列对连续概要记录的说法不正确的是________。

A. 连续概要记录是一份船舶历史记录

B. 连续概要记录应使用 IMO 制定的格式

C. 连续概要记录由主管机关签发给悬挂其国旗的每一船上

D. 对连续概要记录的记载可以按当时的情况进行修改或删除

389. 根据 SOLAS 公约规定,下列对连续概要记录的说法不正确的是________。

A. 连续概要记录应使用 IMO 制定的格式

B. 连续概要记录由主管机关签发给悬挂其国旗的每一船上

C. 连续概要记录应保存在船上,由船长负责保管

D. 当 PSCO 要求检查连续概要记录时,船长有权拒绝

390. 根据 SOLAS 公约,船舶在进入缔约国境内的港口之前,或在缔约国境内的港口期间,如果主管机关为其规定的保安等级低于缔约国规定的保安等级,船舶应符合________规定的保安等级要求。

A. 缔约国　　B. 主管机关

C. 船旗国政府　　D. 船公司

391. 根据 SOLAS 公约规定,对船舶采取的必要的港口国保安监督措施不包括________。

A. 检查船舶　　B. 延误船舶或滞留船舶

C. 限制船舶操作或将其驱逐出港　　D. 罚款

392. 根据 SOLAS 公约修正案规定,驾驶室航行值班报警系统(BNWAS)________。

A. 在船舶于锚地锚泊期间的任何时候均应保持运行

B. 报警声很烦人,而且我不可能睡着,没必要运行

C. 在船舶于港内航行途中的任何时候均应保持运行

D. 在船舶于海上航行途中的任何时候均应保持运行

393. 根据 SOLAS 公约,核实集装箱总重量包括________。

①货物重量;②集装箱皮重;③包装及垫料;④集装箱箱内系固设备

A. ①②③④　　B. ②③④

C. ①③④　　D. ①②③

394. 根据 SOLAS 公约对货物资料的规定，对于集装箱载运的货物的毛重应经________以规定的方式予以验证，并确保运输单证中已载明验证的毛重。

A. 托运人　　B. 承运人

C. 船舶代理　　D. 货物代理

395. 根据 SOLAS 公约对货物资料的规定，如果装货集装箱的运输单证上未提供验证的毛重，且船长或其代表及码头代表尚未收到该装货集装箱经核实的毛重，该装货集装箱________。

A. 不应装载上船　　B. 可在保函的保证下装载上船

C. 如数量较少可装载上船　　D. 应经承运人称重后装载上船

396. 根据 SOLAS 公约，对于集装箱船舶的额外消防要求，以下有关移动式消防水炮的表述，正确的有________。

①移动式消防水炮和消防水带的喷水器能同时运行；②移动式消防水炮能安全地固定在船体结构上；③移动式消防水炮、所有必要的水带、配件和要求的固定装置应存放随时可用的位置；④移动式消防水炮的水柱可以达到最高一层集装箱

A. ①②③　　B. ②③④

C. ①③④　　D. ①②③④

第二节　港口国监督

1. 港口国检查是各港口国的 PSCO 对挂靠其港口的________进行的安全检查。

A. 任何本国籍船舶　　B. 任何外国籍船舶

C. 任何船舶　　D. 任何悬挂方便旗的船舶

2. 根据港口国监督程序，实施 PSC 检查的主要依据是________。

①有关 IMO 公约；②有关 ILO 公约；③有关 ISO 公约

A. ①③　　B. ①②

C. ②③　　D. ①②③

3. 港口国监督检查的作用是________。

①限制了低标准船的航行；②促进了船旗国履行国际公约；③保证了海上安全

A. ①③　　B. ①②

C. ②③　　D. ①②③

4. 港口国监督检查是各缔约国 PSC 检查官对挂靠其港口的________进行的检查。

A. 本国籍船舶

B. 外国籍船舶

C. 任何船舶

D. 除军用船舶和政府公务船以外的其他船舶

5. 港口国监督程序规定，对非公约缔约国的船舶________。

A. 不给予优惠待遇　　B. 给予优惠待遇

C. 根据情况决定是否给予优惠待遇
D. 根据情况决定是否取消优惠待遇

6. 港口国监督程序适用于________所约束的从事国际航行的商业运输船舶。
A. 海洋法公约
B. 油污责任公约
C. 国际搜救公约
D. 海上人命安全公约

7. 实施港口国监督检查依据的国际公约是________。
①SOLAS 公约;②国际载重线公约和吨位丈量公约;③MARPOL 公约;④STCW 公约
A. ①②③④
B. ②③④
C. ①②③
D. ①②④

8. 根据 SOLAS 公约、MARPOL 公约、STCW 公约等公约中的监督条款,港口国当局如果有________,可以对船舶证书以及船舶状况进行检查或要求船方接受________。
A. 检查证件;事故调查
B. 足够证据;行政处罚
C. 明显依据;操作性检查
D. 检查手段;船舶检验

9. 根据港口国监督程序,“低于标准的船舶”是指________。
A. 船舶载重量和载货容积低于租船合同标准的船舶
B. 船速低于有关运输合同要求的标准的船舶
C. 船舶建造低于规范标准的船舶
D. 船体、机器、设备或操作安全方面实质上低于有关公约要求的标准,或船员不符合安全配员文件的船舶

10. 按照 IMO 的港口国监督程序,下列哪项不能作为低标准船舶认定的依据?
A. 缺少公约要求的主要设备或装置
B. 设备或装置不符合有关公约要求
C. 船龄较长
D. 船员配备低于安全配员要求

11. 按照 IMO 的港口国监督程序的规定,“明显依据”包括________。
①缺少公约要求的主要设备;②一个或几个证书明显无效;③没有各种日志、手册或其他要求的文件;④船员总数超过最低配员的要求
A. ①②③
B. ①②③④
C. ②③④
D. ①②④

12. 按照 IMO 的港口国监督程序的规定,“明显依据”包括________。
①存在船体或结构上的严重变形或缺陷;②一个或几个证书明显无效;③船上安全、防污和航行设备存在严重缺陷;④有情报或证据表明船长或船员不熟悉与船舶安全和防止污染有关的基本操作
A. ①②③
B. ①②③④
C. ②③④
D. ①②④

13. 根据《港口国监督程序》,在实施港口国监督时,________。
A. 各缔约方只适用被其接受的公约条款
B. 各缔约方只适用已生效和即将生效的公约条款
C. 各缔约方只适用已生效的公约条款
D. 各缔约方只适用已生效的并被其接受的公约条款

14. 下列哪项缺陷可能成为 PSC 扩大检查的明显理由?

①证书失效；②遇险报警没有适当消除；③缺少垃圾处理的记录

A. ①③　　B. ①②

C. ②③　　D. ①②③

15. 下列关于船舶“滞留”的说法，正确的是________。

①船舶、船员严重不符合适用的公约要求；②按照现状开航会对船舶、船员和海上环境构成威胁；③为了纠正船舶存在的重大缺陷

A. ①②　　B. ①③

C. ②③　　D. ①②③

16. 根据 IMO 的港口国监督程序，PSC 检查官的检查程序是________。

①观察船舶的维护状况，产生概括性的认识并登轮检查船舶证书和文件；②如果船舶不具备有效证书或文件，或存在明显理由，应进行详细检查；③船舶存在的缺陷危及船舶安全和海洋环境时，可采取的行动包括滞留船舶；④检查完毕向船长签发 PSC 检查报告

A. ①②③④　　B. ②③④

C. ①②③　　D. ①②④

17. 按照 IMO 的港口国监督程序，认定“低标准船舶”依据包括________。

①船舶或其设备因维护不良而存在严重损蚀；②设备或装置不符合有关公约要求；③船员对与其职责有关的设备的操作不熟悉或不熟练；④持证船员的配备低于安全配员证书的要求

A. ①②③④　　B. ②③④

C. ①②③　　D. ①②④

18. 按照 IMO 港口国监督程序的规定，“明显依据”包括________。

①收到该船舶低于标准的举报；②无防火控制图；③误发遇险报警信号且未执行正确的取消程序；④主要船员之间因语言障碍不能进行交流

A. ①②③　　B. ①②③④

C. ②③④　　D. ①②④

19. 以下符合港口国检查正常检查程序的为________。

A. 实施初步检查→选定受检船舶→实施详细检查→对低标准船采取相应的行动

B. 选定受检船舶→实施初步检查→实施详细检查→对检查中发现的船舶缺陷进行处理

C. 选定受检船舶→实施详细检查→签发 PSC 检查报告→采取相应的行动

D. 实施详细检查→对低标准船的认定→签发 PSC 检查报告→滞留船舶

20. 如果根据对船舶的基本印象，PSC 官员具有明显的理由认为船舶的设备或其船员不能满足公约的要求，则可以________检查。

A. 进行初步的　　B. 进行更为详细的

C. 暂时停止　　D. 结束

21. 下列哪项缺陷可能成为 PSC 更详细检查的明显依据？

①国际防止油污证书失效；②缺少垃圾处理的记录；③船舶卫生状况极差；④船上没有最新的应变部署表、防火控制图

A. ①②③　　B. ①②④

C. ②③④　　D. ①②③④

22. PSC 官员可能通过提问来判断________。

①船舶对 ISM 规则的符合性;②船舶对 ISPS 规则的符合性;③船员对安全设备的操作熟练程度;④船员对防污设备的操作熟练程度

A. ②④　　B. ①④

C. ①②③　　D. ①②

23. 根据港口国监督程序,“滞留”是指当船舶和船员实际上不符合适用公约的要求,港口国为保证该船只有在________时方可开航所采取的干涉行动。

①不会对船舶构成危险;②不会对船上的人员构成危险;③不会对海上环境造成损害或威胁;④不会对船上的货物造成损害

A. ①②　　B. ②③

C. ①②③　　D. ①②④

24. 按照 IMO 的港口国监督程序的要求,当 PSC 检查官根据存在的缺陷确认一船为低标准船舶时,港口国应确保该船________。

A. 开航前采取纠正缺陷的措施

B. 抵达下一港前采取纠正缺陷的措施

C. 在下一港采取纠正缺陷的措施

D. 抵达船籍港前采取纠正缺陷的措施

25. 根据港口国监督程序,可能导致船舶滞留的缺陷不包括________。

A. 遇险和安全通信设备的短缺或失灵

B. 航行操作设备短缺或失灵

C. 船舶维护保养用的物料短缺或不充足

D. 号灯、号型短缺或不符合要求

26. 如果________不能正常工作,不能被认定为就是 PSC 检查中所称的“低标准船”。

A. 船上的污油处理设备　　B. 船舶吊货设备

C. 船舶电罗经　　D. 船舶通信设备

27. 可能导致船舶滞留的载重线公约方面的缺陷包括________。

①缺乏足够的和可靠的船舶稳性和强度资料;②水密门及风雨密门变形或有缺陷;③船舶吃水超过规定的载重线;④吃水标志和载重线标志残缺或看不清

A. ①②③④　　B. ①②④

C. ①②③　　D. ②③④

28. 根据港口国监督程序,________情况可以不被认作“低标准船”。

A. 配员不足或持证船员不足

B. 某些船员对主要操作程序不熟练或不熟悉

C. 船龄 12 年以上散货船

D. 由于维护不良使得船舶或设备严重损蚀

29. 依据港口国检查程序,以下可能导致船舶滞留的缺陷有________。

①救生衣破损且数量缺一件;②防火挡板失效;③救生艇机启动失败;④登乘梯破损严重

A. ①③④　　B. ①②③

C. ②③④　　　D. ①②③④

30. 依据港口国检查程序，以下可能导致船舶滞留的缺陷有________。

①右舷灯光弧不符合避碰规则的要求；②EPIRB 测试失败；③GMDSS 应急电源转换失败；④人员落水专用救生圈重量仅重 2.5 kg

A. ②③④　　　B. ①③④

C. ①②③　　　D. ①②③④

31. 根据 IMO 的港口国监督程序的规定，对船舶的操作性要求包括________。

①进行消防和弃船演习；②对驾驶台设备的实际操作能力；③检查关键船员间能否进行语言交流；④对应急机械设备的实际操作

A. ①②③　　　B. ①②③④

C. ②③④　　　D. ①②④

32. 当 PSC 检查官按照船舶操作性要求检查船员的消防演习时，检查的项目可包括________。

①观察船员如何将火警报告给驾驶台；②观察消防组启动灭火设备扑灭模拟火源；③观察消防员正确穿着防护服；④观察伤员急救措施

A. ①②③　　　B. ①②③④

C. ②③④　　　D. ①②④

33. 当 PSC 检查官按照船舶操作性要求检查船员的弃船演习时，检查的项目可包括________。

①发出警报信号，集合船员并按规定的职责做好准备；②检查船员是否正确穿着救生衣；③至少降下一艘救生艇；④启动并操作救生艇发动机并操作吊艇架

A. ①②③　　　B. ①②③④

C. ②③④　　　D. ①②④

34. 根据 IMO 的港口国监督程序的规定，对船舶的操作性检查包括________。

①检查是否按规定显示应变部署表；②检查是否有船舶油污应急计划；③检查是否有防火控制图；④检查客船是否有破损控制图

A. ①②③　　　B. ①②③④

C. ②③④　　　D. ①②④

35. 根据港口国监督程序，PSC 官员在进行有关驾驶台操作检查时，可检查________。

①负责值班的高级船员是否熟悉驾驶台设备；②负责值班的高级船员是否熟悉驾驶台操作程序；③驾驶员对操舵方式转换的熟悉程度；④驾驶员对驾驶台通信程序的熟悉程度

A. ①②③　　　B. ②③④

C. ①②③④　　　D. ①②④

36. 根据港口国监督程序，PSCO 在进行有关应变部署表的检查时，其检查内容可包括________。

①是否按规定显示应变部署表；②应变部署表中是否职责明确；③船员是否知晓在应变部署表中为其规定的职责；④船员是否知晓其履行应急职责的地点

A. ①②③④　　　B. ①②③

C. ②③④　　　D. ①②④

37. 根据港口国监督程序，PSCO 在进行有关消防演习的检查时，可选择模拟火场，以观察船员________等。

①如何报警与集合;②防护服的穿戴;③如何启动灭火设备;④进行火场通信联系和担架、医疗准备

A. ①②③ B. ①③④

C. ①②④ D. ①②③④

38. 根据港口国监督程序,PSCO 在进行有关弃船演习的检查时,可检查________。

①参加演习的船员是否熟悉规定的警报信号、集合地点、救生衣穿戴;②参加演习的船员是否熟悉放艇准备程序以及放艇程序;③救生艇可用状态;④能否在规定的时间内将救生艇释放入水

A. ①②③ B. ②③④

C. ①②③④ D. ①②④

39. 根据港口国监督程序, PSCO 在进行有关消防控制图时,可检查________。

①船上是否有消防控制图;②防控制图内容是否保持最新、是否按规定显示;③船员是否熟悉消防控制图的内容;④高级船员是否知道本船的防火结构及进入不同舱室的办法

A. ①②③ B. ①②③④

C. ②③④ D. ①②④

40. PSC 官员在船员适任证书的检查中,需要检查的主要内容有________。

①核实船上要求持证的船员是否持有适当的、有效的适任证书;②核实船员数量和船员证书是否符合其主管机关的安全配员要求;③评估船上船员保持公约要求的值班标准的能力;④评估主管机关对船员适任证书的颁发标准

A. ②③④ B. ①②③

C. ①②④ D. ①②③④

41. PSC 官员可能通过提问来判断________。

①船舶对 ISM 规则的符合性;②船舶对 ISPS 规则的符合性;③船员对安全设备的操作熟练程度;④船员对防污设备的操作熟练程度

A. ②④ B. ①④

C. ①②③ D. ①②

42. 根据 STCW 公约的规定,当船舶________时,缔约国监督官员可对船员的值班能力是否满足公约要求进行评估。

①碰撞、搁浅或触礁;②在航行、锚泊或停泊时违反国际公约非法排放污染物;③以不稳定或不安全方式操纵船舶;④出现货损货差

A. ①②③ B. ①②③④

C. ②③④ D. ①②

43. 根据 STCW 公约,船舶在船员配备及值班安排方面存在下列哪些不足可被滞留?

①持证船员没有适当、有效的证书;②不符合安全配员的要求;③驾驶或轮机值班安排不符合要求;④未配备能独立值班的报务员

A. ①②③ B. ①②③④

C. ②③④ D. ①②

44. 根据 STCW 公约的规定,如果因为发生了下列哪些情况而有明显证据表明船舶未能保持值班

标准时，缔约国监督官员可对船员按规定进行评估？

①船舶发生碰撞；②船舶发生搁浅或触礁；③船舶非法排放污染物质；④未遵循 IMO 采纳的定线措施或安全航行方法

A. ①②③　　B. ①②③④

C. ①③④　　D. ①②

45. 根据 STCW 公约的规定，主管机关应使________注意到 STCW 规则中应遵守的要求、原则和指南，以确保在所有海船上始终保持安全、持续并适合当时环境和条件的值班。

①公司；②船长；③轮机长；④全体值班人员

A. ①②③　　B. ①②④

C. ②③④　　D. ①②③④

46. 根据 STCW 公约附则的规定，船舶发生的下列哪种情况不应成为评估船员的值班能力是否满足公约要求的理由？

A. 碰撞、搁浅或触礁

B. 在航行、锚泊或停泊时违反国际公约非法排放污染物

C. 以不稳定或不安全方式操纵船舶

D. 发生货损、货差

47. 根据 STCW 公约附则的规定，当船舶存在下列哪些情况时，可被认为是危及人员、财产或环境的缺陷而被滞留？

①应持有证书的船员没有适当、有效的证书或特免证明；②不符合主管机关适用的安全配员的要求；③驾驶或轮机值班安排不符合要求；④未配备能独立值班的报务员

A. ①②③④　　B. ①②③

C. ②③④　　D. ①②

48. 根据 STCW 公约附则的规定，船舶存在下列哪些情况时，可被认为是危及人员、财产或环境的缺陷而被滞留？

①航次开始的第一个班次和其后班次的接班船员没有充分休息，不适于值班；②不符合安全配员的要求；③驾驶或轮机值班安排不符合要求；④没有专门负责操作防污设备、无线电通信设备或航行设备的合格值班人员

A. ①②③④　　B. ①②③

C. ②③④　　D. ①②

49. 根据 STCW 公约附则中的监督条款规定的精神，如果因为发生了下列任何一种情况而有明显理由认为未能保持值班标准时，应对船上海员保持公约要求的值班标准的能力进行评估，包括________。

①船舶发生碰撞事故；②船舶在航行中非法排放有害物质；③驾驶员以某种不安全方式操纵船舶；④船上的某项作业危及人员、财产或环境的安全

A. ①②③　　B. ②③

C. ②③④　　D. ①②③④

50. 根据 STCW 公约中的港口国监督条款，如果发生船舶________，必要时应对海员保持公约要求的值班标准的能力进行评估。

①碰撞;②搁浅;③触礁;④火灾

A. ③④　　B. ②④

C. ①②③　　D. ①②③④

51. 世界上主要区域性 PSC 组织有________。

①拉美 PSC 协定组织;②亚太地区 PSC 谅解备忘录组织;③巴黎 PSC 谅解备忘录组织

A. ②③　　B. ①②

C. ①③　　D. ①②③

52. 下列有关港口国监督检查的产生与发展的叙述,哪项不正确?

A. 率先开始港口国监督检查的是 1982 年参加巴黎备忘录的欧洲国家

B. 港口国监督促进了船旗国履行国际公约

C. 我国依照巴黎备忘录的要求对外国籍船实施港口国监督检查

D. 我国海事主管机关代表国家对外轮进行 PSC 检查,我国船舶在国外港口也接受港口国监督检查

53. 在各个 PSC 检查合作组织中,美国是________。

A. 巴黎备忘录组织成员　　B. 东京备忘录组织成员

C. 加勒比备忘录组织成员　　D. 不属于任何一个 PSC 检查组织

54. 根据东京备忘录新检查机制,影响船舶风险的参数包括________。

①船型;②船龄;③船旗;④公司绩效

A. ①②④　　B. ①③④

C. ①②③　　D. ①②③④

第三节　MARPOL 公约

1. 下列哪些是 MARPOL 公约的附则?

①《防止油污规则》;②《防止船舶垃圾污染规则》;③《防止船舶造成空气污染规则》;④《国际安全管理规则》

A. ①②③④　　B. ①②③

C. ①④　　D. ③④

2. 下列关于现行 MARPOL 73/78 各附则的名称,正确的是________。

①附则Ⅰ为《防止油污规则》;②附则Ⅱ为《控制散装有毒液体物质污染规则》;③附则Ⅲ为《防止海运包装有害物质污染规则》;④附则Ⅳ为《防止船舶生活污水污染规则》;⑤附则Ⅴ为《防止船舶造成空气污染规则》;⑥附则Ⅵ为《防止船舶垃圾污染规则》

A. ①②③④⑤⑥　　B. ②③④⑤⑥

C. ①②③④　　D. ①②③④⑤

3. MARPOL 公约的六个技术性附则中不包括________。

A.《防止油污规则》　　B.《防止船舶生活污水污染规则》

C.《防止船舶造成大气污染规则》　　D.《防止船舶压载水污染规则》

4. MARPOL 73/78 所定义的“有害物质”是指任何进入海洋后________,并包括受本公约控制的

任何物质。

①易于危害人类健康的物质；②易于伤害生物资源和海洋生物的物质；③易于损害休息环境的物质；④妨碍对海洋合法利用的物质

A. ①②③④　　B. ①②③

C. ②③④　　D. ①②④

5. MARPOL 73/78 所定义的“船舶”，包括________。

①水上艇筏；②潜水船；③水翼船、气垫船；④固定或浮动平台

A. ①②③④　　B. ①②③

C. ②③④　　D. ①②④

6. 关于 MARPOL 73/78 所定义的“事故”，说法不正确的是________。

A. 包括实际将有害物质排放入海的事件

B. 包括实际将含有有害物质的废液排放入海的事件

C. 包括可能将含有有害物质的废液排放入海的事件

D. 包括实际将任何洗舱水排放入海的事件

7. 除另有明文规定者外，《国内航行海船法定检验技术规则》第 5 篇“防止船舶造成污染的结构与设备”适用于所有国内航行海船对环境造成的下列哪些污染？

①散装有毒液体物质污染；②海运包装的有害物质污染；③船舶造成的空气污染；④船舶压载水造成的污染

A. ①②③④　　B. ①②③

C. ②③④　　D. ①②④

8.《国内航行海船法定检验技术规则》第 5 篇“防止船舶造成污染的结构与设备”各章的规定不适用于________。

①为保障船舶安全所需要排放者；②为救护海上人命所需要排放者；③由于船舶或其设备遭到意外损坏，已采取一切预防措施仍需排放者；④经港口主管当局批准为特殊目的而要求排放者

A. ①②③④　　B. ①②③

C. ②③④　　D. ①②④

9.《国内航行海船法定检验技术规则》第 5 篇“防止船舶造成污染的结构与设备”各章的规定不适用于________。

①为保障船舶安全所需要排放者；②为救护海上人命所需要排放者；③由于船舶或其设备遭到意外损坏，已采取一切预防措施仍需排放者；④经公司批准为特殊目的而要求排放者

A. ①②③④　　B. ①②③

C. ②③④　　D. ①②④

10. MARPOL 73/78 附则 I 以及我国相关规定所定义的“油类”包括________。

①原油；②燃油；③食用油；④油泥、油渣

A. ①②③④　　B. ①②③

C. ②③④　　D. ①②④

11. MARPOL 73/78 附则 I 以及我国相关规定所定义的“油量瞬间排放率”，指任一瞬间每小时排油的升数除以同一瞬间________之值。

A. 航速(节)　　B. 航程(海里)

C. 时间(小时)　　D. 时间(分钟)

12. MARPOL 73/78 附则Ⅰ以及我国相关规定所定义的"距最近陆地",指距________的距离。

A. 按照国际法划定领土所属领海的基线　　B. 按照各国国内法划定的陆地国境线

C. 大比例尺海图上的沿岸高潮线　　D. 大比例尺海图上的某条等深线

13. 我国相关防污染规定所定义的"零排放港区"系指在该港区内________。

A. 船舶无论是否满足机器处所舱底水的排放要求,其机舱舱底水均不得在此港区内排放

B. 船舶如满足机器处所舱底水的排放要求,其机舱舱底水可在此港区内排放

C. 船舶如满足货物处所舱底水的排放要求,其货舱舱底水可在此港区内排放

D. 船舶无论是否满足机器处所舱底水的排放要求,其机舱舱底水均可在此港区内排放

14. 就 MARPOL 73/78 附则Ⅰ防止油污规则而言,"特殊区域"包括________。

①加勒比海;②波罗的海;③西北欧水域;④亚丁湾

A. ①②③④　　B. ①②③

C. ②③④　　D. ①②④

15. 就 MARPOL 73/78 附则Ⅰ防止油污规则而言,"特殊区域"包括________。

①红海;②黑海;③海湾;④南极

A. ①②③④　　B. ①②③

C. ②③④　　D. ①②④

16. 根据 MARPOL 73/78 附则Ⅰ的在特殊区域以内的排放规定,以下说法不正确的是________。

A. 就南极区域而言,禁止任何船舶将任何油类或油性混合物排放入海

B. 滤油设备附有停止装置,当排出物含油量超过 15 ppm 时,该装置能确保自动停止排放

C. 经过处理的机器处所污水的排放应确保污水未混有货油残余物

D. 油船货油泵舱的污水应按照来自机器处所污水排放要求排放

17. 与货油和燃油系统完全隔绝并固定用于装载压载水的压载舱,称之为________。

A. 清洁压载舱　　B. 专业压载舱

C. 混有压载舱　　D. 专用压载舱

18. MARPOL 73/78 附则Ⅰ"防止油污规则"要求每艘 150 总吨及以上的油船和每艘 400 总吨及以上的其他船舶应进行的检验包括________。

①初次检验;②年度检验;③换证检验;④必要时的附加检验

A. ①②③④　　B. ①②③

C. ②③④　　D. ①②④

19. 根据 MARPOL 73/78 附则Ⅰ"防止油污规则"的规定,凡驶往本公约其他缔约国管辖的港口或近海装卸站的 150 总吨及以上的油船和 400 总吨及以上的其他船舶,在按本附则规定进行初次检验或换证检验后,均应予以签发________。

A. 国际防止油污记录簿　　B. 国际防止油污证书

C. 国际防止油污管理计划　　D. 国际防止油污设备证书

20. 根据 MARPOL 公约的规定,________应按照 MARPOL 公约附则Ⅰ进行规定的检验并持有相应的证书。

①缔约国的任何吨位的国际航行船舶；②200 总吨沿海油船；③300 总吨的小型客船；④400 总吨的油船

A. ②④　　B. ①②③④

C. ②③④　　D. ③④

21. 根据 MARPOL 公约的规定，IAPP 证书应进行________检验以便保持证书有效。

①初次检验、换证检验；②中间检验；③年度检验；④附加检验

A. ①③④　　B. ①②③

C. ①②④　　D. ①②③④

22. MARPOL 公约附则Ⅱ中，根据散装有毒液体物质对人类、海洋资源和环境的危害程度，将其分成________四类。

A. X、Y、Z、OS　　B. A、B、C、D

C. 甲、乙、丙、丁　　D. Ⅰ、Ⅱ、Ⅲ、Ⅳ

23. MARPOL 公约附则Ⅱ中所提及的化学品液货船不包括________。

A. 装运散装有毒液体物质的船舶　　B. 全部散装有毒液体物质货物的油船

C. 部分散装有毒液体物质货物的油船　　D. 专用油船

24. MARPOL 73/78 附则Ⅱ中所指的有毒液体物质是指________。

①对海洋资源及人类健康有害的物质；②在 IBC 规则中列明的物质；③被评定为 X、Y 或 Z 类的任何物质

A. ①②　　B. ①②③

C. ①③　　D. ②③

25. 根据 MARPOL 73/78 附则Ⅱ的规定，________有毒液体物质无确切证据证明对海洋环境和人类健康有无危害，因此其排放不受约束。

A. X 类　　B. Y 类

C. Z 类　　D. OS 类

26. 根据 MARPOL 73/78 及我国相关规定，每艘________的船舶应备有一本符合规定的《程序和布置手册》。

A. 运输包装有害物质　　B. 使用原油洗舱系统

C. 散装运输有毒液体物质　　D. 150 总吨以上的散装运输有毒液体物质

27. 根据 MARPOL 73/78 附则Ⅱ要求，对驶往本公约其他缔约国管辖的港口或装卸站的本附则适用的船舶，在按规定进行初次检验或换证检验后，应签发________。

A. 国际防止散装运输有毒液体物质污染证书

B. 国际防止生活污水污染证书

C. 国际防止包装有害物质污染证书

D. 国际防止船舶垃圾污染证书

28. 根据我国相关规定，散装运输有毒液体物质的船舶在按规定进行初次检验或换证检验后，应签发________。

A. 防止散装运输有毒液体物质污染证书

B. 防止生活污水污染证书

C. 防止包装有害物质污染证书

D. 防止船舶垃圾污染证书

29. 某国际航行船舶的全体船员为中国籍，其船舶工作语言为中文，其应配备的《程序和布置手册》应________。

A. 使用英文编写　　B. 使用中文编写

C. 使用中英文均可　　D. 使用中文和英文编写

30. 某国际航行船舶的全体船员为中国籍，其船舶工作语言为英文，依照 MARPOL 公约附则Ⅱ的规定，其应配备的《程序和布置手册》应________。

A. 使用英文编写　　B. 使用中文编写

C. 使用中英文均可　　D. 使用中文和英文编写

31. 根据 MARPOL 公约附则Ⅲ，下列哪些说法是正确的？

①装有特定有害物质的包装件应能使其对海洋环境的危害减至最低限度；②装有有害物质的包装件上应加上永久性的标志或标签；③在盛装有害物质的包装件上加标志和标签的方法应符合《国际海运危险货物规则》的规定；④装有少量有害物质的包装件可免除标志要求

A. ①②③　　B. ②③④

C. ①④　　D. ①②③④

32. 根据 MARPOL 公约附则Ⅲ的规定，“有害物质”是指________规则中确定为海洋污染物的物质或满足本附则附录所述标准的物质。

A. IMDG　　B. ISPS

C. IMSBC　　D. IBC

33. 根据 MARPOL 公约，以下有关其附则Ⅲ的适用范围，表述正确的有________。

①适用于所有运输有害物质的船舶；②装运过有害物质的空的集装箱，应视为有害物质；③装运过有害物质的空集装箱，已采取适当的预防措施并保证其中已没有危害海洋环境的残余物，可将其视为无害物质；④不适用于船用物料及设备

A. ①②③④　　B. ①③④

C. ①②④　　D. ②③④

34. 根据 MARPOL 公约，以下有关其附则Ⅲ的表述，正确的有________。

①适用于所有装运包装有害物质的船舶；②除非符合各项规定外，否则禁止装运有害物质；③包装形式指 IMSBC 规则中对有害物质所规定的盛装形式；④不适用于船用物料及设备

A. ①②③④　　B. ①③④

C. ①②④　　D. ②③④

35. MARPOL 公约附则Ⅲ适用于________。

A. 所有装运包装形式的有害物质的船舶

B. 所有散装包装形式的有害物质的船舶

C. 所有集装箱形式的有害物质的船舶

D. 所有专用运输有害物质的船舶

36. 根据 MARPOL 公约附则Ⅲ的要求，装有有害物质的包装件上应________。

①加上耐久性的标签；②标明为有害物质；③标签粘贴方法须满足《国际海运危险货物规则》

的有关规定

A. ①③　　B. ②③

C. ①②③　　D. ①②

37. 根据 MARPOL 73/78 附则Ⅲ的规定，装运有害物质的包装件应________。

①足以将有害物质对海洋环境的危害降至最低；②加上耐久性标志或标签；③符合《国际海运危险货物规则》的有关规定；④对装运过有害物质的空容器可免除标志要求

A. ①②③　　B. ①②③④

C. ②③④　　D. ③④

38. 根据 MARPOL 公约附则Ⅲ，下列有关有害物质包装件的标志或标签的叙述正确的是________。

A. 标志或标签应是耐久性的

B. 粘贴的方法不一定符合《国际海运危险货物规则》的有关规定

C. 装运过有害物质的空包装可免除标志要求

D. 装有少量有害物质的包装件可免除标志要求

39. 在标志、标签方面，MARPOL 公约附则Ⅲ对下列哪项没有要求？

A. 装有大量有害物质的包装件　　B. 装运过有害物质的空包装

C. 属于船舶物料的有害物质包装件　　D. 装有少量有害物质的包装件

40. 根据 MARPOL 公约附则Ⅲ的要求，下列哪项叙述有误？

A. 根据其盛装的具体物质，包装件须足以将其对海洋环境的危害降至最低

B. 盛装有害物质的包装件上须加上耐久性的标志或标签

C. 粘贴标志或标签的方法须符合《国际海运危险货物规则》的有关规定

D. 装有少量有害物质的包装件可免除标志要求

41. 根据 MARPOL 公约附则Ⅲ的规定，以下表述正确的有________。

①盛装有害物质的包装件，应加上永久的标记或标签；②标志或标签应能指明该物质为有害物质；③标记和标签的方法应符合 IMDG 规则的相关规定；④包装件应能使其对海洋环境的危害减至最低限度

A. ①②③　　B. ①③④

C. ①②④　　D. ①②③④

42. 根据 MARPOL 公约附则Ⅲ的明文规定，以下有关标志和标签的表述，正确的有________。

①盛装有害物质的包装件应永久标注正确的技术名称（不应单独使用商品名称）；②标志或标签应能指明该物质为有害物质；③标记和标签的方法应符合 IMDG 规则的相关规定；④盛装有害物质的包装件，应加上永久的标记或标签

A. ①②③　　B. ①②④

C. ②③④　　D. ①②③④

43. 根据 MARPOL 公约附则Ⅲ的明文规定，以下标志和标签的叙述正确的有________。

①盛装有害物质的包装件，应加上永久的标记或标签；②标志或标签应能指明该物质为有害物质；③标记和标签的方法应符合 IMDG 规则的相关规定；④标志和标签应在包装件在海水中浸泡至少三个月后，其标记内容仍能清晰可辨

A. ①②③　　B. ①③④
C. ①②④　　D. ①②③④

44. 根据 MARPOL 公约附则Ⅲ的明文规定,以下有关标志和标签的叙述,正确的有________。
①盛装有害物质的包装件,应加上永久的标记或标签;②标志或标签应能指明该物质为有害物质;③标记和标签的方法应符合 IMDG 规则的相关规定;④盛装少量有害物质的包装件可免除标记要求
A. ①②③　　B. ①③④
C. ①②④　　D. ①②③④

45. 根据 MARPOL 公约附则Ⅲ,盛装有害物质的包装件,应加上永久的标记或标签,以指明根据________规则的相关规定该物质为有害物质。
A. IBC　　B. ISPS
C. IMSBC　　D. IMDG

46. 根据 MARPOL 公约附则Ⅳ,以下可确定为"生活污水"的有________。
①二副房间马桶排出物;②三副房间的洗澡水;③船舶病房卫生间的洗澡水;④公共卫生间面盆排出的洗手水
A. ①②③　　B. ①③
C. ②④　　D. ①②④

47. 根据 MARPOL 公约附则Ⅳ,以下可确定为"生活污水"的有________。
①货舱污水井排出的污水;②清洗货舱后的污水;③病房卫生间面盆排出的洗手水;④公共卫生间马桶排出物
A. ①②　　B. ②③④
C. ①③④　　D. ③④

48. 根据 MARPOL 73/78 附则Ⅳ及我国相关规定,每艘符合附则规定的船舶应配备下列生活污水系统之一________。
①经主管机关型式认可的生活污水处理装置;②经主管机关认可的污水粉碎和消毒系统;③容积足够储存所有生活污水的集污舱;④港口接收设施
A. ①②③④　　B. ①②③
C. ②③④　　D. ①②④

49. MARPOL 73/78 附则Ⅳ"防止生活污水污染规则"及我国相关规定要求船舶配备的设备或装置包括________。
①经主管机关型式认可的生活污水处理装置;②经主管机关认可的污水粉碎和消毒系统;③容积足够储存所有生活污水的集污舱;④标准生活污水排放接头
A. ①②③④　　B. ①②③
C. ②③④　　D. ①②④

50. 根据 MARPOL 公约附则Ⅳ,以下有关生活污水的排放的表述,正确的有________。
①在距最近陆地 3 n mile 以外,使用经认可的生活污水粉碎和消毒系统,排放业经粉碎和消毒的生活污水;②在距最近陆地 12 n mile 以外排放未经粉碎和消毒的生活污水;③应在航行途中,中等速率排放;④以不小于 6 kn 的船速航行时排放

A. ①②　　B. ①③④

C. ②③④　　D. ①②③

51. 根据 MARPOL 公约附则Ⅳ，船舶应配备的生活污水系统包括________。

①经认可的生活污水粉碎和消毒系统；②集污舱；③生活污水焚烧炉；④生活污水处理装置

A. ①②③　　B. ①③④

C. ①②④　　D. ①②③④

52. 根据 MARPOL 73/78 附则Ⅴ的规定，垃圾包括________。

①食品废弃物；②生活废弃物；③操作废弃物；④散装有毒液体物质

A. ①②③④　　B. ②③

C. ①②③　　D. ①④

53. 根据 MARPOL 73/78 附则Ⅴ的规定，船舶垃圾系指产生于船舶正常营运期间并需要连续或定期处理的各种废弃物，至少包括________。

①塑料；②生活废弃物；③货物残留物；④焚烧炉的灰渣

A. ①②③④　　B. ①②④

C. ①③④　　D. ②③④

54. 下列属于 MARPOL 73/78 附则Ⅴ所称的船舶垃圾的是________。

①食品废弃物；②渔具；③操作废弃物；④食用油

A. ①②③　　B. ①②③④

C. ②③④　　D. ①②④

55. 根据 MARPOL 公约附则Ⅴ的规定，距最近陆地的起算以按国际法划定的该领土的________为准，特殊情况除外。

A. 大潮高潮线　　B. 领海基线

C. 大潮低潮线　　D. 直线基线

56. 根据 MARPOL 73/78 附则Ⅴ的规定，特殊区域外在一定条件下允许排放入海的垃圾有________。

A. 食用油　　B. 塑料

C. 动物尸体　　D. 渔具

57. 根据 MARPOL 73/78 附则Ⅴ的规定，正常情况下船舶垃圾的处理途径包括________。

①排放入海；②排入岸上接收设备或排入其他船舶；③发生事故时非故意排放入海；④焚烧

A. ①②③④　　B. ①②④

C. ①③④　　D. ②③④

58. 根据 MARPOL 73/78 附则Ⅴ的规定，船舶在特殊区域外处理垃圾时，不正确的有________。

A. 在距最近陆地 3 n mile 外将通过粉碎机或磨碎机的食品废弃物排放入海，这种业经粉碎或磨碎的食品废弃物，应能通过筛眼不大于 25 mm 的粗筛

B. 在距最近陆地 12 n mile 以外，将未处理的食品废弃物排放入海

C. 在距最近陆地 12 n mile 以外，将不能用通用的卸载方法回收的，且不包含对海洋环境有害的物质的货物残余排放入海

D. 在距最近陆地 25 n mile 以外，将废弃的食用油排放入海

59. 根据 MARPOL 73/78 附则Ⅴ的规定，船舶在特殊区域外处理垃圾时，不正确的有________。
A. 在距最近陆地 3 n mile 外将通过粉碎机或磨碎机的食品废弃物排放入海，这种业经粉碎或磨碎的食品废弃物，应能通过筛眼不大于 25 mm 的粗筛
B. 动物尸体应尽可能远离最近陆地排放入海
C. 可将货舱、甲板和外表面洗涤水中包含的对海洋环境无害的清洁剂或添加剂排放入海
D. 在距最近陆地 12 n mile 以外，将废弃的食用油排放入海

60. 根据 MARPOL 73/78 附则Ⅴ的规定，船舶在特殊区域外处理垃圾时，正确的有________。
①动物尸体应尽可能远离最近陆地排放入海；②在距最近陆地 12 n mile 以外，将未处理的食品废弃物排放入海；③在距最近陆地 12 n mile 以外，将不能用通用的卸载方法回收的，且不包含对海洋环境有害的物质的货物残余排放入海；④可将货舱、甲板和外表面洗涤水中包含的清洁剂或添加剂排放入海，但这些物质必须对海洋环境无害
A. ①②③　　B. ①③④
C. ①②④　　D. ①②③④

61. 根据 MARPOL 73/78 附则Ⅴ的规定，除特殊例外的情况外，船舶禁止排放以下哪类垃圾入海？
①一切塑料制品；②塑料制品的焚烧炉灰渣；③动物尸体；④食用油
A. ①②③　　B. ①③④
C. ①②④　　D. ①②③④

62. 根据 MARPOL 73/78 附则Ⅴ的规定，船舶在特殊区域外处理玻璃啤酒瓶时，表述最准确的是________。
A. 禁止排放入海
B. 可在距离最近陆地至少 12 n mile 以外，排放入海
C. 可在距离最近陆地至少 25 n mile 以外，排放入海
D. 可在距离最近陆地至少 50 n mile 以外，排放入海

63. 根据 MARPOL 73/78 附则Ⅴ的规定，船舶在特殊区域外处理垫舱木板时，表述最准确的是________。
A. 禁止处理入海
B. 可在距离最近陆地至少 12 n mile 以外，处理入海
C. 可在距离最近陆地至少 25 n mile 以外，处理入海
D. 可在距离最近陆地至少 50 n mile 以外，处理入海

64. 根据 MARPOL 公约附则Ⅴ的规定，船舶在特殊区域外处理垃圾时，正确的有________。
①一切塑料制品，包括可能包含有毒或重金属残余的塑胶制品的焚烧炉灰烬，禁止处理入海；②货舱、甲板和外表面洗涤水中的清洁剂或添加剂只有在对海洋环境无害的情况下才能排放；③在海上排放食品废弃物时，船舶必须处于在航状态并尽可能远离最近陆地；④处于固定或浮动平台附近 500 m 以内的其他船舶，在距最近陆地超过 12 n mile 时可以排放经粉碎机或研磨机处理的，直径不大于 25 mm 的食品废弃物
A. ①②③　　B. ①③④
C. ①②④　　D. ①②③④

65. 某国际航行 18 万总吨的散货船航行于中国南海距离最近陆地约 380 n mile,根据 MARPOL 公约附则Ⅴ,可以排放入海的垃圾有________。
①未经处理的食品废弃物;②清扫货舱收集的所载铁矿石残余物;③洗舱水;④空玻璃啤酒瓶
A. ①②③ B. ①③④
C. ①②④ D. ①②③④
66. 某灵便型散货船航行于马六甲海峡最近陆地约 30 n mile,根据 MARPOL 公约附则Ⅴ,允许排放入海的垃圾有________。
①未经理过食品废弃物;②用过的垫舱木料;③洗舱水;④废弃的洗衣机
A. ①②③ B. ①③
C. ①④ D. ①②③④
67. 某灵便型散货船航行于中国东海沿岸距最近陆地约 10 n mile,根据 MARPOL 公约附则Ⅴ,________可以排放入海。
A. 经粉碎和研磨后通过筛眼不大于 25 mm 的粗筛的食品垃圾
B. 无法以常用卸载方法回收的货物垃圾,且不含有任何被列为有害海洋环境的物质
C. 包装纸箱
D. 洗舱水,且不含有任何被列为有害海洋环境的物质
68. 某大型集装箱班轮航行于马六甲海峡距离最近陆地大约 15 n mile,根据 MARPOL 公约附则Ⅴ,________禁止排放入海。
①菜库存放的腐烂蔬菜;②冲洗生活区甲板的洗涤水;③纸质包装箱;④桶装方便面空盒
A. ②③④ B. ②③
C. ③④ D. ①②③④
69. 某海岬型散货船从中国北方港口卸货后驶往澳大利亚,在中国沿海距最近陆地约 12 n mile,根据 MARPOL 公约附则Ⅴ,________禁止排放入海。
①菜库存放的腐烂蔬菜;②冲洗生活区甲板的洗涤水;③纸质包装箱;④桶装方便面空盒
A. ②③④ B. ②③
C. ③④ D. ①②③④
70. 某中日韩航线 9900 总吨集装箱船,距离最近陆地约 20 n mile 时,可以尽快把________排放入海。
①过期的整箱食品;②腐烂的猪肉;③废纸;④餐厨垃圾
A. ②④ B. ②③
C. ③④ D. ①②④
71. 某中日韩航线 9900 总吨集装箱船,船上存有更换下来的废旧电视机,可以________。
A. 在最近陆地 12 n mile 外排放入海
B. 送岸接收
C. 在距离最新陆地 25 n mile 外排放入海
D. 焚烧炉焚烧
72. 某东南亚航线约 3500 总吨的杂货船,距离最近陆地约 120 n mile 时,禁止把________排放入海。

①过期的图书资料;②废弃的垫舱物料;③食品包装箱;④腐烂的蔬菜

A. ①②③　　B. ①②④

C. ①②　　D. ①②③④

73. 某巴拿马型散货船在天津港卸完货物后开航,距离最近陆地约 10 n mile 时,禁止把________排放入海。

①过期的罐装食品;②冲洗甲板的洗涤水;③废纸;④铝罐饮料瓶

A. ②③④　　B. ①②④

C. ①③④　　D. ①②③④

74. 根据 MARPOL 公约附则 V 的规定,船舶在特殊区域内在一定条件下可以排放的船舶垃圾是________。

A. 一切塑料制品　　B. 食品废弃物

C. 垫舱物料　　D. 废纸和破布

75. 根据 MARPOL 73/78 附则 V 的规定,船舶在特殊区域内处理垃圾时,以下表述正确的有________。

①一切塑料制品禁止排放入海;②距离最近陆地或最近冰架至少 25 n mile 以外,方可把漂浮的垫舱物料、衬料和包装材料处理入海;③食品废弃物排放入海应尽可能远离最近陆地,但距最近陆地或最近冰架应不少于 12 n mile,且食品废弃物应业经粉碎或磨碎并应能通过筛眼不大于 25 mm 的粗筛,以及食品废弃物不应被任何其他类型的垃圾污染;④不允许在南极区域排放外来的禽类产品,包括家禽和家禽部分,除非其已经过无菌处理

A. ①②③　　B. ①②④

C. ①③④　　D. ①②③④

76. 根据 MARPOL 73/78 附则 V 的规定,船舶在特殊区域内处理垃圾时,以下表述正确的有________。

①一切塑料制品禁止排放入海;②动物尸体应尽可能远离最近陆地排放入海;③食品废弃物应在距最近陆地 3 n mile 以外排放;④食用油禁止排放入海

A. ①②③　　B. ①②④

C. ①③④　　D. ①②③④

77. 根据 MARPOL 73/78 附则 V 的规定,船舶在特殊区域内处理罐装啤酒瓶时,正确的处理措施是________。

A. 禁止排放入海

B. 可在距离最近陆地至少 12 n mile 以外,排放入海

C. 可在距离最近陆地至少 25 n mile 以外,排放入海

D. 可在距离最近陆地至少 50 n mile 以外,排放入海

78. 根据 MARPOL 73/78,在满足________的条件下,在航船舶可在特殊区域内排放无法以常用卸载方法回收的货物残留物。

①出发港和下一目的港都在特殊区域内,且船舶在这些港口间航行时不会驶出特殊区域;②港口没有足够的接收设施;③包含残留物的货舱洗舱水排放时应距最近陆地或最近冰架不少于 12 n mile;④货舱洗舱水不包含任何被列为对海洋环境有害的物质

A. ①②④　　B. ①③④
C. ①②③④　　D. ②③

79. 某巴拿马型散货船航行于红海区域，距离最近陆地约 16 n mile 时，禁止把________排放入海。
①腐烂的蔬菜；②废弃的木质垫舱物料；③废纸；④空啤酒玻璃瓶
A. ①②④　　B. ②③④
C. ①④　　D. ①②③④

80. 某灵便型散货船在科威特港口卸完钢材后，驶往巴林装货途中，在距离最近陆地约 22 n mile 时，禁止把________排放入海。
①过期的罐装食品；②冲洗甲板的洗涤水；③清洗货舱的洗涤水；④旧液晶电视机
A. ①②③　　B. ①④
C. ①③④　　D. ①②③④

81. 某海岬型散货船满载进入北海区域驶往鹿特丹港，距离最近陆地约 25 n mile 时，禁止把________排放入海。
①过期的罐装食品；②腐烂的猪肉；③腐烂的蔬菜叶；④空玻璃啤酒瓶
A. ②③④　　B. ①②④
C. ①③④　　D. ①②③④

82. 某巴拿马型散货船进入红海区域后，禁止把________排放入海。
①厨房餐余食品；②旧电池；③废弃的包装纸箱；④损坏的手机
A. ②③④　　B. ①②④
C. ①③④　　D. ①②③④

83. 某灵便型散货船在红海区域，排放货舱洗涤水需满足的条件中包括含有货物残余的货舱洗涤水应尽可能远离最近陆地应不少于________ n mile 排放入海。
A. 3　　B. 12
C. 25　　D. 50

84. 船舶在地中海区域航行，对于死亡的动物尸体，________。
A. 距离最近陆地 12 n mile 以外排放入海
B. 考虑到 IMO 制定的导则，其排放须尽可能远离最近陆地
C. 不得排放入海
D. 经粉碎后须尽可能远离最近陆地，但距最近陆地须不少于 12 n mile

85. 某船舶在黑海区域航行，距离最近陆地约 23 n mile 时，禁止把________排放入海。
①过期的罐装食品；②焚烧炉灰渣；③废纸；④腐烂的菜叶
A. ②③④　　B. ①②③
C. ①③④　　D. ①②③④

86. 根据 MARPOL 公约附则Ⅵ，残油包括来自________。
①燃油或润滑油分离器的油泥；②主机或副机的废弃润滑油；③舱底水分离器的废油；④滴油盘的废油
A. ②③④　　B. ①②③

C. ①②④　　D. ①②③④

87. 根据 MARPOL 公约附则Ⅵ,以下有关船上焚烧,表述正确的有________。

①船上焚烧应只允许在船上焚烧炉中进行;②禁止焚烧废气清洗系统的残余物;③禁止焚烧附则Ⅰ、Ⅱ或Ⅲ规定的货物残余物或有关的被污染的包装材料;④禁止焚烧含有超过微量重金属的垃圾

A. ②③④　　B. ①②③

C. ①③④　　D. ①②③④

88. 根据 MARPOL 73/78 附则Ⅵ及我国相关防止船舶造成空气污染规定,要求船舶控制排放的物质有________。

①氮氧化物;②氢氧化物;③悬浮颗粒物;④挥发性有机化合物

A. ①②③④　　B. ①②③

C. ②③④　　D. ①③④

89. 根据 MARPOL 公约附则Ⅵ,船上排放控制的措施包括对________的控制。

①消耗臭氧物质;②氮氧化物;③燃油的质量;④硫氧化物和颗粒物质

A. ①②③　　B. ①②④

C. ①③④　　D. ①②③④

90. 根据 MARPOL 公约附则Ⅵ,船上排放控制的措施包括对________的控制。

①船上焚烧;②垃圾排放;③燃油的质量;④挥发性有机化合物

A. ①②③　　B. ①②④

C. ①③④　　D. ①②③④

第四节　国际载重线公约

1.《1966 年国际船舶载重线公约》是一个关于国际航行船舶载重限额和勘绘________所依据原则和规定的国际公约。

A. 最小吃水　　B. 最小储备浮力

C. 夏季满载吃水　　D. 最小干舷

2.《1966 年国际船舶载重线公约》不适用于________。

①军舰;②长度小于 24 m 的新船;③小于 150 总吨的现有船舶;④非营业性游艇、渔船

A. ①②③④　　B. ①②③

C. ②③④　　D. ①③④

3.《1966 年国际船舶载重线公约》规定,船舶必须满足下列哪些条件方被允许从事国际航行?

①按照载重线公约的规定进行检验;②按照载重线公约的规定勘绘标志;③保证具有公约规定的最小干舷;④备有国际载重线证书或国际载重线免除证书

A. ①②③④　　B. ①②③

C. ②③④　　D. ①②④

4.《国际船舶载重线公约》适用于我国的________。

①无限航区 150 总吨以上的船舶;②近洋航区 150 总吨以上的船舶;③悬挂方便旗长度为

24 m 以上的新船；④远洋捕捞船

A. ①②③④　　B. ①②③

C. ①③④　　D. ①②④

5.《国内航行海船法定检验技术规则》中有关载重线的检验不适用于我国的________。

①非营运性游艇；②运动船；③高速船；④航行于长江的海船

A. ①②③④　　B. ①②③

C. ①③④　　D. ②③④

6. 适用《国际船舶载重线公约》的船舶为________。

A. 从事远洋捕捞的船舶

B. 所有从事国际航行的船舶

C. 只在某一国家范围内航行的船舶

D. 从事国际航行 150 总吨及以上的船舶

7. 在以下哪种情况下，船舶可能不满足《国际船舶载重线公约》的要求？

A. 按照本公约的规定进行检验和勘绘标志

B. 持有国际载重线证书或备有国际载重线免除证书

C. 船舶主机设备大修

D. 航线天气良好，多装货物，少量超出相应载重线

8. 根据《1966 年国际船舶载重线公约》的规定，船舶干舷是根据________勘定的。

A. 建造规范　　B. 稳性规范

C. 载重线公约　　D. 吨位丈量公约

9. 根据我国《国内航行海船法定检验技术规则》的规定，干舷是指在船中处，由干舷甲板上边缘向下量至有关载重线________的垂直距离。

A. 下边缘　　B. 任意处

C. 上边缘　　D. 中间

10. 根据《1966 年国际船舶载重线公约》的规定，普通货船的载重线标志中，勘绘在船中两舷，表示干舷甲板位置的水平线段称为________。

A. 分舱标志线　　B. 干舷线

C. 甲板线　　D. 安全线

11. 根据《1966 年国际船舶载重线公约》的规定，船舶设计干舷是指在船中处，由干舷甲板上边缘向下量至有关载重线________的垂直距离。

A. 下边缘　　B. 任意处

C. 上边缘　　D. 中间

12. 根据《1966 年国际船舶载重线公约》的规定，对证书的延期应在证书上签署，并只有在影响船舶干舷尺度的________无变动的情况下才能准许。

①船体结构；②设备；③布置、材料；④构件尺寸

A. ①②③④　　B. ①②③

C. ①③④　　D. ①②④

13. 根据《1966 年国际船舶载重线公约》的规定，船舶的载重线标志通常标绘于________。

A. 船首两舷　　B. 船尾两舷

C. 船中两舷　　D. 船舶设计水线上

14. 根据《1966 年国际船舶载重线公约》的规定，国际航行船舶载重线标志中的夏季载重线是以标有________的水平线段表示的。

A. F　　B. X

C. S　　D. T

15. 根据我国《国内航行海船法定检验技术规则》的规定，船舶载重线标志中的“X”表示________。

A. 夏季载重线　　B. 热带载重线

C. 季淡水载重线　　D. 热带淡水载重线

16. 根据我国《国内航行海船法定检验技术规则》的规定，船舶载重线标志中的“R”表示________。

A. 夏季载重线　　B. 热带载重线

C. 季淡水载重线　　D. 热带淡水载重线

17. 根据我国《国内航行海船法定检验技术规则》的规定，船舶载重线标志中的“Q”表示________。

A. 夏季载重线　　B. 热带载重线

C. 夏季淡水载重线　　D. 热带淡水载重线

18. 根据我国《国内航行海船法定检验技术规则》的规定，船舶载重线标志中的“RQ”表示________。

A. 夏季载重线　　B. 热带载重线

C. 夏季淡水载重线　　D. 热带淡水载重线

19. 根据《1966 年国际船舶载重线公约》的规定，国际航行船舶载重线标志中的夏季载重线是以标有________的水平线段表示的。

A. F　　B. X

C. S　　D. T

20. 根据《1966 年国际船舶载重线公约》的规定，我国国际航行船舶载重线标志中的冬季载重线是以标有________的水平线段表示的。

A. D　　B. X

C. W　　D. T

21. 根据《1966 年国际船舶载重线公约》的规定，载重线标志中各条载重线的________为船舶在不同航区和季节中所允许的最大装载吃水的限定线。

A. 下边缘　　B. 上边缘

C. 线中央　　D. 下 2/3 处

22. 根据《1966 年国际船舶载重线公约》的规定，普通干散货船的热带载重线用英文字母________表示。

A. F　　B. LT

C. T　　D. R

23. 根据《1966 年国际船舶载重线公约》的规定，我国国际航行船舶热带淡水干舷用________来表示。

A. F　　B. TF

C. T　　D. R

24. 根据《1966 年国际船舶载重线公约》的规定，国际航行船舶的载重线标志中，北大西洋冬季载重线是以标有________的水平线段表示的。

A. DBD　　B. BDD

C. TF　　D. WNA

25. 根据《1966 年国际船舶载重线公约》的规定，载重线标志中的圆圈、线段和字母，当船舷为暗色底时，应漆成________；当船舷为浅色底时，应漆成________。

A. 白色或黄色；黑色　　B. 红色；黑色

C. 绿色；红色　　D. 红色；绿色

26. 根据《1966 年国际船舶载重线公约》的规定，载重线标志中的圆圈、线段和字母，当船舷为暗色底时，应漆成________。

A. 白色或黄色　　B. 红色或黑色

C. 绿色或红色　　D. 绿色或黑色

27. 根据《1966 年国际船舶载重线公约》的规定，载重线标志中的圆圈、线段和字母，当船舷为浅色底时，应漆成________。

A. 黑色　　B. 红色

C. 绿色　　D. 白色

28. 根据我国《国内航行海船法定检验技术规则》的规定，载重线标志中的圆圈、线段和字母，当船舷为暗色底时，应漆成________，当船舷为浅色底者，应漆成________。

A. 白色或黄色；黑色　　B. 红色；黑色

C. 绿色；红色　　D. 红色；绿色

29. 根据我国《国内航行海船法定检验技术规则》的规定，载重线标志中的圆圈、线段和字母，当船舷为暗色底时，应漆成________。

A. 白色或黄色　　B. 红色或黑色

C. 绿色或红色　　D. 绿色或黑色

30. 根据我国《国内航行海船法定检验技术规则》的规定，载重线标志中的圆圈、线段和字母，当船舷为浅色底时，应漆成________。

A. 黑色　　B. 红色

C. 绿色　　D. 白色

31. 根据我国《国内航行海船检验法定技术规则》的规定，为保护船员进出他们的住所、机舱以及船上重要操作所用的任何其他处所，应为安全通道配备适当的设施，这些设施包括________。①栏杆；②安全绳；③步桥；④甲板下通道

A. ①②③　　B. ①③④

C. ①②④　　D. ①②③④

32. 根据《国际船舶载重线公约》，对甲板排水及船员保护方面要求说法不正确的是________。

A. 露天甲板四周应装设栏杆或舷墙
B. 舷墙或栏杆的高度在任何情况下不得少于 1 m
C. 甲板栏杆应至少有三档
D. 甲板上的排水舷口应该能够迅速排出甲板、放进积水

33. 根据我国《国内航行海船法定检验技术规则》，对甲板排水及船员保护方面要求说法不正确的是________。
A. 露天甲板四周应装设栏杆或舷墙
B. 舷墙或栏杆的高度在任何情况下不得少于 1 m
C. 甲板栏杆应至少有三档
D. 甲板上的排水舷口应该能够迅速排出甲板、放进积水

34. 根据《国际船舶载重线公约》，对船员保护方面要求说法不正确的是________。
A. 露天甲板四周应装设栏杆或舷墙
B. 舷墙或栏杆的高度正常情况下不得少于 1 m
C. 甲板干舷上的栏杆应至少有两档
D. 散货船通常在甲板上用栏杆和钢丝绳设置安全通道，用于保护船员进出住舱至甲板重要设备操作位置

35. 根据我国《国内航行海船法定检验技术规则》，对船员保护方面的要求说法不正确的是________。
A. 露天甲板四周应装设栏杆或舷墙
B. 舷墙或栏杆的高度正常情况下不得少于 1 m
C. 甲板干舷上的栏杆应至少有两档
D. 散货船通常在甲板上用栏杆和钢丝绳设置安全通道，用于保护船员进出住舱至甲板重要设备操作位置

第五节 STCW 公约

1. STCW 公约是用于控制________方面的一个国际公约。
①船舶技术状况；②船员职业技术素质；③值班标准；④船员就业标准
A. ①②③④　　B. ①②③
C. ②③④　　D. ②③

2. 经修正案修正的 STCW 公约，由________组成。
①公约正文；②公约附则；③STCW 规则 A 部分；④STCW 规则 B 部分
A. ①③④　　B. ①②③
C. ②③④　　D. ①②③④

3. STCW 规则分为 A、B 两部分，________。
A. A 部分为强制性规定　　B. A 部分为非强制性规定
C. B 部分为强制性要求　　D. A 和 B 部分均为建议性要求和指南

4. 制定 STCW 公约的主要目的是________。

A. 提供一个普遍能接受的海员培训、发证和值班最低标准
B. 提供一个与船舶安全相适应的船舶构造、设备与操作方面的最低标准
C. 提供一个船舶安全管理、安全营运与防止污染的最低标准
D. 提供一个海员就业、工作及社会安全等方面的最低标准

5. 在哪类船舶上工作的船员必须符合《海员培训、发证和值班标准国际公约》规定的要求？
A. 航行于长江水域的 300 总吨的客船　B. 中国沿海航行的 100 总吨的干货船
C. 在太平洋水域进行捕鱼作业的船舶　D. 在地中海上巡游的私人游艇

6.《海员培训、发证和值班标准国际公约》旨在确保在全球范围内保持________。
A. 船舶安全的最低标准　B. 海员劳动的最低标准
C. 海员适任的最低标准　D. 船舶防污染的最低标准

7.《海员培训、发证和值班标准国际公约》的修正案旨在________。
①保持 STCW 标准的适应性；②使海员得到持续发展；③使海员保持其职业技能；④特别考虑到了科技发展带来的新的船上适任能力变化
A. ①②③④　B. ①②③
C. ②③④　D. ①③④

8.《海员培训、发证和值班标准国际公约》是________的一套综合性的国际规则。
A. 国际劳工组织　B. 世界卫生组织
C. 国际海事组织　D. 国际运输工人联盟

9. STCW 公约在海员职级和职能块的划分方面，提供了适于________和充分利用人力资源的可供选择的________方式。
A. 高度自动化船舶；职能发证　B. 极端先进的船舶；模块发证
C. 绿色环保船舶；职级发证　D. 超现代化船舶；级别发证

10. ________上工作的船员必须符合《海员培训、发证和值班标准国际公约》规定的要求。
A. 航行于太平洋水域的军舰　B. 航行于印度洋水域的政府公务船
C. 航行于马达加斯加水域的私人游艇　D. 航行于大西洋水域的集装箱船

11. ________上工作的船员必须符合《海员培训、发证和值班标准国际公约》规定的要求。
A. 航行于太平洋水域的军舰　B. 中国沿海航行的 500 总吨的干货船
C. 中国沿海航行的 500 总吨的海警船　D. 中国沿海航行的 500 总吨的渔船

12. STCW 规则将海员职务分为七个职能块，分别是________。
①"航行"与"货物装卸和积载"；②"船舶作业管理和人员管理"；③"轮机工程"与"电气、电子和控制工程"；④"维护和修理"和"无线电通信"
A. ①③④　B. ①②③
C. ②③④　D. ①②③④

13. STCW 规则将海员职务分为三个责任级别，分别是________。
A. "低级"、"普通级"和"高级"　B. "管理级"、"操作级"和"支持级"
C. "指挥级"、"操作级"和"支持级"　D. "船长"、"高级船员"和"普通船员"

14. ________系指依据《海员培训、发证和值班标准国际公约》附则第Ⅱ、Ⅲ、Ⅳ或第Ⅶ章的规定向船长、高级海员以及全球海上遇险与安全系统无线电操作员签发和签注的，并准许其合法

持有人按证书标明的责任等级担任职务和履行职能的证书。

A. 适任证书　　B. 培训合格证
C. 书面证明　　D. 专业训练证书

15. 根据《海员培训、发证和值班标准国际公约》，海船系指除了________以外的船舶。
①在内陆水域中航行的船舶；②在遮蔽水域航行的船舶；③在港章所使用的区域内航行的船舶；④在上述两者紧邻的水域中航行的船舶

A. ①②③④　　B. ②③④
C. ①③④　　D. ①②④

16. 根据 STCW 公约的定义，下列说法有误的是________。

A. 适任证书系指依据 STCW 附则相关规定向船长、高级船员以及 GMDSS 无线电操作员签发和签注赋予其合法持有人按证书标明的责任等级担任职位和履行职能的证书
B. 培训合格证书系指除适任证书以外向海员签发的，表明已符合有关培训、适任或海上服务资历相关要求的证书
C. 书面证明系指除适任证书或培训合格证书以外的，用以证明已符合相关要求的文件
D. 油船系指建造并且用于载运散装原油的船舶

17. 根据《1978 年海员培训、发证和值班标准国际公约 2010 年修正案》的规定，证书须使用发证国的一种或数种官方语言。如使用的语言不是英文，证书文本须包括________。

A. 法文　　B. 英文
C. 葡萄牙文　　D. 俄文

18. 根据《1978 年海员培训、发证和值班标准国际公约 2010 年修正案》的规定，在特殊需要的情况下，主管机关如认为对人员、财产和环境不致造成危险时，可签发特免证明，允许某一指定海员在某一指定的船上，在为期不超过________个月的指定期间内，担任他并未持有适当证书的职位。

A. 3　　B. 6
C. 12　　D. 18

19. 根据《1978 年海员培训、发证和值班标准国际公约 2010 年修正案》的规定，有关对船舶监督的说法正确的有________。
①核实船上的持证船员是否都持有适当的证书；②核实船上船员人数及证书是否符合船旗国主管机关的安全配员要求；③必要时可对船上海员保持公约要求的值班标准的能力进行评估；④执行监督的官员在发现船舶存在缺陷时，应以书面的形式通知该船船长和船旗国的领事

A. ①②③④　　B. ②③④
C. ①③④　　D. ①②③

20. 根据《1978 年海员培训、发证和值班标准国际公约 2010 年修正案》的规定，申请在 500 总吨或以上的海船上负责航行值班适任证书的高级海员，其要求有________。
①年龄不小于 18 岁；②具有不少于 12 个月的经认可的海上服务资历，且参加了认可的船上培训计划；③在所要求的海上服务资历中，已在船长或合格的高级海员的监督下履行驾驶台值班职责不少于 6 个月；④已完成经认可的教育和培训，并且达到 STCW 规则规定的相关适

任标准

A. ①②③④　　B. ②③④

C. ①③④　　D. ①②③

21. 根据《1978 年海员培训、发证和值班标准国际公约 2010 年修正案》的规定，申请在 500 总吨或以上的海船上负责航行值班适任证书的高级海员，其年龄要求为________。

A. 不小于 18 周岁　　B. 不小于 16 周岁

C. 不小于 20 周岁　　D. 不小于 21 周岁

22. 根据《1978 年海员培训、发证和值班标准国际公约 2010 年修正案》的规定，申请液化气体船货物作业基本培训证书的，应具有至少为期________个月的经认可的液化气体船海上服务资历，并且满足 STCW 规则规定的相应适任标准。

A. 3　　B. 6

C. 12　　D. 18

23. 根据《1978 年海员培训、发证和值班标准国际公约 2010 年修正案》的规定，申请救生艇筏、救助艇及快速救助艇培训合格证书的，其年龄要求为________。

A. 不小于 18 周岁　　B. 不小于 16 周岁

C. 不小于 20 周岁　　D. 不小于 21 周岁

24. 根据《1978 年海员培训、发证和值班标准国际公约 2010 年修正案》的规定，申请证书再有效，应履行所持证书上相应职能的经认可的海上服务资历至少________。

A. 在前 5 年中累计 12 个月　　B. 在前 5 年中累计 18 个月

C. 在前 5 年中累计 6 个月　　D. 在前 5 年中累计 3 个月

25. 根据 STCW 公约，以下表述有误的是________。

A. 负责航行值班的高级船员在值班时间内始终在驾驶台或与之直接相连的场所，对船舶航行安全负责

B. 无线电操作员在值班时间内，应始终在无线电工作室负责保持连续值守

C. 负责轮机值班的高级船员，应能立即就备并随时待命到达机器处所

D. 如果船上载有危险货物，值班安排应充分考虑到危险货物的性质、数量、包装和积载，以及当时船上、水上或岸上的任何特殊情况

26. 根据 STCW 公约，为了防止疲劳，各主管机关应要求船舶制定________的休息时间制度。

①值班人员；②被指定负有安全职责的人员；③被指定负有防污染职责的人员；④被指定负有保安职责的人员

A. ②③④　　B. ①②③④

C. ①②③　　D. ①②④

27. 根据《1978 年海员培训、发证和值班标准国际公约 2010 年修正案》的规定，下列有关值班原则说法正确的有________。

①各船船长有义务确保值班的安排足以保持安全航行值班或货物值班；②在船长的统一指挥下，负责航行值班的高级海员在他们值班期间负责船舶的安全航行；③各船轮机长有义务与大管轮协商，确保值班的安排足以保持安全的轮机值班；④缔约国须提请公司、船长、轮机长和值班人员注意遵守 STCW 规则中的有关值班原则，以确保能始终保持安全值班

A. ①②③④　　B. ②③④

C. ①③④　　D. ①②④

28. 根据《1978 年海员培训、发证和值班标准国际公约 2010 年修正案》的规定，下列有关值班原则说法正确的有________。

①船长、高级海员和普通海员须了解操作性或事故性的海洋环境污染的严重后果，并须采取一切可能的预防措施防止这类污染，特别是有关国际规则和港口规章范围内的措施；②在船长的统一指挥下，负责航行值班的高级海员在他们值班期间负责船舶的安全航行；③各船轮机长有义务与船长协商，确保值班的安排足以保持安全的轮机值班；④缔约国须提请公司、船长、轮机长和值班人员注意遵守 STCW 规则中的有关值班原则，以确保能始终保持安全值班

A. ①②③④　　B. ②③④

C. ①③④　　D. ①②④

29. 根据《1978 年海员培训、发证和值班标准国际公约 2010 年修正案》的规定，下列有关值班安排和应遵循的原则叙述正确的有________。

①负责航行值班的高级海员在值班时间内对船舶航行安全负责，届时始终在驾驶台或与之直接相连的场所；②无线电操作员在值班时间内，在适当的频率上负责保持连续值守；③当船舶锚泊或系泊时，须始终保持适当和有效的安全值班；④如必要，保持适当和有效的保安值班

A. ①②③④　　B. ②③④

C. ①③④　　D. ①②④

30. 根据《1978 年海员培训、发证和值班标准国际公约 2010 年修正案》的规定，________。

①负责航行或甲板值班的高级船员的资格应完全符合有关航行或甲板值班职责的相应规定；②负责轮机值班的高级船员的资格应完全符合有关轮机值班职责的相应规定；③值班船员应了解操作性或事故性的海洋环境污染的严重后果，并应采取一切可能的预防措施防止这类污染；④航行值班的高级船员在他们的值班期间，特别是他们在涉及避免碰撞和搁浅时，负责船舶的安全航行

A. ①②③④　　B. ①②③

C. ①③④　　D. ③④

第六节　国际卫生条例

1. 根据《国际卫生条例》的规定，“受染”系指受到感染或污染或携带感染或污染源以至于构成公共卫生危害的________。

①人员；②行李、货物、集装箱；③交通工具；④物品、邮包或骸骨

A. ①②③④　　B. ②③④

C. ①③④　　D. ①②④

2. 根据《国际卫生条例》的规定，“受染地区”系指________依据本条例明确建议采取卫生措施的某个地理区域。

A. 国际海事组织　　B. 世界卫生组织

C. 某国的卫生行政管理部门　　D. 某国政府

3. 根据《国际卫生条例》的规定，________系指感染性病原体进入人体和动物身体并在体内发育或繁殖，并可能构成公共卫生危害。

A. 受染　　B. 感染

C. 鼠疫　　D. 霍乱

4. 根据《国际卫生条例》的规定，________系指将病人或受染者或受染的行李、集装箱、交通工具、物品或邮包与其他个人和物体隔开，以防止感染或污染扩散。

A. 检查　　B. 隔离

C. 检疫　　D. 卫生措施

5. 根据《国际卫生条例》的规定，船长在到达缔约国领土的第一个停靠港口前应当________。

①在抵达前查明船上的健康状况；②在到达时向港口卫生当局递交航海健康申报书；③船长或船医（如果有）应当提供主管当局所要求的有关国际航行中船上卫生状况的任何信息

A. ①②③　　B. ②③

C. ①③　　D. ①②

6. 根据《国际卫生条例》的规定，经世卫组织批准的黄热病疫苗在接种后________开始发挥防止感染的保护效果。

A. 7 天　　B. 3 天

C. 10 天　　D. 15 天

7. 根据《国际卫生条例》的规定，黄热病疫苗接种证书的有效期应为________年。

A. 1　　B. 5

C. 10　　D. 8

8. 根据《国际卫生条例》规定，下列说法有误的是________。

A. 船长到港前应亲自填写并签署海事健康申报单，提交第一个抵达的缔约国港口当局

B. 如有船医，海事健康申报单则应当有船医的副签

C. 应如实填报海事健康申报单

D. 有些港口可能会不要求提交海事健康申报单

9. 根据《国际卫生条例》规定，下列说法有误的是________。

A. 疫苗接种证书应由临床医师亲笔签名

B. 疫苗接种证书必须有英文或法文

C. 黄热病疫苗接种证书的有效期应为 6 年，并从接种之日后 10 天开始

D. 疫苗接种证书属于个人，任何情况下不得集体使用

10. 根据《国际卫生条例》规定，下列有关黄热病疫苗接种证书的说法有误的是________。

A. 证书应由临床医师亲笔签名

B. 证书必须有英文或法文

C. 接种证书的有效期应为 10 年，并从接种之日后 10 天开始

D. 证书丢失，重新接种疫苗，则有效期不超过原有效期

第七节 海事劳工公约

1. MLC 2006 明确规定，每一海员均有________的权利。
①获得体面的船上工作条件；②获得体面的船上生活条件；③享受健康保护；④享受福利措施及社会保障的保护
A. ①②③④
B. ②③④
C. ①②④
D. ①②③

2. 根据《2006 年海事劳工公约》规定，海员在就业和社会权利方面可以享受哪些权利？
①获得符合安全标准的工作场所；②获得公平就业条件；③在船上获得体面的工作和生活条件；④获得健康保护、医疗、福利以及其他形式的社会保护
A. ①
B. ①②③
C. ①③④
D. ①②③④

3. MLC 2006 在构架上共分三个层次，分别是________。
A. 正文条款、规则和技术守则
B. 正文条款、技术守则和规则
C. 规则、守则 A 和守则 B
D. 正文条款、规则 A 和规则 B

4. MLC 2006 的________。
A. 正文部分为强制性技术标准
B. 规则部分为建议性标准
C. 守则部分为强制性标准
D. 守则 A 部分为强制性标准

5. 以下有关《2006 年海事劳工公约》的构架和内容，表述正确的有________。
①在构架上分为三个层次；②三个层次即为正文条款、规则和守则；③守则分为 A 部分的强制性标准和 B 部分的建议性导则；④规则和守则在内容上分为五个标题
A. ①②③
B. ①③④
C. ②③④
D. ①②③④

6. 以下有关《2006 年海事劳工公约》的表述，正确的有________。
①在构架上分为三个层次，即正文条款、规则和守则；②正文条款、规则和守则 A 部分均为强制性要求；③对于守则 B 部分，缔约国可以自主决定是否采纳；④港口国检查不涉及守则 B 部分的要求
A. ①②③
B. ①③④
C. ②③④
D. ①②③④

7.《2006 年海事劳工公约》制定了包括海员的________等方面的国际统一标准。
①工作条件；②健康、安全；③最低工作年龄、招聘录用；④工作时间和船上居住条件
A. ①②③④
B. ②③④
C. ①③④
D. ①②③

8.《2006 年海事劳工公约》由________不同但相关的部分构成。
①公约正文；②规则；③附录；④技术守则
A. ①②③④
B. ②③④
C. ①③④
D. ①②④

9.《2006年海事劳工公约》守则由A部分和B部分两部分组成，A部分为________，B部分为________。

A. 强制性标准；强制性指南　　B. 强制性标准；非强制性指南
C. 非强制性标准；建议性条款　　D. 非强制性标准；非强制性指南

10. 根据《2006年海事劳工公约》的规定，除非另有明文规定，公约适用于________。

①所有船员；②所有海员；③通常从事商业活动的船舶；④通常从事非商业活动的船舶

A. ①②　　B. ②③
C. ①③　　D. ①④

11. 根据《2006年海事劳工公约》，以下关于海员体检证书陈述正确的是________。

A. 海员在上船工作之前应持有体检表或体检单
B. 体检证书应由海事主管机关认可的医师签发
C. 体检证书的最长有效期为1年
D. 如果在航行途中体检证书到期，该证书可继续有效6个月，直到取得新证书

12. 根据MLC 2006，以下表述有误的是________。

A. 应禁止16岁以下的人员受雇、受聘或到船上工作
B. 应禁止18岁以下的人员受雇、受聘或到船上工作
C. 应禁止18岁以下的海员在夜间工作
D. 应禁止雇用或聘用18岁以下的海员从事可能损害其健康或安全的工作

13. 根据MLC 2006，以下表述有误的是________。

A. 海员在上船工作之前应持有有效的体检证书
B. 体检证书用以证明海员健康状况适合其将在海上履行的职责
C. 体检证书应由主管当局签发
D. 视力证书可由经主管当局认可的具备签发证书资格的人员签发

14. 根据《2006年海事劳工公约》中海员船上工作的最低年龄要求，禁止任何________岁以下的人员受雇、受聘或到船上工作；应禁止________岁以下的海员在夜间工作。“夜间”应根据国家法律或实践来定义。它应该包括从不晚于午夜开始至不早于上午5点钟结束的一段至少9个小时的时段。

A. 16;18　　B. 15;16
C. 16;20　　D. 15;18

15. 根据《2006年海事劳工公约》，海员在上船工作之前持有有效的体检证书，证明其健康状况适合其将在海上履行的职责。关于该“体检证书”错误的说法是________。

A. 除非由于有关海员将履行的特殊职责或根据STCW公约的规定要求更短的期间，体检证书的最长有效期为3年
B. 每份体检证书应特别载明：有关海员的听力和视力以及那些受雇职务所从事的工作将会受到不良色觉视力影响的人员的色觉视力全部符合要求
C. 在我国，体检证书应由经主管当局认可的具备签发证书资格的医师签发
D. 每份体检证书应特别载明：该海员未患有任何由于在海上工作而可能会而加重，或使其变得不适合从事此种工作，或威胁船上其他人员健康的疾患

16. 根据《2006 年海事劳工公约》的规定，下列有关海员最低年龄的规定，有误________。

A. 应禁止 16 岁以下的人员受雇、受聘或到船上工作

B. 应禁止 18 岁以下的海员在夜间工作

C. 应禁止雇用或聘用 18 岁以下的海员从事可能损害其健康或安全的工作

D. 应禁止 18 岁以下的人员受雇、受聘或到船上工作

17. 根据《2006 年海事劳工公约》的规定，在紧急情况下，主管当局可以允许没有有效体检证书但持有最近过期体检证书的海员上船工作，直至该海员在下一停靠港通过检查获得体检证书，所允许的期间不能超过________个月。

A. 1　　B. 2

C. 3　　D. 6

18. 根据《2006 年海事劳工公约》的规定，如果在航行途中某海员体检证书到期，该证书应继续有效至下一停靠港，但时间不能超过________个月。

A. 6　　B. 1

C. 2　　D. 3

19. 根据《2006 年海事劳工公约》的规定，下列有关海员体检证书叙述有误的是________。

A. 海员在上船工作之前要求持有有效的体检证书，证明其健康状况适合其海上履行的职责

B. 在紧急情况下，主管当局可以允许没有有效体检证书但持有最近过期体检证书的海员上船工作，直至该海员在下一停靠港通过检查获得体检证书，所允许的期间不能超过 3 个月

C. 体检证书的最长有效期为 3 年，色觉视力证书的最长有效期应为 5 年

D. 如果在航行途中某海员体检证书到期，该证书应继续有效至下一停靠港，但时间不能超过 3 个月

20. 根据《2006 年海事劳工公约》，下列有关海员就业协议的说法不严谨的是________。

A. 在悬挂其旗帜的船舶上工作的海员应持有一份由海员和船东或船东的代表双方签署的海员就业协议

B. 海员应至少持有一份经签字的海员就业协议副本文件

C. 应发给海员一份载有其船上就业记录的文件

D. 签署海员就业协议的海员在签字前应有机会对协议进行审查和征询意见，还要为海员提供其他必要的便利确保其在充分理解了其权利和义务后自由达成协议

21. MLC 2006 中规定，海员和船东提前终止海员就业协议发出预先通知的最短期限不得短于________。

A. 3 天　　B. 7 天

C. 1 个月　　D. 3 个月

22. 根据《2006 年海事劳工公约》的规定，海员和船东提前终止海员就业协议发出预先通知不得短于________天。

A. 30　　B. 15

C. 7　　D. 20

23. 根据《2006 年海事劳工公约》的规定，海员就业协议均应包括________等细节。

①带薪年假的天数；②海员获得遣返的权利；③集体谈判协议；④协议终止及其终止的条件

A. ①②③④　　B. ①②③

C. ①③④　　D. ①②④

24. 根据 MLC 2006,关于海员就业协议,下列说法有误的是________。

A. 海员就业协议必须有海员和船东或船东的代表的双方签字

B. 海员在签字前应有机会对协议进行审查和征询意见

C. 海员在充分理解了其权利和义务后自由达成协议

D. 海员至少保存一份经双方签署的就业协议副本

25. 根据 MLC 2006,关于海员就业协议,下列说法有误的是________。

A. 集体谈判协议可能是构成海员就业协议的全部或一部分,则该协议的一份副本应保留在船上

B. 海员就业协议应包括海员的全名、出生日期或年龄及出生地

C. 海员就业协议必须使用英语

D. 海员和船东提前终止海员就业协议发出预先通知的最短期限不得短于 30 天

26. 根据 MLC 2006,海员就业协议可不包括________。

A. 船东的名称和地址

B. 海员的全名、出生日期或年龄及出生地

C. 海员将担任的职务

D. 协议终止日期

27. 根据 MLC 2006,海员就业协议可不包括________。

A. 海员的工资数额

B. 带薪年假的天数

C. 提供给海员的健康津贴和社会保障保护津贴

D. 海员签遣返的地点

28. 根据《2006 年海事劳工公约》的规定,各成员国应要求按不超过________个月的间隔并根据任何适用的集体协议向在悬挂其旗帜的船舶上工作的海员支付其应得的报酬。

A. 2　　B. 1

C. 3　　D. 4

29. 根据 MLC 2006,有关工资报酬的说法有误的是________。

A. 海员工资报酬的支付间隔不得超过一个月

B. 海员工资报酬的支付间隔最短不得少于一周

C. 海员应收到一个应得报酬和实付数额的月薪账日

D. 海员可要求船东将其收入的全部或部分转给其家人或受赡养人或法定受益人

30. 根据 MLC 2006,有关工资报酬的说法有误的是________。

A. 基本报酬或工资指正常工作时间的报酬,不包括加班报酬、奖金等

B. 工作时间系指要求海员为船舶工作的时间

C. 加班系指超出正常工作时间之外工作的时间

D. 在海上和港口的正常工作时间每天不应超过 10 小时

31. 根据 MLC 2006,有关工资报酬的说法有误的是________。

A. 在海上和港口的正常工作时间每天不应超过 8 小时

B. 每周正常工作时间不得超过 48 小时

C. 加班补偿率不应低于基本报酬或工资的 1.25 倍

D. 所有加班时间应由船员本人进行记录,每月的间隔交由船长签字

32. 根据 MLC 2006,有关工资报酬的说法有误的是________。

A. 除非海员书面提出其他要求,工资应直接支付给海员指定的银行账户

B. 受雇于同一船舶的所有海员应同工同酬

C. 海员工资应以法定方式支付

D. 船长负责船上配备的小卖部和提供的服务,不受船东约束

33. 根据《2006 年海事劳工公约》中有关海员工作及休息时间的规定,说法正确的有________。

①海员的正常工时标准应以每天 8 小时、每周休息一天和公共节假日休息为依据;②海员的最长工作时间为在任何 24 小时时段内不得超过 14 小时,在任何 7 天时间内不得超过 77 小时;③海员的最短休息时间为在任何 24 小时时段内不得少于 10 小时,在任何 7 天时间内不得少于 70 小时;④如果海员因被招去工作而打扰了其正常的休息时间,则应给予其充分的补休

A. ①②③④　　B. ②③④

C. ①②④　　D. ①④

34.《2006 年海事劳工公约》对船员的最长工作和最短休息时间做了如下限制:在任何 24 小时时段内工作时间不得超过________小时,且在任何 7 天时间内不得超过 72 小时;在任何 24 小时时段内休息时间不得少于________小时;且在任何 7 天时间内不得少于________小时。

A. 14;10;77　　B. 15;10;72

C. 14;12;72　　D. 15;12;77

35. 根据《2006 年海事劳工公约》的规定,海员的正常工时标准须以每天________、每周休息________和公共节假日休息为依据。

A. 8 小时;1 天　　B. 8 小时;2 天

C. 12 小时;1 天　　D. 12 小时;2 天

36. 根据《2006 年海事劳工公约》的规定,关于海员的工作与休息时间,________的表述有误。

①最长工作时间在 24 小时内不得超过 8 小时;②任何 7 天时间内工作时间不得超过 72 小时;③最短休息时间在 24 小时内不得少于 10 小时;④任何 7 天时间内休息时间不得少于 70 小时

A. ①④　　B. ②③

C. ①②　　D. ②④

37. 根据《2006 年海事劳工公约》的规定,休息时间最多可分为两段,其中一段至少要有________,且相连的两段休息时间的间隔不得超过________。

A. 8 小时;12 小时　　B. 6 小时;14 小时

C. 6 小时;12 小时　　D. 8 小时;14 小时

38. 根据《2006 年海事劳工公约》的规定,________应以对休息时间的影响最小和不会造成疲劳的方式进行。

①集合演习；②消防训练；③救生艇训练；④封闭处所进入和救助演练

A. ①②③④　　B. ①②③

C. ①③④　　D. ①②④

39. 根据《2006 年海事劳工公约》的规定，________的陈述有误。

A. 如果海员因被招去工作而打扰了正常的休息时间，则应给予充分的补休

B. 在船上容易进入的地点应张贴一份船上工作安排表

C. 船上应保持对海员的日工作时间或日休息时间进行记录

D. 海员应得到一份由船长或船东签字认可的工作/休息时间记录的副本

40. 根据《2006 年海事劳工公约》的规定，不得妨碍船长出于________，可以要求一名海员从事任何一段长的时间工作，而不受工作或休息时间规定的约束。

①船舶紧急安全需要；②船上人员或货物的紧急安全需要；③帮助海上遇险的其他船舶的目的；④帮助海上遇险的人员的目的

A. ①②③④　　B. ①②③

C. ①③④　　D. ①②④

41. 船东对应急演习所占用的船员休息时间应________。

A. 予以补休　　B. 计算加班费

C. 属于特殊情况，应该做的　　D. 双倍补休

42. 根据《2006 年海事劳工公约》的规定，________不应算作带薪年休假的一部分。

①船旗国所认可的公共假日；②船旗国所认可的传统假日；③因患病而不能工作的期间；④因受伤而不能工作的期间

A. ①②③④　　B. ①②③

C. ①③④　　D. ①②④

43. 根据 MLC 2006，有关海员休假权利的说法有误的是________。

A. 准许海员的短期上岸休息不应算作带薪年休假的一部分

B. 因患病或受伤或因生育而不能工作的期间，不应算作带薪年休假的一部分

C. 受雇期短于 1 年的海员，其休假的权利按 1 年计算

D. 未完成就业协议约定的期限，提前终止雇佣关系终止的情况下，休假的权利应按比例计算

44. 根据《2006 年海事劳工公约》的规定，海员在________的情况下有权得到遣返。

①就业协议在国外时到期；②就业协议被船东终止；③就业协议被海员出于合理的理由终止；④海员不再具备履行其就业协议中职责的能力

A. ①②③④　　B. ①②③

C. ①③④　　D. ①②④

45. 根据《2006 年海事劳工公约》的规定，海员在________的情况下有权得到遣返。

①因健康问题需要遣返；②因船舶失事沉没；③由于改变船舶登记，船东不能继续履行其雇用者的义务；④根据仲裁裁定或集体协议而终止或中断雇用

A. ①②③④　　B. ①②③

C. ①③④　　D. ①②④

46. 根据《2006 年海事劳工公约》的规定，海员有权得到遣返前在船上服务的最长时间应不超

过________。

A. 6 个月
B. 8 个月
C. 10 个月
D. 12 个月

47. 根据《2006 年海事劳工公约》的规定，船东应承担________等遣返费用。

①到达遣返目的地的旅费；②从海员离船时起至抵达遣返目的地时止的食宿费；③从海员离船时起至抵达遣返目的地时止的工资；④至遣返目的地的海员个人行李 30 千克的运输费

A. ①②③④
B. ①②③
C. ①③④
D. ①②④

48. 根据《2006 年海事劳工公约》的规定，船东应承担的遣返费用不包括________。

A. 将海员遣返到目的地的旅费
B. 从海员离船时起至抵达遣返目的地时止的食宿费
C. 从海员离船时起至抵达遣返目的地时止的工资
D. 从海员离船时起至抵达遣返目的地时止的各种消费

49. 根据《2006 年海事劳工公约》的规定，船东应承担的遣返费用，包括从海员离船时起至抵达遣返目的地时止的________。

①旅费；②食宿费；③工资和津贴；④必要的医疗费

A. ①②③④
B. ①②③
C. ①③④
D. ①②④

50. 根据《2006 年海事劳工公约》的规定，海员可被遣返的目的地包括________。

①海员同意接受雇用的地点；②集体协议规定的地点；③海员的居住国；④在聘用时双方同意的其他地点

A. ①②③④
B. ①②③
C. ①③④
D. ①②④

51. 根据 MLC 2006，如果出现海员在受雇期间岸上死亡的情况，船东有责任________。

A. 运回亡者尸体
B. 支付丧葬费用
C. 拒付不合理费用
D. 调查死亡真相

52. 根据 MLC 2006，对海员履行协议期间所发生的疾病和受伤，船东应有责任支付海员的医疗费用，直到________。

①该患病海员康复；②该受伤海员康复；③该海员所患疾病被宣布为永久性的；④海员的肌体的机能丧失被宣布为永久性的

A. ②③④
B. ①②③
C. ①②④
D. ①②③④

53. 根据 MLC 2006，对于________，不能免除船东的责任。

①受雇海员在船上服务期间因工作而受伤；②因船东的疏忽导致受雇海员的伤害；③受雇海员的违章操作所致的伤害；④受雇海员在接受雇用时故意隐瞒的疾病

A. ②③④
B. ①②③
C. ①②③④
D. ①②④

54. 依照 MLC 2006 中规定，船舶可以通过无线电或卫星通信获得每天 24 小时提供的医疗指导，包括专家指导。其费用由________。

A. 船东负担　B. 船旗国负担

C. 船员派出国家负担　D. 免费使用

55. 根据 MLC 2006 规定，国家法律或条例可以把船东支付医疗和膳宿费用的责任限制在从受伤或患病之日起不少于________周的期限内。

A. 10　B. 12

C. 16　D. 24

56. 根据 MLC 2006 规定，国家法律或条例可将船东向一名离船海员支付全部或部分工资的责任限制在从患病或受伤之日起不少于________周的期限内。

A. 10　B. 12

C. 16　D. 24

57. 根据《2006 年海事劳工公约》的规定，供船长和相关的岸上和船上医疗人员使用的标准的海员医疗报告表格，该表格及其内容________。

A. 应保证主管机关随时可以查阅　B. 对社会公开

C. 应予保密　D. 对船东公开

58. 根据《2006 年海事劳工公约》的规定，船东应提供财务担保，保证对海员因________的情况提供国家法律或海员就业协议或集体协议所确定的赔偿。

①工伤；②疾病；③死亡；④长期残疾

A. ①②③④　B. ①②③

C. ①③④　D. ①②④

59. 根据《2006 年海事劳工公约》的规定，对于________，免除船东的责任。

①受雇海员在船舶服务之外发生的其他受伤；②因受雇海员的故意行为所致的受伤或患病；③因受雇海员的玩忽职守或渎职所致的受伤或患病；④受雇海员在接受雇用时故意隐瞒的疾病或病症

A. ①②③④　B. ①②③

C. ①③④　D. ①②④

60. 根据《2006 年海事劳工公约》的规定，船旗国应保证在船上工作期间能够得到迅速和适当的医疗，提供的保护和医疗原则上________支付费用，向船员提供的健康保护和医疗的措施应尽可能________岸上工人能够得到的标准。

A. 由海员；相当于　B. 不由海员；高于

C. 不由海员；相当于　D. 由海员；高于

61. 根据《2006 年海事劳工公约》的规定，在有 5 名或以上海员的船上应成立________。

A. 船舶防火委员会　B. 船舶防海盗委员会

C. 福利委员会　D. 船舶安全委员会

62. 根据 MLC 2006，有关船上和岸上医疗的说法有误的是________。

A. 供船长和相关的岸上和船上医疗人员使用的海员医疗报告表格应是一个标准格式的

B. 填好后的该表格及其内容应予保密

C. 所有船舶均应携带医药箱、医疗设备和医疗指南

D. 所有客船上均需配备船医

63. 根据 MLC 2006,有关船上和岸上医疗的说法有误的是________。

A. 所有船舶均应携带医药箱、医疗设备和医疗指南

B. 具体配备由主管当局规定并受到主管当局的定期检查

C. 具体配备考虑到船舶类型、船上人员的数量及航次性质、目的地和航程以及相关的国家和国际的建议医疗标准

D. 所有船舶上均需配备一名胜任提供医疗急救的海员

第八节 国际船舶压载水和沉积物控制与管理公约

1.《国际船舶压载水和沉积物控制与管理公约》不适用于________。

①设计和建造成不承载压载水的船舶;②在缔约国管辖下运营的非缔约国船舶;③专门运营于一缔约国管辖水域内的该缔约国的船舶;④船上密封舱柜中的不排放的永久性压载水

A. ①②③④　　B. ①②③

C. ②③④　　D. ①③④

2.《国际船舶压载水和沉积物控制与管理公约》所定义的“压载水”,系指为控制船舶________而在船上加装的水及其悬浮物。

①横倾;②吃水或吃水差;③稳性;④总纵强度

A. ①②③④　　B. ①②③

C. ②③④　　D. ①③④

3.《国际船舶压载水和沉积物控制与管理公约》所定义的“压载水”,系指为控制船舶纵倾、横倾、吃水、稳性或应力而在船上加装的________。

①海水;②河水;③水中悬浮物;④水中沉淀物

A. ①②③④　　B. ①②③

C. ②③④　　D. ①③④

4. 根据《国际船舶压载水和沉积物控制与管理公约》,“压载水管理”系指单独或合并使用________处理方法,以清除、无害处置、避免摄入或排放压载水和沉积物中的有害水生物和病原体。

①机械;②物理;③化学;④生物

A. ①②③④　　B. ①②③

C. ②③④　　D. ①③④

5. 根据《国际船舶压载水和沉积物控制与管理公约》,“有害水生物和病原体”系指如被引入海洋、河口或淡水水道,则可能________的水生物或病原体。

①危害环境或人体健康;②危害财产或资源;③损害生物多样性;④妨碍区域的合法利用

A. ①②③④　　B. ①②③

C. ②③④　　D. ①③④

6. 根据《国际船舶压载水和沉积物控制与管理公约》要求,以下说法有误的是________。

A. 公约生效后,应船舶应备有一份经批准的压载水管理计划

B. 压载水记录簿应经过批准
C. 压载水管理计划的制订应参照 IMO 压载水管理和制订压载水管理计划导则(G4 导则)
D. 公约适用所有国际航行的船舶

7. 根据《船舶压载水和沉积物控制与管理规则》，________应熟知其在供职船舶实施其具体压载水管理方面的职责并应熟知与其职责相应的船舶压载水管理计划。
A. 高级船员　　B. 普通船员
C. 高级船员和普通船员　　D. 管理级船员

8.《国际船舶压载水和沉积物控制与管理公约》由________构成。
①公约正文；②船舶压载水和沉积物控制与管理规则；③防止船舶生活污水污染规则；④附录
A. ①②③④　　B. ①②③
C. ②③④　　D. ①②④

9. 下列哪个不属于《国际船舶压载水和沉积物控制与管理公约》包括的内容？
A. 船舶压载水和沉积物控制与管理规则
B. 防止船舶生活污水污染规则
C. 附录Ⅰ——国际压载水管理证书格式
D. 附录Ⅱ——压载水记录簿格式

10.《船舶压载水和沉积物控制与管理规则》的内容包括________。
①总则；②船舶的管理和控制要求；③压载水管理标准；④压载水管理的检验和发证要求
A. ①②③④　　B. ①②③
C. ②③④　　D. ①③④

11. 根据《国际船舶压载水和沉积物控制与管理公约》要求，以下说法有误的是________。
A.《国际船舶压载水和沉积物控制与管理公约》包括公约正文、附件、附录
B. 提及本公约时即包括其附件，除非另有明文规定
C. 适用船舶的压载水排放应按附件规定通过压载水管理进行
D. 每一船舶均应在船上备有至少载有公约附录规定信息的压载水记录簿，该记录簿不能采用电子记录系统

第九节　联合国海洋法公约

1. 海洋由不同的海域组成，包括________等，船舶在不同的海域航行，其航行权不同。
①内海；②领海与毗连区；③国家管辖海域；④公海
A. ①②④　　B. ①②③④
C. ②③④　　D. ①②③

2. 我国涉及海洋权益及船舶航行权的法规包括________。
①《中华人民共和国领海及毗连区法》；②《中华人民共和国专属经济区和大陆架法》；③《中华人民共和国海上交通安全法》
A. ①②　　B. ①③
C. ②③　　D. ①②③

3.《联合国海洋法公约》于 1982 年 12 月 10 日在牙买加的蒙特哥湾召开的第三次联合国海洋法会议最后会议上通过,1994 年生效,已获 150 多个国家批准。公约规定一国可对距其海岸线________海里的海域拥有经济专属权。

A. 12　　B. 24

C. 100　　D. 200

4. 根据《联合国海洋法公约》及有关规定,一国领土由领陆、领水,以及领陆和领水的上层空间和底土所组成,其中内水包括________。

①河流;②湖泊;③运河;④内海

A. ①②③④　　B. ①②③

C. ①②　　D. ②③

5. 根据《联合国海洋法公约》及有关规定,领海是指________。

A. 邻接一国海岸和内水,受国家主权支配和管辖下的一定宽度的海域

B. 邻接一国设立的防止其水域污染及保护自然资源的一定宽度的海域

C. 邻接一国海岸,受国家主权支配和管辖下的一定宽度的海域

D. 一国具有各种主权权利的海域

6.《联合国海洋法公约》规定,每一国家有权确定其领海宽度,但从按照本公约确定的基线量起,不超过________海里。

A. 3　　B. 6

C. 12　　D. 24

7. 根据《联合国海洋法公约》,对与领海相连,并由沿海国对若干事项行使必要管制的一定宽度的海域称为________。

A. 专属经济区　　B. 毗连区

C. 专门管制区　　D. 领海附属区

8. 根据《联合国海洋法公约》,内海是指________的全部海域。

A. 一个国家毗连区以内　　B. 一个国家专属经济区以内

C. 一个国家领海基线内侧　　D. 一个国家管辖海域以内

9. 关于领海宽度,以下表述有误的是________。

A. 根据海洋法原则,只有沿海国才有权确定一定宽度的海域作为自己的领海

B. 领海宽度由沿海国根据本国地理、经济、政治等因素,在合理范围内自行确定

C. 各国确定的领海宽度差异很大,从 1~24 海里不等

D.《中华人民共和国领海及毗连区法》规定,中华人民共和国领海的宽度从领海基线量起为 12 海里

10. 根据当前国际上各国的实际情况,所确定的领海宽度最大的为________。

A. 50 海里　　B. 100 海里

C. 200 海里　　D. 250 海里

11. 沿岸国在确定其领海时,在其沿海划定一条确定其领海外部界限的起算线,称为________。

A. 基准海岸线　　B. 领海基线

C. 测量基线　　D. 大地基准线

12. ________通常被海岸线曲折、沿岸岛屿较多的国家选作领海基线确定的方法。
A. 正常基线　　B. 直线基线
C. 低潮基线　　D. 高潮基线

13. 按照________确定领海基线的方法，在海岸最突出的部位和沿岸岛屿外缘选定一系列基点，并将相邻基点用直线连接成一条折线作为领海基线。
A. 正常基线　　B. 基点基线
C. 直线基线　　D. 外缘基线

14. 我国采用________作为领海基线。
A. 正常基线　　B. 直线基线
C. 低潮基线　　D. 标准基线

15. ________是指同时采用正常基线和直线基线作为领海基线。
A. 混合基线　　B. 交互基线
C. 并用基线　　D. 统一基线

16. 关于内水，以下表述有误的是________。
A. 内水是指国家领土以内及其领海基线向领陆一侧的水域
B. 海洋法中的内水是指位于领海基线和海岸线之间的内海水
C. 沿海国对其内水享有完全的排他性主权
D. 允许外国船舶在他国内水“无害通过”

17. 根据有关公约规定，沿海国在其设立的毗连区中，行使管制的事项有________。
①防止在其领土或领海违反关税、财政、移民；②惩罚在其领土或领海内违反关税、财政、移民；③防止在其领土或领海内违反有关卫生规章及惩罚相应的违法行为
A. ①②③　　B. ①②
C. ②③　　D. ①③

18. 毗连区是沿海国为防止在其领土和领海内违反其________的法规，以及对违反上述法规的行为行使必要的惩治而设立的区域。
①海关；②财政；③移民；④卫生
A. ②③④　　B. ①③④
C. ①②③④　　D. ①②③

19.《中华人民共和国领海及毗连区法》规定，中华人民共和国领海基线由中华人民共和国政府公布，采用________划定。
A. 正常基线法　　B. 直线基线法
C. 低潮基线法　　D. 自然基线法

20. 根据《联合国海洋法公约》，以下关于领海说法不正确的是________。
A. 每一国家有权确定其领海的宽度，直至从按照本公约确定的基线量起不超过 12 海里的界限为止
B. 领海的外部界限是一条其每一点同基线最近点的距离等于领海宽度的线
C. 测算领海宽度的正常基线是沿海国官方承认的陆地国境线
D. 测算领海宽度的基线的划定可采用连接各适当点的直线基线法

21. 根据《联合国海洋法公约》,以下关于内水说法不正确的是________。
A. 领海基线向陆一面的水域构成国家内水的一部分
B. 外国商船如获准进入内水,必须驶入指定的港口并遵守该国的有关法律和规章
C. 沿海国家对其内水享有完全的、排他性的主权权利
D. 外国商船在内水中享有无害通过权

22. 根据《联合国海洋法公约》,所有国家,不论为沿海国或内陆国,其船舶均享有无害通过________的权利。
①内水;②群岛水域;③领海;④领海海峡
A. ①②③④
B. ②③
C. ②③④
D. ③④

23. 根据《联合国海洋法公约》,如果外国船舶在领海内进行________活动,其通过即应视为损害沿海国的和平、良好秩序或安全。
①通常航行所附带发生的停船和下锚;②在船上起落或接载任何飞机;③捕鱼;④上下任何商品、货币或人员
A. ①②③④
B. ①②③
C. ②③④
D. ①③④

24. 根据《联合国海洋法公约》,如果外国船舶在领海内进行________活动,其通过即应视为损害沿海国的和平、良好秩序或安全。
①研究或测量;②影响沿海国防务或安全的宣传行为;③违反公约规定的任何故意和严重的污染行为;④任何操练或演习
A. ①②③④
B. ①②③
C. ②③④
D. ①③④

25. 根据《联合国海洋法公约》对毗连区的规定,以下说法不正确的是________。
A. 毗连区从测算领海宽度的基线量起,不得超过 24 海里
B. 领海属于毗连区的一部分
C. 沿海国可在毗连区内,防止在其领土内违犯其卫生规章的行为
D. 沿海国可在毗连区内,惩治在其领海内违犯其海关法律的行为

26.《中华人民共和国领海与毗连区法》规定,我国领海基线采用________法划定。
A. 直线基线
B. 正常基线
C. 混合基线
D. 低潮基线

27.《中华人民共和国领海与毗连区法》规定,我国领海________。
A. 宽度为 12 海里
B. 宽度自基线量起不超过 12 海里
C. 宽度自基线量起不超过 24 海里
D. 为领海基线向陆一面的水域

28. 海峡是指位于两块陆地之间、两端与海洋相通的天然狭窄水道,其特点是________。
①在地理上处于两块陆地之间;②是天然形成的水道;③两端与海洋相连接
A. ①②③
B. ①②
C. ②③
D. ①③

29. 如果按海峡水域的法律地位区分,该海峡宽度超过两岸沿海国领海宽度,中间留有公海水域

的海峡是________。

A. 内海海峡　　B. 领海海峡

C. 非领海海峡　　D. 国际水域海峡

30. 如果海峡水域被沿海国领海全部覆盖，该海峡称为________。

A. 内海海峡　　B. 领海海峡

C. 非领海海峡　　D. 国际航行海峡

31. 如果海峡两端连接公海或专属经济区并可供海船通过，该海峡称为________。

A. 内海海峡　　B. 领海海峡

C. 非领海海峡　　D. 国际航行海峡

32. 以下关于在各种不同法律地位的海峡里的航行权，表述有误的是________。

A. 对于内海海峡，各国船舶只有经过沿海国的批准才能通过

B. 对于非国际航行的领海海峡，各国船舶有绝对的自由航行权

C. 对于国际航行的非领海海峡，各国船舶有完全的自由航行权

D. 对于国际航行的领海海峡，在这类海峡中航行适用“过境通行权”

33. 根据《联合国海洋法公约》，以下关于船舶在海峡的航行制度的说法不正确的是________。

A. 船舶非经沿岸国许可不得进入内海海峡（采用直线基线而形成的除外）

B. 船舶可无害通过领海海峡

C. 船舶在非领海海峡享有航行自由

D. 船舶通过国际航行海峡需得到沿岸国许可

34. 沿海国在其领海以外并邻接其领海的海域内，为保护自然资源具有主权权利和管辖权而设立的管辖区域被称为________。

A. 领海　　B. 毗连区

C. 专属经济区　　D. 内水

35. 根据《联合国海洋法公约》，专属经济区的计算起点是________。

A. 从领海外缘起算　　B. 从领海基线起算

C. 从沿岸中海岸边线起算　　D. 从毗连区外缘起算

36. 根据《联合国海洋法公约》，专属经济区从起算基线向外不得超过________海里。

A. 12　　B. 24

C. 150　　D. 200

37. 根据《联合国海洋法公约》，沿海国在其设立的专属经济区内所享有的主权权利包括________。

①勘探、开发、养护和管理海床、底土及其上覆盖水域的自然资源；②有关该水域内经济性勘探；③有关该水域内开发活动

A. ①②③　　B. ①②

C. ②③　　D. ①③

38. 根据《联合国海洋法公约》，沿海国在其设立的专属经济区内所享有的管辖权有________。

①自然资源的勘探、开发；②海洋环境保护；③海洋科学研究；④自然资源的养护和管理及有关的经济活动

A. ①②③④　　B. ②③④
C. ②③　　D. ①②③

39. 根据《联合国海洋法公约》，专属经济区是________以外并与其邻接的一个区域。
A. 内水　　B. 领海
C. 毗连区　　D. 群岛水域

40. 根据《联合国海洋法公约》对专属经济区的规定，以下说法不正确的是________。
A. 专属经济区是领海以外并邻接领海的一个区域
B. 专属经济区从领海外部界限量起，不应超过 200 海里
C. 沿海国对其专属经济区内的海洋科学研究有管辖权
D. 沿海国对其专属经济区内的海洋环境的保护和保全有管辖权

41. 根据《中华人民共和国专属经济区和大陆架法》，中华人民共和国的专属经济区为中华人民共和国________以外并与其邻接的区域，从测算领海宽度的基线量起延至________海里。
A. 领海；200　　B. 内水；200
C. 毗连区；200　　D. 领海；350

42. 根据《联合国海洋法公约》，公海自由的内容不包括________。
A. 航行自由　　B. 飞越自由
C. 铺设海底电缆和管道自由　　D. 建立各种人工岛屿和其他设施自由

43. 根据公海自由的原则，以下表述有误的是________。
A. 公海对任何国家开放，不受任何国家的管辖和支配
B. 公海对所有国家开放，不论其为内陆国或沿海国
C. 任何国家在公海内都享有主权权利
D. 公海自由原则是公海活动的基本原则，是公海制度的核心和基础

44.《联合国海洋法公约》规定公海自由的内容包括________。
①航行自由；②飞越自由；③捕鱼自由；④追捕自由
A. ①②③　　B. ②③④
C. ①③④　　D. ①②③④

45. 根据《联合国海洋法公约》，公海是不包括在国家的________内的全部海域。
①专属经济区；②领海；③内水；④群岛国的群岛水域
A. ①②③④　　B. ①②③
C. ②③④　　D. ①②④

46. 根据《联合国海洋法公约》对公海的规定，以下说法不正确的是________。
A. 公海对所有国家开放，不论其为沿海国或内陆国
B. 公海对每个国家可以用于任何目的
C. 任何国家不得有效地声称将公海的任何部分置于其主权之下
D. 沿海国或内陆国均有权在公海上行驶悬挂其旗帜的船舶

47. 根据《联合国海洋法公约》对公海的规定，以下说法不正确的是________。
A. 公海对所有国家开放，不论其为沿海国或内陆国
B. 公海应只用于和平目的

C. 任何国家不得有效地声称将公海的任何部分置于其主权之下
D. 任何船舶均有权在公海上行驶

48. 根据《联合国海洋法公约》对公海的规定，以下说法正确的是________。
A. 公海对所有国家开放，不论其为沿海国或内陆国
B. 公海对每个国家可以用于任何目的
C. 任何国家均可有效地声称将公海的任何部分置于其主权之下
D. 任何船舶均有权在公海上行驶

49. 根据《联合国海洋法公约》，公海自由对沿海国和内陆国而言，包括________。
①航行自由与飞越自由；②铺设海底电缆和管道的自由；③建造国际法所容许的人工岛屿和其他设施的自由；④捕鱼自由与科学研究的自由
A. ①②③④ B. ①②③
C. ②③④ D. ①②④

50. 根据《联合国海洋法公约》，船舶在公海上航行应受________的专属管辖。
A. 船舶所有人所属国家 B. 船舶管理公司所属国家
C. 船长和船员所属国家 D. 船舶登记国家

51. 根据《联合国海洋法公约》对船舶在公海上航行权的规定，以下说法正确的是________。
①船舶航行应仅悬挂一国的旗帜；②船舶在公海上应受船旗国的专属管辖；③任何情况下船舶在航程中或在停泊港内不得更换其旗帜；④悬挂两国或两国以上旗帜航行并视方便而换用旗帜的船舶，可视同无国籍的船舶
A. ①②③④ B. ①②③
C. ②③④ D. ①②④

52. 根据《联合国海洋法公约》对船舶在公海上航行权的规定，以下说法正确的是________。
①船舶航行应仅悬挂一国的旗帜；②船舶在公海上应受船旗国的专属管辖；③船舶所有权转移或变更登记的情形下，船舶在航程中或在停泊港内可以更换其旗帜；④悬挂两国或两国以上旗帜航行并视方便而换用旗帜的船舶，可主张其中的任一国籍
A. ①②③④ B. ①②③
C. ②③④ D. ①②④

53. 根据《联合国海洋法公约》，军舰在公海上对外国船舶，如有合理根据认为有________嫌疑，可以登临该船。
①该船从事海盗行为或从事奴隶贩卖；②该船从事未经许可的广播；③该船虽悬挂外国旗帜，而事实上却与该军舰属同一国籍；④该船拒不展示其旗帜，而事实上却与该军舰属同一国籍
A. ①②③④ B. ①②③
C. ②③④ D. ①②④

54. 根据《联合国海洋法公约》，各国应采取符合公约的必要措施防止、减少和控制来自船只的污染，包括________的措施。
①防止无意的排放；②防止故意的排放；③规定船只的设计、建造、装备；④规定船只的操作与人员配备
A. ①②③④ B. ①②③

C. ②③④　　D. ①②④

参考答案

第一节 SOLAS 公约

1. D	2. A	3. A	4. B	5. B	6. A	7. D	8. B	9. A	10. D
11. A	12. B	13. A	14. A	15. D	16. A	17. D	18. D	19. C	20. A
21. A	22. D	23. A	24. C	25. B	26. B	27. B	28. A	29. C	30. D
31. C	32. C	33. A	34. A	35. A	36. A	37. A	38. D	39. A	40. A
41. D	42. A	43. D	44. A	45. D	46. A	47. A	48. A	49. D	50. C
51. A	52. A	53. A	54. A	55. A	56. A	57. C	58. D	59. A	60. B
61. D	62. C	63. A	64. A	65. B	66. C	67. A	68. B	69. A	70. A
71. A	72. D	73. B	74. B	75. D	76. B	77. A	78. C	79. C	80. C
81. C	82. B	83. A	84. D	85. D	86. A	87. C	88. D	89. B	90. A
91. B	92. C	93. C	94. C	95. B	96. A	97. D	98. D	99. D	100. D
101. D	102. B	103. B	104. A	105. A	106. D	107. C	108. C	109. D	110. C
111. C	112. B	113. C	114. D	115. A	116. D	117. D	118. B	119. A	120. D
121. A	122. B	123. D	124. D	125. D	126. C	127. D	128. A	129. A	130. D
131. A	132. B	133. A	134. B	135. D	136. A	137. C	138. B	139. C	140. D
141. D	142. B	143. A	144. D	145. D	146. A	147. A	148. C	149. C	150. C
151. D	152. D	153. D	154. A	155. B	156. D	157. D	158. A	159. D	160. A
161. D	162. D	163. B	164. D	165. A	166. D	167. B	168. A	169. D	170. A
171. A	172. A	173. D	174. D	175. A	176. D	177. C	178. C	179. A	180. A
181. A	182. B	183. B	184. C	185. D	186. D	187. D	188. D	189. B	190. B
191. B	192. A	193. A	194. D	195. A	196. B	197. C	198. C	199. D	200. D
201. D	202. C	203. C	204. C	205. A	206. C	207. D	208. D	209. C	210. C
211. D	212. D	213. A	214. C	215. C	216. B	217. C	218. D	219. B	220. C
221. A	222. A	223. C	224. C	225. A	226. A	227. D	228. C	229. C	230. D
231. B	232. D	233. D	234. D	235. A	236. B	237. D	238. C	239. C	240. C
241. A	242. A	243. B	244. C	245. D	246. D	247. C	248. B	249. B	250. D
251. A	252. C	253. C	254. B	255. B	256. B	257. D	258. D	259. A	260. A
261. D	262. A	263. A	264. A	265. B	266. D	267. D	268. A	269. D	270. A
271. A	272. D	273. C	274. D	275. D	276. B	277. B	278. D	279. D	280. A
281. D	282. D	283. C	284. A	285. A	286. A	287. A	288. A	289. A	290. C
291. C	292. C	293. D	294. D	295. C	296. A	297. B	298. B	299. B	300. D
301. C	302. D	303. C	304. D	305. B	306. C	307. D	308. A	309. A	310. D

311. B	312. A	313. D	314. B	315. B	316. D	317. A	318. C	319. D	320. D
321. C	322. D	323. C	324. D	325. B	326. A	327. A	328. B	329. C	330. D
331. A	332. A	333. C	334. A	335. C	336. D	337. A	338. A	339. C	340. B
341. D	342. B	343. A	344. A	345. D	346. A	347. A	348. A	349. A	350. B
351. D	352. D	353. C	354. A	355. A	356. A	357. D	358. C	359. D	360. A
361. B	362. A	363. C	364. B	365. B	366. C	367. C	368. A	369. C	370. A
371. A	372. D	373. A	374. C	375. A	376. D	377. A	378. B	379. C	380. B
381. D	382. D	383. D	384. A	385. D	386. C	387. A	388. D	389. D	390. A
391. D	392. D	393. A	394. A	395. A	396. D				

第二节　港口国监督

1. B	2. B	3. D	4. B	5. A	6. D	7. A	8. C	9. D	10. C
11. A	12. B	13. D	14. D	15. D	16. A	17. A	18. B	19. B	20. B
21. D	22. D	23. C	24. A	25. C	26. B	27. A	28. C	29. D	30. D
31. B	32. B	33. B	34. B	35. C	36. A	37. D	38. C	39. B	40. B
41. D	42. A	43. A	44. B	45. D	46. D	47. B	48. A	49. D	50. C
51. D	52. C	53. D	54. D						

第三节　MARPOL 公约

1. B	2. C	3. D	4. A	5. A	6. D	7. B	8. A	9. B	10. D
11. A	12. A	13. A	14. C	15. A	16. D	17. D	18. A	19. B	20. A
21. D	22. A	23. D	24. B	25. D	26. C	27. A	28. A	29. D	30. A
31. A	32. A	33. D	34. C	35. A	36. C	37. A	38. A	39. C	40. D
41. D	42. C	43. A	44. A	45. D	46. B	47. D	48. B	49. A	50. D
51. C	52. C	53. A	54. B	55. B	56. C	57. B	58. D	59. D	60. D
61. C	62. A	63. A	64. D	65. A	66. B	67. A	68. C	69. D	70. A
71. B	72. A	73. D	74. B	75. C	76. B	77. A	78. C	79. D	80. B
81. D	82. D	83. B	84. B	85. D	86. D	87. D	88. D	89. D	90. C

第四节　国际载重线公约

1. D	2. A	3. A	4. B	5. B	6. D	7. D	8. C	9. C	10. C
11. C	12. A	13. C	14. C	15. A	16. B	17. C	18. D	19. C	20. C
21. B	22. C	23. B	24. D	25. A	26. A	27. A	28. A	29. A	30. A
31. D	32. B	33. B	34. C	35. C					

第五节　STCW 公约

1. D　2. D　3. A　4. A　5. B　6. C　7. A　8. C　9. A　10. D
11. B　12. D　13. B　14. A　15. A　16. D　17. B　18. B　19. A　20. A
21. A　22. A　23. A　24. A　25. B　26. B　27. D　28. A　29. A　30. A

第六节　国际卫生条例

1. A　2. B　3. B　4. B　5. A　6. C　7. C　8. A　9. C　10. D

第七节　海事劳工公约

1. A　2. D　3. A　4. D　5. D　6. D　7. A　8. D　9. B　10. B
11. B　12. B　13. C　14. A　15. A　16. D　17. C　18. D　19. C　20. B
21. B　22. C　23. A　24. D　25. C　26. D　27. D　28. B　29. B　30. D
31. D　32. D　33. D　34. A　35. A　36. A　37. B　38. A　39. D　40. A
41. A　42. A　43. C　44. A　45. A　46. D　47. A　48. D　49. A　50. A
51. B　52. D　53. B　54. D　55. C　56. C　57. C　58. A　59. A　60. C
61. D　62. D　63. D

第八节　国际船舶压载水和沉积物控制与管理公约

1. D　2. A　3. B　4. A　5. A　6. D　7. C　8. D　9. B　10. A
11. D

第九节　联合国海洋法公约

1. B　2. D　3. D　4. A　5. A　6. C　7. B　8. C　9. C　10. C
11. B　12. B　13. C　14. B　15. A　16. D　17. A　18. C　19. B　20. C
21. D　22. C　23. C　24. B　25. B　26. A　27. A　28. A　29. C　30. B
31. D　32. B　33. D　34. C　35. B　36. D　37. A　38. A　39. B　40. B
41. A　42. D　43. C　44. A　45. A　46. B　47. D　48. A　49. A　50. D
51. D　52. B　53. A　54. A

答案解析

第一节　SOLAS 公约

1. D。SOLAS 1974 的附则共十四章,即:第Ⅰ章 总则;第Ⅱ章 构造;第Ⅲ章 救生设备与装置;第Ⅳ章 无线电通信设备;第Ⅴ章 航行安全;第Ⅵ章 货物和燃油运输;第Ⅶ章 危险货物运输;第Ⅷ章 核能船舶;第Ⅸ章 船舶安全营运管理;第Ⅹ章 高速船的安全措施;第Ⅺ-1 章 加强海上安全的特别措施;第Ⅺ-2 章 加强海上保安的特别措施;第Ⅻ章 散货船的附加安全措施;第ⅩⅢ章 符合性验证;第ⅩⅣ章 极地水域营运船舶的安全措施。
2. A。《国际海上人命安全公约》是一个旨在对船舶及设备、船员操作、公司管理和船旗国管理等实施有效控制从而保障海上人命安全的国际公约,也是保障海上人命安全方面最古老、最重要的公约。
3. A。SOLAS 公约的结构为:公约正文条款、1988 年议定书条款、公约附则、公约附件和附属于公约的单项规则。
4. B。客船系指载客超过 12 人的船舶。
5. B。客船系指载客超过 12 人的船舶。
6. A。SOLAS 1974 仅适用于从事国际航行的船舶,但不适用于总吨位小于 500 总吨的货船、军用舰艇和运兵船、非机动船、制造简陋的木船、非营业性的游艇和渔船。
7. D。根据中华人民共和国国务院令(第 109 号)发布的《中华人民共和国船舶海上设施检验条例》第三条规定,中华人民共和国海事局(以下简称本局)是依照该条例规定的检验管理的主管机关。
8. B。航区划分为 4 类:远海、近海、沿海、遮蔽。
9. A。客船是指载客超过 12 人的船舶。
10. D。SOLAS 公约不适用于非营业性游艇。
11. A。SOLAS 公约不适用于小于 500 总吨的货船,适用于载客超过 12 人的客船。
12. B。SOLAS 公约的附则包括救生设备与装置、救生设备与装置、危险货物运输。
13. A。SOLAS 公约的附则包括极地水域营运船舶的安全措施、加强海上安全的特别措施、船舶安全营运管理。
14. A。《1972 年国际海上避碰规则》是《1972 年国际海上避碰规则公约》的附件。
15. D。《防止船舶生活污水污染规则》是《防污公约》附则Ⅵ的内容。
16. A。IGF 规则的全称是 The International Code of Safety Using Gases or Other Low-flashpoint Fuels,中文名称就是《气体或其他低闪点燃料船舶安全规则》。
17. D。根据《国际海上人命安全公约》的规定,500 总吨及以上的货船救生设备和其他设备的检验包括初次检验、换证检验、定期检验、年度检验、附加检验。
18. D。根据《国内航行海船法定检验技术规则》的规定,海上货船适航证书的检验包括初次检验、换证检验、中间检验、年度检验、船底外部检验。

19. C。根据《国内航行海船法定检验技术规则》,对船舶所进行的任何检验完成以后,非经船舶检验机构的许可,对经过检验的结构、布置、机器、设备及其他项目,概不得变动。
20. A。根据 SOLAS 公约,对船舶进行的任何检验完成后,未经主管机关许可,已经检验的结构布置、机器、设备及其他项目均不得做任何变动。
21. A。根据 SOLAS 公约第 17 条的规定,根据某一缔约国政府的授权所签发的证书,其他缔约国政府应在本公约涉及的全部范围内予以承认。其他缔约国政府应视这些证书与其所签发的证书具有同等的效力。
22. D。根据 SOLAS 公约第 12 条的规定,本条所述的各证书均应由主管机关或其授权的任何个人或组织签发或签署。
23. A。根据 SOLAS 公约第 12 条、第 13 条的规定,本条所述的各证书均应由主管机关或其授权的任何个人或组织签发或签署。缔约国政府应主管机关的申请,可对船舶进行检验,如确信符合本公约规则的要求,应按本公约规则规定对该船签发或授权签发证书,并在适用时,为该船证书进行签署或授权签署。在任何情况下,主管机关应对该证书负有全部责任。
24. C。根据 SOLAS 公约第 12 条(ⅵ)的规定,上述(ⅰ)、(ⅲ)、(ⅳ)和(ⅴ)所述的货船设备安全证书、货船无线电安全证书和货船安全证书均应附有一份设备记录。
25. B。货船设备安全证书记录中标有该货船配备的保温救生服的数量。
26. B。货船设备安全证书记录中对船舶配备的电子海图显示与信息系统后备装置有详细记录。
27. B。依照 SOLAS 公约第 19 条船载航行系统和设备的配备要求 2.4 的规定,所有 300 总吨及以上的国际航行船舶、500 总吨及以上的非国际航行货船以及不论尺度大小的客船,应按下列要求配备 1 台自动识别系统(AIS)。
28. A。根据 SOLAS 公约规定,最深分舱载重线是相应于船舶夏季载重线吃水的水线。
29. C。根据 SOLAS 公约 B-3 部分 客船分舱载重线的核定第 18 条 客船分舱载重线的核定、勘绘与记载 5 任何分舱载重线标志均不得勘绘于按船舶强度或现行《国际载重线公约》所确定的海水中最深载重线以上。
30. D。根据 SOLAS 公约第 24 条 货船进水的预防和控制等 4 的规定,用以确保内部开口水密完整性的出入门和舱盖的使用应经值班驾驶员批准。
31. C。根据 SOLAS 公约第 13-1 条 货船水密舱壁和内部甲板上的开口 2 的规定,为确保在海上使用的内部开口的水密完整性而设置的门应是滑动水密门,能从驾驶室遥控关闭,也可从舱壁每侧就地操纵。在控制位置应装设显示门是开启或关闭的指示器,并且在门关闭时发出听觉报警。在主动力失灵时,动力、控制和指示器应能工作。特别应注意减少控制系统失灵的影响。每一个动力操纵的滑动水密门应有一个独立的手动机械操纵装置。该装置应能从门的两侧用手开启和关闭该门。
32. C。根据 SOLAS 公约第 13-1 条 货船水密舱壁和内部甲板上的开口 2 的规定,为确保在海上使用的内部开口的水密完整性而设置的门应是滑动水密门,能从驾驶室遥控关闭,也可从舱壁每侧就地操纵。在控制位置应装设显示门是开启或关闭的指示器,并且在门关闭时发出听觉报警。在主动力失灵时,动力、控制和指示器应能工作。特别应注意减少控制系统失灵的影响。每一个动力操纵的滑动水密门应有一个独立的手动机械操纵装置。该装置应能从门的两侧用手开启和关闭该门。

33. A。根据 SOLAS 公约第 13-1 条 货船水密舱壁和内部甲板上的开口 2 的规定，为确保在海上使用的内部开口的水密完整性而设置的门应是滑动水密门，能从驾驶室遥控关闭，也可从舱壁每侧就地操纵。在控制位置应装设显示门是开启或关闭的指示器，并且在门关闭时发出听觉报警。在主动力失灵时，动力、控制和指示器应能工作。特别应注意减少控制系统失灵的影响。每一个动力操纵的滑动水密门应有一个独立的手动机械操纵装置。该装置应能从门的两侧用手开启和关闭该门。

34. A。根据 SOLAS 公约第 17 条客船舱壁甲板以上的内部水密完整性 2 的规定，露天甲板上的所有开口，应设有足够高度和强度的围板，并应设有能迅速关闭成风雨密的有效装置。应按需要装设排水舷口、栏杆及流水孔，以便在任何天气情况下均能迅速排除露天甲板上的积水。

35. A。根据 SOLAS 公约第 24 条 货船进水的预防和控制等规定：1 位于限制垂向破损范围的甲板以下的船壳外板上的开口，在海上应保持永久关闭。2 尽管有本条 1 的要求，如为了船舶的操纵需要并且不损害船舶的安全，主管机关仍可授权船长根据需要打开某些特殊的门。

36. A。根据 SOLAS 公约第 24 条 货船进水的预防和控制等规定：4 用以确保内部开口水密完整性的出入门和舱盖的使用应经值班驾驶员批准。

37. A。根据 SOLAS 公约第 30 条演习：1 本条适用于所有客船。2 客船每周应举行一次弃船演习和消防演习。

38. D。根据 SOLAS 公约 B-4 部分 稳性管理第 19 条 破损控制资料：1 驾驶室应设有永久展示或随时可用的控制图，用于指导船上负责高级船员，图上应清晰显示每层甲板及货舱的水密舱室限界面，上面的开口及其关闭装置和任何控制位置，以及扶正由于进水产生的横倾的装置。此外，还应给船上高级船员提供包含上述资料的小册子。

39. A。根据 SOLAS 公约 B-4 部分 稳性管理第 19 条 破损控制资料：1 驾驶室应设有永久展示或随时可用的控制图，用于指导船上负责高级船员，图上应清晰显示每层甲板及货舱的水密舱室限界面，上面的开口及其关闭装置和任何控制位置，以及扶正由于进水产生的横倾的装置。此外，还应给船上高级船员提供包含上述资料的小册子。

40. A。根据 SOLAS 公约 B-4 部分 稳性管理第 19 条 破损控制资料：1 驾驶室应设有永久展示或随时可用的控制图，用于指导船上负责高级船员，图上应清晰显示每层甲板及货舱的水密舱室限界面，上面的开口及其关闭装置和任何控制位置，以及扶正由于进水产生的横倾的装置。此外，还应给船上高级船员提供包含上述资料的小册子。

41. D。根据 SOLAS 公约 B-1 部分 稳性第 5 条 完整稳性：1 每艘客船，不论其大小，以及船长（L）24 m 及以上的每艘货船，应在完工时做倾斜试验，并确定其稳性要素。

42. A。32 主竖区系指由“A”级分隔分成的船体、上层建筑和甲板室区段，其在任何一层甲板上的平均长度和宽度一般不超过 40 m。

43. D。船舶的防火措施有控制可燃物、控制通风、控制热源、结构防火。

44. A。32 主竖区系指由“A”级分隔分成的船体、上层建筑和甲板室区段。

45. D。43 钢或其他等效材料系指本身或由于所设置隔热物,经过标准耐火试验规定的适用曝火时间后,在结构性和完整性上与钢具有等效性能的任何不燃材料(例如设有适当隔热材料的铝合金)。
46. A。2.2.1.1.2 载客不超过 36 人的客船,在其起居处所和服务处所的船体、上层建筑及甲板室应以"A"级分隔分为若干主竖区。
47. A。2 "A"级分隔系指由符合下列衡准的舱壁与甲板所组成的分隔:"A-60"级 60 min,"A-30"级 30 min,"A-15"级 15 min,"A-0"级 0 min。
49. D。4 "B"级分隔系指由符合下列衡准的舱壁、甲板、天花板或衬板所组成的分隔。4.3 其构造应在标准耐火试验最初的 0.5 h 结束时能防止火焰通过。
50. C。"B-15"级 15 min,"B-0"级 0 min。
51. A。2 "A"级分隔系指由符合下列衡准的舱壁与甲板所组成的分隔:2.4 其构造应在 1 h 的标准耐火试验至结束时能防止烟及火焰通过。
52. A。防火分隔等级最高的是"A 级分隔"。
53. A。2 "A"级分隔系指由符合下列衡准的舱壁与甲板所组成的分隔:2.1 用钢或其他等效的材料制成;2.2 有适当的防挠加强;2.3 用认可的不燃材料隔热,使之在下列时间内,其背火一面的平均温度较初始温度升高不超过 140 ℃,且在包括任何接头在内的任何一点的温度较初始温度升高不超过 180 ℃:"A-60"级 60 min,"A-30"级 30 min,"A-15"级 15 min,"A-0"级 0 min;2.4 其构造应在 1 h 的标准耐火试验至结束时能防止烟及火焰通过。
54. A。4 "B"级分隔系指由符合下列衡准的舱壁、甲板、天花板或衬板所组成的分隔:4.1 用认可的不燃材料制成,且"B"级分隔建造和装配中所用的一切材料均为不燃材料,但并不排除可燃装饰板的使用,只要这些材料符合本章的其他相应要求;4.2 具有的隔热值使之在下列时间内,其背火一面的平均温度较初始温度升高不超过 140 ℃,且在包括任何接头在内的任何一点的温度较初始温度升高不超过 225 ℃:"B-15"级 15 min,"B-0"级 0 min;4.3 其构造应在标准耐火试验最初的 0.5 h 结束时能防止火焰通过。
55. A。"A-60"级 60 min,"A-30"级 30 min,"A-15"级 15 min,"A-0"级 0 min。
56. A。第 2 条消防安全目标和功能要求 1 消防安全目标 1.1 本章消防安全目标为:1.1.1 防止火灾和爆炸的发生;1.1.2 减少火灾造成的生命危险;1.1.3 减少火灾对船舶、船上货物和环境的破坏危险;1.1.4 将火灾和爆炸抑制、控制和扑灭在火源舱室内;和 1.1.5 为乘客和船员提供充分和随时可用的脱险通道。
57. C。10 "C"级分隔系指用认可的不燃材料制成的分隔,不必满足防止烟和火焰通过以及限制温升的要求。允许使用可燃装饰板,只要这些材料满足本章的要求。
58. D。10 "C"级分隔系指用认可的不燃材料制成的分隔,不必满足防止烟和火焰通过以及限制温升的要求。允许使用可燃装饰板,只要这些材料满足本章的要求。
59. A。2 "A"级分隔系指由符合下列衡准的舱壁与甲板所组成的分隔:2.4 其构造应在 1 h 的标准耐火试验至结束时能防止烟及火焰通过。
60. B。4 "B"级分隔系指由符合下列衡准的舱壁、甲板、天花板或衬板所组成的分隔:4.3 其构造应在标准耐火试验最初的 0.5 h 结束时能防止火焰通过。

61. D。2 功能要求 2.1 为了达到本条 1 所述的消防安全目标,下列功能要求体现在本章相应的条文中:2.1.1 用耐热与结构性限界面,将船舶划分为若干主竖区和水平区;2.1.2 用耐热与结构性限界面,将起居处所与船舶其他处所隔开;2.1.3 限制可燃材料的使用;2.1.4 探知火源区域内的任何火灾;2.1.5 遏制和扑灭火源处所内的任何火灾;2.1.6 保护脱险通道和消防通道;2.1.7 灭火设备的随时可用性;和 2.1.8 将易燃货物蒸气着火的可能性减至最低。
62. C。10“C”级分隔系指用认可的不燃材料制成的分隔,不必满足防止烟和火焰通过以及限制温升的要求。允许使用可燃装饰板,只要这些材料满足本章的要求。
63. A。2“A”级分隔系指由符合下列衡准的舱壁与甲板所组成的分隔:2.4 其构造应在 1 h 的标准耐火试验至结束时能防止烟及火焰通过;4“B”级分隔系指由符合下列衡准的舱壁、甲板、天花板或衬板所组成的分隔:4.3 其构造应在标准耐火试验最初的 0.5 h 结束时能防止火焰通过。
64. A。主竖区系指由“A”级分隔分成的船体、上层建筑和甲板室区段,其在任何一层甲板上的平均长度和宽度一般不超过 40 m。
65. B。使用手提 CO_2 灭火器灭火时,应站在火场上风,对准火焰根部喷射。
66. C。防火毯能有效扑灭厨房平底锅着火。
67. A。火灾蔓延的方式有热传导、热辐射、热对流。
68. B。10.2 消防员装备的数量 10.2.1 船舶应携带至少 2 套消防员装备。
69. A。2.4.1 应有永久展示的总布置图向高级船员提供指导,该图应清晰标明每层甲板的控制站、“A”级分隔围蔽的各防火区域、“B”级分隔围蔽的各防火区域,连同探火和失火报警系统、喷水器装置、灭火设备和各舱室、甲板等的出入通道以及通风系统的细节,包括风机控制位置、挡火闸位置和服务于每一区域的通风机识别号码的细节。
70. A。2.4.1 应有永久展示的总布置图向高级船员提供指导,该图应清晰标明每层甲板的控制站、“A”级分隔围蔽的各防火区域、“B”级分隔围蔽的各防火区域,连同探火和失火报警系统、喷水器装置、灭火设备和各舱室、甲板等的出入通道以及通风系统的细节,包括风机控制位置、挡火闸位置和服务于每一区域的通风机识别号码的细节。
71. A。2.2 2.2 维护保养、试验和检查 2.2.3 维护保养计划应至少包括下列防火系统和灭火系统及设备(如已安装):2.2.3.1 消防总管、消防泵和消火栓,包括水带、水枪和国际通岸接头;2.2.3.2 固定式探火和失火报警系统;2.2.3.3 固定式灭火系统和其他灭火设备;2.2.3.4 自动喷水器、探火和失火报警系统;2.2.3.5 通风系统,包括挡火闸、挡烟闸、风机及其控制装置;2.2.3.6 燃油供给紧急切断装置;2.2.3.7 防火门,包括其控制装置;2.2.3.8 通用应急报警系统;2.2.3.9 紧急逃生呼吸装置;2.2.3.10 手提式灭火器,包括备用气瓶;和 2.2.3.11 消防员装备。
72. D。2.2 2.2 维护保养、试验和检查 2.2.3 维护保养计划应至少包括下列防火系统和灭火系统及设备(如已安装):2.2.3.1 消防总管、消防泵和消火栓,包括水带、水枪和国际通岸接头;2.2.3.2 固定式探火和失火报警系统;2.2.3.3 固定式灭火系统和其他灭火设备;2.2.3.4 自动喷水器、探火和失火报警系统;2.2.3.5 通风系统,包括挡火闸、挡烟闸、风机及其控制装置;2.2.3.6 燃油供给紧急切断装置;2.2.3.7 防火门,包括其控制装置;

2.2.3.8 通用应急报警系统;2.2.3.9 紧急逃生呼吸装置;2.2.3.10 手提式灭火器,包括备用气瓶;和 2.2.3.11 消防员装备。

73. B。2.2 2.2 维护保养、试验和检查 2.2.3 维护保养计划应至少包括下列防火系统和灭火系统及设备(如已安装):2.2.3.1 消防总管、消防泵和消火栓,包括水带、水枪和国际通岸接头;2.2.3.2 固定式探火和失火报警系统;2.2.3.3 固定式灭火系统和其他灭火设备;2.2.3.4 自动喷水器、探火和失火报警系统;2.2.3.5 通风系统,包括挡火闸、挡烟闸、风机及其控制装置;2.2.3.6 燃油供给紧急切断装置;2.2.3.7 防火门,包括其控制装置;2.2.3.8 通用应急报警系统;2.2.3.9 紧急逃生呼吸装置;2.2.3.10 手提式灭火器,包括备用气瓶;和 2.2.3.11 消防员装备。

74. B。2.2 2.2 维护保养、试验和检查 2.2.3 维护保养计划应至少包括下列防火系统和灭火系统及设备(如已安装):2.2.3.1 消防总管、消防泵和消火栓,包括水带、水枪和国际通岸接头;2.2.3.2 固定式探火和失火报警系统;2.2.3.3 固定式灭火系统和其他灭火设备;2.2.3.4 自动喷水器、探火和失火报警系统;2.2.3.5 通风系统,包括挡火闸、挡烟闸、风机及其控制装置;2.2.3.6 燃油供给紧急切断装置;2.2.3.7 防火门,包括其控制装置;2.2.3.8 通用应急报警系统;2.2.3.9 紧急逃生呼吸装置;2.2.3.10 手提式灭火器,包括备用气瓶;和 2.2.3.11 消防员装备。

75. D。2.2 2.2 维护保养、试验和检查 2.2.3 维护保养计划应至少包括下列防火系统和灭火系统及设备(如已安装):2.2.3.1 消防总管、消防泵和消火栓,包括水带、水枪和国际通岸接头;2.2.3.2 固定式探火和失火报警系统;2.2.3.3 固定式灭火系统和其他灭火设备;2.2.3.4 自动喷水器、探火和失火报警系统;2.2.3.5 通风系统,包括挡火闸、挡烟闸、风机及其控制装置;2.2.3.6 燃油供给紧急切断装置;2.2.3.7 防火门,包括其控制装置;2.2.3.8 通用应急报警系统;2.2.3.9 紧急逃生呼吸装置;2.2.3.10 手提式灭火器,包括备用气瓶;和 2.2.3.11 消防员装备。

76. B。3 对客船的附加要求除本条 2.2.3 所列的防火系统和设备维护保养计划外,载客超过 36 人的客船还应编制低位照明和公共广播系统的维护保养计划。

77. A。船舶消防设备状态的保持,每周应检查确认:固定灭火系统所在处所的应急照明正常、消火栓附近没有堆积杂物、消防皮龙(水带)及水枪放置在消火栓附近的消防皮龙箱内,处于可使用状态并摆放整齐,没有被挪作他用、消防皮龙数量符合防火控制图的要求;消防皮龙箱的铰链正常,箱内均配有 F 或 Y 形扳手、确认消防员装备与紧急逃生呼吸装置中的供气瓶完好、无泄漏、对灭火探测和报警系统的主控面板进行外观清洁、检查。

78. C。下列关于船舶消防设备状态保持的措施,时间间隔是每周的是:检查固定灭火系统所在处所的应急照明正常、消火栓附近没有堆积杂物、消防皮龙(水带)及水枪放置在消火栓附近的消防皮龙箱内,处于可使用状态并摆放整齐,没有被挪作他用、消防皮龙数量符合防火控制图的要求;消防皮龙箱的铰链正常,箱内均配有 F 或 Y 形扳手、检查确认消防员装备与紧急逃生呼吸装置中的供气瓶完好、无泄漏、对灭火探测和报警系统的主控面板进行外观清洁、检查。

79. C。每 2 年对 CO_2 灭火系统中的钢瓶(含启动瓶)进行称重检查。

80. C。船舶消防设备状态保持包括:每年对所有消火栓进行工作试验,对所有消防皮龙进行水压试验;每月检查确认船上的紧急逃生呼吸装置按规定配足并保持在有效期内,其所存放的位置与防火控制图标识的位置一致;每月检查确认消防员装备的数量、位置、标识和防火控制图保持一致;每月检查手提(便携)式和推车式灭火器的存放位置是否与防火控制图标识的位置一致;每月检查确认消火栓标识清晰,各部件完好,出水阀活络,消防皮龙无破损和霉变,与接头连接可靠;每周检查确认消防皮龙数量与防火控制图的要求保持一致,消防皮龙每3个月至少应取出摊开并重卷一次,使折叠处得到变换;每周检查确认消防皮龙(水带)及水枪放置在消火栓附近的消防皮龙箱内,处于可使用状态并摆放整齐,没有被挪作他用。
81. C。船舶消防设备状态保持包括:每年对所有消火栓进行工作试验,对所有消防皮龙进行水压试验;每月检查确认船上的紧急逃生呼吸装置按规定配足并保持在有效期内,其所存放的位置与防火控制图标识的位置一致;每月检查确认消防员装备的数量、位置、标识和防火控制图保持一致;每月检查手提(便携)式和推车式灭火器的存放位置是否与防火控制图标识的位置一致;每月检查确认消火栓标识清晰,各部件完好,出水阀活络,消防皮龙无破损和霉变,与接头连接可靠;每周检查确认消防皮龙数量与防火控制图的要求保持一致,消防皮龙每3个月至少应取出摊开并重卷一次,使折叠处得到变换;每周检查确认消防皮龙(水带)及水枪放置在消火栓附近的消防皮龙箱内,处于可使用状态并摆放整齐,没有被挪作他用。
82. B。2.2 2.2 维护保养、试验和检查 2.2.3 维护保养计划应至少包括下列防火系统和灭火系统及设备(如已安装):2.2.3.1 消防总管、消防泵和消火栓,包括水带、水枪和国际通岸接头;2.2.3.2 固定式探火和失火报警系统;2.2.3.3 固定式灭火系统和其他灭火设备;2.2.3.4 自动喷水器、探火和失火报警系统;2.2.3.5 通风系统,包括挡火闸、挡烟闸、风机及其控制装置;2.2.3.6 燃油供给紧急切断装置;2.2.3.7 防火门,包括其控制装置;2.2.3.8 通用应急报警系统;2.2.3.9 紧急逃生呼吸装置;2.2.3.10 手提式灭火器,包括备用气瓶;和 2.2.3.11 消防员装备。
83. A。4 对液货船的附加要求除本条 2.2.3 所列的防火系统和设备维护保养计划外,液货船还应为下列系统和装置编制维护保养计划:4.1 惰性气体系统;4.2 甲板泡沫系统;4.3 液货泵舱的消防安全装置;和 4.4 易燃气体探测器。
84. D。2.2 2.2 维护保养、试验和检查 2.2.1 维护保养、试验和检查应根据本组织制定的指南进行,所采用的方式应充分考虑到确保灭火系统及设备的可靠性。2.2.2 维护保养计划应保存在船上,并在主管机关要求时供其检查。2.2.4 维护保养程序可用计算机编制。
85. D。船舶消防设备不包括弃船用的救生设备。
86. A。10.2 消防员装备的数量 10.2.1 船舶应携带至少2套消防员装备。2.1.7 国际通岸接头 2.1.7.1 500 总吨及以上的船舶应设有至少一个符合《消防安全系统规则》的国际通岸接头。
87. C。2.4 防火控制图①2.4.1 应有永久展示的总布置图向高级船员提供指导,该图应清晰标明每层甲板的控制站、“A”级分隔围蔽的各防火区域、“B”级分隔围蔽的各防火区域,连同探火和失火报警系统、喷水器装置、灭火设备和各舱室、甲板等的出入通道以及通风系统的细节,包括风机控制位置、挡火闸位置和服务于每一区域的通风机识别号码的细节。作为替代,经主管机关同意,上述细节可合并成册,每位高级船员人手一份,而在船上易于到达的位置应有一份副本可供随时取用。控制图和小册子应保持更新;任何改动应尽快予以记录。该防火控制图和小册子的说明文字应以主管机关要求的一种或几种语言写成。如果该语言既不是英文也不是法文,则应包括其中一种语言的译文。2.4.2 一套防火控制图或含有防火控制图小册子的副本应永久存放于甲板室外标有明显标志的风雨密盒中,供岸上消防人员使用。

88. D。2.4 防火控制图①2.4.1 应有永久展示的总布置图向高级船员提供指导,该图应清晰标明每层甲板的控制站、"A"级分隔围蔽的各防火区域、"B"级分隔围蔽的各防火区域,连同探火和失火报警系统、喷水器装置、灭火设备和各舱室、甲板等的出入通道以及通风系统的细节,包括风机控制位置、挡火闸位置和服务于每一区域的通风机识别号码的细节。作为替代,经主管机关同意,上述细节可合并成册,每位高级船员人手一份,而在船上易于到达的位置应有一份副本可供随时取用。控制图和小册子应保持更新;任何改动应尽快予以记录。

89. B。2.4 防火控制图①2.4.1 应有永久展示的总布置图向高级船员提供指导,该图应清晰标明每层甲板的控制站、"A"级分隔围蔽的各防火区域、"B"级分隔围蔽的各防火区域,连同探火和失火报警系统、喷水器装置、灭火设备和各舱室、甲板等的出入通道以及通风系统的细节,包括风机控制位置、挡火闸位置和服务于每一区域的通风机识别号码的细节。作为替代,经主管机关同意,上述细节可合并成册,每位高级船员人手一份,而在船上易于到达的位置应有一份副本可供随时取用。控制图和小册子应保持更新;任何改动应尽快予以记录。

90. A。大型固定 CO_2 灭火系统气瓶 2 年称重一次,若称重低于标准重量的 90%及时充装。

91. B。2.1.4 隔离阀和释放阀 2.1.4.1 用于将布置在设有主消防泵或泵组的机器处所内的消防总管部分与消防总管其他部分分开的隔离阀,应设在机器处所之外易于到达并站得住的位置。消防总管应布置成当隔离阀关闭时,船上除上述机器处所内的消火栓外,其他所有消火栓能由另 1 台消防泵或 1 台应急消防泵供水。应急消防泵及其海水入口、吸水以及送水管和隔离阀应位于机器处所的外部。

92. C。《消防安全系统规则》中国际通岸接头的作用是将船舶主消防管和岸上连接,以便借助岸上消防水扑灭船舶火灾。

93. C。船舶生活区内应至少有 2 套 EEBD(紧急逃生呼吸装置),具体存放位置见防火控制图;不可以用于探火、灭火;空气瓶至少可使用 10 分钟。

94. C。探火员使用的压缩空气瓶,应保证至少能够使用 30 分钟,低压警报报警后至少还能使用 5 分钟。

95. B。船舶消防设备状态保持基本要求:船舶应按 SOLAS 公约、FSS 规则、国家主管部门以及各公司安全体系的规范要求配备消防设备、设施;对船舶消防设备的维护保养情况应记入"船舶消防、救生设备检查养护登记簿";检查维护保养情况,也应记入"船舶应急设备试验、检查、修理记录簿"内。

96. A。根据 SOLAS 公约对客船上的消防巡逻的规定:防火巡逻目的是预防火灾或及时发现火灾;防火巡逻员应受过专门培训,熟悉船舶的布置;防火巡逻员熟悉相关消防设备的位置和操作方法;在载客超过 36 人的客船上应保持有效的巡逻制度,以便迅速探知火灾的发生。
97. D。根据 SOLAS 公约对客船上的消防巡逻的规定:防火巡逻目的是预防火灾或及时发现火灾;防火巡逻员应受过专门培训,熟悉船舶的布置;防火巡逻员熟悉相关消防设备的位置和操作方法;在载客超过 36 人的客船上应保持有效的巡逻制度,以便迅速探知火灾的发生。
98. D。船上火灾自动报警装置主要是由探测器和报警器两大部分组成。
99. D。船舶火灾探测和报警系统包括固定式探火系统和火灾报警系统。
100. D。根据 SOLAS 公约对载运危险货物的船舶规定的附加的安全措施包括:应配备防火系统以保护船舶免受因载运危险货物而带来的额外火灾危险;应将危险货物与着火源充分隔开;应针对因载运危险货物而带来的危险配备适当的人员保护设备;载运危险货物的船舶除配备符合要求消防员装备外,还应额外配备 4 套符合要求的抗化学侵蚀的全面防护服;载运危险货物的船舶除应按照对普通船舶要求配备呼吸器外,还应配备额外至少 2 套自给式呼吸器,并对所要求的每个呼吸器配备 2 个备用充气瓶。
101. D。根据 SOLAS 公约对载运危险货物的船舶规定的附加的安全措施包括:应配备防火系统以保护船舶免受因载运危险货物而带来的额外火灾危险;应将危险货物与着火源充分隔开;应针对因载运危险货物而带来的危险配备适当的人员保护设备;载运危险货物的船舶除配备符合要求消防员装备外,还应额外配备 4 套符合要求的抗化学侵蚀的全面防护服;载运危险货物的船舶除应按照对普通船舶要求配备呼吸器外,还应配备额外至少 2 套自给式呼吸器,并对所要求的每个呼吸器配备 2 个备用充气瓶。
102. B。根据 SOLAS 公约对载运危险货物的船舶规定的附加的安全措施包括:应配备防火系统以保护船舶免受因载运危险货物而带来的额外火灾危险;应将危险货物与着火源充分隔开;应针对因载运危险货物而带来的危险配备适当的人员保护设备;载运危险货物的船舶除配备符合要求消防员装备外,还应额外配备 4 套符合要求的抗化学侵蚀的全面防护服;载运危险货物的船舶除应按照对普通船舶要求配备呼吸器外,还应配备额外至少 2 套自给式呼吸器,并对所要求的每个呼吸器配备 2 个备用充气瓶。
103. B。第 4 条救生设备和装置的鉴定、试验及认可 1 除按照本条 5 和 6 的规定外,本章规定的救生设备和装置应经主管机关认可。
104. A。2 持证人员系指持有主管机关按照现行的《海员培训、发证和值班标准国际公约》要求,授权签发的或承认有效的精通救生艇筏业务证书的人员;或持有非该公约缔约国的主管机关为公约证书同一目的而签发或承认的证书的人员。
105. A。第 4 条救生设备和装置的鉴定、试验及认可 1 除按照本条 5 和 6 的规定外,本章规定的救生设备和装置应经主管机关认可。
106. D。2006 年 7 月 1 日生效的 SOLAS 公约第Ⅲ章第 32.3 条关于保温救生服的规定 3.1 本节适用于所有货船。但 2006 年 7 月 1 日以前建造的货船应在不迟于 2006 年 7 月 1 日或以后的第一次安全设备检验时符合 3.2 至 3.5 的规定。3.2 应为船上每个人配备一件合身的且符合规则第 2.3 节要求的救生服。但对除了第Ⅸ/1 条所定义的散货船外的船,如果该船一直在主管机关认为不需救生服的温暖气候区域航行,则不必要求配备这些救生服。3.3 如果船舶有任何值班站或工作站远离通常存放救生服的地方(包括按第 31.1.4 条配备且位于远处的救生艇筏),则任何时候均应另外为通常在这些场所值班或工作的人员按其人数配备合身的救生服。3.4 救生服应放在容易拿到的地方,其位置应予明显标示。3.5 本条要求的救生服可用于符合第 7.3 条的要求。

107. C。2.1 双向甚高频(VHF)无线电话设备 2.1.1 每艘客船和每艘 500 总吨及以上的货船,应至少配备 3 台双向甚高频(VHF)无线电话设备。每艘 300 总吨及以上,但小于 500 总吨的货船,应至少配备 2 台双向 VHF 无线电话设备。每舷应至少配备 1 台雷达应答器;在驾驶室内应配备不少于 12 支符合要求的火箭降落伞火焰求生信号。

108. C。浸水服的主要作用是起到保温作用,防止落水人员的体温丧失太快。

109. D。19 救助艇系指为救助遇险人员及集结救生艇筏而设计的艇。

110. C。第 8 条应变部署表与应变须知 1 本条适用于所有船舶。2 应为船上每个人员配备 1 份在紧急情况下必须遵循的明确的须知。如为客船,这些须知应使用船旗国要求的一种或数种语言以及英语写成。3 符合第 37 条要求的应变部署表和应变须知应在全船各显著部位展示,包括驾驶室、机舱和船员起居处所。4 应在乘客舱室内张贴配有适当文字的示意图和应变须知,并在集合站及其他乘客处所的显著位置予以展示,以告知乘客:.1 他们的集合站;.2 他们在紧急情况下必须采取的重要行动;和.3 救生衣的穿着方法。

111. C。第 8 条应变部署表与应变须知 1 本条适用于所有船舶。2 应为船上每个人员配备 1 份在紧急情况下必须遵循的明确的须知。如为客船,这些须知应使用船旗国要求的一种或数种语言以及英语写成。3 符合第 37 条要求的应变部署表和应变须知应在全船各显著部位展示,包括驾驶室、机舱和船员起居处所。4 应在乘客舱室内张贴配有适当文字的示意图和应变须知,并在集合站及其他乘客处所的显著位置予以展示,以告知乘客:.1 他们的集合站;.2 他们在紧急情况下必须采取的重要行动;和.3 救生衣的穿着方法。

112. B。第 8 条应变部署表与应变须知 4 应在乘客舱室内张贴配有适当文字的示意图和应变须知,并在集合站及其他乘客处所的显著位置予以展示,以告知乘客:.1 他们的集合站;.2 他们在紧急情况下必须采取的重要行动;和.3 救生衣的穿着方法。

113. C。第 8 条应变部署表与应变须知 1 本条适用于所有船舶。2 应为船上每个人员配备 1 份在紧急情况下必须遵循的明确的须知。如为客船,这些须知应使用船旗国要求的一种或数种语言以及英语写成。3 符合第 37 条要求的应变部署表和应变须知应在全船各显著部位展示,包括驾驶室、机舱和船员起居处所。4 应在乘客舱室内张贴配有适当文字的示意图和应变须知,并在集合站及其他乘客处所的显著位置予以展示,以告知乘客:.1 他们的集合站;.2 他们在紧急情况下必须采取的重要行动;和.3 救生衣的穿着方法。

114. D。第 8 条应变部署表与应变须知 1 本条适用于所有船舶。2 应为船上每个人员配备 1 份在紧急情况下必须遵循的明确的须知。如为客船,这些须知应使用船旗国要求的一种或数种语言以及英语写成。3 符合第 37 条要求的应变部署表和应变须知应在全船各显著部位展示，包括驾驶室、机舱和船员起居处所。

115. A。第 8 条应变部署表与应变须知 1 本条适用于所有船舶。2 应为船上每个人员配备 1 份在紧急情况下必须遵循的明确的须知。如为客船，这些须知应使用船旗国要求的一种或数种语言以及英语写成。

116. D。第 37 条应变部署表与应变须知 1 应变部署表应详细说明规则第 7.2 节规定的通用紧急报警信号和公共广播系统，以及该警报发出时船员和乘客应采取的行动。应变部署表还应写明弃船命令将如何发出。2 每艘客船应具有寻找并救出困在客舱内乘客的适当的程序。3 应变部署表应写明分派给不同船员的任务，包括：.1 船上水密门、防火门、阀、泄水孔、舷窗、天窗、装货舷门和其他类似开口的关闭；.2 救生艇筏和其他救生设备的属具配备；.3 救生艇筏的准备工作和降落；.4 其他救生设备的一般准备工作；.5 集合乘客；.6 通信设备的使用；.7 指派处理火灾的消防队的人员配备；和.8 关于使用灭火设备及装置的专门任务。

117. D。第 37 条应变部署表与应变须知 1 应变部署表应详细说明规则第 7.2 节规定的通用紧急报警信号和公共广播系统，以及该警报发出时船员和乘客应采取的行动。应变部署表还应写明弃船命令将如何发出。2 每艘客船应具有寻找并救出困在客舱内乘客的适当的程序。3 应变部署表应写明分派给不同船员的任务，包括：.1 船上水密门、防火门、阀、泄水孔、舷窗、天窗、装货舷门和其他类似开口的关闭；.2 救生艇筏和其他救生设备的属具配备；.3 救生艇筏的准备工作和降落；.4 其他救生设备的一般准备工作；.5 集合乘客；.6 通信设备的使用；.7 指派处理火灾的消防队的人员配备；和.8 关于使用灭火设备及装置的专门任务。

118. B。4 应变部署表应规定指定的驾驶员负责确保维护保养救生和消防设备，使其处于完好状态，并立即可用。

119. A。4 应变部署表应规定指定的驾驶员负责确保维护保养救生和消防设备，使其处于完好状态，并立即可用。5 应变部署表应规定关键人员失去能力后的替代人员，要考虑到不同的紧急情况可能要求采取不同的行动。6 应变部署表应说明在紧急情况下，指派给船员的与乘客有关的各项任务，应变部署表应写明分派给不同船员的任务。

120. D。根据《国内航行海船法定检验技术规则》，如遇船员变动或情况改变应及时修订，应变部署表应在船舶开航前制定完毕，由船长签字后将其副本张贴在驾驶室、机舱、居住处所、公共处所。

121. A。4 应变部署表应规定指定的驾驶员负责确保维护保养救生和消防设备，使其处于完好状态，并立即可用。5 应变部署表应规定关键人员失去能力后的替代人员，要考虑到不同的紧急情况可能要求采取不同的行动。6 应变部署表应说明在紧急情况下，指派给船员的与乘客有关的各项任务应变部署表应规定召集全体船员至救生艇、筏的明确信号，并列出这些信号的全部细节，由应急报警系统释放。

122. B。根据《国内航行海船法定检验技术规则》，如遇船员变动或情况改变应及时修订，应变部署表应在船舶开航前制定完毕，由船长签字后将其副本张贴在驾驶室、机舱、居住处所、公共处所。

123. D。3 应变部署表应写明分派给不同船员的任务,包括:.1 船上水密门、防火门、阀、泄水孔、舷窗、天窗、装货舷门和其他类似开口的关闭;.2 救生艇筏和其他救生设备的属具配备;.3 救生艇筏的准备工作和降落;.4 其他救生设备的一般准备工作;.5 集合乘客;.6 通信设备的使用;.7 指派处理火灾的消防队的人员配备;和.8 关于使用灭火设备及装置的专门任务。

124. D。6 应变部署表应说明在紧急情况下,指派给船员的与乘客有关的各项任务。这些任务应包括:.1 向乘客告警;.2 查看乘客是否穿妥衣服,以及是否正确地穿好救生衣;.3 召集乘客于各集合站;.4 维持通道及梯道上的秩序,并大体上控制乘客的动向;和.5 确保把毛毯送到救生艇筏上。7 应变部署表应在船舶出航前制定。在应变部署表制定后,如果船员有所变动而必须更改应变部署表,船长应修订该表,或制定新表。8 客船上使用的应变部署表的格式应经认可。

125. D。第 8 条应变部署表与应变须知 1 本条适用于所有船舶。2 应为船上每个人员配备 1 份在紧急情况下必须遵循的明确的须知。如为客船,这些须知应使用船旗国要求的一种或数种语言以及英语写成。3 符合第 37 条要求的应变部署表和应变须知应在全船各显著部位展示,包括驾驶室、机舱和船员起居处所。4 应在乘客舱室内张贴配有适当文字的示意图和应变须知,并在集合站及其他乘客处所的显著位置予以展示,以告知乘客:.1 他们的集合站;.2 他们在紧急情况下必须采取的重要行动;和.3 救生衣的穿着方法。

126. C。第 8 条应变部署表与应变须知 1 本条适用于所有船舶。2 应为船上每个人员配备 1 份在紧急情况下必须遵循的明确的须知。如为客船,这些须知应使用船旗国要求的一种或数种语言以及英语写成。3 符合第 37 条要求的应变部署表和应变须知应在全船各显著部位展示,包括驾驶室、机舱和船员起居处所。

127. D。4 应在乘客舱室内张贴配有适当文字的示意图和应变须知,并在集合站及其他乘客处所的显著位置予以展示,以告知乘客:.1 他们的集合站;.2 他们在紧急情况下必须采取的重要行动;和.3 救生衣的穿着方法。

128. A。4 应在乘客舱室内张贴配有适当文字的示意图和应变须知,并在集合站及其他乘客处所的显著位置予以展示,以告知乘客。

129. A。符合第 37 条要求的应变部署表和应变须知应在全船各显著部位展示,包括驾驶室、机舱和船员起居处所。

130. D。6 应变部署表应说明在紧急情况下,指派给船员的与乘客有关的各项任务。这些任务应包括:.1 向乘客告警;.2 查看乘客是否穿妥衣服,以及是否正确地穿好救生衣;.3 召集乘客于各集合站;.4 维持通道及梯道上的秩序,并大体上控制乘客的动向;和.5 确保把毛毯送到救生艇筏上。

131. A。公约要求:每一船员应能熟练穿着保温救生服,在无人协助的情况下,能够在 2 分钟内穿着完毕。寒冷地区弃船或弃船演习时应穿着保温服。

132. B。在释放应急警报信号后,要求船员在 2 分钟内到达指定地点。

133. A。第 9 条操作须知 1 本条适用于所有船舶。2 应在救生艇筏及其降落操纵器上或附近设置告示或标志,其应:.1 有示意图说明操纵器的用途及此项设备的操作程序,并告知有关须知或注意事项;.2 在应急照明条件下容易看清;和.3 使用符合本组织建议案的符号。

134. B。第 9 条操作须知 1 本条适用于所有船舶。2 应在救生艇筏及其降落操纵器上或附近设置告示或标志,其应:.1 有示意图说明操纵器的用途及此项设备的操作程序,并告知有关须知或注意事项;.2 在应急照明条件下容易看清;和.3 使用符合本组织建议案的符号。

135. D。第 9 条操作须知 1 本条适用于所有船舶。2 应在救生艇筏及其降落操纵器上或附近设置告示或标志,其应:.1 有示意图说明操纵器的用途及此项设备的操作程序,并告知有关须知或注意事项;.2 在应急照明条件下容易看清;和.3 使用符合本组织建议案的符号。

136. A。第 9 条操作须知 1 本条适用于所有船舶。2 应在救生艇筏及其降落操纵器上或附近设置告示或标志,其应:.1 有示意图说明操纵器的用途及此项设备的操作程序,并告知有关须知或注意事项;.2 在应急照明条件下容易看清;和.3 使用符合本组织建议案的符号。

137. C。第 9 条操作须知 1 本条适用于所有船舶。2 应在救生艇筏及其降落操纵器上或附近设置告示或标志,其应:.1 有示意图说明操纵器的用途及此项设备的操作程序,并告知有关须知或注意事项;.2 在应急照明条件下容易看清;和.3 使用符合本组织建议案的符号。

138. B。3.4.4 如果救生艇作自由降落下水,在弃船演习中每 3 个月至少有一次船员应登上救生艇,在其座位中正确系固并开始降落下水程序直至但不包括实际释放救生艇(即释放钩不应松开)。

139. C。根据 2008 年 7 月 1 日生效的 SOLAS 公约 2006 修正案[MSC.216(82)]关于救生艇索的规定:1. 降落所用的吊艇索应定期检查,要特别注意穿过滑轮的区域,并在由于吊艇索磨损而需要换新时或按不超过 5 年的间隔期(取早者)予以换新。2. 新的要求应在 2008 年 7 月 1 日后体现在 ISM 体系文件中;3. 船舶应在 2008 年 7 月 1 日后执行上述新要求,并在维修保养记录中做出调整。

140. D。根据 SOLAS 公约的规定,救生艇筏存放和降落的要求:救生艇筏在船舶最轻载航行,不利纵倾达 10°及向任何一舷横倾达 20°时能安全降落;货船上所有救生艇筏应能在发出弃船信号后 10 分钟内载足全部人员和属具降落;救生艇应能在船舶于平静水面上前进航速达 5 节时安全降落下水。

141. D。船舶在风浪中放艇的做法应满足:备车减速至 5 节以下;艇长命令操纵吊艇人员放艇,抬起刹车板,艇便降落,同时尽快检查机器,脱钩之后要注意因涌浪作用吊艇滑车摇摆伤及艇员,艇机在艇入水之前启动起来,脱掉吊艇钩后立即驶离大船;当救生艇降落至救生甲板位置时,艇员登艇,之后打开上荡索,换用带滑轮的纤维绳作为收紧索,一端系在甲板上,另一端系在救生艇上,由艇员控制,慢慢松出最后全部解除;将艇放至水面后,就要迅速解脱吊艇钩,最好能同时解脱首尾吊艇钩。若不能同时脱钩,当大船前进时可先脱尾钩再脱前钩,防止先脱前钩。

142. B。3.4.6 除兼作救生艇的救助艇外,其他救助艇均应在合理和可行的范围内,每个月搭载指定的船员降落下水并在水上进行操纵。在任何情况下,应至少每 3 个月按此要求进行一次。

143. A。第 10 条救生艇筏的配员与监督 1 本条适用于所有船舶。2 船上应有足够数量受过培训的人员进行召集和协助未受培训的人员。3 船上应有足够数量的船员(他们可以是驾驶员或持证人员)对船上全体人员弃船所需要的救生艇筏及其降落装置进行操作。4 每艘要使用的救生艇筏,均应设置 1 名驾驶员或持证人员负责指挥。但主管机关经适当考虑到航程的性质、船上人数和船舶的特点后,可以准许精通救生筏操纵和操作的人员代替具有上述资格的人员负责指挥救生筏。如为救生艇,还应指派 1 名副指挥。5 救生艇筏负责人应有一份该救生艇筏船员名单,并应确保在其指挥下的船员是熟悉其任务的。救生艇的副指挥亦应有一份该救生艇船员名单。6 应为每艘机动救生艇筏指派 1 名能操作发动机并能进行略微调整的人员。7 船长应确保在船舶的救生艇筏之间合理分配本条 2、3 和 4 中所述的人员。

144. D。第 10 条救生艇筏的配员与监督 1 本条适用于所有船舶。2 船上应有足够数量受过培训的人员进行召集和协助未受培训的人员。3 船上应有足够数量的船员(他们可以是驾驶员或持证人员)对船上全体人员弃船所需要的救生艇筏及其降落装置进行操作。4 每艘要使用的救生艇筏,均应设置 1 名驾驶员或持证人员负责指挥。但主管机关经适当考虑到航程的性质、船上人数和船舶的特点后,可以准许精通救生筏操纵和操作的人员代替具有上述资格的人员负责指挥救生筏。如为救生艇,还应指派 1 名副指挥。5 救生艇筏负责人应有一份该救生艇筏船员名单,并应确保在其指挥下的船员是熟悉其任务的。救生艇的副指挥亦应有一份该救生艇船员名单。6 应为每艘机动救生艇筏指派 1 名能操作发动机并能进行略微调整的人员。7 船长应确保在船舶的救生艇筏之间合理分配本条 2、3 和 4 中所述的人员。

145. D。第 10 条救生艇筏的配员与监督 1 本条适用于所有船舶。2 船上应有足够数量受过培训的人员进行召集和协助未受培训的人员。3 船上应有足够数量的船员(他们可以是驾驶员或持证人员)对船上全体人员弃船所需要的救生艇筏及其降落装置进行操作。4 每艘要使用的救生艇筏,均应设置 1 名驾驶员或持证人员负责指挥。但主管机关经适当考虑到航程的性质、船上人数和船舶的特点后,可以准许精通救生筏操纵和操作的人员代替具有上述资格的人员负责指挥救生筏。如为救生艇,还应指派 1 名副指挥。5 救生艇筏负责人应有一份该救生艇筏船员名单,并应确保在其指挥下的船员是熟悉其任务的。救生艇的副指挥亦应有一份该救生艇船员名单。6 应为每艘机动救生艇筏指派 1 名能操作发动机并能进行略微调整的人员。7 船长应确保在船舶的救生艇筏之间合理分配本条 2、3 和 4 中所述的人员。

146. A。第 10 条救生艇筏的配员与监督 1 本条适用于所有船舶。2 船上应有足够数量受过培训的人员进行召集和协助未受培训的人员。3 船上应有足够数量的船员(他们可以是驾驶员或持证人员)对船上全体人员弃船所需要的救生艇筏及其降落装置进行操作。

147. A。第 10 条救生艇筏的配员与监督 1 本条适用于所有船舶。2 船上应有足够数量受过培训的人员进行召集和协助未受培训的人员。3 船上应有足够数量的船员(他们可以是驾驶员或持证人员）对船上全体人员弃船所需要的救生艇筏及其降落装置进行操作。4 每艘要使用的救生艇筏，均应设置 1 名驾驶员或持证人员负责指挥。但主管机关经适当考虑到航程的性质、船上人数和船舶的特点后，可以准许精通救生筏操纵和操作的人员代替具有上述资格的人员负责指挥救生筏。如为救生艇，还应指派 1 名副指挥。

148. C。第 10 条救生艇筏的配员与监督 1 本条适用于所有船舶。2 船上应有足够数量受过培训的人员进行召集和协助未受培训的人员。3 船上应有足够数量的船员（他们可以是驾驶员或持证人员）对船上全体人员弃船所需要的救生艇筏及其降落装置进行操作。4 每艘要使用的救生艇筏，均应设置 1 名驾驶员或持证人员负责指挥。但主管机关经适当考虑到航程的性质、船上人数和船舶的特点后，可以准许精通救生筏操纵和操作的人员代替具有上述资格的人员负责指挥救生筏。如为救生艇，还应指派 1 名副指挥。5 救生艇筏负责人应有一份该救生艇筏船员名单，并应确保在其指挥下的船员是熟悉其任务的。救生艇的副指挥亦应有一份该救生艇船员名单。6 应为每艘机动救生艇筏指派 1 名能操作发动机并能进行略微调整的人员。7 船长应确保在船舶的救生艇筏之间合理分配本条 2、3 和 4 中所述的人员。

149. C。.2 另有符合规则第 4.2 或 4.3 节要求的 1 只或多只气胀式或刚性救生筏，其质量小于 185 千克，存放在一个能在单层开敞甲板上易于做舷对舷转移的位置，且其总容量能容纳船上人员总数。如果该救生筏或这些救生筏的质量不小于 185 千克，且不是存放在一个能在单层开敞甲板上易于做舷对舷转移的位置，则每舷可用的总容量应能足以容纳船上人员总数。

150. C。救生艇的操作要求：一般情况不得随意使用救生艇；救生演习和应急救助时可以放艇；港内放艇还应事先得到海事局的批准。

151. D。船舶每舷救生艇内存放的救生信号数量：火箭降落伞信号 4 支，手持火焰信号 6 支，漂浮烟雾信号 2 支。

152. D。救生艇所配备的淡水可供满载人员使用 7 天。

153. D。第 10 条救生艇筏的配员与监督 1 本条适用于所有船舶。2 船上应有足够数量受过培训的人员进行召集和协助未受培训的人员。3 船上应有足够数量的船员（他们可以是驾驶员或持证人员）对船上全体人员弃船所需要的救生艇筏及其降落装置进行操作。4 每艘要使用的救生艇筏，均应设置 1 名驾驶员或持证人员负责指挥。但主管机关经适当考虑到航程的性质、船上人数和船舶的特点后，可以准许精通救生筏操纵和操作的人员代替具有上述资格的人员负责指挥救生筏。如为救生艇，还应指派 1 名副指挥。5 救生艇筏负责人应有一份该救生艇筏船员名单，并应确保在其指挥下的船员是熟悉其任务的。救生艇的副指挥亦应有一份该救生艇船员名单。6 应为每艘机动救生艇筏指派 1 名能操作发动机并能进行略微调整的人员。7 船长应确保在船舶的救生艇筏之间合理分配本条 2、3 和 4 中所述的人员。

154. A。第 10 条救生艇筏的配员与监督 1 本条适用于所有船舶。2 船上应有足够数量受过培训的人员进行召集和协助未受培训的人员。3 船上应有足够数量的船员（他们可以是驾驶员或持证人员）对船上全体人员弃船所需要的救生艇筏及其降落装置进行操作。4 每艘要使用的救生艇筏,均应设置 1 名驾驶员或持证人员负责指挥。但主管机关经适当考虑到航程的性质、船上人数和船舶的特点后,可以准许精通救生筏操纵和操作的人员代替具有上述资格的人员负责指挥救生筏。如为救生艇,还应指派 1 名副指挥。5 救生艇筏负责人应有一份该救生艇筏船员名单,并应确保在其指挥下的船员是熟悉其任务的。救生艇的副指挥亦应有一份该救生艇船员名单。6 应为每艘机动救生艇筏指派 1 名能操作发动机并能进行略微调整的人员。7 船长应确保在船舶的救生艇筏之间合理分配本条 2、3 和 4 中所述的人员。

155. B。根据《国内航行海船法定检验技术规则》,关于训练手册的配备要求:第 35 条培训手册和船上培训教具 1 本条适用于所有船舶。2 每一船员餐厅和娱乐室,或每一船员舱室内均应配备 1 本符合本条 3 要求的培训手册。3 培训手册可分成若干分册,应包含关于船上所配备的救生设备和最佳救生方法的须知和资料并应用易懂的措辞写成,如有可能应配以图解说明。这些资料的任何部分都可以用视听辅助教材形式提供。

156. D。3 培训手册可分成若干分册,应包含关于船上所配备的救生设备和最佳救生方法的须知和资料并应用易懂的措辞写成,如有可能应配以图解说明。这些资料的任何部分都可以用视听辅助教材形式提供。下列各项应予详细解释:.1 救生衣、救生服和抗暴露服的穿着法(按适用者);.2 在指定地点集合;.3 救生艇筏和救助艇的登乘、降落和离开,包括(如适用)海上撤离系统的使用;.4 在救生艇筏内降落的方法;.5 从降落设备上脱开;.6 降落区域内防护方法与防护设备的用法(如适用);.7 降落区域的照明;.8 所有救生属具的用法;.9 所有探测装备的用法;.10 用图解说明无线电救生设备的用法;.11 海锚的用法;.12 发动机及其附件的用法;.13 救生艇筏和救助艇的回收,包括存放和系固;.14 暴露的危害性和穿用保暖衣服的必要性;.15 为救生而使用救生艇筏设备的最佳方法;.16 拯救的方法,包括直升机救助装置(吊绳、吊篮、吊担架)、连裤救生圈、海岸救生工具和船舶抛绳设备的用法;.17 应变部署表与应变须知所列出的所有其他措施;和.18 救生设备应急修理须知。

157. D。3 培训手册可分成若干分册,应包含关于船上所配备的救生设备和最佳救生方法的须知和资料并应用易懂的措辞写成,如有可能应配以图解说明。这些资料的任何部分都可以用视听辅助教材形式提供。下列各项应予详细解释:.1 救生衣、救生服和抗暴露服的穿着法(按适用者);.2 在指定地点集合;.3 救生艇筏和救助艇的登乘、降落和离开,包括(如适用)海上撤离系统的使用;.4 在救生艇筏内降落的方法;.5 从降落设备上脱开;.6 降落区域内防护方法与防护设备的用法(如适用);.7 降落区域的照明;.8 所有救生属具的用法;.9 所有探测装备的用法;.10 用图解说明无线电救生设备的用法;.11 海锚的用法;.12 发动机及其附件的用法;.13 救生艇筏和救助艇的回收,包括存放和系固;.14 暴露的危害性和穿用保暖衣服的必要性;.15 为救生而使用救生艇筏设备的最佳方法;.16 拯救的方法,包括直升机救助装置(吊绳、吊篮、吊担架)、连裤救生圈、海岸救生工具和船舶抛绳设备的用法;.17 应变部署表与应变须知所列出的所有其他措施;和.18 救生设备应急修理须知。

158. A。根据《国内航行海船法定检验技术规则》,关于训练手册的配备要求:第 35 条培训手册和船上培训教具 1 本条适用于所有船舶。2 每一船员餐厅和娱乐室,或每一船员舱室内均应配备1本符合本条3要求的培训手册。3 培训手册可分成若干分册,应包含关于船上所配备的救生设备和最佳救生方法的须知和资料并应用易懂的措辞写成,如有可能应配以图解说明。这些资料的任何部分都可以用视听辅助教材形式提供。4 配有海上撤离系统的每艘船舶应设有用于该系统的船上培训教具。5 培训手册应以船上的工作语言撰写。

159. D。3 培训手册可分成若干分册,应包含关于船上所配备的救生设备和最佳救生方法的须知和资料并应用易懂的措辞写成,如有可能应配以图解说明。这些资料的任何部分都可以用视听辅助教材形式提供。下列各项应予详细解释:.1 救生衣、救生服和抗暴露服的穿着法(按适用者);.2 在指定地点集合;.3 救生艇筏和救助艇的登乘、降落和离开,包括(如适用)海上撤离系统的使用;.4 在救生艇筏内降落的方法;.5 从降落设备上脱开;.6 降落区域内防护方法与防护设备的用法(如适用);.7 降落区域的照明;.8 所有救生属具的用法;.9 所有探测装备的用法;.10 用图解说明无线电救生设备的用法;.11 海锚的用法;.12 发动机及其附件的用法;.13 救生艇筏和救助艇的回收,包括存放和系固;.14 暴露的危害性和穿用保暖衣服的必要性;.15 为救生而使用救生艇筏设备的最佳方法;.16 拯救的方法,包括直升机救助装置(吊绳、吊篮、吊担架)、连裤救生圈、海岸救生工具和船舶抛绳设备的用法;.17 应变部署表与应变须知所列出的所有其他措施;和.18 救生设备应急修理须知。

160. A。3 培训手册可分成若干分册,应包含关于船上所配备的救生设备和最佳救生方法的须知和资料并应用易懂的措辞写成,如有可能应配以图解说明。这些资料的任何部分都可以用视听辅助教材形式提供。下列各项应予详细解释:.1 救生衣、救生服和抗暴露服的穿着法(按适用者);.2 在指定地点集合;.3 救生艇筏和救助艇的登乘、降落和离开,包括(如适用)海上撤离系统的使用;.4 在救生艇筏内降落的方法;.5 从降落设备上脱开;.6 降落区域内防护方法与防护设备的用法(如适用);.7 降落区域的照明;.8 所有救生属具的用法;.9 所有探测装备的用法;.10 用图解说明无线电救生设备的用法;.11 海锚的用法;.12 发动机及其附件的用法;.13 救生艇筏和救助艇的回收,包括存放和系固;.14 暴露的危害性和穿用保暖衣服的必要性;.15 为救生而使用救生艇筏设备的最佳方法;.16 拯救的方法,包括直升机救助装置(吊绳、吊篮、吊担架)、连裤救生圈、海岸救生工具和船舶抛绳设备的用法;.17 应变部署表与应变须知所列出的所有其他措施;和.18 救生设备应急修理须知。

161. D。3 培训手册可分成若干分册,应包含关于船上所配备的救生设备和最佳救生方法的须知和资料并应用易懂的措辞写成,如有可能应配以图解说明。这些资料的任何部分都可以用视听辅助教材形式提供。下列各项应予详细解释:.1 救生衣、救生服和抗暴露服的穿着法(按适用者);.2 在指定地点集合;.3 救生艇筏和救助艇的登乘、降落和离开,包括(如适用)海上撤离系统的使用;.4 在救生艇筏内降落的方法;.5 从降落设备上脱开;.6 降落区域内防护方法与防护设备的用法(如适用);.7 降落区域的照明;.8 所有救生属具的用法;.9 所有探测装备的用法;.10 用图解说明无线电救生设备的用法;.11 海锚的用法;.12 发动机及其附件的用法;.13 救生艇筏和救助艇的回收,包括存放和系固;.14 暴露的危害性和穿用保暖衣服的必要性;.15 为救生而使用救生艇筏设备的最佳方法;.16 拯救的方法,包括直升机救助装置(吊绳、吊篮、吊担架)、连裤救生圈、海岸救生工具和船舶抛绳设备的用法;.17 应变部署表与应变须知所列出的所有其他措施;和.18 救生设备应急修理须知。

162. D。第 36 条船上维护保养须知救生设备的船上维护保养须知应是易懂的,如有可能应配以图解说明,并且按适用情况,每一设备应包括下列各项:.1 进行第 20.7 条要求的检查时所用的检查清单;.2 维护保养与修理须知;.3 定期维护保养计划;.4 润滑点示意图,并注明建议用的润滑剂;.5 可替换部件一览表;.6 备件来源一览表;和.7 检查和维护保养记录簿。

163. B。5 培训手册应以船上的工作语言撰写。

164. D。4.2 每位船员均应听课,课程应包括但不必局限于:.1 船舶气胀式救生筏的操作与使用;.2 低温保护问题,体温过低的急救护理和其他合适的急救程序;.3 在恶劣气候和恶劣海况中使用船舶救生设备所必需的专门课程;.4 灭火设备的操作与使用;和 5 对于围蔽处所的相关风险和安全进入围蔽处所的船上程序,应视具体情况考虑到本组织 ①制定的建议案中提供的指导。

165. A。3.5.2 每次消防演习应包括:.1 向集合站报到,并准备执行第 8 条要求的应变部署表所述的任务;.2 启动一个消防泵,要求至少射出两股水柱,以表明该系统是处于正常的工作状态;.3 检查消防员装备和其他个人救助设备;.4 检查有关的通信设备;.5 检查演习区域内的水密门、防火门和挡火闸以及通风系统主要进出口的工作情况;和.6 检查供随后弃船用的必要装置。

166. D。3.5.2 每次消防演习应包括:.1 向集合站报到,并准备执行第 8 条要求的应变部署表所述的任务;.2 启动一个消防泵,要求至少射出两股水柱,以表明该系统是处于正常的工作状态;.3 检查消防员装备和其他个人救助设备;.4 检查有关的通信设备;.5 检查演习区域内的水密门、防火门和挡火闸以及通风系统主要进出口的工作情况;和.6 检查供随后弃船用的必要装置。

167. B。3.5.2 每次消防演习应包括:.1 向集合站报到,并准备执行第 8 条要求的应变部署表所述的任务;.2 启动一个消防泵,要求至少射出两股水柱,以表明该系统是处于正常的工作状态;

168. A。3.5.2 每次消防演习应包括:.1 向集合站报到,并准备执行第 8 条要求的应变部署表所述的任务;.2 启动一个消防泵,要求至少射出两股水柱,以表明该系统是处于正常的工作状态;.3 检查消防员装备和其他个人救助设备;.4 检查有关的通信设备;.5 检查演习区域内的水密门、防火门和挡火闸以及通风系统主要进出口的工作情况;和.6 检查供随后弃船用的必要装置。

169. D。3.5.2 每次消防演习应包括:.1 向集合站报到,并准备执行第 8 条要求的应变部署表所述的任务;.2 启动一个消防泵,要求至少射出两股水柱,以表明该系统是处于正常的工作状态;.3 检查消防员装备和其他个人救助设备;.4 检查有关的通信设备;.5 检查演习区域内的水密门、防火门和挡火闸以及通风系统主要进出口的工作情况;和.6 检查供随后弃船用的必要装置。

170. A。根据《国际海上人命安全公约》及我国相关规定,消防演习时,可分别模拟机舱火灾、厨房火灾、生活区着火和货舱着火，进行相应的消防程序的演练。

171. A。根据《国际海上人命安全公约》及我国相关规定，每次进行消防演习时可针对不同部位的火灾分别进行火灾报警、人员集合、关闭通风、组织探火和灭火等方面的演练。

172. A 。根据《国际海上人命安全公约》及我国相关规定，船舶每次消防演习的程序包括、鸣放警报信号、船员集合、关闭通风，组织探火、灭火和演习总结讲评等方面。

173. D。根据《国际海上人命安全公约》及我国相关规定，船舶组织每次消防演习时应做到：消防演习前应制订消防演习计划；船员在火警发出 2 分钟内携带器材到达指定地点；演习结束后，演习的内容和情况应如实记入航海日志。

174. D。根据《国际海上人命安全公约》及我国相关规定，每次弃船演习应包括下列内容：全体人员（值班人员除外）向集合地点报到；检查救生衣穿着情况；启动并操作救生艇发动机；至少降下一艘救生艇。

175. A。3.4.6 除兼作救生艇的救助艇外，其他救助艇均应在合理和可行的范围内，每个月搭载指定的船员降落下水并在水上进行操纵。在任何情况下，应至少每 3 个月按此要求进行一次。

176. D。3.4.1 每次弃船演习应包括：.1 先使用第 6.4.2 条所要求的报警系统，然后通过公共广播或其他通信系统宣布进行演习，将乘客和船员召集至集合站，并确保他们知道弃船命令；.2 向集合站报到，并准备执行应变部署表所述的任务；.3 查看乘客和船员穿着是否合适；.4 查看是否正确地穿好救生衣；.5 在完成任何必要的降落准备工作后，至少降下一艘救生艇；.6 启动并操作救生艇发动机；.7 操作降落救生筏所用的吊筏架；.8 模拟搜救几位被困于客舱中的乘客；和.9 介绍无线电救生设备的使用。

177. C。3.4.3 除本条 3.4.4 和 3.4.5 规定外，每艘救生艇应在弃船演习中每 3 个月至少有一次乘载被指派的操艇船员降落下水，并在水上进行操纵。

178. C。3.4.4 如果救生艇作自由降落下水，在弃船演习中每 3 个月至少有一次船员应登上救生艇，在其座位中正确系固并开始降落下水程序直至但不包括实际释放救生艇（即释放钩不应松开）。随后，救生艇应仅搭载所要求的操艇船员自由降落下水，或用辅助降落下水装置搭载或不搭载操艇船员降放至水面。在这两种情况下，救生艇均应由操艇船员在水中操纵。救生艇应按不超过 6 个月的间隔期，仅搭载操艇船员自由降落下水，或按本组织制定的指南进行模拟降落下水。

179. A。3.4.6 除兼作救生艇的救助艇外，其他救助艇均应在合理和可行的范围内，每个月搭载指定的船员降落下水并在水上进行操纵。在任何情况下，应至少每 3 个月按此要求进行一次。

180. A。4.1 船员上船后，应尽快在不迟于 2 个星期内，对其进行有关使用包括救生艇筏属具在内的船上救生设备和使用船上灭火设备的船上培训。

181. A。根据《国际海上人命安全公约》及我国相关规定，“船上训练与授课”中船上训练应参考训练手册中的内容进行。

182. B。2.3 培训手册 2.3.1 应在每一船员餐厅和娱乐室或在每一船员居住舱室内配备 1 本培训手册。2.3.2 培训手册应用船舶的工作语言写成。

183. B。2.2 船上培训和演习 2.2.1 应培训船员熟悉船舶的布置和可能需要其使用的任何灭火系统和设备的位置及操作。2.2.2 紧急逃生呼吸装置的使用训练应视为船上培训的一部分。2.2.3 对承担灭火职责的船员，应通过开展船上培训和演习对其履行职责的能力进行定期评估，以发现需要提高的方面，从而确保其灭火技能方面的适任性得以保持，并确保灭火组织处于操作就绪状态。

184. C。3 演习 3.1 演习应尽实际可能做到像真实发生了紧急情况。3.2 每名船员每月应至少参加一次弃船演习和一次消防演习。如有 25%以上的船员未参加船上的上个月弃船和消防演习，应在该船离港后 24 h 内举行该两项船员演习。当船舶在经重大改装后首次投入营运时，或有新船员时，应在开航前举行这些演习。主管机关对无法这样做的各类船舶，可以接受至少是等效的其他安排。3.3 具有围蔽处所进入或救助职责的船员应参加船上每 2 个月内至少举行一次的围蔽处所进入和救助演习。

185. D。3.4 弃船演习 3.4.1 每次弃船演习应包括：.1 先使用第 6.4.2 条所要求的报警系统，然后通过公共广播或其他通信系统宣布进行演习，将乘客和船员召集至集合站，并确保他们知道弃船命令；.2 向集合站报到，并准备执行应变部署表所述的任务；.3 查看乘客和船员穿着是否合适；.4 查看是否正确地穿好救生衣；.5 在完成任何必要的降落准备工作后，至少降下一艘救生艇。

186. D。3.4 弃船演习 3.4.1 每次弃船演习应包括：.1 先使用第 6.4.2 条所要求的报警系统，然后通过公共广播或其他通信系统宣布进行演习，将乘客和船员召集至集合站，并确保他们知道弃船命令；.2 向集合站报到，并准备执行应变部署表所述的任务；.3 查看乘客和船员穿着是否合适；.4 查看是否正确地穿好救生衣；.5 在完成任何必要的降落准备工作后，至少降下一艘救生艇；3.4.9 在每次弃船演习时，应测试用于集合与弃船的应急照明系统。

187. D。3.4.1 每次弃船演习应包括：.5 在完成任何必要的降落准备工作后，至少降下一艘救生艇；.6 启动并操作救生艇发动机；.7 操作降落救生筏所用的吊筏架；.8 模拟搜救几位被困于客舱中的乘客；和.9 介绍无线电救生设备的使用。3.4.3 除本条 3.4.4 和 3.4.5 规定外，每艘救生艇应在弃船演习中每 3 个月至少有一次乘载被指派的操艇船员降落下水，并在水上进行操纵。

188. D。3.4.1 每次弃船演习应包括：3.4.3 除本条 3.4.4 和 3.4.5 规定外，每艘救生艇应在弃船演习中每 3 个月至少有一次乘载被指派的操艇船员降落下水，并在水上进行操纵；3.4.6 除兼作救生艇的救助艇外，其他救助艇均应在合理和可行的范围内，每个月搭载指定的船员降落下水并在水上进行操纵。在任何情况下，应至少每 3 个月按此要求进行一次。3.4.7 如救生艇与救助艇的降落下水演习是在船舶前进航行中进行，由于涉及危险，该项演习应仅在有遮蔽的水域，并在有此项演习经验的驾驶员监督下进行。3.4.4 如果救生艇作自由降落下水，在弃船演习中每 3 个月至少有一次船员应登上救生艇，在其座位中正确系固并开始降落下水程序直至但不包括实际释放救生艇（即释放钩不应松开）。随后，救生艇应仅搭载所要求的操艇船员自由降落下水，或用辅助降落下水装置搭载或不搭载操艇船员降放至水面。在这两种情况下，救生艇均应由操艇船员在水中操纵。救生艇应按不超过 6 个月的间隔期，仅搭载操艇船员自由降落下水，或按本组织制定的指南进行模拟降落下水。

189. B。3.5 消防演习 3.5.2 每次消防演习应包括：.1 向集合站报到，并准备执行第 8 条要求的应变部署表所述的任务；.2 启动一个消防泵，要求至少射出两股水柱，以表明该系统是处于正常的工作状态；.3 检查消防员装备和其他个人救助设备；.4 检查有关的通信设备；.5 检查演习区域内的水密门、防火门和挡火闸以及通风系统主要进出口的工作情况；和.6 检查供随后弃船用的必要装置。
190. B。3.5 消防演习 3.5.1 在制订消防演习计划时，对在根据船型和货物类型而可能发生的各种紧急情况下的常规做法，应给予充分考虑。3.5.2 每次消防演习应包括：.1 向集合站报到，并准备执行第 8 条要求的应变部署表所述的任务；.2 启动一个消防泵，要求至少射出两股水柱，以表明该系统是处于正常的工作状态；.3 检查消防员装备和其他个人救助设备；.4 检查有关的通信设备；.5 检查演习区域内的水密门、防火门和挡火闸以及通风系统主要进出口的工作情况；和.6 检查供随后弃船用的必要装置。
191. B。4.1 船员上船后，应尽快在不迟于 2 个星期内，对其进行有关使用包括救生艇筏属具在内的船上救生设备和使用船上灭火设备的船上培训。但是，如果船员是定期安排轮派上船，则这种培训应在不迟于船员第一次上船后 2 个星期内进行。应讲授船舶灭火设备和救生设备的用法以及海上救生的课程，授课间隔期与演习间隔期相同。每次授课可以包括船舶救生设备和灭火设备的各个不同部分，但在任何 2 个月的授课期内应包括该船的全部救生和灭火设备。
192. A。5 记录举行集合的日期、弃船演习和消防演习、围蔽处所进入和救助演习的详细情况、其他救生设备演习以及船上培训均应记载于可由主管机关规定的航海日志内。如果在指定时间内未举行全部集合、演习或培训项目，则应在航海日志内记述其原因和已举行的集合、演习或培训项目的范围。
193. A。4.1 船员上船后，应尽快在不迟于 2 个星期内，对其进行有关使用包括救生艇筏属具在内的船上救生设备和使用船上灭火设备的船上培训。每次授课可以包括船舶救生设备和灭火设备的各个不同部分，但在任何 2 个月的授课期内应包括该船的全部救生和灭火设备。
194. D。4.2 每位船员均应听课，课程应包括但不必局限于：.1 船舶气胀式救生筏的操作与使用；.2 低温保护问题，体温过低的急救护理和其他合适的急救程序；.3 在恶劣气候和恶劣海况中使用船舶救生设备所必需的专门课程；.4 灭火设备的操作与使用；和.5 对于围蔽处所的相关风险和安全进入围蔽处所的船上程序，应视具体情况考虑到本组织 ①制定的建议案中提供的指导。
195. A。4.2 每位船员均应听课，课程应包括但不必局限于：.1 船舶气胀式救生筏的操作与使用；.2 低温保护问题，体温过低的急救护理和其他合适的急救程序；.3 在恶劣气候和恶劣海况中使用船舶救生设备所必需的专门课程；.4 灭火设备的操作与使用；和.5 对于围蔽处所的相关风险和安全进入围蔽处所的船上程序，应视具体情况考虑到本组织 ①制定的建议案中提供的指导。
196. B。4.1 船员上船后，应尽快在不迟于 2 个星期内，对其进行有关使用包括救生艇筏属具在内的船上救生设备和使用船上灭火设备的船上培训。但是，如果船员是定期安排轮派上船，则这种培训应在不迟于船员第一次上船后 2 个星期内进行。应讲授船舶灭火设备和救生设备的用法以及海上救生的课程,授课间隔期与演习间隔期相同。每次授课可以包括船舶救生设备和灭火设备的各个不同部分,但在任何 2 个月的授课期内应包括该船的全部救生和灭火设备。

197. C。4.1 船员上船后,应尽快在不迟于 2 个星期内,对其进行有关使用包括救生艇筏属具在内的船上救生设备和使用船上灭火设备的船上培训。但是,如果船员是定期安排轮派上船,则这种培训应在不迟于船员第一次上船后 2 个星期内进行。应讲授船舶灭火设备和救生设备的用法以及海上救生的课程,授课间隔期与演习间隔期相同。每次授课可以包括船舶救生设备和灭火设备的各个不同部分,但在任何 2 个月的授课期内应包括该船的全部救生和灭火设备。

198. C。4.3 在每艘装有吊架降落式救生筏的船上,应按不超过 4 个月的间隔期举行一次此项设备用法的船上培训。凡可行时,此项培训应包括一个救生筏的充气与下降。这个救生筏可以是培训专用救生筏,而不是船舶救生设备的组成部分,并应明显地标出专用救生筏标志。

199. D。4.2 每位船员均应听课,课程应包括但不必局限于:.1 船舶气胀式救生筏的操作与使用;.2 低温保护问题,体温过低的急救护理和其他合适的急救程序;.3 在恶劣气候和恶劣海况中使用船舶救生设备所必需的专门课程;.4 船舶灭火设备和救生设备的用法以及海上救生的课程。

200. D。4.2 每位船员均应听课,课程应包括但不必局限于:.1 船舶气胀式救生筏的操作与使用;.2 低温保护问题,体温过低的急救护理和其他合适的急救程序;.3 在恶劣气候和恶劣海况中使用船舶救生设备所必需的专门课程;.4 船舶灭火设备和救生设备的用法以及海上救生的课程。

201. D。4.2 每位船员均应听课,课程应包括但不必局限于:.1 船舶气胀式救生筏的操作与使用;.2 低温保护问题,体温过低的急救护理和其他合适的急救程序;.3 在恶劣气候和恶劣海况中使用船舶救生设备所必需的专门课程;.4 船舶灭火设备和救生设备的用法以及海上救生的课程。

202. C。每名船员每月应至少参加一次弃船演习和一次消防演习。如有 25%以上的船员未参加船上的上个月弃船和消防演习,应在该船离港后 24 h 内举行该两项船员演习。2 客船每周应举行一次弃船演习和消防演习。全体船员不必都参与每次演习,但每个船员均必须按第 19.3.2 条要求每月参加一次弃船和消防演习。应竭力鼓励乘客参与这些演习。国际航线上航程超过 24 小时的客船船员应于旅客登船后 24 小时内实施集合旅客演习。

203. C。根据 SOLAS 公约,航行时间超过一周的国际航行客船,除了应每周进行弃船和消防演习,还应每周进行水密门和舷窗的操作演习。

204. C。3.3 具有围蔽处所进入或救助职责的船员应参加船上每 2 个月内至少举行一次的围蔽处所进入和救助演习。

205. A。3.6.2 每次围蔽处所进入和救助演习均应包括:.1 检查并使用进入所需的个人保护设备;.2 检查并使用通信设备和程序;.3 检查并使用测量围蔽处所内空气的仪器;.4 检查并使用救助设备和程序;和.5 急救和复苏技术的指导。

206. C。根据《国际海上人命安全公约》及我国相关规定，消防演习时，可分别模拟机舱火灾、厨房火灾、生活区着火和货舱着火，进行相应的消防程序的演练。

207. D。3.5.2 每次消防演习应包括：.1 向集合站报到，并准备执行第 8 条要求的应变部署表所述的任务；.2 启动一个消防泵，要求至少射出两股水柱，以表明该系统是处于正常的工作状态；.3 检查消防员装备和其他个人救助设备；.4 检查有关的通信设备；.5 检查演习区域内的水密门、防火门和挡火闸以及通风系统主要进出口的工作情况；和.6 检查供随后弃船用的必要装置。

208. D。3.5.2 每次消防演习应包括：.1 向集合站报到，并准备执行第 8 条要求的应变部署表所述的任务；.2 启动一个消防泵，要求至少射出两股水柱，以表明该系统是处于正常的工作状态；.3 检查消防员装备和其他个人救助设备；.4 检查有关的通信设备；.5 检查演习区域内的水密门、防火门和挡火闸以及通风系统主要进出口的工作情况；和.6 检查供随后弃船用的必要装置。

209. C。3.4.4 如果救生艇作自由降落下水，在弃船演习中每 3 个月至少有一次船员应登上救生艇，在其座位中正确系固并开始降落下水程序直至但不包括实际释放救生艇（即释放钩不应松开）。随后，救生艇应仅搭载所要求的操艇船员自由降落下水，或用辅助降落下水装置搭载或不搭载操艇船员降放至水面。在这两种情况下，救生艇均应由操艇船员在水中操纵。救生艇应按不超过 6 个月的间隔期，仅搭载操艇船员自由降落下水，或按本组织制定的指南进行模拟降落下水。

210. C。3.4.1 每次弃船演习应包括：.1 先使用第 6.4.2 条所要求的报警系统，然后通过公共广播或其他通信系统宣布进行演习，将乘客和船员召集至集合站，并确保他们知道弃船命令；.2 向集合站报到，并准备执行应变部署表所述的任务；.3 查看乘客和船员穿着是否合适；.4 查看是否正确地穿好救生衣；.5 在完成任何必要的降落准备工作后，至少降下一艘救生艇；.6 启动并操作救生艇发动机；.7 操作降落救生筏所用的吊筏架；.8 模拟搜救几位被困于客舱中的乘客；和.9 介绍无线电救生设备的使用。

211. D。3.4.2 不同的救生艇应尽实际可能按本条 3.4.1.5 要求，在相继演习中轮流降放。3.4.3 除本条 3.4.4 和 3.4.5 规定外，每艘救生艇应在弃船演习中每 3 个月至少有一次乘载被指派的操艇船员降落下水，并在水上进行操纵。

212. D。4.1 船员上船后，应尽快在不迟于 2 个星期内，对其进行有关使用包括救生艇筏属具在内的船上救生设备和使用船上灭火设备的船上培训。但是，如果船员是定期安排轮派上船，则这种培训应在不迟于船员第一次上船后 2 个星期内进行。应讲授船舶灭火设备和救生设备的用法以及海上救生的课程，授课间隔期与演习间隔期相同。每次授课可以包括船舶救生设备和灭火设备的各个不同部分，但在任何 2 个月的授课期内应包括该船的全部救生和灭火设备。

213. A。4.2 每位船员均应听课，课程应包括但不必局限于：.1 船舶气胀式救生筏的操作与使用；.2 低温保护问题，体温过低的急救护理和其他合适的急救程序；.3 在恶劣气候和恶劣海况中使用船舶救生设备所必需的专门课程；.4 灭火设备的操作与使用；和 5 对于围蔽处所的相关风险和安全进入围蔽处所的船上程序，应视具体情况考虑到本组织①制定的建议案中提供的指导。

214. C。4.1 船员上船后，应尽快在不迟于 2 个星期内，对其进行有关使用包括救生艇筏属具在内的船上救生设备和使用船上灭火设备的船上培训。但是，如果船员是定期安排轮派上船，则这种培训应在不迟于船员第一次上船后 2 个星期内进行。应讲授船舶灭火设备和救生设备的用法以及海上救生的课程，授课间隔期与演习间隔期相同。每次授课可以包括船舶救生设备和灭火设备的各个不同部分，但在任何 2 个月的授课期内应包括该船的全部救生和灭火设备。

215. C。3.2 每名船员每月应至少参加一次弃船演习和一次消防演习。如有 25%以上的船员未参加船上的上个月弃船和消防演习，应在该船离港后 24 小时内举行该两项船员演习。

216. B。应急演习的目的：提高船员安全意识，树立居安思危、常备不懈思想，使船员熟悉应变岗位及职责，避免应急时惊慌失措；使船员熟练掌握各种应急设备的操作技能，以便在应急时能正确操作这些设备；检查、试验各类应急器材、设备的技术状态，发现问题及时解决，使其处于随时可用状态。

217. C。根据 SOLAS 公约及国内相关规定，应急演习的时间间隔为：每位船员每月应至少参加弃船和消防演习各一次；若有 25%以上船员未参加上个月的弃船和消防演习，应在该船离港 24 小时内举行；每 3 个月进行一次应急舵演习；油污应变演习每 3 个月，最长不超过 6 个月应进行一次。

218. D。根据《国际海上人命安全公约》及我国相关规定，船舶救生设备维修保养、检查和试验的年度计划应包括的设备有：救生艇、救助艇和救生筏，救生衣及其附件，救生信号，雷达应答器与紧急无线电示位标。

219. B。根据《国际海上人命安全公约》及我国相关规定，以下有关保温救生服的维护与检查：每月检查保温救生服上的反光带，必要时换新；每三年送岸进行一次保温救生服的压力试验和检测；每月检查一次哨笛和自亮灯；每月检查一次自亮灯电量是否充足。

220. C。根据 SOLAS 公约规定，所有救生艇和救助艇的发动机在每周内应进行一次运转试验，总时间不少于 3 分钟。

221. A。根据《国际海上人命安全公约》及我国相关规定，下列救生设备需要定期维护保养：个人救生用具；救生艇及艇架；救生筏及筏架；通信工具。

222. A。对救生艇和救助艇发动机的检修和试验由机舱责任人(三管轮)负责。

223. C。7.2 每月应使用第 36.1 条所要求的检查清单对救生设备(包括救生艇属具)检查，以确保其完整无缺并处于良好状态。检查报告应载入航海日志。

224. C。7.2 每月应使用第 36.1 条所要求的检查清单对救生设备(包括救生艇属具)检查，以确保其完整无缺并处于良好状态。检查报告应载入航海日志。

225. A。每周应进行下列试验和检查，并把检查报告写进航海日志：.1 所有救生艇筏、救助艇及降落设备应进行目视检查，以确保其立即可用。检查应包括，但不限于吊钩、吊钩与救生艇的连接以及适当和完全复位的承载释放装置的状况。

226. A。每周应进行下列试验和检查，并把检查报告写进航海日志：.1 所有救生艇筏、救助艇及降落设备应进行目视检查，以确保其立即可用。检查应包括，但不限于吊钩、吊钩与救生艇的连接以及适当和完全复位的承载释放装置的状况。

227. D。每周应进行下列试验和检查，并把检查报告写进航海日志：.1 所有救生艇筏、救助艇及降落设备应进行目视检查，以确保其立即可用。检查应包括，但不限于吊钩、吊钩与救生艇的连接以及适当和完全复位的承载释放装置的状况；7.2 每月应使用第 36.1 条所要求的检查清单对救生设备（包括救生艇属具）检查，以确保其完整无缺并处于良好状态。检查报告应载入航海日志。
228. C。每周应进行下列试验和检查，并把检查报告写进航海日志：.1 所有救生艇筏、救助艇及降落设备应进行目视检查，以确保其立即可用。检查应包括，但不限于吊钩、吊钩与救生艇的连接以及适当和完全复位的承载释放装置的状况；.2 只要环境温度在启动和运转发动机所要求的最低温度以上，所有救生艇和救助艇的发动机应进行运转试验，总时间不少于 3 分钟。在这段时间内，应证实齿轮箱和齿轮箱传动系统运行正常。安装在救助艇上的舷外发动机如果由于其特殊性而不得在螺旋桨没有浸没的情况下运转 3 分钟，可适当供水。7.2 每月应使用第 36.1 条所要求的检查清单对救生设备（包括救生艇属具）检查，以确保其完整无缺并处于良好状态。.4 通用应急报警系统应进行试验。
229. C。9 卫星紧急无线电示位标（EPIRB）应：9.1 每年按以下规定的间隔期进行全方位操作效用试验，着重检查操作频率发射、编码和登记。
230. D。.2 在第 I/7 或 I/8 条要求的适用的年度检验时进行彻底检查；和.3 在.2 要求的检查完成后，以最大降落速度对绞车制动器进行动力试验。9.1 每年按以下规定的间隔期进行全方位操作效用试验，着重检查操作频率发射、编码和登记。静水压力释放器，除可自行调换的静水压力释放器外，应按下列规定检修：.1 间隔期不超过 12 个月，但在任何情况下都不可行时，主管机关可将此期限展至 7 个月；①和.2 在检修站进行检修，该检修站应胜任检修工作，备有适当的检修设施并仅使用受过适当培训的人员。
231. B。3.4.6 除兼作救生艇的救助艇外，其他救助艇均应在合理和可行的范围内，每个月搭载指定的船员降落下水并在水上进行操纵。在任何情况下，应至少每 3 个月按此要求进行一次。
232. D。3.4.4 如果救生艇作自由降落下水，在弃船演习中每 3 个月至少有一次船员应登上救生艇，在其座位中正确系固并开始降落下水程序直至但不包括实际释放救生艇（即释放钩不应松开）。随后，救生艇应仅搭载所要求的操艇船员自由降落下水，或用辅助降落下水装置搭载或不搭载操艇船员降放至水面。在这两种情况下，救生艇均应由操艇船员在水中操纵。救生艇应按不超过 6 个月的间隔期，仅搭载操艇船员自由降落下水，或按本组织制定的指南进行模拟降落下水。
233. D。降落所用的吊艇索应定期检查，要特别注意穿过滑轮的区域，并在由于吊艇索磨损而需要换新时或按不超过 5 年的间隔期（取早者）予以换新。
234. D。每周应进行下列试验和检查，并把检查报告写进航海日志：7.2 每月应使用第 36.1 条所要求的检查清单对救生设备（包括救生艇属具）检查，以确保其完整无缺并处于良好状态。检查报告应载入航海日志。
235. A。每周应进行下列试验和检查，并把检查报告写进航海日志：.1 所有救生艇筏、救助艇及降落设备应进行目视检查，以确保其立即可用。检查应包括，但不限于吊钩、吊钩与救生艇的连接以及适当和完全复位的承载释放装置的状况;.2 只要环境温度在启动和运转发动机所要求的最低温度以上,所有救生艇和救助艇的发动机应进行运转试验,总时间不少于3分钟。在这段时间内,应证实齿轮箱和齿轮箱传动系统运行正常。安装在救助艇上的舷外发动机如果由于其特殊性而不得在螺旋桨没有浸没的情况下运转3分钟,可适当供水。在特殊情况下,主管机关对于1986年7月1日以前建造的船舶,可不坚持此项要求;.3 如果天气和海况允许,货船上除自由降落式救生艇外,应将救生艇在不载人的情况下从其存放位置做必要的移动,以证实降落设备可正常操作;和.4 通用应急报警系统应进行试验。

236. B。7.1 如果天气和海况允许,除自由降落式救生艇外的所有救生艇应在不载人的情况下移离其存放位置。7.2 每月应使用第36.1条所要求的检查清单对救生设备(包括救生艇属具)检查,以确保其完整无缺并处于良好状态。检查报告应载入航海日志。

237. D。三副、三管轮为船舶救生设备状态保持的责任人。

238. C。每周应进行下列试验和检查,并把检查报告写进航海日志:.1 所有救生艇筏、救助艇及降落设备应进行目视检查,以确保其立即可用。检查应包括,但不限于吊钩、吊钩与救生艇的连接以及适当和完全复位的承载释放装置的状况;.2 只要环境温度在启动和运转发动机所要求的最低温度以上,所有救生艇和救助艇的发动机应进行运转试验,总时间不少于3分钟。在这段时间内,应证实齿轮箱和齿轮箱传动系统运行正常。安装在救助艇上的舷外发动机如果由于其特殊性而不得在螺旋桨没有浸没的情况下运转3分钟,可适当供水。在特殊情况下,主管机关对于1986年7月1日以前建造的船舶,可不坚持此项要求;.3 如果天气和海况允许,货船上除自由降落式救生艇外,应将救生艇在不载人的情况下从其存放位置做必要的移动,以证实降落设备可正常操作;和.4 通用应急报警系统应进行试验。

239. C。每周应进行下列试验和检查,并把检查报告写进航海日志:.1 所有救生艇筏、救助艇及降落设备应进行目视检查,以确保其立即可用。检查应包括,但不限于吊钩、吊钩与救生艇的连接以及适当和完全复位的承载释放装置的状况;每月外观检查救生筏及筏架,以及救生筏系固件,确认充气拉索完好状态,每年将救生筏、静水压力释放器送至船检部门认可的检修站检修;④每5年彻底检查救生筏降落设备。8.1 每一气胀式救生筏、每件气胀式救生衣和每一海上撤离系统均应按下列规定检修:.1 间隔期不超过12个月,但在任何情况下都不可行时,主管机关可将此期限展至17个月;和.2 在经认可的检修站进行检修,该检修站应胜任检修工作,备有适当的检修设施并仅使用受过适当培训的人员①。4. 8.3.3 不超过5年间隔期的检修应按本组织的建议案进行。①8.4 充气式救助艇的所有修理和维护保养应按制造商的说明书要求进行。应急修理可在船上进行;但是永久性修理应在经认可的检修站进行。

240. C。3年对保温救生服进行压力试验和检测。

241. A。1.6 1台卫星紧急无线电示位标(卫星EPIRB)④,且应考虑到第8.3条的规定,该示位标应:1.6.1 能通过在406 MHz 频带上工作的极轨道卫星业务发送遇险报警,或如果船舶仅航行在Inmarsat所覆盖的区域⑤,能通过在1.6 GHz 频带上工作的Inmarsat对地静止卫星业务发送遇险报警;1.6.2 安装在易于接近的位置;1.6.3 可随时由人工释放并能由一人携入救生艇筏；1.6.4 当船舶沉没时，能自由漂浮，并当浮起时，能自动启动发送遇险报警；和 1.6.5 能人工启动发送遇险报警。

242. A。1.12 A1 海区系指至少由一个具有连续 DSC 报警能力的甚高频（VHF）海岸电台的无线电话所覆盖的区域，该区域可由各缔约国政府规定。

243. B。1.13 A2 海区系指除 A1 海区以外，至少由一个具有连续 DSC 报警能力的中频（MF）海岸电台的无线电话所覆盖的区域，该区域可由各缔约国政府规定。

244. C。1.14 A3 海区系指除 A1 和 A2 海区以外，由具有连续报警能力的 Inmarsat 对地静止卫星所覆盖的区域。

245. D。1.9 海上安全信息系指向船舶播发的航行和气象警报、气象预报和与安全有关的其他紧急信息。

246. D。根据 SOLAS 公约第Ⅳ章附则的规定，航行在海上的每艘船舶的 GMDSS 设备的基本功能包括：发送和接收船对船遇险报警；接收岸对船遇险报警；发送和接收驾驶室对驾驶室的通信。

247. C。根据 SOLAS 公约第Ⅳ章附则的规定，航行在海上的每艘船舶的 GMDSS 设备的基本功能包括：1. 发送和接收船对船遇险报警；2. 接收岸对船遇险报警；3. 发送和接收驾驶室对驾驶室的通信。

248. B。1.1 1 台能发送和接收的 VHF 无线电装置：1.1.1 在 156.525 MHz（70 频道）频率上的 DSC。其应能从船舶通常驾驶的位置，在 70 频道上启动遇险报警的发送①；和 1.1.2 在 156.300 MHz（6 频道）、156.650 MHz（13 频道）和 156.800 MHz（16 频道）频率上的无线电话。

249. B。1 每艘船舶应设有：1 台能发送和接收的 VHF 无线电装置：1.2 1 台能在 VHF 70 频道上保持连续 DSC 值班的无线电装置，该装置可以与第 7.1.1.1 条所要求的功能分开或相结合①；1.3 1 台能够以 9 GHz 波段或自动识别系统指定频率操作的搜救定位装置；1.4 1 台能接收国际 NAVTEX 业务广播的接收机（如果船舶航行在具有国际 NAVTEX 业务的任何区域）；1.5 1 台接收来自 Inmarsat 增强群呼系统②的海上安全信息的无线电设备（如果船舶航行在 Inmarsat 所覆盖的，但不具有国际 NAVTEX 业务的任何区域内）；1.6 1 台卫星紧急无线电示位标（卫星 EPIRB）。

250. D。1.5 1 台接收来自 Inmarsat 增强群呼系统②的海上安全信息的无线电设备。

251. A。3 截至 1999 年 2 月 1 日或截至海上安全委员会可能确定的其他日期①，每艘船舶在海上时，如实际可行，应在船舶通常驾驶的位置在 VHF16 频道上保持连续守听值班。

252. C。1.3 根据第 10.2.2 条或 11.1 条的要求，如该船安装有 MF/HF 无线电装置，在 DSC 遇险和安全频率 2187.5 kHz 和 8414.5 kHz 频率上以及至少在 DSC 遇险和安全频率 4207.5 kHz、6312 kHz、12577 kHz 或 16804.5 kHz 中的一个频率上保持连续值班，视一天中的时间和船舶所在的地理位置而定。可用扫描接收机保持该值班。

253. C。2.4.5 AIS 应：2.4.5.1 自动向配有相应设备的岸台、其他船舶和飞机提供信息，包括船舶识别码、船型、船位、航向、航速、航行状况以及其他与安全有关的信息；2.4.5.2 自动从其他装有类似设备的船舶接收这种信息；2.4.5.3 监视和跟踪其他船舶；和 2.4.5.4 与岸基设施交换数据。

254. B。8 航行数据记录仪系统,包括所有传感器,应进行年度性能试验。试验应由认可的试验或检修机构进行,以验证所记录数据的精度、持续时间和可恢复性。此外还应进行试验和检查,以确定所有防护外罩和辅助定位装置的适用性。船上应保留一份由试验机构颁发的载明符合日期和适用性能标准的符合证书的副本。

255. B。2 为有助于海难调查,从事国际航行的货船应按以下期限装设一台 VDR,该仪器可以是简化航行数据记录仪(S-VDR)。

256. B。2.7 所有 3000 总吨及以上的船舶,除满足本条 2.5 的要求外,还应设有:2.7.1 1 台 3 GHz 雷达,或(如果主管机关认为合适)第 2 台 9 GHz 雷达,或其他装置,用于确定和显示其他水上船艇、碍航物、浮标、海岸线和航标的距离和方位,借以助航和避碰,并在功能上独立于本条 2.3.2 所述的装置。2.8 所有 10000 总吨及以上的船舶,除满足本条 2.7(不包括 2.7.2)的要求。

257. D。2.1 所有船舶,不论其尺度大小,均应设有:2.1.1 台经过适当校正的标准磁罗经或其他装置,独立于任何电源,用于确定船舶首向并在主操舵位置显示其读数;2.7 所有 3000 总吨及以上的船舶,除满足本条 2.5 的要求外,还应设有:2.7.1 1 台 3 GHz 雷达,或(如果主管机关认为合适)第 2 台 9 GHz 雷达,或其他装置,用于确定和显示其他水上船艇、碍航物、浮标、海岸线和航标的距离和方位,借以助航和避碰,并在功能上独立于本条 2.3.2 所述的装置。2.8 所有 10000 总吨及以上的船舶,除满足本条 2.7(不包括 2.7.2)的要求外,还应设有:2.8.1 1 台自动雷达标绘仪,或其他装置,与 1 台指示船舶相对于水的航速和航程的装置相连,用于自动标绘至少 20 个其他目标的距离和方位,以确定碰撞危险和模拟试验性操纵;和 2.8.2 1 套首向或航迹控制系统,或其他装置,用于自动控制和保持首向和/或直航迹。

258. D。根据 SOLAS 公约对船载航行系统和设备的配备要求,下列是船舶配备 AIS 应满足的功能要求:自动向配有相应设备的岸台、其他船舶和飞机提供船舶识别码、船型、船位等信息;自动从其他装有类似设备的船舶接受这种信息;监视和跟踪其他船舶。

259. A。根据 STCW 公约第Ⅷ章第 34 条 2 款规定,标准罗经的误差每班至少测定 1 次,如可能,在任何大幅度改变航向后也应测定;标准罗经和陀螺罗经应经常核对,罗经复示器应与主罗经同步。

260. A。2.2.3 驾驶室航行值班报警系统(BNWAS),要求如下:[MSC. 282(86)]船舶在海上航行途中的任何时候,驾驶室航行值班报警系统均应保持运行。

261. D。2.2 引航员登离船装置的安装和引航员的登船,须由一名高级船员进行监督,该高级船员须有与驾驶室进行联系的通信设备,还须安排护送引航员由安全路线前往和离开驾驶室。布设和操作任何机械设备的人员须接受安全作业程序的指导,且设备在使用前须进行检测。

262. A。2.2 引航员登离船装置的安装和引航员的登船,须由一名高级船员进行监督,该高级船员须有与驾驶室进行联系的通信设备,还须安排护送引航员由安全路线前往和离开驾驶室。布设和操作任何机械设备的人员须接受安全作业程序的指导,且设备在使用前须进行检测。

263. A。3.3.2 当水面至登船处的距离超过 9 米时,与引航员软梯相连的舷梯(如组合装置），或其他同样安全方便的装置。舷梯须导向船尾设置。在使用时，须设有将舷梯的下平台系固在船舷的装置，从而确保舷梯的下端和下平台稳固地紧靠在平行船体长度范围内的船舷，并尽可能在船中半长范围内，且避开所有的排放口。

264. A。根据 SOLAS 公约的规定，在人员登离船时，应准备好带有自亮灯的救生圈、撇缆绳、支柱、舷墙梯，以便随时可用。

265. B。根据 SOLAS 公约及我国相关法规对引航员登离船装置的要求，所有船舶，当从海平面至船舶入口或出口处的距离超过 9 米，并欲将舷梯或其他安全方便的装置与引航员软梯一起供引航员登离船使用时，应在每舷装有这种设备，除非该设备可被移动以供任一舷使用。

266. D。根据 SOLAS 公约及我国相关法规对引航员登离船装置的要求为：夜间应备有照明灯光；应有一个带自亮浮灯的救生圈；应配备两根系牢于船上的安全绳；应有一根撇缆绳。

267. D。根据 SOLAS 公约及我国相关法规对引航员登离船装置的要求为：1. 夜间应备有照明灯光；2. 应有一个带自亮浮灯的救生圈；3. 应配备两根系牢于船上的安全绳；4. 应有一根撇缆绳。

268. A。2.2 引航员登离船装置的安装和引航员的登船，须由一名高级船员进行监督，该高级船员须有与驾驶室进行联系的通信设备，还须安排护送引航员由安全路线前往和离开驾驶室。布设和操作任何机械设备的人员须接受安全作业程序的指导，且设备在使用前须进行检测。

269. D。2.2 引航员登离船装置的安装和引航员的登船，须由一名高级船员进行监督，该高级船员须有与驾驶室进行联系的通信设备，还须安排护送引航员由安全路线前往和离开驾驶室。布设和操作任何机械设备的人员须接受安全作业程序的指导，且设备在使用前须进行检测。

270. A。2.2 引航员登离船装置的安装和引航员的登船，须由一名高级船员进行监督，该高级船员须有与驾驶室进行联系的通信设备，还须安排护送引航员由安全路线前往和离开驾驶室。布设和操作任何机械设备的人员须接受安全作业程序的指导，且设备在使用前须进行检测。

271. A。8 照明须配备充足照明，以照亮舷外的登离船装置和甲板上人员登船和离船位置。

272. D。3.1 在驾驶室及舵机室内，应永久展示操舵装置遥控系统和操舵装置动力设备转换程序的简单操作说明，并附有方框图。

273. C。1 船舶开航前 12 小时内，应由船员对操舵装置进行校核和试验。在驾驶室及舵机室内，应永久展示操舵装置遥控系统和操舵装置动力设备转换程序的简单操作说明，并附有方框图。4 除本条 1 和 2 所述的常规校核和试验外，应至少每 3 个月进行一次应急操舵演习，以练习应急操舵程序。演习应包括在舵机室内的直接控制、与驾驶室的通信程序以及（如适用）转换动力供应的操作。6 进行本条 1 和 2 规定的校核和试验的日期，以及进行本条 4 所述应急操舵演习的日期和详细内容应做记录。

274. D。1 船舶开航前 12 小时内，应由船员对操舵装置进行校核和试验。试验程序（如适用）应包括下述操作：1.1 主操舵装置；1.2 辅助操舵装置；1.3 操舵装置遥控系统；1.4

驾驶室内的操舵位置；1.5 应急动力供应；1.6 相对于舵实际位置的舵角指示器；1.7 操舵装置遥控系统动力故障报警器；1.8 操舵装置动力设备故障报警器；和 1.9 自动隔断装置及其他自动设备。

275. D。4 除本条 1 和 2 所述的常规校核和试验外，应至少每 3 个月进行一次应急操舵演习，以练习应急操舵程序。演习应包括在舵机室内的直接控制、与驾驶室的通信程序以及（如适用）转换动力供应的操作。在驾驶室及舵机室内，应永久展示操舵装置遥控系统和操舵装置动力设备转换程序的简单操作说明，并附有方框图。2 校核和试验应包括：2.1 按所要求的操舵装置能力进行满舵运动；2.2 操舵装置及其联动部件的外观检查；和 2.3 驾驶室与舵机室之间通信设备的操作。6 进行本条 1 和 2 规定的校核和试验的日期，以及进行本条 4 所述应急操舵演习的日期和详细内容应做记录。

276. B。4 除本条 1 和 2 所述的常规校核和试验外，应至少每 3 个月进行一次应急操舵演习，以练习应急操舵程序。演习应包括在舵机室内的直接控制、与驾驶室的通信程序以及（如适用）转换动力供应的操作。

277. B。3 主操舵装置和舵杆应：3.1 具有足够强度，并能在最大营运前进航速下操纵船舶，此应予以证实；3.2 能在船舶处于最深航海吃水并以最大营运航速前进时将舵自一舷 35 度转至另一舷 35 度以及于相同条件下在不超过 28 秒内将舵自任一舷 35 度转至另一舷 30 度。

278. D。4.2 能在船舶处于最深航海吃水并以最大营运前进航速的一半或 7 节（取大者）前进时，在不超过 60 秒内将舵自一舷 15 度转至另一舷 15 度。

279. D。3.2 所有与操舵装置的操作和/或维护保养有关的船舶驾驶员，应熟悉船上所装的操舵系统的操作以及从一个系统转换到另一系统的程序。4 除本条 1 和 2 所述的常规校核和试验外，应至少每 3 个月进行一次应急操舵演习，以练习应急操舵程序。演习应包括在舵机室内的直接控制、与驾驶室的通信程序以及（如适用）转换动力供应的操作。

280. A。4 除本条 1 和 2 所述的常规校核和试验外，应至少每 3 个月进行一次应急操舵演习，以练习应急操舵程序。演习应包括在舵机室内的直接控制、与驾驶室的通信程序以及（如适用）转换动力供应的操作。

281. D。4 除本条 1 和 2 所述的常规校核和试验外，应至少每 3 个月进行一次应急操舵演习，以练习应急操舵程序。演习应包括在舵机室内的直接控制、与驾驶室的通信程序以及（如适用）转换动力供应的操作。

282. D。4 除本条 1 和 2 所述的常规校核和试验外，应至少每 3 个月进行一次应急操舵演习，以练习应急操舵程序。演习应包括在舵机室内的直接控制、与驾驶室的通信程序以及（如适用）转换动力供应的操作。

283. C。在所有船舶上，为确保船员在安全事务上起到有效作用，应规定一种工作语言并将其记录在船舶航海日志上。第Ⅸ/1 条所定义的公司或船长（合适者）应确定适当的工作语言。应要求每个船员能懂得这种语言，并在合适情况下使用这种语言下达指令和指示以及应答。如果该工作语言不是船旗国的官方语言，则所有需张贴的图纸和图表内应有该工作语言的译文。在适用第 I 章的船舶上，应使用英语作为驾驶台的工作语言，用以进行驾驶台对驾驶台、驾驶台对岸的安全通信以及用于引航员和驾驶台值班人员①之间在船上的通信，除非直接参与通信的人员都讲英语以外的一种共同语言。

284. A。2 对适用第Ⅰ章的每艘船舶，主管机关应：MSC. 325(90)2. 1 根据一个透明程序来确定适当的最少安全配员，并考虑到本组织通过的相关导则；和 2. 2 颁发一份适当的最少安全配员证明或等效证明，作为符合本条 1 规定所需的最少安全配员的凭证。

285. A。3 在所有船舶上，为确保船员在安全事务上起到有效作用，应规定一种工作语言并将其记录在船舶航海日志上。第Ⅸ/1 条所定义的公司或船长（合适者）应确定适当的工作语言。

286. A。1 各缔约国政府承担义务，各自对本国船舶保持实行或在必要时采取措施，以确保所有船舶从海上人命安全观点出发，配备足够数量和胜任的船员③。2 对适用第Ⅰ章的每艘船舶，主管机关应：MSC. 325(90)2. 1 根据一个透明程序来确定适当的最少安全配员，并考虑到本组织通过的相关导则；和 2. 2 颁发一份适当的最少安全配员证明或等效证明，作为符合本条 1 规定所需的最少安全配员的凭证。

287. A。1 处于能提供援助位置的船舶船长在收到来自任何方面的关于海上人员遇险的信息后，有义务立即全速前往提供援助，如有可能并通知遇险人员或搜救机构，本船正在全速前往援助中。不论遇险人员的国籍或身份或其被发现时的状况，均适用此提供援助的义务。如果收到遇险报警的船舶不能前往援助，或因情况特殊认为前往援助不合理或不必要，该船长必须将未能前往援助遇险人员的理由载入航海日志，并考虑到本组织的建议，通知相应的搜救机构。

288. A。2 遇险船舶的船长或有关的搜救机构在尽可能与应答过遇险信号的各船船长协商后，有权召请其中被遇险船舶的船长或搜救机构认为最有能力给予援助的 1 艘或数艘船舶，被召请的 1 艘或数艘船舶的船长有义务履行应召，继续全速前往援助遇险人员。

289. A。1 处于能提供援助位置的船舶船长在收到来自任何方面的关于海上人员遇险的信息后，有义务立即全速前往提供援助，如有可能并通知遇险人员或搜救机构，本船正在全速前往援助中。不论遇险人员的国籍或身份或其被发现时的状况，均适用此提供援助的义务。如果收到遇险报警的船舶不能前往援助，或因情况特殊认为前往援助不合理或不必要，该船长必须将未能前往援助遇险人员的理由载入航海日志，并考虑到本组织的建议，通知相应的搜救机构。

290. C。1 处于能提供援助位置的船舶船长在收到来自任何方面的关于海上人员遇险的信息后，有义务立即全速前往提供援助，如有可能并通知遇险人员或搜救机构，本船正在全速前往援助中。不论遇险人员的国籍或身份或其被发现时的状况，均适用此提供援助的义务。如果收到遇险报警的船舶不能前往援助，或因情况特殊认为前往援助不合理或不必要，该船长必须将未能前往援助遇险人员的理由载入航海日志，并考虑到本组织的建议，通知相应的搜救机构。

291. C。第 31 条 危险通报 1 每艘船舶的船长如遇到危险冰、危险漂浮物，或其他任何对航行的直接危险，或热带风暴，或遇到伴随强风的低于冰点的气温致使上层建筑严重积聚冰块，或未曾收到暴风警报而遇到蒲福风级 10 级或 10 级以上的风力时，均有责任自行采取一切措施将此信息通知附近各船及主管当局。发送这种信息的形式不受限制，可用明语(最好用英文)或按《国际信号规则》发送。

292. C。作为值班驾驶员,没有收到风暴警报而观测风力达到蒲福风级 10 级及以上时,应立刻报告船长。

293. D。在海上收到遇险警报后,值班驾驶员应核对遇险报警信息、报告船长、值守遇险通信频道、按船长指示行事。

294. D。2 危险货物系指 IMDG 规则中所述的物质、材料和物品。

295. C。1《国际散装化学品规则》(IBC 规则)系指本组织海上安全委员会 MSC. 4(48)决议通过并可能经本组织修正的《国际散装运输危险化学品船舶构造和设备规则》。

296. A。B 部分 散装运输危险液体化学品船舶的构造和设备第 8 条定义除另有明文规定外,就本部分而言:1《国际散装化学品规则》(IBC 规则)系指本组织海上安全委员会 MSC. 4(48)决议通过并可能经本组织修正的《国际散装运输危险化学品船舶构造和设备规则》,但这种修正案应按本公约第Ⅷ条有关适用于除第Ⅰ章外的附则修正程序的规定予以通过、生效和实施。2 化学品液货船系指经建造或改建用于散装运输《国际散装化学品规则》第 17 章所列的任何液体货品的货船。

297. B。第 10 条 化学品液货船的要求 1 化学品液货船应符合《国际散装化学品规则》的要求,并除第Ⅰ/8 条、第Ⅰ/9 条和第Ⅰ/10 条的适用要求外,还应按该规则中的规定予以检验和发证。2 持有按本条 1 的规定签发证书的化学品液货船,均应受到第Ⅰ/19 条所规定的控制。为此,该证书应视作按第Ⅰ/12 条或第Ⅰ/13 条的要求所签发的证书。

298. B。2 气体运输船系指经建造或改建用于散装运输《国际气体运输船规则》第 19 章所列的任何液化气体或其他货品的货船。

299. B。2 气体运输船系指经建造或改建用于散装运输《国际气体运输船规则》(IGC 规则)第 19 章所列的任何液化气体或其他货品的货船。

300. D。第 9 条 货船载运谷物的要求 1 除本规则任何其他适用的要求外,载运谷物的货船还应符合《国际谷物规则》的要求,并持有一份该规则要求的批准文件。就本条而言,该规则要求应视作强制性要求。2 没有这种批准文件的船舶,在船长使主管机关或代表主管机关的装货港的缔约国政府确信该船所提出的装载工况符合《国际谷物规则》的要求之前,不应装载谷物。

301. C。第 2 条 适用范围①1 除另有明文规定外,本部分适用于本公约规则所适用的所有船舶和小于 500 总吨的货船包装危险货物的运输。2 本部分的规定不适用于船用物料和设备。

302. D。第 3 条 危险货物运输要求包装危险货物运输应符合 IMDG 规则的有关规定。第 4 条 单证 MSC. 325(90)1 与包装危险货物运输相关的信息和集装箱/车辆装箱证书应符合 IMDG 规则的相关规定,并可供港口国当局指定的人员或组织使用。2 每艘载运包装危险货物的船舶应具有一份特别清单、舱单或积载图,按 IMDG 规则的相关规定,列出船上危险货物及其位置。船舶驶离前应备有一份这些单证的副本,以供港口国当局指定的人员或组织使用。

303. C。第 3 条 危险货物运输要求包装危险货物运输应符合 IMDG 规则的有关规定。第 4 条 单证 MSC. 325(90)1 与包装危险货物运输相关的信息和集装箱/车辆装箱证书应符合 IMDG 规则的相关规定,并可供港口国当局指定的人员或组织使用。2 每艘载运包装危险货物的船舶应具有一份特别清单、舱单或积载图,按 IMDG 规则的相关规定,列出船上危险货物及其位置。船舶驶离前应备有一份这些单证的副本,以供港口国当局指定的人员或组织使用。

304. D。1《国际安全管理(ISM)规则》系指本组织 A. 741(18)决议通过并可能经本组织修正的《国际船舶安全营运和防污染管理规则》但这种修正案应按本公约第Ⅷ条有关适用于除第Ⅰ章外的附则修正程序的规定予以通过、生效和实施。1 公司和船舶应符合《国际安全管理规则》的要求。就本条而言,该规则的要求应视作强制性要求。ISM 规则是关于船舶安全管理、安全操作和防止污染管理的国际标准。

305. B。1《国际安全管理(ISM)规则》系指本组织 A. 741(18)决议通过并可能经本组织修正的《国际船舶安全营运和防污染管理规则》但这种修正案应按本公约第Ⅷ条有关适用于除第Ⅰ章外的附则修正程序的规定予以通过、生效和实施。1 公司和船舶应符合《国际安全管理规则》的要求。就本条而言,该规则的要求应视作强制性要求。ISM 规则是关于船舶安全管理、安全操作和防止污染管理的国际标准。

306. C。NSM 规则系指为了保障水上交通安全,保护水域环境,应用 ISM 规则的原理,结合我国实际情况,制定的安全管理 NSM 规则;NSM 规则为国内航行船舶及其公司提供了一个安全营运和防止污染的管理标准;NSM 规则的主管机关为中华人民共和国海事主管机关。

307. D。1 本章按下述日期适用于各类船舶(不论其建造日期):. 1 客船(包括高速客船):不迟于 1998 年 7 月 1 日;. 2500 总吨及以上的油船、化学品液货船、气体运输船、散货船和高速货船:不迟于 1998 年 7 月 1 日;和. 3500 总吨及以上其他货船和海上移动式钻井平台:不迟于 2002 年 7 月 1 日。

308. A。第 2 条 适用范围②1 本章按下述日期适用于各类船舶(不论其建造日期)。

309. A。1 应为每一符合《国际安全管理规则》要求的公司签发符合证明。该证明文件应由主管机关、主管机关认可的组织或应主管机关的请求由另一缔约国政府签发。2 船上应存有一份符合证明的副本,以使船长在被要求验证时出示。

310. D。《国际安全管理(ISM)规则》的目标是保证海上安全,防止人员伤亡,避免对环境,特别是对海洋环境造成危害及对财产造成损失。

311. B。《国际安全管理(ISM)规则》的目标是保证海上安全,防止人员伤亡,避免对环境,特别是对海洋环境造成危害及对财产造成损失。

312. A。《国际安全管理(ISM)规则》的目标是保证海上安全,防止人员伤亡,避免对环境,特别是对海洋环境造成危害及对财产造成损失。

313. D。根据 ISM 规则,公司制定的安全管理目标应该包括:提供船舶营运的安全做法;为船舶提供安全的工作环境;针对已认定的所有风险,制定防范措施;不断提高岸上和船上人员的安全管理技能,包括安全及环境保护方面的应急准备。

314. B。根据 NSM 规则,公司应建立、实施并保持包括以下功能要求的安全管理体系:安全和环境保护方针;船、岸人员的职责、权限和相互间的联系渠道;事故和不符合规定情况的报告程序;对紧急情况的准备和反应程序;内部审核、有效性评价和管理复查程序。

315. B。根据 NSM 规则，公司应建立、实施并保持包括以下功能要求的安全管理体系：1. 安全和环境保护方针；2. 船、岸人员的职责、权限和相互间的联系渠道；3. 事故和不符合规定情况的报告程序；4. 对紧急情况的准备和反应程序；5. 内部审核、有效性评价和管理复查程序。

316. D。指定人员的责任和权力应包括：对各船的安全营运方面进行监控；对各船的防污染方面进行监控；确保按需要提供足够的资源和岸上的支持。

317. A。指定人员的责任和权力应包括：1. 对各船的安全营运方面进行监控；2. 对各船的防污染方面进行监控；3. 确保按需要提供足够的资源和岸上的支持。

318. C。根据 NSM 规则，公司应当保证在船上实施的安全管理体系中包含一个强调船长权力的明确声明；公司应当在安全管理体系中确立船长的绝对权力和责任，以便做出关于安全和防止污染事务的决定并在必要时要求公司给予协助。

319. D。根据 NSM 规则，公司应当建立程序，以标识、描述船上可能出现的紧急情况；明确对可能出现的紧急情况如何做出反应；制订应急行动的训练和演习计划；确保在任何时候对其船舶所面临的危险、紧急情况和事故能做出反应。

320. D。根据 ISM 规则，公司应当建立有关程序，使船上人员能够获得以一种船上工作语言或船员懂得的语言书写的有关安全管理体系的信息。

321. C。对涉及船舶安全和防止污染的关键性的船上操作，公司应当建立制定有关方案和须知的程序；与之有关的各项工作，应当明确规定并分配给适任人员。

322. D。NSM 规则中提及的"重大不符合"，是指对人员或船舶安全构成严重威胁或对环境构成严重危险，需要立即采取纠正措施的可辨别的背离，并包括未能有效和系统地实施 NSM 规则的要求。

323. C。根据 ISM 规则，对于船舶和设备的维护，公司应当建立有关程序，以保证船舶按照有关规定、规则以及公司可能制定的任何附加要求进行维护。1. 按照适当的时间间隔进行检查；2. 报告已知的不符合规定的情况；3. 采取适当的纠正措施；4. 保存与船舶和设备维护有关的检查、报告、纠正等活动的记录。

324. D。根据 ISM 规则，对于船舶和设备的维护，公司应当建立有关程序，以保证船舶按照有关规定、规则以及公司可能制定的任何附加要求进行维护。1. 按照适当的时间间隔进行检查；2. 报告已知的不符合规定的情况；3. 采取适当的纠正措施；4. 保存与船舶和设备维护有关的检查、报告、纠正等活动的记录。

325. B。船长应保存 DOC 的副本，以便在查验时出示。

326. A。第 2 条适用范围②1 本章按下述日期适用于各类船舶（不论其建造日期）：.1 客船（包括高速客船）：不迟于 1998 年 7 月 1 日；.2500 总吨及以上的油船、化学品液货船、气体运输船、散货船和高速货船：不迟于 1998 年 7 月 1 日；和.3500 总吨及以上其他货船和海上移动式钻井平台：不迟于 2002 年 7 月 1 日。

327. A。2 公司系指船舶所有人或任何其他组织或个人，诸如管理者或光船租赁人，他们已从船舶所有人处接受船舶营运的责任，同意承担《国际安全管理规则》规定的所有义务和责任。

328. B。船长应保存 DOC 的副本，以便在查验时出示。

329. C。在船上运行安全管理体系的意义包括控制和减少不符合规定的情况、事故、险情的发生，以保证船舶在海上安全航行。
330. D。对在船上运行的 SMS 的内审，是指由船公司的内部审核员或专家对在船上运行的 SMS 进行的系统的、独立的内部安全评审，以确定船上的安全及防止污染活动是否符合 SMS 的要求。
331. A。船上配备的 SMS 文件通常是由安全管理手册、安全管理程序文件、安全操作须知与指南类文件、安全记录类文件等一系列文件构成。
332. A。根据 ISM 规则，对涉及船舶安全和防止污染的船上关键性操作，必须为其制定操作方案和须知文件。
333. C。在受限水域或交通密集区航行时的操作；在接近陆地水域或交通密集水域船舶突然失去操纵能力时的操作；能见度不良条件下航行时的操作；恶劣气象条件下航行时的操作；危险货物、有毒有害物质、海洋污染物质、油类等的装卸和船上移驳操作；添加燃油操作；关键性机械、设备的操作；明火作业；进入封闭处所；高空/舷外作业等属于关键操作。
334. A。货运单元系固操作；海图和航海出版物的改正；保持船舶水密完整性操作等属于特殊操作。
335. C。海图和航海出版物的改正属于特殊操作。
336. D。危险货物、有毒有害物质、海洋污染物质、油类等的装卸和船上移驳操作；添加燃油操作；关键性机械、设备的操作；明火作业；进入封闭处所；高空/舷外作业等属于关键操作。
337. A。在受限水域或交通密集区航行时的操作；在接近陆地水域或交通密集水域船舶突然失去操纵能力时的操作；能见度不良条件下航行时的操作；恶劣气象条件下航行时的操作等属于关键操作。
338. A。恶劣气象条件下航行时的操作属于关键操作。
339. C。危险货物、有毒有害物质、海洋污染物质、油类等的装卸和船上移驳操作；添加燃油操作；关键性机械、设备的操作；明火作业；进入封闭处所；高空/舷外作业等属于关键操作。
340. B。货运单元系固操作；海图和航海出版物的改正；保持船舶水密完整性操作等属于特殊操作。
341. D。货运单元系固操作；海图和航海出版物的改正；保持船舶水密完整性操作等属于特殊操作。
342. B。船上应当保存 DOC 的副本，以备检查时出示。
343. A。船上应当保存 SMC 的正本，以备检查时出示。
344. A。ISM 规则中提及的"安全管理体系"是指能使公司人员有效实施公司的安全与环境保护方针的结构化和文件化体系。
345. D。根据 ISM 规则要求，公司建立并维护的安全管理体系应当保证：符合强制性规定及规则，对国际海事组织、主管机关、船级社和海运行业组织所建议的适用的规则、指南和标准予以考虑。

346. A。根据ISM规则要求,公司建立的安全管理体系应满足的基本功能要求包括:确保船舶的安全营运和环境保护符合有关的国际和船旗国立法的指令和程序;船、岸人员的权限和相互间的联系渠道;事故和不符合规则规定情况的报告程序。

347. A。根据ISM规则,公司应建立、实施并保持包括以下功能要求的安全管理体系:1. 安全和环境保护方针;2. 确保船舶的安全营运和环境保护符合有关的国际和船旗国立法的指令和程序;3. 船、岸人员的职责、权限和相互间的联系渠道;4. 事故和不符合规定情况的报告程序;5. 对紧急情况的准备和反应程序;6. 内部审核、有效性评价和管理复查程序。

348. A。根据ISM规则,公司应建立、实施并保持包括以下功能要求的安全管理体系:1. 安全和环境保护方针;2. 确保船舶的安全营运和环境保护符合有关的国际和船旗国立法的指令和程序;3. 船、岸人员的职责、权限和相互间的联系渠道;4. 事故和不符合规定情况的报告程序;5. 对紧急情况的准备和反应程序;6. 内部审核、有效性评价和管理复查程序。

349. A。安全管理体系在船上的建立分为预运行、试运行、正常运行三个阶段。

350. B。在船公司选定的代表船上进行SMS预运行,其目的包括:检验船公司拟定的SMS文件的系统性、适用性、有效性和可执行性;检验将在船公司所有船上运行的SMS能否在选定的的代表船上有效运行;不符合规定的情况、事故、险情能否得到及时报告和纠正;文件发放、回收、修改是否及时、有效等。

351. D。对在船上运行的SMS的外审可分为初次审核、中间审核、换证审核以及临时审核。

352. D。临时审核是为合法历史安全管理证书而进行的审核。

353. C。当SMS发生重要更改,或存在严重不合格而又不在换新审核、期间审核或年度审核时,应进行附加审核。

354. A。我国实施NSM规则的主管机关是交通运输部。

355. A。除换证审核以外,DOC须经年度审核才有效,SMC须经中间审核才能保持有效。

356. A。船上应当保存DOC的副本以及SMC的正本,以备检查时出示。

357. D。船上配备的SMS文件通常是由安全管理手册、安全管理程序文件、安全操作须知与指南类文件以及安全记录类文件等一系列文件构成。

358. C。货运单元系固操作;海图和航海出版物的改正;保持船舶水密完整性操作等属于特殊操作。

359. D。危险货物、有毒有害物质、海洋污染物质、油类等的装卸和船上移驳操作;添加燃油操作;关键性机械、设备的操作;明火作业;进入封闭处所;高空/舷外作业等属于关键操作。

360. A。在受限水域或交通密集区航行时的操作;在接近陆地水域或交通密集水域船舶突然失去操纵能力时的操作;能见度不良条件下航行时的操作;恶劣气象条件下航行时的操作等属于关键操作。

361. B。根据SOLAS公约,船舶保安警报系统启动后,应:2.1 开始向主管机关指定的主管当局(在此情况下可包括公司)发送船对岸保安警报,确定船舶身份、船位并指出该船的保安状况受到威胁或已受到危害;2.2 不向任何其他船舶发送船舶保安警报;2.3 不在船上发出任何报警；和 2.4 在关闭和/或复位前持续发送船舶保安警报。

362. A。3 船舶保安警报系统应：3.1 能从驾驶室和至少一个其他位置启动；和 3.2 其性能标准不低于本组织通过的性能标准。

363. C。根据 SOLAS 公约，船舶保安警报系统启动后，应：2.1 开始向主管机关指定的主管当局（在此情况下可包括公司）发送船对岸保安警报，确定船舶身份、船位并指出该船的保安状况受到威胁或已受到危害；2.2 不向任何其他船舶发送船舶保安警报；2.3 不在船上发出任何报警；和 2.4 在关闭和/或复位前持续发送船舶保安警报。

364. B。从船舶保安角度考虑，在确定适当的照明水平和位置时，应考虑到船舶人员应能够发现到船舶外部岸侧和海侧的活动；应覆盖船上和船舶周围的区域；覆盖区应便于在进入点进行人员身份查验。

365. B。第 8 条 船长对船舶安全和保安的决定权 1 船长依照其专业判断而作出或执行为维护船舶安全或保安所必需的决定，应不受公司、承租人或任何他人的约束。这包括拒绝人员（经确认的缔约国政府正式授权的人员除外）或其物品上船和拒绝装货，包括集装箱或其他封闭的货运单元。控制进入船舶人员的保安操作：不愿或不能证明其身份和（或）确认其来访目的的人员，应拒绝其登轮，并根据情况向公司保安员、港口设施保安员、地方负责保安的当局报告企图登轮的情况。

366. C。按照 ISPS 要求，船上建立限制区域的目的是：①阻止擅自进入；②保护乘客、船舶人员；③保护船上敏感的保安区域；④保护货物和船舶物料，以防破坏。

367. C。按照 ISPS 要求，当发现船上限制区域的门被强制打开，你应对限制区域进行调查，报告船长并提交事件报告。

368. A。船上由船长负责决定进入船舶通道的打开与关闭。

369. C。在保安等级 3 时可考虑采取以下保安措施：1. 停止上下人员、装卸货物、交付物料。

370. A。为符合 ISPS 要求，船舶保安措施包括：开启照明；安排值班及保安人员的巡逻；启动自动侵入探测设备和监控设备。

371. A。按照 ISPS 要求，船上保安组织的成员有：船长；船舶保安员；部门保安员及其他负有保安职责的船员。

372. D。进入船舶的通道有：舷梯、引航梯、跳板；舷门、舷窗；系泊缆绳和锚链；起货设备与升降装置；加油站、输油管。

373. A。按照 ISPS 要求，船上应至少每 3 个月进行一次保安演习。

374. C。如果你检查到某人将危险物品藏匿在行李中并欲带上船，应拒绝其登轮，并通知港口当局。

375. A。ISPS 要求至少每日历年进行一次船岸全方位保安演习。

376. D。严格控制登轮通道，限制非授权的人员登轮。

377. A。在公海上航行的船舶的保安等级应该由船旗国主管机关确定。

378. B。在港内靠泊的外籍船舶，其船舶保安等级应该由船旗国主管机关和港口国政府确定。

379. C。4 船舶识别号应永久性标记在以下位置：4.1 在船尾或船体中部左舷和右舷的最深核定载重线以上，或上层建筑左舷或右舷或上层建筑正面的可见位置，或者就客船而言,在可从空中看见的水平表面。

380. B。4 船舶识别号应永久性标记在以下位置:4.1 在船尾或船体中部左舷和右舷的最深核定载重线以上,或上层建筑左舷或右舷或上层建筑正面的可见位置;4.2 在第Ⅱ-2/3.30 条所定义的机器处所的一个端部横舱壁上,或在一个舱口上,或者就油船而言,在泵舱内,或者对于设有第Ⅱ-2/3.41 条所定义的滚装处所的船舶,在滚装处所的一个端部横舱壁上容易接近的位置。

381. D。4 船舶识别号应永久性标记在以下位置:4.1 在船尾或船体中部左舷和右舷的最深核定载重线以上,或上层建筑左舷或右舷或上层建筑正面的可见位置。

382. D。2 每艘船舶应有一个符合本组织通过的 IMO 船舶编号体系的识别号。

383. D。4 船舶识别号应永久性标记在以下位置:4.1 在船尾或船体中部左舷和右舷的最深核定载重线以上,或上层建筑左舷或右舷或上层建筑正面的可见位置。

384. A。

385. D。5.2《连续概要记录》应使用本组织制定的格式,并应按本组织制定的指南①保持。对《连续概要记录》的任何已有记载均不得修改、删除或以任何方式擦除或涂改。

386. C。10《连续概要记录》应保存在船上,并应随时可供检查。

387. A。5.2《连续概要记录》应使用本组织制定的格式。

388. D。5.2《连续概要记录》应使用本组织制定的格式,并应按本组织制定的指南①保持。对《连续概要记录》的任何已有记载均不得修改、删除或以任何方式擦除或涂改。

389. D。10《连续概要记录》应保存在船上,并应随时可供检查。

390. A。根据 SOLAS 公约,船舶在进入缔约国境内的港口之前,或在缔约国境内的港口期间,如果主管机关为其规定的保安等级低于缔约国规定的保安等级,船舶应符合缔约国规定的保安等级要求。

391. D。根据 SOLAS 公约规定,对船舶采取的必要的港口国保安监督措施包括检查船舶、延误船舶或滞留船舶、限制船舶操作或将其驱逐出港。

392. D。2.2.3 驾驶室航行值班报警系统(BNWAS),要求船舶在海上航行途中的任何时候,驾驶室航行值班报警系统均应保持运行.

393. A。4 如果货物载运在集装箱①,除了在底盘或拖车上载运的集装箱,当此类集装箱托运上/下短途国际航行的滚装船,如第Ⅲ/3 条定义,根据本条 2.1 规定的总重量应由承运商验证,或通过.1 校正和核准的设备对包装集装箱称重;或.2 对所有包装和货物的称重,包括托盘、垫舱材料和其他打包至集装箱上的系固材料的重量,使用集装箱包装完成时所在的政府主管当局批准的认可方法,将集装箱的皮重加到每一单块重量总和上。

394. A。3 在货物单元装船前,托运人应确保这类货物单元的毛重与运输单证中表明的毛重一致。

395. A。6 如果承运文件,就包装集装箱而言,没有提供验证总重量,且船东或其代表和目的地代表没有获得包装集装箱的验证总重量,其不应装载上船。

396. D。7.3.2 设计在露天甲板或其上方载运五层或五层以上集装箱的船舶,除满足 7.3.1 的要求外,还应配备如下移动式消防水炮:船宽为 30 米以下的船舶:至少 2 具移动式消防水炮；或船宽为 30 米或以上的船舶：至少 4 具移动式消防水炮。7.3.2.1 移动式消防水炮、所有必要的水带、配件和要求的固定装置应存放在货物处所内发生火灾时不易被切断的货物处所区域以外供随时可用的位置。7.3.2.2 应配备足够数量的消火栓以使：7.3.2.2.1 所备的所有移动式消防水炮可以在每一集装箱箱跨的首尾处同时制造有效的水障；7.3.2.2.2 2.1.5.1 要求的两股水柱可以在 2.1.6 要求的压力下输出；和 7.3.2.2.3 要求的每具移动式消防水炮可由不同的消火栓供水，其压力足以达到甲板上最高一层集装箱。7.3.2.3 如果消防泵的排量和消防总管的直径足以同时供应移动消防水炮并从消防水带产生两股达到所要求压力的水柱，移动式消防水炮可由消防总管供水。如果载运危险货物，则对甲板上的货物区域而言，消防泵的排量和消防总管的直径还应符合第 19.3.1.5 条的要求。7.3.2.4 在船上进行初次检验时应对每具移动式消防水炮的运行性能进行试验并使主管机关满意。试验应验证：7.3.2.4.1 移动式消防水炮能安全地固定在船体结构上，并保证安全有效地运行；和 7.3.2.4.2 所有要求的移动式消防水炮和消防水带的喷水器同时运行时，移动式消防水炮的水柱可以达到最高一层集装箱。

第二节　港口国监督

1. B。港口国监督检查是各港口国的 PSCO 对挂靠其港口的任何外国籍船舶进行的安全检查。
2. B。根据港口国监督程序，实施 PSC 检查的主要依据是有关 IMO 公约和有关 ILO 公约。
3. D。港口国监督检查的作用是：限制了低标准船的航行；促进了船旗国履行国际公约；保证了海上安全。
4. B。港口国监督检查是各缔约国 PSC 检查官对挂靠其港口的外国籍船舶进行的检查。
5. A。《港口国监督程序》规定，对非公约缔约国的船舶不给予优惠待遇。
6. D。《港口国监督程序》适用于 SOLAS 公约所约束的从事国际航行的商业运输船舶。
7. A。实施港口国监督检查依据的国际公约是 SOLAS 公约、MARPOL 公约、STCW 公约、国际载重线公约和吨位丈量公约 ILO 147 号公约。
8. C。根据 SOLAS 公约、MARPOL 公约、STCW 公约等公约中的监督条款，港口国当局如果有足够证据，可以对船舶证书以及船舶状况进行检查或要求船方接受操作性检查。
9. D。根据港口国监督程序，"低于标准的船舶"是指船体、机器、设备或操作安全方面实质上低于有关公约要求的标准，或船员不符合安全配员文件的船舶。
13. D。根据《港口国监督程序》，在实施港口国监督时，各缔约方只适用已生效的并被其接受的公约条款。
19. B。港口国检查正常检查程序为：选定受检船舶；实施初步检查；实施详细检查；对检查中发现的船舶缺陷进行处理。
42. A。根据 STCW 公约的规定，当船舶发生以下情形时，缔约国监督官员可对船员的值班能力是否满足公约要求进行评估。碰撞、搁浅或触礁；在航行、锚泊或停泊时违反国际公约非法排放污染物；以不稳定或不安全方式操纵船舶时。

43. A。根据 STCW 公约，船舶在船员配备及值班安排方面存在下列不足时可被滞留：持证船员没有适当、有效的证书；不符合安全配员的要求；驾驶或轮机值班安排不符合要求。

46. D。根据 STCW 公约附则的规定，船舶发生的下列任一情况而有明显依据未能保持值班标准时，应对船上船员保持公约要求的值班标准的能力进行评估：船舶发生碰撞、搁浅或触礁；在航行、锚泊或停泊时违反国际公约非法排放污染物；以不稳定或不安全方式操纵船舶。

47. B。根据 STCW 公约附则的规定，可被认为是危及人员、财产或环境的缺陷包括下列各项：应持有证书的船员没有适当、有效的证书或特免证明；不符合主管机关适用的安全配员的要求；驾驶或轮机值班安排不符合要求；没有专门负责操作航行、无线电通信或防止海洋污染必要设备的合格值班人员。

48. A。根据 STCW 公约附则的规定，可被认为是危及人员、财产或环境的缺陷包括下列各项：1. 应持有证书的船员没有适当、有效的证书或特免证明；2. 不符合主管机关适用的安全配员的要求；3. 驾驶或轮机值班安排不符合要求；4. 没有专门负责操作航行、无线电通信或防止海洋污染必要设备的合格值班人员。

49. D。根据 STCW 公约附则的规定，船舶发生的下列任一情况而有明显依据未能保持值班标准时，应对船上船员保持公约要求的值班标准的能力进行评估：1. 船舶发生碰撞、搁浅或触礁；2. 在航行、锚泊或停泊时违反国际公约非法排放污染物；3. 以不稳定或不安全方式操纵船舶；4. 船上的某项作业危及人员、财产或环境的安全。

50. C。根据 STCW 公约附则的规定，船舶发生的下列任一情况而有明显依据未能保持值班标准时，应对船上船员保持公约要求的值班标准的能力进行评估：1. 船舶发生碰撞、搁浅或触礁。

第三节　MARPOL 公约

2. C。下列关于现行 MARPOL 73/78 各附则的名称分别是：①附则Ⅰ为《防止油污规则》；②附则Ⅱ为《控制散装有毒液体物质污染规则》；③附则Ⅲ为《防止海运包装有害物质污染规则》；④附则Ⅳ为《防止船舶生活污水污染规则》；⑤附则Ⅴ为《防止船舶垃圾污染规则》；⑥附则Ⅵ为《防止船舶造成空气污染规则》。

3. D。下列关于现行 MARPOL 73/78 各附则的名称分别是：①附则Ⅰ为《防止油污规则》；②附则Ⅱ为《控制散装有毒液体物质污染规则》；③附则Ⅲ为《防止海运包装有害物质污染规则》；④附则Ⅳ为《防止船舶生活污水污染规则》；⑤附则Ⅴ为《防止船舶垃圾污染规则》；⑥附则Ⅵ为《防止船舶造成空气污染规则》。

7. B。除另有明文规定者外，《国内航行海船法定检验技术规则》第 5 篇"防止船舶造成污染的结构与设备"适用于所有国内航行海船对环境造成的下列污染：①散装有毒液体物质污染；②海运包装的有害物质污染；③船舶造成的空气污染。

11. A。12 油量瞬间排放率系指任一瞬间每小时排泊的升数除以同一瞬间船速节数之值。

12. A。9 最近陆地。"距最近陆地"一词，系指距按照国际法划定领土所属领海的基线。

13. A。我国相关防污染规定所定义的"零排放港区"系指在该港区内船舶无论是否满足机器处所舱底水的排放要求，其机舱舱底水均不得在此港区内排放。

14. C。MARPOL 73/78 附则Ⅰ防止油污规则所指的“特殊区域”包括：1 地中海区域；2 波罗的海区域；3 黑海区域；4 红海区域系；5 海湾区域；6 亚丁湾区域；7 南极区域；8 西北欧水域；9 阿拉伯海的阿曼区域；10 南非南部水域。

15. A。MARPOL 73/78 附则Ⅰ防止油污规则所指的“特殊区域”包括：1 地中海区域；2 波罗的海区域；3 黑海区域；4 红海区域系；5 海湾区域；6 亚丁湾区域；7 南极区域；8 西北欧水域；9 阿拉伯海的阿曼区域；10 南非南部水域。

19. B。根据 MARPOL 73/78 附则Ⅰ“防止油污规则”的规定，凡驶往本公约其他缔约国管辖的港口或近海装卸站的 150 总吨及以上的油船和 400 总吨及以上的其他船舶，在按本附则规定进行初次检验或换证检验后，均应予以签发国际防止油污证书。

22. A。MARPOL 73/78 附则Ⅱ中，根据散装有毒液体物质对人类、海洋资源和环境的危害程度，将其分成 X、Y、Z、OS 四类。

23. D。MARPOL 73/78 附则Ⅱ中所提及的化学品液货船不包括专用油船。

25. D。根据 MARPOL 73/78 附则Ⅱ的规定，OS 类有毒液体物质无确切证据证明对海洋环境和人类健康有无危害，因此其排放不受约束。

26. C。根据 MARPOL 73/78 及我国相关规定，每艘散装运输有毒液体物质的船舶应备有一本符合规定的《程序和布置手册》。

32. A。1 就本附则而言，“有害物质”系指那些在《国际海运危险货物规则》（IMDG 规则）确定为海洋污染物的物质或满足本附则附录所述标准的物质。

33. D。①1 除另有明文规定外，本附则的规定适用于所有装运包装有害物质的船舶。

34. C。2 就本附则而言“包装形式”系指 IMDG 规则中对有害物质所规定的盛装形式。

35. A。1 除另有明文规定外，本附则的规定适用于所有装运包装有害物质的船舶。

38. A。1 盛装有害物质的包装件，应加上永久的标志或标签，指明根据 IMDG 规则的相关规定该物质为有害物质。

39. C。5 本附则要求不适用于船用物料和设备。

42. C。1 盛装有害物质的包装件，应加上永久的标志或标签，指明根据 IMDG 规则的相关规定该物质为有害物质。

43. A。④已删除。

44. A。④已删除。

46. B。3 生活污水系指.1 任何型式的厕所和小便池的排出物和其他废弃物；.2 医务室（药房、病房等）的面盆、洗澡盆和这些处所排水孔的排出物；.3 装有活畜禽货的处所的排出物；或.4 混有上述排出物的其他废水。

47. D。3 生活污水系指.1 任何型式的厕所和小便池的排出物和其他废弃物；.2 医务室（药房、病房等）的面盆、洗澡盆和这些处所排水孔的排出物；.3 装有活畜禽货的处所的排出物；或.4 混有上述排出物的其他废水。

50. D。船舶在距最近陆地 3 海里以外，使用主管机关按照本附则第 9.1.2 条所认可的系统，排放业经粉碎和消毒的生活污水，或在距最近陆地 12 海里以外排放未经粉碎和消毒的生活污水。但在任何情况下，不得将集污舱中储存的生活污水或源自装有活体动物处所的生活污水顷刻排光，而应在航行途中，船舶以不小于 4 节的航速航行时，以中等速率排放；排放率应经主管机关根据本组织制定的标准予以批准。

51. C。1 生活污水处理装置，该装置应经主管机关型式认可，并考虑到本组织①制定的标准和试验方法；或 2 经主管机关认可的生活污水粉碎和消毒系统，该系统应配备令主管机关满意的各项设施，用于船舶在离最近陆地不到 3 海里的临时储存生活污水；或 3 集污舱，该集污舱的容量应参照船舶营运情况、船上人数和其他相关因素，能存放全部生活污水，并使主管机关满意。集污舱的构适应使主管机关满意，并应设有能指示其集存数量的目视装置。

55. B。10 最近陆地。"距最近陆地"一词，系指距按照国际法划定领土所属领海的基线，但下述情况除外。就本公约而言，在澳大利亚东北海面，"距最近陆地"系指距澳大利亚海岸下述各点的连线。

56. C。第 3 条在特殊区域外处理垃圾 1 除本附则第 4、5 和 6 条的规定外：(a) 一切塑料制品，包括但不限于合成缆绳、合成渔网、塑料垃圾袋以及可能包含有毒或重金属残余的塑料制品的焚烧炉灰烬，均禁止处理入海。

57. B。根据 MARPOL 73/78 附则 V 的规定，正常情况下船舶垃圾的处理途径包括排放入海、排入岸上接收设备或排入其他船舶、焚烧。

58. D。第 4 条在特殊区域外排放垃圾 1 船舶仅在航行途中时才应允许在尽实际可能远离最近陆地的特殊区域外将下述垃圾排放入海，但在任何情况下不得：.1 在距最近陆地不到 3 海里处将通过粉碎机或磨碎机的食品废弃物排放入海。这种业经粉碎或磨碎的食品废弃物，应能通过筛眼不大于 25 毫米的粗筛；.2 在距最近陆地不到 12 海里处将未按上述 1 规定处理的食品废弃物排放入海；.3 在距最近陆地不到 12 海里处将不能用通用的卸载方法回收的货物残余排放入海。根据本组织制定的指南，这些货物残余不应包含任何被分类为对海洋环境有害的物质。

59. D。3 除本附则第 7 条规定外，禁止将食用油排放入海。

61. C。2 除本附则第 7 条规定外，一切塑料制品，包括但不限于合成缆绳、合成渔网、塑料垃圾袋和塑料制品的焚烧炉灰渣，均禁止排放入海。3 除本附则第 7 条规定外，禁止将食用油排放入海。

62. A。根据 MARPOL 73/78 附则 V 的规定，船舶在特殊区域外禁止处理垫舱木板、玻璃啤酒瓶入海。

65. A。根据 MARPOL 73/78 附则 V 的规定，船舶在特殊区域外禁止处理垫舱木板、玻璃啤酒瓶入海。

66. B。根据 MARPOL 73/78 附则 V 的规定，船舶在特殊区域外禁止处理垫舱木板、玻璃啤酒瓶入海。

67. A。第 4 条在特殊区域外排放垃圾 1 船舶仅在航行途中时才应允许在尽实际可能远离最近陆地的特殊区域外将下述垃圾排放入海，但在任何情况下不得：.1 在距最近陆地不到 3 海里处将通过粉碎机或磨碎机的食品废弃物排放入海。这种业经粉碎或磨碎的食品废弃物，应能通过筛眼不大于 25 毫米的粗筛；.2 在距最近陆地不到 12 海里处将未按上述 1 规定处理的食品废弃物排放入海；.3 在距最近陆地不到 12 海里处将不能用通用的卸载方法回收的货物残余排放入海。根据本组织制定的指南，这些货物残余不应包含任何被分类为对海洋环境有害的物质。

73. D。特殊区域。

75. C。根据 MARPOL 73/78 附则Ⅴ的规定，船舶在特殊区域外禁止处理垫舱木板、玻璃啤酒瓶入海。

76. B。食品废弃物排放入海应尽可能远离最近陆地，但距最近陆地或最近冰架应不少于 12 海里。食品废弃物应业经粉碎或磨碎并应能通过筛眼不大于 25 毫米的粗筛。

77. A。根据 MARPOL 73/78 附则Ⅴ的规定，船舶在特殊区域外禁止处理垫舱木板、玻璃啤酒瓶入海。

83. B。在满足 2.1 、2.2 和 2.3 要求的前提下，含有货物残余的货舱洗涤水应尽可能远离最近陆地或最近冰架排放，但距最近陆地或最近冰架应不少于 12 海里。

86. D。20 残油系指来自燃油或润滑油分离器的油泥，主机或副机的废弃润滑油，或舱底水分离器、泊过滤装置或滴油盘的废油。

87. D。1 除本条 4 规定外，船上焚烧应只允许在船上焚烧炉中进行；2 应禁止下列物质在船上焚烧：1 附则Ⅰ、Ⅱ或Ⅲ规定的货物残余物或有关的被污染的包装材料，2 多氯联苯（PCB）；3 附则Ⅴ定义的含有超过微量重金属的垃圾；4 含有卤素化合物的精炼石油产品；5 不在船上产生的污泥和油渣，和 6 废气清洗系统的残余物。

88. D。2 船舶排放的控制 2.1 消耗臭氧物质（第 12 条）；2.2 氮氧化物（NO）（第 13 条）；2.3 硫氧化物（SOJ 和颗粒物（第 14 条）；2.4 挥发性有机化合物（VOC）（第 15 条）。

第四节　国际载重线公约

1. D。国际载重线公约是一个关于国际航行船舶载重限额和勘绘最小干舷所依据原则和规定得国际公约。

2. A。1. 本公约不适用于：(1)军舰；(2)长度小于 24 米的新船；(3)小于 150 总吨的现有船舶；(4)非营业游艇；(5)渔船。

4. B。不适用远洋捕捞船。

5. B。1. 本公约不适用于：(1)军舰；(2)长度小于 24 米的新船；(3)小于 150 总吨的现有船舶；(4)非营业游艇；(5)渔船。

6. D。2. 本公约应适用于从事国际航行的船舶。1. 本公约不适用于：(1)军舰；(2)长度小于 24 米的新船；(3)小于 150 总吨的现有船舶；(4)非营业游艇；(5)渔船。

8. C。根据《1966 年国际船舶载重线公约》的规定，船舶干舷是根据载重线公约勘定的。

9. C。(8)干舷。核定的干舷是在船中处从甲板线的上边缘向下量至相关载重线的上边缘的垂直距离。

10. C。甲板线：系指长为 300 毫米和宽为 25 毫米的一条水平线。甲板线应勘绘于在船中处的每侧，其上边缘一般应经过干舷甲板上表面向外延伸与船壳板外表面之交点。

11. C。(8)干舷。核定的干舷是在船中处从甲板线的上边缘向下量至相关载重线的上边缘的垂直距离。

12. A。4. 按第14条1(2)进行换证检验后,如果新证书在现有证书失效期前不能发给船舶,则进行这次检验的人员或机构可延长现有证书的有效期,但不得超过五个月。该项延期应在证书上签署,且应仅在影响船舶干舷的船舶结构、设备、装置、材料或结构尺寸等无变动情况下才能准许。
13. C。根据《1966年国际船舶载重线公约》的规定,船舶的载重线标志通常标绘于船中两舷。
14. C。(a) 夏季载重线是以通过圆圈中心的线段的上边缘及标有S的线段表示。
15. A。根据我国《国内航行海船法定检验技术规则》的规定,船舶载重线标志中"X"表示夏季载重线。
19. C。(a) 夏季载重线是以通过圆圈中心的线段的上边缘及标有S的线段表示。
25. A。对圆圈、线段和字母,当船舷为暗色底者,应漆成白色或黄色,当船舷为浅色底者,应漆成黑色。
26. A。对圆圈、线段和字母,当船舷为暗色底者,应漆成白色或黄色,当船舷为浅色底者,应漆成黑色。
27. A。对圆圈、线段和字母,当船舷为暗色底者,应漆成白色或黄色,当船舷为浅色底者,应漆成黑色。
28. A。对圆圈、线段和字母,当船舷为暗色底者,应漆成白色或黄色,当船舷为浅色底者,应漆成黑色。
29. A。对圆圈、线段和字母,当船舷为暗色底者,应漆成白色或黄色,当船舷为浅色底者,应漆成黑色。
30. A。对圆圈、线段和字母,当船舷为暗色底者,应漆成白色或黄色,当船舷为浅色底者,应漆成黑色。
32. B。(2)所有露天甲板四周应装设栏杆或舷墙。舷墙或栏杆的高度应至少离甲板1米,如果此高度妨碍船舶正常工作,可准许采用较小的高度,但所提供的适当防护措施应经主管机关认可。
33. B。(2)所有露天甲板四周应装设栏杆或舷墙。舷墙或栏杆的高度应至少离甲板1米,如果此高度妨碍船舶正常工作,可准许采用较小的高度,但所提供的适当防护措施应经主管机关认可。
34. C。(3)装设在上层建筑和干舷甲板上的栏杆应至少有三档。栏杆的最低一档以下的开口应不超过230毫米,其他各档的间隙应不超过380毫米。如船舶设有圆弧形舷缘,则栏杆支座应置于甲板的平坦部位。在其他位置上应装设至少有二档的栏杆。
35. C。(3)装设在上层建筑和干舷甲板上的栏杆应至少有三档。栏杆的最低一档以下的开口应不超过230毫米,其他各档的间隙应不超过380毫米。如船舶设有圆弧形舷缘,则栏杆支座应置于甲板的平坦部位。在其他位置上应装设至少有二档的栏杆。

第五节 STCW公约

1. D。STCW公约是用于控制船员职业技术素质、值班标准方面的一个国际公约。

4. A。制定 STCW 公约的主要目的是提供一个普遍能接受的海员培训、发证和值班最低标准。
6. C。《1978 年海员培训、发证和值班标准国际公约》旨在确保在全球范围内保持海员适任的最低标准。
18. B。根据《1978 年海员培训、发证和值班国际公约》2010 年修正案的规定，在特殊需要的情况下，主管机关如认为对人员、财产和环境不致造成危险时，可签发特免证明，允许某一指定海员在某一指定的船上，在为期不超过 6 个月的指定期间内，担任他并未持有适当证书的职位。
20. A。根据《1978 年海员培训、发证和值班国际公约》2010 年修正案的规定，申请在 500 总吨或以上的海船上负责航行值班适任证书的高级海员，其要求为：年龄不小于 18 岁；具有不少于 12 个月的经认可的海上服务资历，且参加了认可的船上培训计划；在所要求的海上服务资历中，已在船长或合格的高级海员的监督下履行驾驶台值班职责不少于 6 个月；已完成经认可的教育和培训，并且达到 STCW 规则规定的相关适任标准。
22. A。根据《1978 年海员培训、发证和值班国际公约》2010 年修正案的规定，申请液化气体船货物作业基本培训证书的，应具有至少为期 3 个月的经认可的液化气体船海上服务资历，并且满足 STCW 规则规定的相应适任标准。
24. A。根据《1978 年海员培训、发证和值班国际公约》2010 年修正案的规定，申请证书再有效，应履行所持证书上相应职能的经认可的海上服务资历至少在前 5 年中累计 12 个月。
25. B。无线电操作员在值班时间内，在适当的频率上负责保持连续值守。
27. D。负责轮机值班的高级船员，根据 STCW 规则的规定并在轮机长的领导下，应能在召唤时立即到达机舱，在需要时应在其负责的任何时间内始终身在机舱。

第六节　国际卫生条例

2. B。根据《国际卫生条例》的规定，“受染地区”系指世界卫生组织依据本条例明确建议采取卫生措施的某个地理区域。
6. C。根据《国际卫生条例》的规定，经世卫组织批准的黄热病疫苗在接种后 10 天开始发挥防止感染的保护效果。

第七节　海事劳工公约

1. A。1. 均有权享有符合安全标准的安全且受保护的工作场所。2. 均有权获得公平的就业条件。3. 均有权获得体面的船上工作和生活条件。4. 均有权享受健康保护、医疗、福利措施及其他形式的社会保护。
2. D。1. 均有权享有符合安全标准的安全且受保护的工作场所。2. 均有权获得公平的就业条件。3. 均有权获得体面的船上工作和生活条件。4. 均有权享受健康保护、医疗、福利措施及其他形式的社会保护。
4. D。规则和守则 A 部分的规定具有强制性。守则 B 部分为非强制性。

8. D。《2006 年海事劳工公约》由正文条款、规则和技术守则不同但相关的部分构成。
10. B。除非另有明文规定,本公约适用于所有海员。
11. B。体检证书应由有正规资格的医师签发,或者,对于只涉及视力的证书而言,由经主管当局认可的具备签发证书资格的人员签发。医师在履行体检程序时必须享有充分的职业独立性来进行其医学判断。
12. B。应禁止任何 16 岁以下的人员受雇、受聘或到船上工作。
13. C。体检证书应由有正规资格的医师签发,或者,对于只涉及视力的证书而言,由经主管当局认可的具备签发证书资格的人员签发。医师在履行体检程序时必须享有充分的职业独立性来进行其医学判断。
15. A。体检证书的最长有效期为两年,除非船员低于 18 岁,在这种情况下体检证书的最长有效期应为一年。
17. C。在紧急情况下,主管当局可以允许没有有效体检证书的海员工作直至该海员可以从合格的医师那里取得一份体检证书的下一停靠港。条件是:(a)所允许的期间不超过 3 个月;并且(b)该海员持有最近过期的体检证书。
18. D。如果在某航行途中证书到期,该证书应继续有效至该海员能够从合格医师那里取得体检证书的下一停靠港,条件是这段时间不超过 3 个月。
19. C。体检证书的最长有效期为两年,除非船员低于 18 岁,在这种情况下体检证书的最长有效期应为一年;(b)色觉视力证书的最长有效期应为六年。
20. B。有关船东和海员应各持有一份经签字的海员就业协议原件。
21. B。各成员国应通过法律和条例确定海员和船东提前终止海员就业协议发出预先通知的最短期限。最短期限的长度应在与有关船东和海员组织协商后确定,但不得短于七天。
25. C。如果集体谈判协议构成海员就业协议的全部或一部分,该协议的一份副本应保留在船上。如果海员就业协议和任何适用的集体谈判协议的语言不是英语,以下内容还应用英语提供(仅从事国内航行的船舶除外)。
26. D。在所有情况下海员就业协议均应包括以下细节:1. 海员的全名、出生日期或年龄及出生地。2. 船东的名称和地址。3. 订立海员就业协议的地点及日期。4. 海员将担任的职务。5. 协议的终止及其终止条件,包括:(i)如果协议没有确定期限,各方有权终止协议的条件,以及所要求的预先通知期,船东的预先通知期不得短于海员的预先通知期;(ii)如果协议有确定期限,其确定的期满日期;和(iii)如果协议是为一次航程而订,其航行之目的港,以及到达目的港后海员应被解雇前所须经历的时间。6. 海员获得遣返的权利。
28. B。各成员国应要求按不超过一个月的间隔并根据任何适用的集体协议向在悬挂其旗帜的船舶上工作的海员支付其应得的报酬。
29. B。各成员国应要求按不超过一个月的间隔并根据任何适用的集体协议向在悬挂其旗帜的船舶上工作的海员支付其应得的报酬。
30. D。出于计算工资之目的,在海上和港口的正常工作时间每天不应超过 8 小时。
31. D。所有加班时间应由船长或船长指定的人员进行记录,并至少按每月的间隔由海员签字。

38. A。集合、消防和救生艇训练以及国家法律、条例和国际文件规定的训练应以对休息时间的影响最小和不会造成疲劳的方式进行。

39. D。成员国应要求保持对海员的日工作时间或其日休息时间进行记录，以便监督是否符合本标准第5至11款的规定。记录应采用主管当局考虑到国际劳工组织的所有指导原则而确定的标准格式，或者应采用本组织制定的任何标准格式。它们应使用本标准第11款所要求的语言。海员应得到一份由船长或船长授权人员以及海员本人签字认可的有关其本人记录的副本。

40. A。本标准的任何规定不得妨碍船长出于船舶、船上人员或货物的紧急安全需要，或出于帮助海上遇险的其他船舶或人员的目的而要求一名海员从事任何时间工作的权利。为此，船长可中止工作时间或休息时间安排，要求一名海员从事任何时间的必要工作，直至情况恢复正常。一旦情况恢复正常，船长应尽快地确保所有在计划安排的休息时间内从事工作的海员获得充足的休息时间。

41. A。船东对应急演习所占用的船员休息时间应予以补休。

43. C。在年休假期间的报酬水平应为国家法律或条例或适用的海员就业协议中规定的海员正常报酬水平。对于受雇期短于1年的海员，或在雇佣关系终止的情况下，休假的权利应按比例计算。

46. D。海员在有权得到遣返前在船上服务的最长期间，这段时间应少于12个月。

47. A。根据标准A2.5，在遣返方面将由船东承担的费用应至少包括以下项目：(a)到达根据本导则第6款选定的遣返目的地的旅费；(b)从海员离船时起至抵达遣返目的地时止的食宿费；(c)如果本国法律、条例或集体协议有规定，从海员离船时起至抵达遣返目的地时止的工资和津贴；(d)将海员个人行李30千克运至遣返目的地的运输费。

51. B。如果发生海员受雇期间在船上或岸上死亡的情况，船东应有责任支付丧葬费用。

52. D。船东应有责任支付医疗费用，包括治疗及提供必要的药品和治疗设备，以及在外的膳宿，直到该患病或受伤海员康复，或直到该疾病或机能丧失被宣布为永久性的。

54. D。主管当局应通过一个预先安排的机制，保证船舶在海上能够每天24小时均可得到通过无线电或卫星通信提供的医疗指导，包括专家指导。医疗指导，包括船舶与岸上提供医疗咨询的机构通过无线电台或卫星通信进行的医疗信息沟通，均应由所有船舶免费使用，无论其悬挂哪一国旗帜。

55. C。国家法律或条例可以把船东支付医疗和膳宿费用的责任限制在从受伤或患病之日起不少于16周的期限内。

57. C。根据《2006年海事劳工公约》的规定，供船长和相关的岸上和船上医疗人员使用的标准的海员医疗报告表格，该表格及其内容应予保密。

58. A。船东应提供财务担保，保证对海员因工伤、疾病或危害而死亡或长期残疾的情况提供国家法律或海员就业协议或集体协议所确定的赔偿。

59. A。5. 国家法律或条例可在以下情况下排除船东的责任：(a)在船舶服务之外发生的其他受伤；(b)受伤或患病是因患病、受伤或死亡海员的故意不当行为所致；以及(c)在接受雇用时故意隐瞒的疾病或病症。

60. C。各成员国应确保在悬挂其旗帜船舶上的所有海员均被保护其健康的充分措施所覆盖,并且他们在船上工作期间能够得到迅速和适当的医疗。2. 按本规则第1款所提供的保护和医疗原则上不由海员支付费用。3. 各成员国应确保在其领土内的船舶上需要紧急医疗的海员能够使用成员国的岸上医疗设施。4. 守则中规定的船上健康保护和医疗要求包括旨在向海员提供尽可能相当于岸上工人能够得到的健康保护和医疗的措施标准。
61. D。规定船上被任命或选举为安全代表参与船舶安全委员会的海员的权威。在有5名或以上海员的船上应成立此委员会。
62. D。载员100人或以上,通常从事3天以上国际航行的船舶应配备一名医生负责提供医疗。国家法律或条例还应考虑到诸如航行的时间、性质和条件以及船上船员人数等因素,规定哪些其他船舶也应要求配备一名医生。
63. D。应要求不配备医生的船舶,要么在船上至少有一名海员,其一部分正式职责是负责医疗和管理药品,要么船上至少有一名海员胜任提供医疗急救。

第八节 国际船舶压载水和沉积物控制与管理公约

1. D。公约不适用于:(1)非设计和建造携带压载水的船舶。(2)专门运营于一缔约国管辖水域内的该缔约国的船舶,除非缔约国认为该船的压载水排放将损害或破坏毗邻或其他国家的环境、公民健康、财产或资源。(3)根据一缔约国的免除授权专门运营于其管辖的水域内的另一缔约国船舶。如果此种做法将损害或破坏毗邻或其他国家的环境、公民健康、财产或资源,缔约国不应予以授权。任何未同意此种授权的缔约国应通知有关船舶的主管机关本公约适用于此类船舶。(4)除根据第(3)项未被授权的船舶外,专门运营于一缔约国管辖的水域内或公海上的船舶,除非缔约国认为该船的压载水排放将损害或破坏毗邻或其他国家的环境、公民健康、财产或资源。(5)本公约不适用于任何军舰、军用辅助船舶或缔约国所拥有和营运的到目前为止只用于政府非商业服务目的的其他船舶。但是,各缔约国须通过采取不妨碍其所拥有和营运此类船舶的操作性能的适当措施,保证此类船舶在合理和可行时符合本公约。
2. A。"压载水"系指为控制船舶纵倾、横倾、吃水、稳性或应力而加装到船上的水及其悬浮物。
3. B。压载水不包括水中沉淀物,"沉积物"系指从船舶压载水中沉淀的物质。
6. D。有些国际航行的船舶不携带压载水,或其他特殊情况,则不适用压载水公约。
7. C。第B-6条高级和普通船员的职责高级和普通船员应熟知其在实施其供职船舶的特定压载水管理方面的职责并应在与其职责相应的程度上熟知船舶的压载水管理计划。
11. D。每一船舶均应在船上备有至少载有附录Ⅱ规定信息的压载水记录簿。该记录簿可以是一种电子记录系统,或可以被列入其他记录簿或系统中。

第九节　联合国海洋法公约

2. D。我国《海上交通安全法》规定：外国籍军用船舶，未经我国政府批准，不得进入我国领海。
3. D。专属经济区是领海以外并邻接领海的一个区域，从领海基线量起，不应超过 200 海里。
5. A。领海是沿海国主权所及的在其陆地领土及其内水以外邻接的一带海域，此项主权及于领海的上空及其海床和底土。每一国家的领海宽度不应超过 12 海里。
7. B。毗连区是指领海以外且毗连领海的一个区域，从领海基线量起，不得超过 24 海里。
8. C。领海基线向陆一面的水域构成国家内水的一部分。
9. C。每一国家的领海宽度不应超过 12 海里。
11. B。领海基线是陆地及内水与领海的分界线，是划定领海、毗连区、专属经济区和大陆架等区域的基准线。
12. B。划定领海基线的方法有两种：正常基线和直线基线。测算领海宽度的正常基线是沿海国官方承认的大比例尺海图所标明的沿岸低潮线。直线基线是连接沿岸各适当点而形成的一条基线，在岸线较为复杂的情况下，划定直线基线较为合适。
16. D。内水同陆地领土一样，是沿海国领土的组成部分，沿海国对其拥有完全的排他的主权。沿海国有权制定自己的内水制定，有权禁止外国籍船舶进入其内水航行。
17. A。沿海国可在毗连其领海称为毗连区的区域内，行使为下列事项所必要的管制：(1) 防止在其领土或领海内违犯其海关、财政、移民或卫生的法律和规章；(2) 惩治在其领土或领海内违犯上述法律和规章的行为。
19. B。中华人民共和国领海基线采用直线基线法划定，由各相邻基点之间的直线连线组成。
20. C。沿海国官方承认的大比例尺海图所标明的沿岸低潮线。
21. D。沿海国对其拥有完全的排他的主权。沿海国有权制定自己的内水制定，有权禁止外国籍船舶进入其内水航行。
22. C。沿海国对内水拥有完全的排他的主权，船舶不享有无害通过权。
23. C。"通过"是指为下列目的通过领海的航行：穿过领海但不进入内水或停靠内水以外的泊船处或港口设施；驶往或驶出内水或停靠这种泊船处或港口设施。
29. C。国际航行海峡是指两端连接公海或专属专属经济区可供海船通过的海峡。
32. B。国际航行海峡可分为三类：一是用于国际航行的非领海海峡，其中央夹有专属经济区或公海海域，应适用自由航行制度，各国船舶有完全的航行自由；二是用于国际航行的领海海峡，依据《联合国海洋法公约》，这类海峡适用"过境通行权"；三是专门公约规定的用于国际航行的海峡，如达达尼尔海峡和博斯普鲁斯海峡的航行制度由 1936 年的《蒙特勒公约》规定，直布罗陀海峡的航行制度由 1907 年英国、法国、西班牙三国签订的海峡协定规定。
33. D。在国际航行海峡中，所有船舶均享有过境通行的权利，过境通行不应受阻碍。

35. B。专属经济区从测算领海宽度的基线量起，不应超过 200 海里。

42. D。《联合国海洋法公约》有六项公海自由的规定：①航行自由；②飞越自由；③铺设海底电缆和管道的自由；④建造国际法所容许的人工岛屿和其他设施的自由；⑤捕鱼自由；⑥科学研究的自由。

43. C。公海对所有国家开放，任何国家不得对公海主张主权。任何国家在行使这些自由时，应适当考虑到其他国家行使公海自由的利益。公海应只用于和平目的。

46. B。任何国家在行使这些公海自由时，应适当考虑到其他国家行使公海自由的利益。公海应只用于和平目的。

47. D。任何国家的船舶，均有权在公海上悬挂船旗国的国旗航行。

48. A。公海对所有国家开放，任何国家不得对公海主张主权。公海应只用于和平目的。任何国家的船舶，均有权在公海上悬挂船旗国的国旗航行。

50. D。船舶航行应仅悬挂一国的国旗，除国际规定的例外情形外，在公海上应受船旗国的专属管辖。

51. D。船舶在航程中或停泊港内不得更换其旗帜，但船舶买卖更换船旗国时例外。

52. B。对悬挂两国或两国以上旗帜航行并视方便换用旗帜的船舶，可视同无国籍船舶。

53. A。登临权是指一国军舰在公海上遇到有嫌疑的除军舰和政府公务船以外的外国船舶，有登临检查的权利。所谓“嫌疑”，是指：该船从事海盗、奴隶贩卖行为，或未经许可的广播；该船没有国籍；该船虽悬挂外国旗帜或拒不展示其旗帜，而事实上却与该军舰属同一国籍。对上述有嫌疑的船舶，军舰可查核该船悬挂其旗帜的权利。

第二章

国内法规

第一节　海上交通安全法与船员条例

1. 我国《海上交通安全法》适用于在我国沿海水域航行、停泊和作业的________。

①船舶、设施的代理人；②船舶、设施的所有人、经营人；③一切船舶、设施

A. ①②③　　B. ①②

C. ②③　　D. ①③

2. 我国《海上交通安全法》适用的水域包括我国的________。

①内水及港口；②领海；③毗连区；④专属经济区

A. ①②③④　　B. ①②③

C. ①②④　　D. ②③④

3. 在我国沿海水域，应遵守我国《海上交通安全法》的船舶为________。

①正在疏浚航道的船；②正在港内锚泊中的船；③正在装卸货的船；④正在进行救助的船

A. ①②③　　B. ①②③④

C. ①②④　　D. ②③④

4. 应遵守我国《海上交通安全法》的外国籍船舶包括________。

①获准进入我国领海的外国籍军用船舶；②获准进入我国避风锚地避台的外国籍非军用船舶；③获准进入我国领海搜救遇难人员的外国籍船舶；④在我国领海水域内航行的外国籍非军用船舶

A. ①②③　　B. ①②③④

C. ①②④　　D. ②③④

5. 我国《海上交通安全法》适用于在我国沿海水域航行、停泊和作业的________。

①一切船舶；②一切设施；③船舶、设施上的人员；④船舶、设施的所有人、经营人

A. ①②③④　　B. ①②③

C. ②③④　　D. ①②④

6.《海上交通安全法》适用于在我国管辖水域________的船舶。

①航行；②停泊；③作业；④正常排放压载水

A. ①②③④　　B. ①②③

C. ②③④　　D. ①②④

7. 根据我国《海上交通安全法》的规定，下列叙述哪项有误？
A. 遇难船舶的所有人、经营人应采取一切有效措施组织自救
B. 船舶、设施发生的交通事故应由主管机关查明原因
C. 中国籍国内沿海航行船舶不必持有船舶国籍证书
D. 船舶应当按照标准定额配备足以保证船舶安全的合格船员

8. 根据我国《海上交通安全法》的规定，下列表述正确的是________。
①船舶应当按标准配备合格船员；②船员须经过相应的专业训练；③船舶应当接受主管机关的监督和检查；④为保障安全船员应遵守操作规程
A. ①②③　　B. ①②③④
C. ②③④　　D. ①②④

9. 根据我国《海上交通安全法》的规定，下列表述不正确的是________。
A. 船舶应当按标准配备合格船员
B. 船舶应当接受主管机关的监督和检查
C. 所有船员均应持有职务证书
D. 为保障安全船员应遵守操作规程

10. 根据我国《海上交通安全法》的规定，下列哪项不正确？
A. 船舶必须持有船舶国籍证书或船舶执照
B. 外国籍船舶未经我国政府批准，不得进入我国领海
C. 处于不适航的船舶，海事主管机关有权令其停航、停止作业
D. 非经海事主管机关的特别许可，船舶不得穿越禁航区

11. 我国《海上交通安全法》规定，非经海事主管机关的特别许可，船舶________。
A. 不得穿越禁航区　　B. 不得进入爆炸物倾倒区
C. 不得进入交通管制区　　D. 不得进入毗连区

12. 根据我国《海上交通安全法》，船舶在开航之前，应当保证________。
A. 船员适任　　B. 气象正常
C. 货物适装　　D. 港口安全

13. 根据我国《海上交通安全法》，船舶在通过________时，应当按照海事管理机构公布或者指定的航路、航道航行。
①通航密集区；②交通管制区；③船舶定线区；④安全作业区
A. ②③④　　B. ①②④
C. ①②③　　D. ①②③④

14. 根据我国《海上交通安全法》，下列哪些情况需经主管机关批准？
①外国籍非军用船舶进入我国内水；②外国派遣船舶进入我国领海搜寻救助遇难船舶和人员；③进入禁航区救助遇难人员；④船舶装运危险货物
A. ①②③　　B. ②③④
C. ①②③④　　D. ①②④

15. 根据我国《海上交通安全法》，下列哪些情况需经主管机关批准？
①外国籍军用船舶进入我国领海；②进入禁航区救助遇难人员；③打捞或拆除领海内的沉船

沉物；④外国派遣飞机进入我国领海上空搜寻救助遇难船舶和人员

A. ①③　　B. ②③④

C. ①④　　D. ①②④

16. 按照《海上交通安全法》的规定，外国籍船舶在下列哪种情况下必须事先获得主管机关批准后才可进入我国的港口？

A. 船员伤势严重需抢救时　　B. 需补充淡水时

C. 紧急避台时　　D. 船体严重破损进水时

17. 根据《海上交通安全法》的规定，外国籍船舶在我国港内移泊时________。

A. 可自行操作　　B. 视港方要求而定

C. 必须由引航员操作　　D. 向主管机关申请，经同意后自主移泊

18. 根据《海上交通安全法》，船舶在下列哪些情况下必须遵守主管机关的特别规定？

①通过航行条件受限制的区域；②进出港口和通过交通管制区；③通过交通密集区；④通过禁航区

A. ①②③④　　B. ①②③

C. ①③④　　D. ②③④

19. 根据《海上交通安全法》的规定，除下列哪种情况外主管机关有权禁止船舶离港？

A. 未交付应承担的费用　　B. 发生交通事故，手续未清

C. 缺少一名非值班船员　　D. 处于不适航或不适拖状态

20. 根据我国《海上交通安全法》的规定，外国籍非军用船舶在下列哪些情况下可以不用先获得批准，而是进入我国港口的同时向主管机关报告？

①紧急避台时；②主机发生严重故障时；③需补给淡水时；④船员病急时

A. ①②③　　B. ①②③④

C. ①②④　　D. ②③④

21. 根据《海上交通安全法》的规定，船舶发现下列哪些情况时，应迅速报告主管机关？

①灯浮移位或熄灭；②不明漂流物；③其他有碍航行的异常情况；④他船遇险

A. ①②③　　B. ①②③④

C. ②③④　　D. ①②④

22. 根据我国《海上交通安全法》，船舶在遇到下列哪些情况时应立即向主管机关报告？

①损坏助航标志或导航设施；②船舶遇难时；③航行中发现有人遭遇生命危险时；④船舶装运危险货物时

A. ①②③　　B. ②③④

C. ①②③④　　D. ①②④

23. 根据我国《海上交通安全法》，船舶在遇到下列哪种情况时不必立即向主管机关报告？

A. 损坏助航标志或导航设施　　B. 船舶遇难时

C. 航行中发现有人遭遇生命危险时　　D. 船舶装运危险货物时

24. 我国《海上交通安全法》规定，损害助航标志的船舶，应当________。

A. 立即向船东报告

B. 承担民事或刑事责任

C. 被禁止进港

D. 立即向海事主管机关报告并承担赔偿责任

25. 我国《海上交通安全法》规定，船舶发现下列哪些情况，应迅速报告海事主管机关？

①助航标志变异、失常；②有碍航行安全的漂流物或障碍物；③有碍航行安全的大风浪；④其他有碍航行安全的异常情况

A. ①②③　　B. ①②③④

C. ①③④　　D. ①②④

26. 根据我国《海上交通安全法》的规定，船舶发现________时，应迅速报告主管机关。

①灯浮移位；②有碍航行安全的漂流物；③有碍航行安全的异常情况；④他船遇险

A. ①②③④　　B. ①③④

C. ①②④　　D. ②③④

27. 我国《海上交通安全法》规定，船舶发现下列哪些情况，应迅速报告主管机关？

①灯浮移位；②助航标志失常；③有碍航行安全的漂流物；④有碍航行安全的障碍物

A. ①②③④　　B. ①③④

C. ①②④　　D. ②③④

28.《海上交通安全法》规定，船舶储存、装卸、运输危险货物必须________。

①遵守关于危险货物管理和运输的规定；②具备安全可靠的设备和条件；③进港后立即向海事局如实申报，经查验后才可装卸；④向主管机关办理申报手续

A. ①②③　　B. ②③④

C. ①②③④　　D. ①②④

29. 根据《海上交通安全法》的规定，装运危险货物的船舶________。

A. 必须进港后立即向主管机关如实申报，经查验后才可装卸

B. 必须在锚地装卸

C. 必须事先向主管机关办理申报手续，经批准后才可进入港口或装卸

D. 必须事先向船公司办理申报手续

30. 我国《海上交通安全法》规定，船舶储存、装卸、运输危险货物必须________。

①遵守国家关于危险货物管理和运输的规定；②具备安全可靠的设备和条件；③向主管机关办理申报手续，经批准后方可进出港口；④向主管机关办理申报手续，经批准后方可进行装卸

A. ①②③④　　B. ①②③

C. ①③④　　D. ②③④

31.《海上交通安全法》规定，事故现场附近的船舶收到求救信号时，在下列哪种条件下应当尽力救助遇难人员？

A. 任何情况下　　B. 遇难者要求时

C. 经船东同意时　　D. 不严重威胁自身安全时

32.《海上交通安全法》规定，事故现场附近船舶应________。

①在不严重危及自身安全的情况下尽力救助遇难人员；②向主管机关报告本船名称；③向主管机关报告本船呼号；④听从主管机关的统一指挥

A. ①②③　　B. ①③④

C. ②③④　　D. ①②③④

33. 我国《海上交通安全法》规定，船舶遇难时除发出呼救信号外，还应以最迅速的方式向主管机关报告________。

①出事时间、地点；②受损情况；③救助要求；④发生事故的原因

A. ①②③　　B. ①③④

C. ②③④　　D. ①②③④

34. 根据《海上交通安全法》，发生碰撞事故的船舶应当________。

①互通名称、国籍和登记港；②尽力救助遇难人员；③迅速驶离事故现场；④任何时候，当事船舶不得离开事故现场

A. ①②③　　B. ①②

C. ②③④　　D. ①②③④

35. 根据现行《海上交通安全法》，发生碰撞事故的船舶、设施，应当互通________。

①名称；②国籍；③登记港；④吨位

A. ①②③　　B. ①②④

C. ①③④　　D. ①②③④

36. 根据我国《海上交通安全法》，船舶遇难时，除发出求救信号外，还应当将________向主管机关报告。

①出事时间、地点；②受损情况；③救助要求；④事故原因

A. ①②③　　B. ②③④

C. ①②③④　　D. ①②④

37. 根据我国《海上交通安全法》的规定，事故现场附近的船舶收到求救信号后应________。

①迅速向海事主管机关报告现场情况；②迅速向海事主管机关报告本船的名称、呼号和船位；③在不严重危及自身安全的情况下尽力救助遇难人员；④听从主管机关的统一指挥

A. ②③④　　B. ①②③④

C. ①②④　　D. ①③④

38. 我国《海上交通安全法》规定，发生碰撞事故的船舶应________。

A. 互相通报碰撞后的损失情况

B. 尽一切可能救助遇难人员

C. 各自驶离事故现场至安全水域等待事故调查处理

D. 立即通报各自船籍港的海事主管机关

39. 根据我国《海上交通安全法》的规定，船舶、设施发生交通事故，应由________查明原因。

A. 海事法院　　B. 海事管理机构

C. 海事仲裁机构　　D. 保险公司

40. 根据我国《海上交通安全法》的规定，船舶、设施发生交通事故应由哪个机关查明原因？

A. 海事法院　　B. 海事主管机关

C. 海事仲裁机构　　D. 港务主管机关

41. 船舶在紧急情况下，保护人命安全的行动应遵循的原则，表述不正确的是________。

A. 最优先的措施是保证船舶安全　　B. 首先检查是否有人员伤亡

C. 然后判断是否需要救助　　D. 最后决定是否需要撤离船舶或弃船

42. 船舶在紧急情况下，保护人命安全的行动要点________。

①将人员撤离至安全区域；②伤员救治；③争取外援救助；④决定撤离船舶；⑤弃船前，一定要得到船公司的命令

A. ①②③④⑤　　B. ①②③④

C. ②③④⑤　　D. ③④⑤

43. 根据我国《海上交通安全法》规定，下述正确的有________。

①船舶发生交通事故，应当向主管机关递交事故报告书和有关资料；②主管机关认为船舶对港口安全具有威胁时，有权禁止其进港；③主管机关有权确定交通管制区、港口锚地；④禁止船舶损坏助航标志和导航设施

A. ①②③　　B. ②③④

C. ①②③④　　D. ①②④

44. 我国制定《船员条例》的目的是________。

①加强船员管理，提高船员素质；②维护船员的合法权益；③保障水上交通安全；④保护水域环境

A. ①②③④　　B. ①②③

C. ②③④　　D. ①②

45. 在中华人民共和国境内的________适用我国《船员条例》。

①船员注册、任职；②船员培训；③船员职业保障；④提供船员服务

A. ①③④　　B. ①②③

C. ②③④　　D. ①②③④

46. 我国制定《船员条例》的目的是________。

①加强船员管理，提高船员素质；②维护船员的合法权益；③保障水上交通安全；④保护水域环境

A. ①②③④　　B. ①②③

C. ②③④　　D. ①②

47. 制定我国《船员条例》目的之一是维护________的合法权益。

A. 船东　　B. 船员

C. 船员用人单位　　D. 船员服务机构

48.《中华人民共和国船员条例》对我国境内的船员 ________等方面做出了规定。

①注册、任职；②教育培训、提供船员服务；③职业保障；④最低工资标准与合同期长度

A. ①②③④　　B. ①②③

C. ①②　　D. ①

49. 根据我国《船员条例》，海事管理机构对船员实施监督检查时，应当________。

①查验船员必须携带的证件的有效性；②检查船员履行职责的情况；③在必要时进行现场考核；④在必要时对船员用人单位进行审核

A. ①②③　　B. ②③④

C. ①②④　　D. ①②③④

50. 根据我国《船员条例》，申请参加航行值班船员适任证书，应当符合下列哪些条件？

①年满 16 周岁，但不超过 60 周岁；②符合船员任职岗位健康要求；③经过船员基本安全培训、适任培训、特殊培训，并经海事管理机构组织的任职考试的；④申请国际航行船舶船员适任证书的，应当通过船员专业外语考试

A. ②③④　　B. ①②③

C. ①②③④　　D. ①③④

51. 根据我国《船员条例》，中国籍船舶在境外遇有不可抗力或者其他特殊情况，不能保证船舶最低安全配员时，可向海事管理机构申请由本船下一级船员临时担任上一级职务。海事管理机构根据拟任船员的________，可以签发批准文书（特免证明）。

①任职资历；②任职表现；③安全记录；④特殊经历或能力

A. ①③　　B. ①②③

C. ②③④　　D. ①③④

52. 根据《中华人民共和国船员条例》，中国籍船舶上哪个职务应当由中国籍公民担任？

A. 船长　　B. 高级船员

C. 普通船员　　D. 餐饮服务人员

53. 根据《中华人民共和国船员条例》关于在中国籍船舶上工作的外籍船员的说法错误的是________。

A. 应当依照法律、行政法规和国家其他有关规定取得就业许可

B. 持有中华人民共和国交通运输部规定的相应证书

C. 外籍船员持有所属国政府签发的相关身份证件

D. 持有中华人民共和国海员证

54. 根据《中华人民共和国船员条例》，船员在船工作期间，应当符合下列哪些要求？

①掌握船舶的适航状况和航线的通航保障情况；②掌握有关航区气象、海况等必要的信息；③遵守船舶的管理制度和值班规定；④如实填写有关船舶法定文书

A. ①②③　　B. ①②③④

C. ②③④　　D. ①③④

55. 根据《中华人民共和国船员条例》，船员在船工作期间，应当符合下列哪些要求？

①应按照水上交通安全和防治船舶污染的操作规则操纵、控制和管理船舶；②遵守船舶报告制度；③发现或者发生险情、事故、保安事件或者影响航行安全的情况，应当及时报告；④在任何情况下，尽力救助遇险人员

A. ①②③　　B. ①②③④

C. ②③④　　D. ①③④

56. 根据我国《船员条例》，有关船员的职责，以下提法正确的是________。

①携带本条例规定的有效证件；②掌握船舶的适航状况和航线的通航保障情况；③遵守船上的管理制度和值班制度；④在不严重危及自身安全的情况下，尽力救助遇险人员

A. ①③　　B. ①③④

C. ②④　　D. ①②③④

57. 根据《中华人民共和国船员条例》在中国籍船舶上工作的驾驶员不应当________。

A. 掌握船舶的适航状况和航线的通航保障情况，以及有关航区气象、海况等必要的信息
B. 遵守船舶的管理制度和值班规定
C. 按照水上交通安全和防治船舶污染的操作规则操纵、控制和管理船舶
D. 发现船舶设备状况较差时，随时离船

58. 根据《中华人民共和国船员条例》，在中国籍船舶上工作的驾驶员不可以________。
A. 参加船舶应急训练、演习，按照船舶应急部署的要求，落实各项应急预防措施
B. 在发现或者发生险情、事故、保安事件或者影响航行安全的情况，及时离船
C. 按照水上交通安全和防治船舶污染的操作规则操纵、控制和管理船舶
D. 遵守船舶的管理制度和值班规定

59. 根据《中华人民共和国船员条例》，关于船员职责的错误说法的是________。
A. 参加船舶应急训练、演习，按照船舶应急部署的要求，落实各项应急预防措施
B. 按照水上交通安全和防治船舶污染的操作规则操纵、控制和管理船舶
C. 一旦发现危及自身安全的情况，尽快驶离现场
D. 如实填写有关船舶法定文书，不得隐匿、篡改或者销毁有关船舶法定证书、文书

60. 根据《中华人民共和国船员条例》，关于船员职责的错误说法的是________。
A. 掌握船舶的适航状况和航线的通航保障情况，以及有关航区气象、海况等必要的信息
B. 按照水上交通安全和防治船舶污染的操作规则操纵、控制和管理船舶
C. 因为信息系统有证书信息，可以不携带纸质证书上船任职
D. 参加船舶应急训练、演习，按照船舶应急部署的要求，落实各项应急预防措施

61. 根据《中华人民共和国船员条例》在中国籍船舶上工作的驾驶员不应当________。
A. 利用船舶私载少量货物或亲戚朋友
B. 按照水上交通安全和防治船舶污染的操作规则操纵、控制和管理船舶
C. 掌握船舶的适航状况和航线的通航保障情况，以及有关航区气象、海况等必要的信息
D. 参加船舶应急训练、演习，按照船舶应急部署的要求，落实各项应急预防措施

62. 根据《中华人民共和国船员条例》，船员用人单位和船员应当按照国家有关规定参加________，并依法按时足额缴纳各项保险费用。
①工伤保险；②医疗保险；③养老保险；④失业保险以及其他社会保险
A. ①②③　　B. ①②③④
C. ②③④　　D. ①③④

63. 根据《中华人民共和国船员条例》，船员用人单位应当为船员提供必要的________，建立船员健康档案，并为船员定期进行健康检查，防治职业疾病。
①生活用品；②防护用品；③医疗用品；④保健用品
A. ①②③④　　B. ①②③
C. ②③④　　D. ①③④

64. 根据我国《船员条例》，船员用人单位应当按照国家有关劳动和社会保障的规定为其招用的船员办理的保险中不包括________。
A. 工伤保险和医疗保险　　B. 养老保险
C. 战争保险以及其他商业保险　　D. 失业保险以及其他社会保险

65. 根据我国《船员条例》，船员用人单位应当为在驶往或者驶经战区、疫区的船舶上工作的船员，或者在运输有毒、有害物质船舶上工作的船员________。

①办理专门的人身安全保险；②办理专门的健康保险；③提供相应的防护措施；④提供相应的个人福利

A. ①②③　　B. ①②③④

C. ②④　　D. ②③④

66. 根据我国《船员条例》，船舶的船员生活和工作场所应当符合国家船舶检验规范中有关________方面的要求。

①船员生活环境；②作业安全；③作业防护；④工作和生活舒适度

A. ②③④　　B. ①②③④

C. ①②④　　D. ①②③

67. 根据我国《船员条例》，船员用人单位应当________。

①为船员提供必要的生活用品、防护用品、医疗用品；②建立船员健康档案；③为船员定期进行健康检查，防治职业疾病；④对船员工作期间患病或者受伤及时给予救治

A. ①②③④　　B. ②③④

C. ①②③　　D. ①②④

68. 根据我国《船员条例》，船员用人单位应当________。

①为船员提供必要的生活用品、防护用品、医疗用品；②建立船员健康档案；③为船员定期进行健康检查，防治职业疾病；④对船员工作期间患病或者受伤及时给予救治

A. ①②③④　　B. ②③④

C. ①②③　　D. ①②④

69. 根据我国《船员条例》，海事管理机构应当督促________，建立健全船员在船上的人身安全、卫生、健康和劳动安全保障制度。

①船员用人单位；②船舶所有人；③轮机长；④船长

A. ①②③④　　B. ②③④

C. ①②　　D. ①②③

70. 根据《中华人民共和国船员条例》，船员用人单位应当向在劳动合同有效期内的待派船员，支付不低于________。

A. 船员用人单位所在地人民政府公布的最低工资

B. 船员用人单位所在地人民政府公布的平均工资

C. 船员用人单位职工的最低工资

D. 该船员在船工作期间平均工资的报酬

71. 根据我国《船员条例》，以下陈述有误的是________。

A. 船员用人单位应当考虑船员职业的风险性、艰苦性、流动性等因素，向船员支付合理的工资

B. 任何单位和个人不得克扣船员的工资

C. 船员用人单位应当向在劳动合同有效期内的待派船员支付不低于船员家庭所在地人民政府公布的最低工资

D. 船员在船上的工作时间应当符合国务院交通主管部门规定的值班标准

72. 根据《中华人民共和国船员条例》,申请在船上工作的船员,应当按照国务院交通主管部门的规定,完成相应的________。在危险品船、客船等特殊船舶上工作的船员,还应当完成相应的特殊培训。

A. 船员基本安全培训、船员适任培训

B. 船员适任培训

C. 船员上船前培训

D. 公司组织的基本安全培训、适任培训和船舶安全管理体系培训

73. 根据《中华人民共和国船员条例》,船员除享有国家法定节假日的假期外,还享有在船舶上每工作________不少于________的年休假。

A. 12 个月;15 日　　B. 6 个月;10 日

C. 3 个月;10 日　　D. 2 个月;5 日

74. 根据《中华人民共和国船员条例》,船员除享有国家法定节假日的假期外,还享有在船舶上每工作 2 个月不少于________的年休假。

A. 15 日　　B. 10 日

C. 7 日　　D. 5 日

75. 根据《中华人民共和国船员条例》,船员用人单位应当在船员年休假期间,向其支付不低于________。

A. 该船员用人单位所在地人民政府公布的平均工资的报酬

B. 该船员用人单位所在地人民政府公布的最低工资的报酬

C. 该船员在船工作期间平均工资的报酬

D. 该船员用人单位职工的平均工资的报酬

76. 根据《中华人民共和国船员条例》,船员在船工作期间,有下列哪些情形之一的,可以要求遣返?

①船员的劳动合同终止或者依法解除的;②船员不具备履行船上岗位职责能力的;③船舶灭失的;④未经船员同意,船舶驶往战区、疫区的

A. ①②③④　　B. ①②③

C. ②③④　　D. ①③④

77. 根据我国《船员条例》,船员在船上工作期间,在下列哪些情形下可以要求遣返?

①船员劳动合同终止;②船员劳动合同依法解除;③船员不具备履行船舶上岗位职责能力;④船舶灭失

A. ①②③④　　B. ②③④

C. ①②③　　D. ①②④

78. 根据我国《船员条例》,船员在船上工作期间,在下列哪些情形下可以要求遣返?

①船员不具备履行船舶上岗位职责能力的;②未经船员同意,船舶驶往战区的;③未经船员同意,船舶驶往疫区的;④由于变卖船舶或改变船舶登记,船舶所有人不能继续履行对船员的法定或者约定义务的

A. ②③④　　B. ①②③

C. ①②④　　D. ①②③④

79. 根据我国《船员条例》，船员在船上工作期间，在下列哪些情形下可以要求遣返？

A. 已在船工作超过 10 个月　　B. 本人感到不适应再在船上继续工作

C. 船舶灭失　　D. 船舶驶往高纬度海区

80. 根据我国《船员条例》，船员可以从下列哪些地点中选择被遣返地点？

①船员接受雇用的地点；②船员上船任职的地点；③船员的居住地或户籍所在地；④船员与船员用人单位约定的地点

A. ①②④　　B. ①②③

C. ①②③④　　D. ②③④

81. 根据我国《船员条例》，船员的遣返费用，包括________。

①乘坐交通工具的费用；②30 千克行李的运输费用；③旅途中合理的食宿费用；④旅途中合理的医疗费用

A. ①②③④　　B. ②③④

C. ①③④　　D. ①②③

82. 根据我国《船员条例》，船员在船上工作期间，在下列哪些情形下可以要求遣返？

①船员不具备履行船舶上岗位职责能力的；②未经船员同意，船舶驶往战区；③未经船员同意，船舶驶往疫区；④由于变卖船舶或改变船舶登记，船舶所有人不能继续履行对船员的法定或者约定义务

A. ②③④　　B. ①②③

C. ①②④　　D. ①②③④

83. 根据我国《船员条例》，以下陈述有误的是________。

A. 船员的遣返费用应由船员用人单位支付

B. 境内，船员的遣返权利受到侵害或者遣返被不合理延误的，船员当时所在地民政部门应当向船员提供援助

C. 境外，船员的遣返权利受到侵害或者遣返被不合理延误的，我境外领事机构应当向船员提供援助

D. 船员的遣返权利受到侵害或者遣返被不合理延误的，船舶代理可以直接安排船员遣返

84. 根据《中华人民共和国船员条例》规定，船员可以选择________作为遣返地点。

①船员接受雇佣的地点或者上船任职的地点；②船员居住地、户籍所在地或者船籍登记国；③船员与用人单位或者船舶所有人协议约定的地点

A. ①②③　　B. ①②

C. ①③　　D. ②③

85. 根据我国《船员条例》，船员服务机构为船员用人单位提供的船员________，船员服务机构应当配合船员用人单位做好善后工作。

A. 失踪或死亡的　　B. 生病或受伤的

C. 外逃的　　D. 在船上犯罪的

86. 根据船员条例，关于船员服务机构的说法不正确的是________。

A. 船员服务机构向船员用人单位提供船舶配员服务时，应当督促船员用人单位与船员依法

订立劳动合同

B. 船员服务机构向船员用人单位提供船舶配员服务时，应当与船员依法订立劳动合同

C. 船员服务机构为船员服务时应当遵守诚实信用的原则

D. 当船员在工作期间失踪或者死亡时，船员服务机构应当配合船员用人单位做好善后工作

第二节　船舶登记与配员管理

1. 根据《中华人民共和国船舶登记条例》以及 SOLAS 公约的有关规定，经登记的船舶应具有下列哪些标志？

①船名、船籍港；②船名、船籍港的汉语拼音；③吃水标尺及载重线标志；④船舶识别号

A. ②③④　　B. ①②③④

C. ①③④　　D. ①②④

2. 根据《中华人民共和国船舶登记条例》规定，下列叙述有误的是________。

A. 同一公司的船舶只准使用一个船舶烟囱标志和公司旗

B. 船尾船籍港下方标明船名

C. 经登记的船舶烟囱标志属登记申请人专用

D. 船籍港、船名下方标明汉语拼音

3. 根据我国《船舶登记条例》的规定，船舶应当具有________标志。

①船首两舷和船尾标明船名；②船尾船名下方标明船籍港；③船首尾两舷标明吃水标尺；④船舶中部两舷标明载重线

A. ①②③　　B. ①②③④

C. ②③④　　D. ①②④

4. 根据我国《船舶登记条例》的规定，下列关于船舶烟囱标志的表述不正确的是________。

A. 船舶烟囱标志可以申请登记

B. 船舶烟囱标志不得与登记在先的船舶烟囱标志相同或相似

C. 船舶不得使用其他公司登记的烟囱标志

D. 同一公司的船舶可以使用不同的烟囱标志

5. 根据《中华人民共和国船舶登记条例》的规定，在船舶两舷应标明的船舶标志是________。

A. 船中两舷的船名，船中两舷的载重线，船首和船尾两舷的吃水标尺

B. 船中两舷的船名，船中两舷的吃水标尺，船首和船尾两舷的载重线

C. 船首两舷的船名，船中两舷的吃水标尺，船首和船尾两舷的载重线

D. 船首两舷的船名，船中两舷的载重线，船首和船尾两舷的吃水标尺

6. 根据《中华人民共和国船舶登记条例》和 SOLAS 公约的要求，下列关于在船舶船尾应标明的船舶标志的说法正确的是________。

①船尾应标明船名、船籍港；②船籍港应标在船名之上；③船尾船名下方应标明汉语拼音；④船尾可标明船舶 IMO 识别号

A. ①②③　　B. ②③④

C. ①③④　　D. ①②④

7. 根据《中华人民共和国船舶登记条例》，不可以登记为中国籍船舶的是________。

A. 在中华人民共和国境内有住所或者主要营业所的中国公民的船舶

B. 中华人民共和国政府公务船舶和事业法人的船舶

C. 依据中华人民共和国法律设立的主要营业所在中华人民共和国境内的企业法人的船舶

D. 在中华人民共和国境内有住所或者主要营业所的中国公民拥有的已在境外登记过的船舶

8. 依据《船舶最低安全配员规则》，下列叙述有误的是________。

A. 适用于中华人民共和国国籍的机动船舶

B. 不适用于任何外国籍船舶

C. 船舶安全配员标准是船舶配备船员的最低要求

D. 船舶所有人为保证船舶安全可以增加必要的船员

9. 根据我国《船舶最低安全配员规则》，下列哪些说法是正确的？

①中华人民共和国国籍的机动船舶的船员配备和管理，适用本规则；②本规则对外国籍船舶做出规定的，从其规定；③中华人民共和国海事局是船舶安全配员管理的主管机关；④各级海事管理机构依照职责负责本辖区内的船舶安全配员的监督管理工作

A. ①②③　　B. ①③④

C. ①②④　　D. ①②③④

10. 我国制定《船舶最低安全配员规则》的目的是确保船舶的船员配备，足以保证船舶安全________。

①航行；②停泊；③作业；④防止船舶污染环境

A. ①②③④　　B. ①②③

C. ①③④　　D. ②④

11.《中华人民共和国船舶最低安全配员规则》适用的中国籍船舶有________。

A. 机动船　　B. 渔船

C. 体育运动船艇　　D. 非营业的游艇

12. 中国籍机动船舶配员管理的主管机关是________。

A. 中华人民共和国海关总署　　B. 中华人民共和国海事局

C. 中华人民共和国公安部　　D. 农业与农村工作部

13. 根据《中华人民共和国船舶最低安全配员规则》，无须履行为中国籍机动船提供合格配员义务的是________。

A. 船舶所有人　　B. 船舶经营人

C. 船舶管理人　　D. 船舶租赁人

14. 根据《中华人民共和国船舶最低安全配员规则》，下列说法不正确的是________。

A. 只要船舶所有人按照船舶最低安全配员证书为所属船舶配备了合格的船员，就免除了船舶所有人为保证船舶安全航行和作业增加必要船员的责任

B. 确定船舶最低安全配员标准应综合考虑船舶的种类、吨位、技术状况、主推进动力装置功率、航区、航程、航行时间、通航环境和船员值班、休息制度等因素

C. 海事管理机构在核定具体船舶的最低安全配员数额时，如认为配员减免后无法保证船舶安全时，可不予减免或者不予足额减免

D. 船舶所有人可以根据需要增配船员，但船上总人数不得超过经中华人民共和国海事局认可的船舶检验机构核定的救生设备定员标准

15. 根据《中华人民共和国船舶最低安全配员规则》，确定船舶最低安全配员的数额应综合考虑下列哪些因素？

①船舶种类、吨位、技术状况；②主推进动力装置功率、航区、航程；③航行时间、通航环境；④船员的值班和休息制度

A. ①②③④ B. ①②③

C. ①③④ D. ②④

16. 根据我国《船舶最低安全配员规则》的规定，船员配备数量的最高限额由________决定。

A. 船公司 B. 救生设备的定员

C. 船长 D. 船上工作量大小

17. 根据我国《船舶最低安全配员规则》，在确定船舶最低安全配员时应综合考虑________因素。

①船舶种类；②航区；③航行时间；④通航环境

A. ①②③ B. ①②③④

C. ②③④ D. ①②④

18. 根据我国《船舶最低安全配员规则》的规定，，确定船舶最低安全配员标准时应综合考虑下列哪些因素？

①船舶种类、吨位、技术状况；②航区、航程及航行时间；③船员的值班和休息制度；④生产成本

A. ①②③ B. ①②③④

C. ①③④ D. ②④

19. 根据我国《船舶最低安全配员规则》的规定，船员配备的数量可根据需要增加，但其总数不应超过________。

A. 船公司核定的人数

B. 经船检机构核定的救生设备的定员标准

C. 救生艇的艇位数

D. 船上实际工作的需要

20. 根据我国《船舶最低安全配员规则》的规定，在确定船舶最低安全配员标准时，应综合考虑的因素包括________。

①船舶的种类；②航区与航行时间；③通航环境；④船员值班与休息制度

A. ①②③④ B. ②③④

C. ①②③ D. ①②④

第三节 海船船员适任考试和发证管理

1.《中华人民共和国海船船员适任考试和发证规则》适用于________。

①为取得中华人民共和国海船船员适任证书而进行的考试；②适任证书签发与管理；③适任证书特免证明的出具与管理；④外国适任证书承认签证的签发与管理

A. ①②③　　B. ①②④
C. ①③④　　D. ①②③④

2. 根据《中华人民共和国海船船员适任考试和发证规则》，以下有关海船船员持证表述正确的有________。

①船员职能根据技术要求分为管理级、操作级和支持级；②适任证书持有人可以在适任证书适用范围内担任低于适任证书适用范围的职务；③持有高级值班水手适任证书可以担任值班水手职务；④持有三副适任证书可以担任值班水手职务

A. ①②③　　B. ①②④
C. ②③④　　D. ①②③④

3. 根据《中华人民共和国海船船员适任考试和发证规则》，船员取得适任证书的条件不包括________。

A. 完成本规则规定的适任培训并通过相应的适任考试
B. 符合国家海事管理机构规定的海船船员任职岗位健康标准
C. 具备本规则规定的海上任职资历，并且任职表现和安全记录良好
D. 持有有效的海员证

4. 根据《中华人民共和国海船船员适任考试和发证规则》，申请海船船员适任证书的，应当提交下列材料不包括________。

A. 专业技能适任培训合格证、适任培训证明及考试合格证明
B. 海船船员适任证书申请表、海船船员健康证书
C. 海员证和见习记录簿
D. 身份证件和船员服务簿

5. 根据《中华人民共和国海船船员适任考试和发证规则》，船员取得适任证书的条件不包括________。

A. 完成本规则规定的适任培训并通过相应的适任考试
B. 符合国家海事管理机构规定的海船船员任职岗位健康标准
C. 具备本规则规定的海上任职资历，并且任职表现和安全记录良好
D. 持有有效的海员证

6. 根据《中华人民共和国海船船员适任考试和发证规则》，船员适任证书有效期不超过________年，有效期截止日期不超过________周岁生日。

A. 5；55　　B. 5；60
C. 5；65　　D. 3；60

7. 持有船长和高级船员适任证书者在证书有效期内，可以在有效期届满前 12 个月内向有相应管理权限的海事管理机构申请适任证书再有效。其应满足的条件不包括下列哪项？

A. 从申请之日起向前计算 5 年内具有与其适任证书所记载范围相应的不少于 12 个月的海上服务资历，且任职表现和安全记录良好
B. 从申请之日起向前计算 6 个月内具有与其适任证书所记载范围相应的累计不少于 3 个月的海上服务资历，且任职表现和安全记录良好
C. 经过与其职务相适应的知识更新培训

D. 应当参加模拟器培训，并通过相应的抽查科目的理论考试和项目的评估

8. 船长和高级船员适任证书过期 5 年及以上 10 年以下的，其适任证书再有效应满足的条件不包括下列哪项？

A. 经过与其职务相适应的知识更新培训

B. 在适任证书记载的相应航区、等级范围内按照船上见习记录簿规定完成不少于 3 个月的船上见习

C. 通过相应的抽查科目的理论考试和项目的评估

D. 参加模拟器培训

9. 下列哪些专业培训合格证的有效期为 5 年，再有效时应当经过相应的知识更新培训？

①基本安全；②船舶保安员；③精通救生艇筏与救助艇；④高级消防；⑤精通急救；⑥精通快速救助艇

A. ①②③⑥　　B. ①③④⑤

C. ①③④⑥　　D. ①②④⑥

10. 根据《中华人民共和国海船船员适任考试和发证规则》，因违反海事行政管理规定被吊销适任证书者，如要重新取得适任证书，下列说法哪项正确？

A. 2 年后重新申请原职务的适任考试

B. 2 年后重新申请较原职务低一级的适任考试

C. 参加岗位适任培训方可重新参加适任考试

D. 适任考试合格并完成船上见习有方可申请发证

11. 在航行、锚泊或者靠泊时，从船上非法排放物质的，须对事故责任船员进行的评估或考核不包括下列哪项？

A. 船舶操纵、避碰与驾驶台资源管理项目评估

B. 防污染规定现场考核

C. 防污染设备操作程序的现场考核

D. 防污染设备操作方法的现场考核

12. 根据《中华人民共和国海船船员适任考试和发证规则》的规定，在拖船上任职的船长和甲板部船员所持适任证书等级与________相对应。

A. 该拖船的航区和吨位

B. 该拖船的吨位

C. 该拖船的主推进动力装置功率的等级和吨位

D. 该拖船的主推进动力装置功率的等级

13. 申请适用于两港间航程 50 海里及以上客船三副适任证书者，应当具备的条件中正确的是________。

A. 应当在其他种类的 500 总吨及以上海船上担任三副满 12 个月，任职表现和安全记录良好，并至少在客船上任见习三副 3 个月

B. 通过三副适任考试，在客船上完成 12 个月的船上见习，任职表现和安全记录良好

C. 在相应航区、船舶等级的海船上担任三副不少于 18 个月，任职表现和安全记录良好

D. 应当在其他种类的 500 总吨及以上海船上担任二副满 12 个月，任职表现和安全记录良好，

并至少在客船上任见习二副 3 个月

14. 在船长________米或________载重吨的中国籍船舶上任职的船长和驾驶员应当持有大型船舶操纵特殊培训合格证？

A. 200；100000　　B. 300；80000

C. 250；100000　　D. 250；80000

15. 根据《中华人民共和国海船船员适任考试和发证规则》，适任考试有科目或者项目不及格的，可以在初次适任考试准考证签发之日起 3 年内申请________补考。逾期不能通过全部适任考试的，所有适任考试成绩失效。

A. 3 次　　B. 5 次

C. 9 次　　D. 不限次

16. 根据《中华人民共和国海船船员适任考试和发证规则》，适任考试有科目或者项目不及格的，可以在初次适任考试准考证签发之日起________年内申请________补考。逾期不能通过全部适任考试的，所有适任考试成绩失效。

A. 3；5 次　　B. 3；不限次

C. 5；5 次　　D. 5；不限次

17. 根据《中华人民共和国海船船员适任考试和发证规则》，适任考试成绩自全部理论考试和评估成绩均合格之日起________内有效。

A. 1 年　　B. 3 年

C. 5 年　　D. 10 年

18. 根据《中华人民共和国海船船员适任考试和发证规则》，对符合特免证明规定条件的申请，海事管理机构应当出具有效期不超过________个月的特免证明，但船长或者轮机长特免证明的有效期不超过________个月。

A. 12；6　　B. 6；3

C. 3；1　　D. 2；1

19. 持有经修正的《1978 年海员培训、发证和值班标准国际公约》缔约国签发的外国适任证书的船员在中国籍船舶上任职的，应当取得由海事管理机构签发的________。

A. 外国适任证书的承认签证　　B. 外国适任证书的临时承认签证

C. 临时适任证书　　D. 临时承认签证

20. 根据《中华人民共和国海船船员适任考试和发证规则》，申请特免证明应当向海事管理机构提交的申请报告内容应包括________。

①申请理由；②船舶名称、航行区域；③停泊港口；④拟申请签发对象的资历情况和相关证明材料

A. ①②③　　B. ①②④

C. ②③④　　D. ①②③④

第四节　海船船员值班管理

1. 根据《中华人民共和国海船船员值班规则》，航运公司应当履行的职责不包括________。

A. 编制驾驶台规则、机舱值班规则等船舶值班规则
B. 将值班规则张贴在船舶各部门的易见之处，要求全体船员遵守执行，以保证船舶航行安全
C. 确保指派到船上任职的值班船员熟悉船上相关设备、船舶特性、本人职责和值班要求，能有效履行安全、防污染和保安等职责
D. 做好开航准备并保证船舶和船员处于适航、适任状态

2. 根据《中华人民共和国海船船员值班规则》，航次计划的内容包括________。
①航线的总里程和预计航行的总时间；②计划航线上的气象情况和海况；③各转向点的经纬度；④各段航线的航程和预计到达各转向点的时间
A. ①②③　　B. ①②④
C. ①③④　　D. ①②③④

3. 根据《中华人民共和国海船船员值班规则》，航次计划的内容包括________。
①航线的总里程和预计航行的总时间；②复杂航段的航法以及航线附近的危险物的避险手段；③各段航线的航程和预计到达各转向点的时间；④特殊航区的注意事项
A. ①②③　　B. ①②④
C. ①③④　　D. ①②③④

4. 根据《中华人民共和国海船船员值班规则》，船舶航行中，计划航线的下一停靠港发生改变或者船舶需要大幅度偏离计划航线的，________应当及早计划好修正航线。
A. 船长　　B. 二副
C. 值班驾驶员　　D. 船长和二副

5. 根据《中华人民共和国海船船员值班规则》，船舶制订航次计划应当满足的要求不包括________。
A. 与大副、轮机长协商后，预先确定并落实本航次所需各种燃润料、物料、淡水以及备品的数量
B. 保证本航次涉及的航海图书资料和其他航海出版物准确、完整、及时更新
C. 评估从始发港引航站到目的港引航站间的航行风险并制定预防对策
D. 保证各种船舶证书船员证件齐全、有效

6. 根据《中华人民共和国海船船员值班规则》，航次计划的内容不包括________。
A. 航线的总里程和预计航行的总时间、计划航线上的气象情况和海况
B. 列清各种船舶证书、船员证件、运输单证及港口文件
C. 各转向点的经纬度、各段航线的航程和预计到达各转向点的时间
D. 复杂航段的航法、航线附近的危险物的避险手段以及特殊航区的注意事项

7. 根据《中华人民共和国海船船员值班规则》，下列关于航次计划的错误说法是________。
A. 开航前，船长应当恰当地使用航海图书资料和其他航海出版物，计划好从出发港引航站到下一停靠港引航站的预定航线
B. 将航线清楚标绘在纸质海图上或 ECDIS 中
C. 对预定航线进行核实
D. 驾驶员在航行期间应当认真核实预定航线上每一个拟采取的航向

8. 根据《中华人民共和国海船船员值班规则》，航行中发生下列哪些情况不需要重新标绘航线？

A. 计划航线的下一停靠港发生改变
B. 因搜救需要大幅度偏离计划航线
C. 因避离台风船舶需要大幅度偏离计划航线
D. 因大幅度避让他船偏离计划航线较远

9. 根据《中华人民共和国海船船员值班规则》，关于值班一般要求下列哪项说法错误？
A. 应当为船舶配备足够的适任船员，以保持安全值班
B. 安排合格的船员值班，明确值班船员职责
C. 船长和轮机长分别负责安排驾驶台和机舱值班
D. 保证值班船员得到充分休息，防止疲劳值班

10. 根据《中华人民共和国海船船员值班规则》，值班应当遵守的驾驶台和机舱资源管理要求不包括下列哪项？
A. 值班船员之间的性格、能力差异和人际关系适配度
B. 值班船员对值班时所接收到的与航行有关的信息应当能够正确领会、正确处置，并与其他部门适当共享
C. 考虑值班船员资格和适任的局限性
D. 对为保证安全所采取的行动，值班船员如果产生任何怀疑，应当立即告知船长、轮机长、负责值班的高级船员

11. 根据《中华人民共和国海船船员值班规则》，确定驾驶台值班人员组成时，应当考虑因素包括________。
①保证驾驶台24小时值守；②是否需要履行无线电职责；③驾驶台上的无人机舱控制装置、警报和指示器功能的充分利用；④特殊的操作环境对航行值班的特别要求
A. ①②③　　B. ①②④
C. ①③④　　D. ①②③④

12. 根据《中华人民共和国海船船员值班规则》，确定驾驶台值班人员组成时，应当考虑的因素不包括下列哪项？
A. 保证驾驶台24小时值守
B. 值班船员的年龄和经验
C. 电子海图显示与信息系统（ECDIS）、雷达或者电子定位仪等助航仪器及任何其他影响船舶安全航行的设备的使用和工作状态
D. 天气及能见度情况、白天及夜间的驾驶要求差异

13. 根据《中华人民共和国海船船员值班规则》，船长应当合理安排航行值班船员，以保持连续正规的瞭望，安排值班时应当考虑的因素不包括________。
A. 由船舶特性、即时操纵要求和预期操纵可能引起的额外工作量
B. 值班驾驶员对船舶设备、装置和程序的熟悉程度及操船能力
C. 驾驶台仪器和操纵装置（包括报警系统）的工作状况
D. 驾驶台值班报警系统的类型

14. 根据《中华人民共和国海船船员值班规则》，值班驾驶员应当始终保持正规瞭望，并应当符合的要求不包括下列哪项？

A. 利用视觉、听觉等一切可用的方法和手段对当时环境和情况保持连续观察、观测

B. 至少有一名值班水手协助驾驶员瞭望

C. 充分估计到碰撞、搁浅和其他可能危害航行安全的局面和危险

D. 及时发现遇难的船舶和飞机、船舶遇难人员，及时发现沉船残骸等危害航行安全的物体

15. 根据《中华人民共和国海船船员值班规则》，船长应当合理安排航行值班船员，以保持连续正规的瞭望，安排值班时应当考虑的因素不包括________。

A. 由船舶特性、即时操纵要求和预期操纵可能引起的额外工作量

B. 值班驾驶员对船舶设备、装置和程序的熟悉程度及操船能力

C. 驾驶台值班报警系统的类型

D. 驾驶台仪器和操纵装置（包括报警系统）的工作状况

16. 根据《中华人民共和国海船船员值班规则》，值班驾驶员应当对航行设备进行操作性测试的情况不包括下列哪项？

A. 出港前

B. 到港前

C. 在海上航行期间的任何时候

D. 可预见的影响航行安全的危险情况发生之前

17. 根据《中华人民共和国海船船员值班规则》，下列在港值班安排的做法哪项正确？

A. 甲板停泊值班人员应当至少包括一名值班驾驶员和一名值班水手

B. 散装运输危险货物的船舶，甲板部至少由两名驾驶员和若干名水手组成安全值班

C. 船舶抢修时，船长和轮机长不能同时离船

D. 甲板停泊值班人员只需要一名水手

18. 根据《中华人民共和国海船船员值班规则》，船舶在港内停泊期间的值班安排应始终________。

①确保人命、船舶、货物、港口和环境的安全；②确保所有与货物作业有关的机械的安全操作；③遵守国际公约、国家法规和当地规定；④保持船上工作正常

A. ①②③　　B. ②③④

C. ①②④　　D. ①②③④

19. 根据《中华人民共和国海船船员值班规则》，在交接班时若正在进行重要操作，除非________另有指令，该操作应由交班的高级船员完成。

①船长；②轮机长；③引航员

A. ①或③　　B. ②或③

C. ①或②　　D. ①或②或③

20. 根据《中华人民共和国海船船员值班规则》，下列哪项不是港内值班应遵守的原则？

A. 停泊时，为了安全，船长应当安排适当而有效的值班

B. 为了有效地值班，还应安排好必要的设备

C. 船舶在港停泊期间的值班安排应遵守有关国际公约、国家法规和当地规定

D. 交接班时若正在进行重要操作，一般应由接班的高级船员完成

21. 根据《中华人民共和国海船船员值班规则》，下列有关港内停泊值班的表述正确的

是________。

①值班人员通常应包括一名值班驾驶员和一名值班水手；②如有任何理由认为接班的高级船员不能有效地履行其职责则不应交班；③值班驾驶员应确保本班人员完全有能力并能有效地履行他们的职责；④交接班时正在进行的重要操作通常由交班的高级船员来完成

A. ①②③　　B. ①②③④

C. ②③④　　D. ①②④

22. 根据《中华人民共和国海船船员值班规则》，下列有关在港值班的安排哪项正确？

A. 甲板部停泊值班人员应包括一名值班驾驶员和一名值班水手

B. 装运散装危险货物的船舶，甲板部至少由两名驾驶员和若干名值班水手组成安全值班

C. 船舶抢修主机时船长和轮机长不能同时离船

D. 在国外港口，大副和大管轮不能同时离船

23. 根据《中华人民共和国海船船员值班规则》，下列哪些是驾驶员的停泊值班职责？

①督促值班水手按时升降国旗、开关灯、显示有关的号灯号型；②以适当的时间间隔巡视全船；③检查舷梯、锚链、跳板及安全网；④及时调整系缆，特别是潮差大的泊位

A. ①②③④　　B. ①②③

C. ①②④　　D. ②③④

24. 根据《中华人民共和国海船船员值班规则》，下列哪些是驾驶员的停泊值班职责？

①注意吃水和龙骨下的富余水深；②注意船舶的总体状态；③掌握装卸进度；④装卸货物作业时应始终在现场监督指导

A. ①②③④　　B. ①②③

C. ①②④　　D. ②③④

25. 根据《中华人民共和国海船船员值班规则》，下列哪些是港内靠泊值班时值班驾驶员的职责？

①按照大副积载计划的要求，负责船港联系和协作；②装卸重大件时应在现场监督指导；③根据港方的意见通知机舱调整压载水；④在船上进行明火作业及修理工作时，采取必要的预防措施

A. ①②③　　B. ①②③④

C. ②③④　　D. ①②④

26. 根据《中华人民共和国海船船员值班规则》，下列哪些是港内靠泊时值班驾驶员的职责？

①监收加装淡水和物料，加油船来时通知机舱；②掌握船舶稳性，以便失火时向消防部门提供可喷洒在船上且不致危及本船的水量；③按船长或大副的指示通知机舱调整压载水

A. ①③　　B. ①②③

C. ①②　　D. ②③

27. 根据《中华人民共和国海船船员值班规则》，下列哪些是港内值班驾驶员的职责？

①防止船舶污染水域，不得在系泊区域内排放污油水和垃圾；②在船上进行明火作业及修理工作时，采取必要的预防措施；③主机试车前，应确认推进器附近无障碍；④有他船系靠本船或前后泊位时，应在现场守望

A. ①②③　　B. ①②④

C. ①②③④　　D. ②③④

28. 根据《中华人民共和国海船船员值班规则》,下列关于靠泊中值班驾驶员的职责哪些是正确的?
①经常巡查船的四周、装卸现场及工作场所;②注意吃水、富余水深和船舶的总体状态;③严格遵守有关安全及防火规定,掌握船舶稳性情况;④掌握装卸进度,解决装卸中发生的问题
A. ①②③④ B. ①②③
C. ②③④ D. ①②④
29. 根据《中华人民共和国海船船员值班规则》,靠泊中值班驾驶员有________职责。
①掌握全船人员动态,关心作业人员的安全;②督促值班水手按时升降国旗,正确显示或悬挂号灯号型;③注意船舶的总体状态;④装卸货时履行货物装卸值班职责
A. ①②③ B. ①②③④
C. ②③④ D. ①②④
30. 根据《中华人民共和国海船船员值班规则》,下列有关靠泊中值班驾驶员职责的表述,________不正确。
A. 注意船舶的总体状态 B. 遵守安全及防火规定
C. 监收加装淡水和物料 D. 监收加装燃油
31. 根据《中华人民共和国海船船员值班规则》,下列有关靠泊中值班驾驶员职责的表述,________正确。
①督促值班人员坚守岗位;②遵守安全及防火规定;③避免对港口环境造成污染;④对遇难船舶和人员提供援助
A. ①②③ B. ①②③④
C. ②③④ D. ①②④
32. 根据《中华人民共和国海船船员值班规则》,港内值班时,值班驾驶员应当做到________。
①掌握全船人员动态,经常巡查船的四周、装卸现场及工作场所;②督促值班水手按时升降国旗、开关灯,显示或者悬挂有关号灯号型;③经常检查舷梯、锚链、跳板及安全网,及时调整系泊缆绳;④注意吃水、龙骨下的富余水深和船舶的总体状态
A. ①②③④ B. ②③④
C. ①②③ D. ①②④
33. 根据《中华人民共和国海船船员值班规则》,港内值班时,值班驾驶员应当做到________。
①根据船舶种类特点,按照积载计划的要求,负责船港联系和协作;②监督装卸操作安全和质量,掌握装卸进度,解决装卸中发生的问题;③制止违章作业,注意天气变化及海况,及时开关舱;④装卸货物时,应始终坚持在现场值班并监督指导
A. ①②③④ B. ①③④
C. ②③④ D. ①②③
34. 根据《中华人民共和国海船船员值班规则》,港内值班时,值班驾驶员应当做到________。
①不得在系泊区域内排放污油水、垃圾及杂物,并采取措施,防止本船对周围环境造成其他形式的污染;②注意过往船舶,有他船系靠本船或者前后泊位时应当在现场守望,并采取相应安全措施;③对遇难船舶和人员提供援助;④主机试车应当在确认推进器附近无障碍物,不致碍及他船,不损坏舷梯、跳板、缆绳、装卸属具及港口设施等情况后进行,并采取必要的预防措施

A. ①②③④　　B. ①②③

C. ②③④　　D. ①②④

35. 根据《中华人民共和国海船船员值班规则》，停泊时，交班驾驶员应当告知接班驾驶员的事项有________。

①船上拟进行的所有工作；②舱底水、压舱水和淡水的水位情况；③消防设备情况；④加装燃油、淡水情况

A. ①②③　　B. ①②③④

C. ①②④　　D. ②③④

36. 根据《中华人民共和国海船船员值班规则》，港内值班时交班驾驶员应告知接班驾驶员下列哪些内容？

①船舶吃水、系缆情况；②大副对积载的要求和装卸进度；③开工舱口数；④消防设备的情况

A. ①②③④　　B. ①②③

C. ①②④　　D. ②③④

37. 根据《中华人民共和国海船船员值班规则》，港内值班时交班驾驶员应告知接班驾驶员下列哪些内容？

①船长命令、公司指示；②发生紧急情况时与港方联系的方法；③港口及本船悬挂的信号、显示的号灯号型和鸣放的声号；④机舱值班人员的技术状况

A. ②③④　　B. ①②③④

C. ①②④　　D. ①②③

38. 根据《中华人民共和国海船船员值班规则》，停泊交接班时交班驾驶员应告知接班驾驶员________。

①港口的特殊要求；②公司指示和船长命令及港方通知；③锚位、出链以及锚链受力情况；④系缆情况

A. ①②③④　　B. ①③④

C. ②③④　　D. ①②④

39. 根据《中华人民共和国海船船员值班规则》，停泊交接班时，交班驾驶员应告知接班驾驶员________。

①船舶吃水；②涨落潮时间及水位；③气象与海况；④开工舱口数及工班数、装卸进度和货物隔票与衬垫情况

A. ①②③④　　B. ①③④

C. ②③④　　D. ①②④

40. 根据《中华人民共和国海船船员值班规则》，接班驾驶员在接班前应核实________。

①系泊缆绳或锚链状况是否正常；②本船悬挂的号灯号型是否正确；③正在装卸的危险货物的性质以及发生事故时能够采取的相应措施；④各项安全措施是否有效遵守

A. ①②③④　　B. ①③④

C. ②③④　　D. ①②④

41. 根据《中华人民共和国海船船员值班规则》，港内值班时交班驾驶员应告知接班驾驶员下列哪些内容？

①压载水的操作情况；②正在或即将加装燃油、淡水的情况；③信号、号灯号型的悬挂和显示的情况；④港口的特殊规定

A. ①②③④　　B. ①②③

C. ①②④　　D. ②③④

42. 根据《中华人民共和国海船船员值班规则》，港内值班时交班驾驶员应告知接班驾驶员下列哪些内容？

①主机情况和应急使用的可能性；②压载水的操作情况及加装燃油、淡水的情况；③开工舱口数；④消防设备的情况

A. ①②③　　B. ①②③④

C. ①②④　　D. ②③④

43. 根据《中华人民共和国海船船员值班规则》，港内值班时交班驾驶员应告知接班驾驶员下列哪些内容？

①发生船舶污染时向相关机关报告的程序；②发生紧急情况时与港方联系的方法；③周围船舶动态；④有关船舶、船员、货物的安全和防污的情况

A. ①②③④　　B. ①②③

C. ①②④　　D. ②③④

44. 下列关于值班驾驶员装货准备职责的表述，________正确。

①配合大副认真备舱；②仔细查阅配载图，掌握装货计划；③协助做好衬垫和绑扎准备工作；④主管运输途中货物的保管

A. ①②③④　　B. ①②③

C. ①②④　　D. ②③④

45. 下列船舶装卸货物时值班驾驶员的职责不恰当的是________。

A. 注意装卸工人是否违反操作规程，如损坏装卸设备应要求港方签认以便索赔

B. 装卸贵重物品时要现场监督，防止被盗

C. 根据开工舱口数的变化，及时通知机舱以便安全供电

D. 每舱装卸完毕后应看水尺并记录

46. 船舶装卸作业时，值班驾驶员应________。

①每天早晨或离港前，应看水尺并记入航海日志；②及时开关舱，防止雨湿货损；③严禁任何人在舱内和甲板上吸烟；④装卸结束前应下舱检查货物堆码情况

A. ①②③　　B. ①②③④

C. ①③④　　D. ②③④

47. 船舶装卸货物时值班驾驶员的职责有________。

①经常与装卸负责人联系解决装卸作业中出现的问题；②装运散装货必须要求港方按规定平舱；③装运集装箱应注意箱子的外表及铅封是否完好

A. ①②③　　B. ①②

C. ①③　　D. ②③

48. 船舶装卸货物时值班驾驶员的职责有________。

①严格执行大副的配载计划；②装运重大件货物应注意甲板的安全负荷；③督促船员认真监

舱；④严禁任何人员在货舱内或甲板上吸烟

A. ②③④　　B. ①②③

C. ①②③④　　D. ①②④

49. 值班驾驶员的装卸货职责正确的是________。

①装卸重大件、一级危险品或其他特殊货物时，除本人外还应通知大副或船长现场监督指导；②发现有可能造成货损或混票情况时可同意装舱但应做好现场记录；③装运冷藏集装箱时，通知大副、电机员、大管轮（或冷藏员）现场监装；④装货结束前应下舱检查有无火灾苗子或偷渡迹象

A. ①②③④　　B. ①②③

C. ②③④　　D. ①③④

50. 装货时如发现包装不固、标号不清或有可能引起货损或混票时，值班驾驶员应________。

①暂停装舱，待妥善处理后再装；②必要时要求港方签署现场记录；③情况严重时可拒装并报告船长、大副

A. ①②③　　B. ①③

C. ①②　　D. ②③

51. 根据《中华人民共和国海船船员值班规则》，下列关于船舶载运危险货物的船舶停泊值班，说法正确的是________。

①船舶载运危险货物、污染危害性货物时，船长应当做出保持货物安全的值班安排；②载运散装危险货物的船舶，安全值班应由甲板部和轮机部各至少一名高级船员和普通船员组成；③每艘载运包装危险品的船舶，船长在做出值班安排时应当考虑到这些危险品的性质、数量、包装和积载以及船上、水上和岸上的所有特殊情况；④载运散装危险货物的船舶，应当由大副全面负责货物的装卸，并保证一直在甲板上监督货物的装卸

A. ①②③④　　B. ②③④

C. ①②③　　D. ①③④

52. 根据《中华人民共和国海船船员值班规则》，下列关于船舶载运危险货物的船舶停泊值班，说法错误的是________。

A. 船舶载运危险货物、污染危害性货物时，船长应当做出保持货物安全的值班安排

B. 载运散装危险货物的船舶，安全值班应由甲板部和轮机部各至少一名高级船员和普通船员组成

C. 每艘载运包装危险品的船舶，船长在做出值班安排时应当考虑到这些危险品的性质、数量、包装和积载以及船上、水上和岸上的所有特殊情况

D. 载运散装危险货物的船舶，应当由大副全面负责货物的装卸，并保证一直在甲板上监督货物的装卸

53. 根据《中华人民共和国海船船员值班规则》，下列哪项符合驾驶、轮机联系制度的规定？

A. 开航前1小时，值班驾驶员会同值班轮机员核对车钟等

B. 三副会同大管轮试验舵机

C. 开航前值班轮机员应尽快备妥主机

D. 航行中调换发电机由轮机部自行决定

54. 根据《中华人民共和国海船船员值班规则》,下列哪项符合驾驶、轮机联系制度的规定?
   A. 值班驾驶员会同大管轮试验舵机
   B. 船长应提前 24 小时将预计开航时间通知轮机长,如停港不足 24 小时,应在抵港后立即将预计离港时间通知轮机长
   C. 开航前 12 小时值班轮机员应及时冲车
   D. 主机试车前,值班驾驶员应征得值班轮机员同意
55. 根据《中华人民共和国海船船员值班规则》中的驾驶、轮机联系制度,下列哪些叙述正确?
   ①船长应提前 24 小时将预计开航时间通知轮机长,如停港不足 24 小时,应在抵港后立即将预计离港时间通知轮机长;②主机冲车前,值班轮机员应征得值班驾驶员的同意;③抵港后船长应将本船预计动态告知轮机长以便安排工作
   A. ①②③　　B. ①②
   C. ②③　　D. ①③
56. 根据《中华人民共和国海船船员值班规则》中的驾驶、轮机联系制度,下列哪些叙述正确?
   ①船长应提前 24 小时将预计开航时间通知轮机长,如停港不足 24 小时,应在抵港后立即将预计离港时间通知轮机长;②主机冲车前,值班驾驶员应征得值班轮机员的同意;③抵港后船长应将本船预计动态告知轮机长以便安排工作
   A. ①②③　　B. ①②
   C. ②③　　D. ①③
57. 根据《中华人民共和国海船船员值班规则》中的驾驶、轮机联系制度,下列哪项正确?
   A. 开航前轮机长应向船长报告主要机电设备情况,燃油和炉水存量
   B. 如停港时间不足 24 小时,船长应在抵港后立即通知全体船员
   C. 船长应提前 24 小时将预计开航时间通知全体船员
   D. 轮机长应提前 24 小时将预计开航时间通知全体轮机员
58. 根据《中华人民共和国海船船员值班规则》中的驾驶、轮机联系制度,开航前________小时值班驾驶员会同值班轮机员核对船钟和车钟、试舵等。
   A. 1　　B. 2
   C. 4　　D. 12
59. 根据《中华人民共和国海船船员值班规则》中的驾驶、轮机联系制度,开航前值班驾驶员应会同________核对船钟和车钟、试舵等并分别将情况记入________。
   A. 大管轮;航海日志、车钟记录簿
   B. 值班轮机员;航海日志、轮机日志、车钟记录簿
   C. 电机员;航海日志、轮机日志
   D. 轮机长;航海日志、轮机日志
60. 根据《中华人民共和国海船船员值班规则》中的驾驶、轮机联系制度,下列哪些叙述正确?
   ①开航前 1 小时值班驾驶员应会同值班轮机员核对船钟和车钟、试舵等;②主机试车前值班轮机员应征得船长同意;③船舶进出港口、狭水道、浅滩等需要备车航行时,驾驶台应提前通知机舱准备
   A. ①②　　B. ①③

C. ②③　　D. ①②③

61. 根据《中华人民共和国海船船员值班规则》中的驾驶、轮机联系制度的规定，下列做法正确的是________。

A. 船长应提前24小时将预计开航时间通知轮机长，如停港不足24小时，应在抵港后立即将预计离港时间通知轮机长

B. 开航前由三副会同大管轮试验舵机

C. 开航前船长应督促值班轮机员及时转车和冲车

D. 航行中调换发电机由轮机部自行决定调换的时机

62. 根据《中华人民共和国海船船员值班规则》中的驾驶、轮机联系制度，船长应提前________小时将预计开航时间通知轮机长，如停港不足________小时，应在抵港后立即通知轮机长预计离港时间。

A. 24;24　　B. 24;12

C. 12;12　　D. 36;24

63. 根据《中华人民共和国海船船员值班规则》中的驾驶、轮机联系制度的规定，下列哪种做法或提法正确？

A. 船长应提前24小时将预计开航时间通知全体船员

B. 轮机长应向船长报告主要机电设备情况、燃油和炉水存量

C. 如停港时间不足24小时，船长应在抵港后立即通知全体船员

D. 如停港时间超过24小时，船长应在抵港后立即通知轮机长和大副

64. 根据《中华人民共和国海船船员值班规则》中的驾驶、轮机联系制度的规定，下列哪种做法或提法不正确或不妥？

A. 船长应提前24小时将ETD通知轮机长

B. 开航前，轮机长应向船长报告主要机电设备情况，燃油和炉水存量

C. 如停港时间不足24小时，船长应在抵港后立即将ETD通知轮机长

D. 判断将有风暴来临，船长应及时通知机舱做好各种准备

65. 根据《中华人民共和国海船船员值班规则》，下列有关船长在驾驶、轮机联系制度中的职责表述正确的是________。

A. 船舶停港时间少于24小时，应在抵达后立即将ETD通知全船

B. 船舶开航时间变更，及时通知值班轮机员以便机舱安排工作

C. 判断将有风暴来临，应及时通知轮机长做好各种准备

D. 开航前船长应督促值班轮机员及时转车和冲车

66. 根据《中华人民共和国海船船员值班规则》中的驾驶、轮机联系制度的规定，下列哪些提法不正确或不妥？

A. 船长应提前24小时将预计开航时间通知轮机长，如停港不足24小时，应在抵港后立即通知轮机长预计离港时间

B. 判断将有恶劣天气来临时，船长应当及时通知轮机长做好各种准备

C. 抵港后船长应将本船预计动态告知轮机长以便安排工作

D. 如需要添加燃油和淡水以及其他储备品，船长应通知机舱和甲板

67. 根据《中华人民共和国海船船员值班规则》，________的做法符合驾驶、轮机联系制度的规定。
A. 开航前值班轮机员应提前 2 小时备妥主机
B. 航行中调换发电机由轮机部自行决定
C. 三副会同大管轮试验舵机
D. 开航前 1 小时，值班驾驶员会同值班轮机员核对车钟等
68. 根据《中华人民共和国海船船员值班规则》中驾驶、轮机联系制度的规定，下列________正确。
A. 如停港时间不足 24 小时，船长应在抵港后立即通知全体船员
B. 船长应提前 24 小时将预计开航时间通知全体船员
C. 轮机长应提前 24 小时将预计开航时间通知全体轮机员
D. 开航前轮机长应向船长报告主要机电设备情况，燃油和炉水存量
69. 根据《中华人民共和国海船船员值班规则》中驾驶、轮机联系制度的规定，开航前________小时值班驾驶员会同值班轮机员核对船钟、车钟、试舵。
A. 2　　B. 1
C. 4　　D. 12
70. 根据 SOLAS 第Ⅴ章第 19-2 条的规定，船舶开航前 12 小时之内，应由船员对操舵装置进行核查和试验，试验程序应包括下述操作________。
①主辅操舵装置及其遥控系统；②应急动力供应及其动力故障、设备故障报警；③满舵试验、通信试验、舵系统外观检查；④应急舵演练
A. ①②③④　　B. ①②③
C. ②③④　　D. ①②
71. 根据《中华人民共和国海船船员值班规则》，下列哪项符合驾驶、轮机联系制度的规定？
①轮机部如调换发电机，并车或暂时停电，应事先通知驾驶台；②在应变情况下，值班轮机员应立即执行驾驶台发出的信号，及时提供所需的水、气、电；③因机械故障不能执行航行命令时，轮机长应通知驾驶台速报船长
A. ①②③　　B. ②③
C. ①③　　D. ①②
72. 根据《中华人民共和国海船船员值班规则》中驾驶、轮机联系制度的规定，船长和轮机长共同商定的主机各种车速，________和________都应严格执行。
A. 机舱；甲板　　B. 值班驾驶员；值班轮机员
C. 大副；大管轮　　D. 船长；轮机长
73. 根据《中华人民共和国海船船员值班规则》中驾驶、轮机联系制度的规定，船舶的主机各种车速是如何确定的？
A. 主机性能决定的　　B. 船长和轮机长共同商定的
C. 由公司机务规定的　　D. 由船舶运行效率决定的
74. 根据《中华人民共和国海船船员值班规则》中的驾驶、轮机联系制度，船舶在航行中，________驾驶台和机舱校对时钟并________。

A. 每天中午；互换正午报告　　B. 每天中午；互通情况
C. 每班下班前；互通情况　　D. 每班下班前；互换正午报告

75. 根据《中华人民共和国海船船员值班规则》中的驾驶、轮机联系制度，航行中船舶每天中午，驾驶台与机舱应校对时钟并互换正午报告，通常由________负责完成。
A. 三副和三管轮　　B. 二副和二管轮
C. 船长和轮机长　　D. 值班水手

76. 根据《中华人民共和国海船船员值班规则》中的驾驶、轮机联系制度，在下列哪些情况下主机停车应先征得船长同意？
①不立即停车就威胁人身安全时；②不立即停车主机安全受到威胁时；③航行中因一般机械故障须停车进行修理时
A. ①②③　　B. ②
C. ③　　D. ①②

77. 根据《中华人民共和国海船船员值班规则》，下列有关驾驶、轮机联系制度的叙述哪项正确？
A. 因情况紧急，不立即停车就会危及主机或人身安全时，轮机长可立即停车
B. 判断将有风暴来临时，值班驾驶员应及时通知值班轮机员做好各种准备
C. 主机的各种车速由主机的性能指标决定
D. 抵港前，轮机长应将本船存油情况告知驾驶台

78. 根据《中华人民共和国海船船员值班规则》中的驾驶、轮机联系制度的规定，在下列哪种情况下，主机停车应先征得船长同意？
A. 因机械发生故障不能执行航行命令时
B. 机舱将发生毁灭性危险时
C. 机舱发生危及人身安全事故时
D. 不立即停车，就会危及主机和(或)人身安全时

79. 根据《中华人民共和国海船船员值班规则》中的驾驶、轮机联系制度的规定，下列哪种提法不正确？
A. 轮机部如调换发电机，并车或暂时停电，应事先通知驾驶台
B. 在应急情况下，值班轮机员应立即执行驾驶台发出的信号及时提供所需的水、气、汽、电
C. 因机械故障不能执行航行命令时，轮机长应通知驾驶台
D. 为了抢避台风或紧急救助，需要超常速航行，应由船长负责直接通知机舱执行

80. 根据《中华人民共和国海船船员值班规则》中的驾驶、轮机联系制度的规定，下列哪种提法正确？
A. 海上全速航行的主机车速由船长决定
B. 判断将有风暴来临时，值班驾驶员应及时通知轮机长
C. 因情况紧急，不立即停车就会危及主机或人身安全时，轮机长可立即停车
D. 船舶到港前应对主、辅机进行停、倒车试验

81. 根据《中华人民共和国海船船员值班规则》中驾驶、轮机联系制度的规定，航行中每班下班前值班轮机员应将________通知值班驾驶员，值班驾驶员应回告本班________。
A. 主机平均转速和海水温度；平均航速和风向风力

B. 主机平均转速;平均航速和风向风力

C. 主机平均转速和海水温度;平均航速

D. 主机平均转速;平均航速

82. 根据《中华人民共和国海船船员值班规则》,航行中,________是驾驶、轮机联系制度的规定。①轮机部如调换发电机,并车或暂时停电,应事先通知驾驶台;②在应变情况下,值班轮机员应立即执行驾驶台发出的信号,及时提供所需的水、气、电;③因机械故障不能执行航行命令时,轮机长应通知驾驶台速报船长;④抵港前,轮机长要将本船燃油情况告知船长

A. ①②③④　　B. ②③④

C. ①②④　　D. ①②③

83. 根据《中华人民共和国海船船员值班规则》中驾驶、轮机联系制度的规定,船舶的主机各种车速是如何确定的?

A. 船长和轮机长共同商定的　　B. 由公司机务规定的

C. 由船舶运行效率决定的　　D. 由主机性能决定的

84. 根据《中华人民共和国海船船员值班规则》的有关驾驶、轮机联系制度的规定,船舶进出港口,通过狭水道、浅滩、危险水域或抛锚等需要备车航行时,________应提前通知________准备。

A. 机舱;驾驶台　　B. 轮机长;船长

C. 船长;轮机长　　D. 驾驶台;机舱

85. 根据《中华人民共和国海船船员值班规则》的规定,船舶到港前应对________进行________试验。

A. 操舵装置;舵效　　B. 锚机;抛锚

C. 汽笛;鸣放　　D. 主机;停、倒车

86. 根据《中华人民共和国海船船员值班规则》,船舶在下列哪些情况下需要备车航行时驾驶台应提前通知机舱准备?

①接近锚地或引航站;②通过狭水道;③进出港口;④通过浅滩等危险水域

A. ①②③　　B. ②③④

C. ①③④　　D. ①②③④

87. 根据《中华人民共和国海船船员值班规则》的规定,船舶如因________,须短时间抛锚时,值班驾驶员应将情况及时通知值班轮机员。

①等引航员;②候潮;③等泊

A. ①②③　　B. ②③

C. ①③　　D. ①②

88. 根据《中华人民共和国海船船员值班规则》的驾驶、轮机联系制度的要求,航行中船舶在下列哪种情况下应对主机进行停、倒车试验?

A. 到港前　　B. 靠泊前

C. 进入雾区前　　D. 进入渔区前

89. 根据《中华人民共和国海船船员值班规则》的驾驶、轮机联系制度规定,抵港后________应告知________本船的预计动态,以便安排工作。

A. 船长；轮机长　　B. 值班驾驶员；值班轮机员
C. 值班驾驶员；轮机长　　D. 大副；轮机长

90. 根据《中华人民共和国海船船员值班规则》的驾驶、轮机联系制度的规定，停泊时________应将装卸货情况随时通知________，以便安全供电。
A. 大副；轮机长　　B. 大副；值班轮机员
C. 值班驾驶员；值班轮机员　　D. 值班驾驶员；轮机长

91. 根据《中华人民共和国海船船员值班规则》，在装卸重大件、特种危险品或使用重吊之前，________应通知________派人检查起货机。
A. 船长；轮机长　　B. 大副；轮机长
C. 值班驾驶员；轮机长　　D. 值班驾驶员；值班轮机员

92. 根据《中华人民共和国海船船员值班规则》中驾驶、轮机联系制度规定，在下列哪种情况下大副应通知轮机长派人检查起货机，必要时还应派人值守？
①装卸重大件；②装卸特种危险品；③使用重吊之前
A. ①②③　　B. ②③
C. ①③　　D. ①②

93. 根据《中华人民共和国海船船员值班规则》中驾驶、轮机联系制度规定，进行下列哪些操作时驾驶和轮机部门需要建立有效的联系制度和相应的记录？
①排放机舱污水；②排放洗舱水；③排放压载水
A. ①②③　　B. ②③
C. ①③　　D. ①②

94. 根据《中华人民共和国海船船员值班规则》中驾驶、轮机联系制度规定，下列哪项叙述有误？
A. 船舶进出港口，驾驶台应提前通知机舱备车
B. 主机备妥后，机舱应通知驾驶台
C. 值班驾驶员应将装卸货情况及时通知值班轮机员
D. 值班轮机员应将存油和加油数量告知大副

95. 根据《中华人民共和国海船船员值班规则》中驾驶、轮机联系制度规定，在装卸重大件、特种危险品、使用重吊的情况下________应当通知________派人检查起货机，必要时还应派人值守。
A. 大副；轮机长　　B. 船长；大副
C. 轮机长；船长　　D. 轮机长；大副

96. 根据《中华人民共和国海船船员值班规则》中的驾驶、轮机联系制度的规定，抵港后机舱检修下列哪种设备时，应事先报请船长？
A. 造水设备　　B. 油水分离设备
C. 装卸设备　　D. 影响动车的设备

97. 根据《中华人民共和国海船船员值班规则》中驾驶、轮机联系制度的规定，抵港后________应告知________本船的预计动态，以便安排工作。
A. 值班驾驶员；值班轮机员　　B. 值班驾驶员；轮机长
C. 大副；轮机长　　D. 船长；轮机长

98. 根据《中华人民共和国海船船员值班规则》中驾驶、轮机联系制度的规定，在________时大副应通知轮机长派人检查起货机，必要时还应派人值守。
①装卸重大件；②装卸特种危险品；③使用重吊
A. ①②③ B. ①②
C. ②③ D. ①③

99. 根据《中华人民共和国海船船员值班规则》中驾驶、轮机联系制度的规定，在装卸重大件、特种危险品或使用重吊之前，________应通知________派人检查起货机。
A. 大副；轮机长 B. 船长；轮机长
C. 值班驾驶员；轮机长 D. 值班驾驶员；值班轮机员

100. 根据《中华人民共和国海船船员值班规则》中驾驶、轮机联系制度的规定，加装燃油前，轮机长应将________告知大副，以便计算稳性、水尺和调整吃水差。
①本船存油情况；②计划填装的油舱；③计划填装的油种；④各舱填装数量
A. ①②③④ B. ①②③
C. ②③④ D. ①②④

101. 根据《中华人民共和国海船船员值班规则》中驾驶、轮机联系制度的规定，如因装卸作业造成船舶过度倾斜，影响机舱正常工作时，________应通知________采取有效措施予以纠正。
A. 轮机长；大副或值班驾驶员 B. 轮机长；船长
C. 大管轮；值班驾驶员 D. 大管轮；大副

102. 根据我国《海船船员值班规则》的规定，值班人员在值班前________小时内应禁止喝酒，且值班期间血液中的酒精含量不得超过________。
A. 8；0.5% B. 6；0.5%
C. 4；0.05% D. 2；0.5%

103. 根据《中华人民共和国海船船员值班规则》，严禁船员酗酒，值班人员在值班前________小时内禁止饮酒。
A. 2 B. 4
C. 6 D. 8

104. 根据《中华人民共和国海船船员值班规则》，严禁船员酗酒，值班期间血液酒精浓度（BAC）不高于________或呼吸中酒精浓度不高于________。
A. 0.05%；0.25 mg/L B. 0.1%；0.5 mg/L
C. 0.05%；0.5 mg/L D. 0.1%；0.25 mg/L

105. 根据《中华人民共和国海船船员值班规则》，下列说法正确的有________。
①船长应采取有效措施防止船员疲劳操作；②值班人员在值班前 4 小时内禁止饮酒；③值班期间，值班人员的血液酒精浓度不得高于 0.05%；④船员不得服用可能导致不能安全值班的药物
A. ①③④ B. ①②④
C. ②③④ D. ①②③④

106. 根据《中华人民共和国海船船员值班规则》的规定，下列哪些说法是正确的？
①除紧急或者超常工作情况外，负责值班的船员休息时间应任何 24 小时内不少于 10 小时；

②每周休息时间的例外,不应当超过连续两周;③船员处于待命情况下,因被派去工作而中断了正常休息时间的,不必给予补休;④船舶应当将船上工作安排表张贴在易见之处

A. ①②③　　B. ①③④

C. ①②④　　D. ①②③④

107. 根据《中华人民共和国海船船员值班规则》,下列哪些说法是正确的?

①船舶应当对船员每天休息时间进行记录;②休息时间记录表由船长或者船长授权的人员和船员本人签注;③休息时间记录表应发放给船员本人;④船上工作安排表和休息时间记录表应使用船上工作语言和英语

A. ①②③　　B. ①③④

C. ①②④　　D. ①②③④

108.《中华人民共和国海船船员值班规则》规定,船员不得酗酒。值班人员在值班前4小时内禁止饮酒,且值班期间血液酒精浓度(BAC)不高于________或呼吸中酒精浓度不高于________。

A. 0.08%;0.25 mg/L　　B. 0.05%;0.5 mg/L

C. 0.08%;0.5 mg/L　　D. 0.05%;0.25 mg/L

109. 船员若有________的,海事管理机构可根据《中华人民共和国海船船员值班规则》的相关规定对船员进行处罚。

①接班驾驶员在视力未完全调节到适应环境条件以前,准时接班;②值班人员在值班前4小时内饮酒,且值班期间呼吸中酒精浓度为0.30 mg/L;③值班期间发现或者发生险情、事故、保安事件或者影响航行安全的情况及时报告船长;④值班期间按照要求记载航海日志

A. ①②③　　B. ①②

C. ③④　　D. ②③④

110. 船员若有________的,海事管理机构可根据《中华人民共和国海船船员值班规则》的相关规定对船员进行处罚。

①值班期间利用VHF 16频道与其他船舶聊天;②值班期间发现遇险人员或船舶以及他船求救,立即报告船长;③值班驾驶员在确信航行安全情况下,可以短时间进入海图室;④在夜航期间航行值班时,值班驾驶员遵照《船长夜航命令簿》执行

A. ②③④　　B. ①③

C. ①　　D. ③④

111. 根据《中华人民共和国海船船员值班规则》,由海事管理机构处1000元以上1万元以下罚款;情节严重的,并给予暂扣船员服务簿、船员适任证书6个月以上2年以下直至吊销船员服务簿、船员适任证书的处罚的情形不包括下列哪项?

A. 未按照要求保持正规瞭望　　B. 未按照要求履行值班职责

C. 未按规定使用自动舵　　D. 未按照要求值班交接

112. 根据《中华人民共和国海船船员值班规则》,由海事管理机构处1000元以上1万元以下罚款;情节严重的,并给予暂扣船员服务簿、船员适任证书6个月以上2年以下直至吊销船员服务簿、船员适任证书的处罚的情形不包括下列哪项?

A. 不采用安全航速航行　　B. 不按照规定守听航行通信

C. 不按照规定测试、检修船舶设备　　D. 未按规定向船长报告紧急事项

113. 根据《中华人民共和国海船船员值班规则》，由海事管理机构处 1000 元以上 1 万元以下罚款；情节严重的，并给予暂扣船员服务簿、船员适任证书 6 个月以上 2 年以下直至吊销船员服务簿、船员适任证书的处罚的情形不包括下列哪项？

A. 发现或者发生险情、事故、保安事件或者影响航行安全的情况未及时报告

B. 未按照要求履行值班职责

C. 未按照要求值班交接

D. 未保证船员在开航时处于适任状态

114. 根据《中华人民共和国海船船员值班规则》，由海事管理机构处 1000 元以上 1 万元以下罚款；情节严重的，并给予暂扣船员服务簿、船员适任证书 6 个月以上 2 年以下直至吊销船员服务簿、船员适任证书的处罚的情形不包括下列哪项？

A. 未按照要求保持正规瞭望　　B. 未按照要求履行值班职责

C. 未保证值班船员处于适任状态　　D. 未按照要求值班交接

第五节　船舶安全监督管理

1. 适用《中华人民共和国船舶安全监督规则》的船舶是________。

A. 军用船舶　　B. 渔业船舶

C. 体育运动船艇　　D. 中国籍船舶

2. 根据《中华人民共和国船舶安全监督规则》，下列哪个说法不正确？

A. 国家海事管理机构统一负责全国船舶安全监督工作

B. 船舶安全监督分为船舶现场监督、船舶安全检查和安全管理体系审核

C. 船舶安全监督，是指海事管理机构依法对船舶及其从事的相关活动是否符合法律、法规、规章以及有关国际公约和港口国监督区域性合作组织的规定而实施的安全监督管理活动

D. 船舶现场监督，是指海事管理机构对船舶实施的日常安全监督抽查活动

3. 根据《中华人民共和国船舶安全监督规则》，下列哪个说法不正确？

A. 中国海警局统一负责全国船舶安全监督工作

B. 船舶安全监督管理遵循依法、公正、诚信、便民的原则

C. 船舶安全检查，是指海事管理机构按照一定的时间间隔对船舶的安全和防污染技术状况、船员配备及适任状况、海事劳工条件实施的安全监督检查活动，包括船旗国监督检查和港口国监督检查

D. 船舶现场监督，是指海事管理机构对船舶实施的日常安全监督抽查活动

4. 根据《中华人民共和国船舶安全监督规则》，下列哪个说法不正确？

A. 海事管理机构应当建立对船舶安全状况的社会监督机制，公布举报、投诉渠道，完善举报和投诉处理机制，并为举报人、投诉人保守秘密

B. 船舶现场监督应当由具备相应职责的海事行政执法人员或经授权的验船师实施

C. 船舶安全监督，是指海事管理机构依法对船舶及其从事的相关活动是否符合法律、法规、规章以及有关国际公约和港口国监督区域性合作组织的规定而实施的安全监督管理活动

D. 船舶现场监督，是指海事管理机构对船舶实施的日常安全监督抽查活动

5. 根据《中华人民共和国船舶安全监督规则》，下列哪个说法不正确？

A. 海事管理机构应当建立对船舶安全状况的社会监督机制，公布举报、投诉渠道，完善举报和投诉处理机制，并为举报人、投诉人保守秘密

B. 船舶现场监督应当由具备相应职责的海事行政执法人员实施

C. 从事船舶安全检查的海事行政执法人员或经授权的验船师应当取得相应等级的资格证书，并不断更新知识

D. 船舶现场监督，是指海事管理机构对船舶实施的日常安全监督抽查活动

6. 根据船舶安全监督规则，中国籍船舶应当在预计离港或者抵港________向将要离泊或者抵达港口的海事管理机构报告进出港信息。

A. 4 小时内　　B. 4 小时前

C. 12 小时内　　D. 12 小时前

7. 根据船舶安全监督规则，船舶应当按照规定实施船舶进出港报告，对于航程不足________小时的，在驶离上一港口时报告。

A. 4　　B. 8

C. 12　　D. 24

8. 根据船舶安全监督规则，船舶报告的进出港信息应当包括________。

①航次动态；②在船人员信息；③客货载运信息；④拟抵离时间和地点

A. ①②③　　B. ①③④

C. ①②④　　D. ①②③④

9. 根据船舶安全监督规则，船舶可以采用多种方式报告船舶进出港信息，包括________。

①互联网；②传真；③短信；④QQ

A. ①②③　　B. ①③

C. ①②④　　D. ①②③④

10. 根据《中华人民共和国船舶安全监督规则》，关于中国籍船舶进出港报告时机，下列哪个说法不正确？

A. 船舶应当在预计离港或者抵港 4 小时前向将要离泊或者抵达港口的海事管理机构报告进出港信息

B. 航程不足 4 小时的，在驶离上一港口时报告

C. 船舶在固定航线航行且单次航程不超过 2 小时的，可以每天至少报告一次进出港信息

D. 船舶在固定航线航行且单次航程不超过 1 小时的，可以每周至少报告一次进出港信息

11. 根据《中华人民共和国船舶安全监督规则》，中国籍船舶进出港报告信息不包括下列哪项？

A. 航次动态　　B. 在船人员信息

C. 客货载运信息　　D. 船舶操纵数据

12. 根据《中华人民共和国船舶安全监督规则》，中国籍船舶进出港报告信息不包括下列哪项？

A. 船舶细节　　B. 在船人员信息

C. 客货载运信息　　D. 计划抵离时间和地点

13. 根据《中华人民共和国船舶安全监督规则》，中国籍船舶进出港报告的手段不包括下列哪项？

A. 互联网　　B. 电话

C. 传真　　D. 短信

14. 根据《中华人民共和国船舶安全监督规则》，关于中国籍船舶进出港报告，下列哪个说法不正确？

A. 中国籍船舶在我国管辖水域内航行应当按照规定实施船舶进出港报告

B. 船舶应当向港口行政管理部门报告进出港信息

C. 船舶可以通过互联网、传真、短信等方式报告船舶进出港信息，并在船舶航海或者航行日志内作相应的记载

D. 船舶报告的进出港信息应当包括航次动态、在船人员信息、客货载运信息、拟抵离时间和地点等

15. 根据船舶安全监督规则，船舶安全检查的内容包括________。

①船舶配员情况；②船舶结构、设施和设备情况；③船舶保安相关情况；④海事劳工条件

A. ①②③　　B. ①③④

C. ②③④　　D. ①②③④

16. 根据船舶安全监督规则，船舶安全检查的内容包括________。

①船舶、船员配备和持有有关法定证书文书及相关资料情况；②船员履行其岗位职责的情况；③船舶安全管理体系运行情况；④按照相关规定缴纳相关费税情况

A. ①②③　　B. ①③④

C. ②③④　　D. ①②③④

17. 根据《中华人民共和国船舶安全监督规则》，船舶安全监督的类型不包括下列哪项？

A. 船舶现场监督　　B. 船舶安全检查

C. 船舶进出港报告　　D. 航运公司安全管理体系审核

18. 根据船舶安全监督规则，海事行政执法人员在船舶安全监督过程中发现船舶存在缺陷的，可采取的处理意见包括________。

①警示教育；②开航前纠正缺陷；③限制船舶操作；④责令船舶离港

A. ①②③　　B. ①②④

C. ②③④　　D. ①②③④

19. 根据船舶安全监督规则，海事行政执法人员在船舶安全监督过程中发现船舶存在缺陷的，可采取的处理意见包括________。

①滞留；②禁止船舶进港；③责令船舶驶向指定区域；④没收船舶

A. ①②③　　B. ①③④

C. ②③④　　D. ①②③④

20. 根据船舶安全监督规则，安全检查发现的船舶缺陷不能在检查港纠正时，________。

①不允许离港；②可以允许该船驶往最近的可以修理的港口；③滞留船舶直到复查合格方可开航；④应当通知修理港口海事管理机构进行跟踪检查

A. ①③　　B. ②④

C. ②③④　　D. ①②③④

21. 根据船舶安全监督规则，以下表述不确切的是________。

A. 开航前纠正缺陷可以在缺陷纠正后向海事管理机构申请复查
B. 开航前纠正缺陷可以在下次船舶安全检查时由海事管理机构进行复查
C. 海事管理机构收到复查申请后，应在本港进行复查
D. 复查合格的，海事管理机构应当及时解除相应的处理措施

22. 根据《中华人民共和国船舶安全监督规则》，海事行政执法人员在船舶安全监督过程中发现船舶存在缺陷时提出的处理意见不包括下列哪项？
A. 禁止船舶离泊　　B. 开航前纠正缺陷
C. 在开航后限定的期限内纠正缺陷　　D. 责令船舶驶向指定区域

23. 根据《中华人民共和国船舶安全监督规则》，船舶应当在相应的缺陷纠正后向海事管理机构申请复查的情形不包括下列哪项？
A. 滞留　　B. 禁止船舶进港
C. 限制船舶操作　　D. 开航前纠正缺陷

24. 根据船舶安全监督规则，________船舶应当建立开航前自查制度，在离泊前应当对船舶安全技术状况和货物装载情况进行自查。
A. 检查中被发现缺陷的船舶
B. 外国籍
C. 任何国际航行的客船和 500 总吨以上货船
D. 中国籍

25. 根据船舶安全监督规则，船舶在固定航线航行且单次航程不超过 2 小时的，________。
A. 无须开航前均进行自查
B. 每航次开航前均进行自查
C. 无须每次开航前均进行自查，但一天内应当至少自查一次
D. 每周至少自查一次并填写《船舶开航前安全自查清单》

26. 根据船舶安全监督规则的规定，以下有关安全监督的实施要求，表述不正确的是________。
A. 任何单位和个人不得阻挠、妨碍海事行政执法人员对船舶进行船舶安全监督
B. 海事行政执法人员在开展船舶安全监督时，船长应当陪同检查
C. 船方应当如实回答询问，并按照要求测试和操纵船舶设施、设备
D. 实施船舶安全监督，不能代替或者免除航运公司、船舶在船舶安全、防污染、海事劳工条件和保安等方面应当履行的法律责任和义务

27. 根据《中华人民共和国船舶安全监督规则》，船舶在离泊前应当对船舶安全技术状况和货物装载情况进行自查，下列哪项说法错误？
A. 船舶在离泊前应当对船舶安全技术状况和货物装载情况进行自查
B. 船舶在固定航线航行且单次航程不超过 4 小时的，无须每次开航前均进行自查，但一天内应当至少自查一次
C. 填写《船舶开航前安全自查清单》，并在开航前由船长签字确认
D.《船舶开航前安全自查清单》应当在船上保存至少 2 年

28. 根据《船舶港内安全作业监督管理办法》，船舶港内安全作业报备内容应包括________。
①船名和船舶经营人；②船舶停泊位置以及载货状况；③作业种类和作业时间；④安全防范措

施、船长安全声明

A. ②③④　　B. ①②③④

C. ①②③　　D. ①②④

29. 根据《船舶港内安全作业监督管理办法》,船舶在港内进行安全作业,以下有关报备的规定,表述正确的是________。

①船舶从事悬挂彩灯作业,应提供彩灯悬挂示意图;②船舶从事校正磁罗经作业,应提供罗经校正人员的资质证明及船舶航行的区域说明;③如海事管理机构对报备材料有异议,可允许船舶一边作业一边整改;④船舶所报备的港内安全作业结束后,应及时清除有关安全隐患,并通过 VHF 或其他通信设备报告海事管理机构

A. ①②③④　　B. ②③④

C. ①②③　　D. ①②④

30. 根据《船舶港内安全作业监督管理办法》,船舶在进行作业前 24 小时,应当向海事机构书面报备的项目包括下列哪些?

①拆修锅炉、主机、锚机、舵机、电台;②修理雷达;③放艇(筏)进行救生演习;④烧焊或明火作业;⑤悬挂满旗;⑥校正磁罗经;⑦试航、试车

A. ①②④⑤⑦　　B. ①③④⑥⑦

C. ①③④⑤⑦　　D. ①③④⑤⑥

31. 根据《船舶港内安全作业监督管理办法》,船舶在进行作业前 24 小时,应当向海事机构书面报备的项目包括下列哪些?

①拆修锅炉、主机、锚机、舵机、电台;②放艇(筏)进行救生演习;③修理陀螺罗经和电子海图显示与信息系统(ECDIS 或 ECS);④烧焊或明火作业;⑤试航、试车;⑥校正磁罗经;⑦悬挂满旗

A. ①②④⑤⑥　　B. ①②③④⑦

C. ①③④⑤⑥　　D. ①④⑤⑥⑦

32. 根据《船舶港内安全作业监督管理办法》,关于船舶作业报备内容下列哪个说法不正确?

A. 船舶从事拆修锅炉、主机、锚机、舵机、电台,还应提供作业项目及部位,应急备车时间

B. 船舶从事悬挂满旗作业,还应提供彩旗悬挂示意图

C. 船舶从事试航、试车,还应提供试航证书及船舶航行的区域说明

D. 船舶从事烧焊或明火作业,还应提供动火部位及项目,消防车(船)监护情况(适用时),可燃气体清除证书,安全员及作业人员姓名

33. 根据《船舶港内安全作业监督管理办法》,下列船舶试航、试车时应满足的条件中,表述有误的是________。

A. 船舶试航必须选择在白天进行

B. 船舶试航应避开航道、狭水道、通航密集区等重要通航水域

C. 船舶试车时,应注意船尾部的周围环境,应不危及其他船舶和港口设施的安全

D. 船舶在试航、试车时应配备足够的合格船员

34. 根据《船舶港内安全作业监督管理办法》,以下表述有误的是________。

A. 船舶放艇(筏)进行救生演习时不得随意释放救生或求生信号

B. 船舶不得将救生艇用于交通及其他目的
C. 船舶校正磁罗经时不得在锚地、通航密集区、水产养殖区、重点捕捞区进行
D. 对中国籍船舶的磁罗经校正，应由海事管理机构的人员进行

35. 根据《船舶港内安全作业监督管理办法》，船舶校正磁罗经不得在________进行。
①锚地；②通航密集区；③水产养殖区；④重点捕捞区
A. ①②③④　　B. ②③④
C. ①②③　　D. ①③④

36. 根据《船舶港内安全作业监督管理办法》，港内安全作业应该满足以下哪些要求？
①在大风、大浪等恶劣天气或其他可能影响港内安全作业的情况下，船舶不得进行或应及时停止有关港内安全作业，并于重新作业前向海事管理机构报告；②船舶在放艇（筏）进行救生演习时不得随意释放救生或求生信号；③测爆合格的舱室或处所，明火作业必须在 4 小时内开工；④对中国籍船舶的磁罗经进行校正，应由符合海事管理机构要求的人员进行
A. ①②③④　　B. ①②
C. ③④　　D. ①②③

37. 根据《船舶港内安全作业监督管理办法》，关于船舶作业安全要求下列哪个说法不正确？
A. 在大风、大浪等恶劣天气或其他可能影响港内安全作业的情况下，船舶不得进行或及时停止有关港内安全作业，并于重新作业前向海事管理机构报告
B. 船舶在进行港内安全作业期间，应按有关规定显示号灯或号型，并保持 VHF 守听
C. 船舶在锚地作业时，可以将救生艇作为交通艇使用
D. 船舶试航应避开航道、狭水道、通航密集区等重要通航水域及水产养殖、重点捕捞区

38. 根据《船舶港内安全作业监督管理办法》，船舶进行烧焊或明火作业应满足下列哪些条件？
①承接作业的单位必须具备船舶修理从业资格；②从事作业的人员，必须经过相应的专业技术培训，取得相应的资格证明；③船舶进行烧焊或明火作业的条件应符合国家标准 GB/T 1336—92 第三条的有关要求；④明火作业场所需要进行测爆检查的，必须清除舱内油、气，取得船舶可燃气体清除证明，并在报备时向海事管理机构出示；⑤液化气船、散装液态化学品船和油船明火作业，还应遵守其他有关的特别规定；⑥测爆合格的舱室或处所，明火作业必须在 6 小时内开工，否则应重新测爆认可；⑦测爆合格的舱室或处所，在作业中，无须再次测爆
A. ①③④⑤⑦　　B. ①②③④⑤
C. ①③④⑥⑦　　D. ①②③⑥⑦

第六节　海事行政处罚管理

1. 我国《海上海事行政处罚规定》中的“海事行政违法行为”是指________。
①违反船舶安全营运管理秩序的行为；②违反船舶、海上设施检验和登记管理秩序的行为；③违反航行、停泊和作业管理秩序的行为；④违反船员管理秩序的行为
A. ①②③④　　B. ②③④
C. ①②③　　D. ①②④

2. 我国《海上海事行政处罚规定》中的“海事行政违法行为”是指________。

①违反船舶安全营运管理秩序的行为；②违反航行、停泊和作业管理秩序的行为；③违反危险货物载运安全监督管理秩序的行为；④违反海难救助管理秩序的行为

A. ①②③④　　B. ②③④

C. ①②③　　D. ①②④

3. 根据我国《海上海事行政处罚规定》，海事行政违法行为包括________。

①违反船舶安全营运管理秩序的行为；②违反海上船舶污染沿海水域环境管理秩序的行为；③违反船员管理秩序的行为；④违反船舶、海上设施检验和登记管理秩序的行为

A. ①③④　　B. ①②③

C. ①②③④　　D. ②③④

4. 根据我国《海上海事行政处罚规定》，下列哪种行为不属于海事行政违法行为？

A. 不按规定办理船舶登记　　B. 不按规定装运危险货物

C. 不按规定排放机舱污水　　D. 不按规定交付货物

5. 我国《海上海事行政处罚规定》所称的海事行政违法行为，包括违反________秩序的行为。

①海难救助；②海上打捞管理；③海上船舶污染沿海水域环境管理；④交通事故调查处理

A. ①②④　　B. ②③④

C. ①②③　　D. ①②③④

6. 根据《海上海事行政处罚规定》，下列有关对当事人海事行政处罚的叙述哪项不正确？

A. 对当事人的同一海事违法行为不得罚款两次或两次以上

B. 同一当事人有两个或两个以上海事违法行为时应分别处罚并分别执行

C. 对有共同海事违法行为的当事人应分别给予海事行政处罚

D. 海事违法行为轻微并及时纠正，没有造成危害后果的，不予海事行政处罚

7. 根据《海上海事行政处罚规定》，下列有关海事行政处罚的说法哪项有误？

A. 对有共同海事行政违法行为的当事人，应当分别处以海事行政处罚

B. 有海事行政违法行为的中国籍船舶和船员在境外已经受到处罚的，回国后可重复给予海事行政处罚

C. 海事管理机构实施海事行政处罚时，应当责令当事人改正或限期改正海事行政违法行为

D. 海事违法行为轻微并及时纠正，没有造成危害后果的，不予海事行政处罚

8. 根据《海上海事行政处罚规定》，海事行政违法行为的当事人有下列哪些情形时应当依法从轻处以海事行政处罚？

①主动消除或者减轻违法行为危害后果的；②受他人胁迫有违法行为的；③配合海事管理机构查处违法行为有立功表现的；④法律、行政法规应当依法从轻或者减轻行政处罚的

A. ①②③　　B. ②③④

C. ①②③④　　D. ①②④

9. 根据《海上海事行政处罚规定》，下列哪些情形应该从重处以海事行政处罚？

①一年内因同一海事行政违法行为受过海事行政处罚；②伪造、隐匿、销毁海事行政违法行为证据；③胁迫、诱骗他人实施海事行政违法行为；④拒绝接受或阻挠海事管理机构实施监督管理

A. ①②③　　B. ②③④

C. ①②③④　　D. ①②④

10. 根据《海上海事行政处罚规定》，下列对于海事行政处罚原则的表述正确的是________。

①对有两个或两个以上海事行政违法行为的同一当事人，可进行合并处罚；②有海事行政违法行为的中国籍船舶和船员在境外受到处罚的，仍需接受抵达我国第一港口的海事管理机构给予的海事行政处罚；③胁迫、诱骗他人实施海事行政违法行为的，应当从重处于海事行政处罚；④海事管理机构有权作出没收船舶的海事行政处罚

A. ①②　　B. ②③

C. ②④　　D. ③④

11. 根据我国《海上海事行政处罚规定》，下列关于海事行政处罚原则的说法不正确的为________。

A. 海事行政违法行为的当事人系受他人胁迫有违法行为的，如违法行为轻微并及时纠正，没有造成危害后果的，不予行政处罚

B. 有海事行政违法行为的中国籍船舶在境外已经受到处罚的，回国后可视情节决定是否需要给予重复处罚

C. 造成较为严重后果或情节恶劣的海事行政违法行为应当从重处以海事行政处罚

D. 一年内因同一海事行政违法行为受过海事行政处罚的应当从重处以海事行政处罚

12. 根据我国《海上海事行政处罚规定》，应当从重处以海事行政处罚的情况包括________。

①造成较为严重后果或情节恶劣；②胁迫、诱骗他人实施海事行政违法行为；③伪造、隐匿、销毁海事行政违法行为证据；④拒绝接受或阻挠海事管理机构实施监督管理

A. ①②③④　　B. ②③④

C. ①②③　　D. ①③④

13. 根据我国《海上海事行政处罚规定》，对海事行政违法行为的当事人应当从重处罚的情形不包括________。

A. 一年内曾受到过海事行政处罚的

B. 胁迫、诱骗他人实施海事行政违法行为

C. 伪造、隐匿、销毁海事行政违法行为证据

D. 拒绝接受或阻挠海事管理机构实施监督管理

14. 根据我国《海上海事行政处罚规定》，海事行政违法行为的当事人________的，应当依法从轻处以海事行政处罚或减轻海事行政处罚。

①系受他人胁迫有违法行为；②主动消除违法行为危害后果；③主动减轻违法行为危害后果；④配合海事管理机构查处违法行为有立功表现

A. ①②③　　B. ①②③④

C. ②③④　　D. ①②④

15. 根据《中华人民共和国海上海事行政处罚规定》，某船员因伪造船上见习记录簿取得三副适任证书任职被举报，其受到的处罚不包括下列哪项？

A. 处以2000元以上2万元以下罚款　　B. 吊销三副适任证书

C. 重新实习后再次申请三副适任证书　　D. 责令其立即离岗

16. 根据《中华人民共和国海上海事行政处罚规定》,某二副在船舶锚泊值班时饮酒,体内酒精含量超标,未能及时发现本船走锚,导致与他船发生碰撞,其受到的处罚不包括下列哪项?

A. 处以 1000 元以上 1 万元以下罚款　　B. 吊销适任证书

C. 记 15 分　　D. 6 个月后重新申请适任证书

17. 根据《中华人民共和国船员违法记分办法》规定,下列关于记分的说法正确的有________。

①即分周期为 1 个公历年,自每年 1 月 1 日始至 12 月 31 日止;②根据船员违法行为的严重程度进行记分;③船员违法一次记分分值为:15 分、8 分、4 分、2 分、1 分五种,满分 15 分;④船员一次存在两种以上违法行为的,应当分别计算,累计记分分值

A. ①②③④　　B. ②③④

C. ①②④　　D. ①②③

18. 根据《中华人民共和国船员违法记分办法》规定,每________个公历年为一个记分周期,满分________分。

A. 1;12　　B. 2;12

C. 1;15　　D. 2;15

19.《中华人民共和国船员违法记分办法》规定,根据船员违法行为的严重程度,一次船员违法记分的分值为________五种。

A. 12 分、8 分、4 分、2 分、1 分　　B. 15 分、10 分、4 分、2 分、1 分

C. 15 分、8 分、4 分、2 分、1 分　　D. 15 分、8 分、5 分、2 分、1 分

20. 根据《中华人民共和国船员违法记分办法》,下列说法正确的是________。

①船员累计记分周期(即记分周期)为 1 个公历年,满分 15 分,自每年 1 月 1 日始至 12 月 31 日止;②船员违法记分由船员违法行为发生地的海事管理机构管辖 ;③船员一次存在两种以上违法行为的,应当分别计算,累计记分分值;④对船员的同一违法行为,可以依法给予两次及以上船员违法记分;⑤船员累计记分周期(即记分周期)为 1 个公历年,满分 15 分,自适任证书签发之日起计算

A. ②③⑤　　B. ①④ ⑤

C. ②④⑤　　D. ①②③

21. 根据《中华人民共和国船员违法记分办法》,由他人代替参加考试或者代替他人参加考试的当事船员记分分值为________。

A. 8　　B. 15

C. 10　　D. 4

22. 根据《中华人民共和国船员违法记分办法》规定,船员违法行为发生地包括________。

①违法行为的结果发现地;②违法行为的初始发生地;③违法行为的过程经过地

A. ①　　B. ②

C. ③　　D. ①②③

23. 根据《中华人民共和国船员违法记分办法》规定,船员在一个记分周期内累计记分达到 15 分的,最后实施船员违法记分的海事管理机构应当扣留其船员适任证书,责令其参加为期________的法规培训并进行相应的考试。

A. 5 日　　B. 7 日

C. 15 日　　D. 一个月

24. 根据《中华人民共和国船员违法记分办法》规定，船员在一个记分周期内累计记分达到________的，最后实施船员违法记分的海事管理机构应当________。

A. 15 分；对其严重警告处分　　B. 15 分；扣留其船员适任证书

C. 10 分；对其严重警告处分　　D. 10 分；扣留其船员适任证书

25. 根据《中华人民共和国船员违法记分办法》的规定，以下表述正确的有________。

①船员累计记分周期为 1 个公历年；②记分周期自每公历年 1 月 1 日始至 12 月 31 日止；③根据船员违法行为的严重程度记分；④一次船员违法记分的分值为 15 分、8 分、4 分、2 分、1 分五种

A. ①②③④　　B. ①②③

C. ①②④　　D. ①③④

26. 根据《中华人民共和国船员违法记分办法》的规定，在一个记分周期内累计记分未达到________分，记分重新起算。

A. 10　　B. 12

C. 15　　D. 18

27. 根据《中华人民共和国船员违法记分办法》定义，船员违法行为发生地包括________。

①结果发现地；②初始发生地；③过程经过地；④诉讼地

A. ①②③④　　B. ①②③

C. ①③④　　D. ②④

28. 根据《中华人民共和国船员违法记分办法》规定，由他人代替参加考试或者代替他人参加考试的，违法记分分值是________。

A. 15　　B. 8

C. 4　　D. 2

29. 根据《中华人民共和国船员违法记分办法》规定，海事管理机构负责组织被责令其参加法规培训和考试的船员进行培训，培训的内容包括________。

①水上交通安全相关法规；②防治船舶污染相关法规；③安全知识的教育；④海事案例等

A. ①②③④　　B. ②③④

C. ①②④　　D. ①②③

30. 根据《中华人民共和国船员违法记分办法》规定，在一个记分周期内累计记分达到 15 分的船员需要参加的法规培训，以下表述正确的有________。

①海事管理机构收到船员的报名后，对符合规定的应在 15 个工作日内组织培训；②法规培训应包括水上交通安全和防治船舶污染管理法规、安全知识和教育和海事案例等内容；③被扣留船员适任证书的船员未经考试合格的，不得在船舶继续服务；④海事管理机构可收取相关法规培训及考试费用

A. ②③④　　B. ①②③

C. ①②④　　D. ①②③④

31. 根据《中华人民共和国船员违法记分办法》的规定，船员违法记分应由违法行为发生地的海事管理机构管辖，船员违法行为发生地包括________。

①结果发现地；②初始发生地；③过程经过地；④船员注册地

A. ①②③④　　B. ①③④

C. ①②④　　D. ①②③

32. 根据《中华人民共和国船员违法记分办法》的规定，船员违法记分的达到 15 分后，需参加的法规培训内容包括________。

①水上交通安全法规；②防治船舶污染管理法规；③安全知识的教育；④海事案例

A. ①②③　　B. ①③④

C. ①②④　　D. ①②③④

33. 根据《中华人民共和国船员违法记分办法》规定，某持山东海事局签发的无限航区证书的三副，在上海海事局辖区被发现值班期间体内酒精含量超标，船员违法记分累计达到 15 分，下列描述哪些正确？

①该船员可以到山东海事局参加为期 5 天的法规培训；②山东海事局收到该船员的报名后，应在 15 个工作日内组织培训；③上海海事局应当扣留该船员的三副适任证书；④该船员在培训合格后可以持培训合格证明到上海海事局领取适任证书，记分分值重新起算；⑤山东海事局可以依规适当收取培训费用

A. ①②③④　　B. ①②③⑤

C. ③④⑤　　D. ①②③

第七节　货物安全运输管理

1. 根据《船舶载运危险货物安全监督管理规定》，船舶载运包装危险货物，还应当符合________的要求；船舶载运 B 组固体散装货物，还应当符合________的要求。

A.《国际海运危险货物规则》;《国际海运固体散装货物规则》

B.《国际海运固体散装货物规则》;《国际海运危险货物规则》

C.《国际航行海船法定技术规则》;《国内航行海船法定技术规则》

D.《国际海运危险货物规则》;《国际散装运输规则》

2. 关于《中华人民共和国船舶载运危险货物安全监督管理规定》，下列说法正确的是________。

A. 适用于船舶在中华人民共和国管辖水域载运危险货物的活动

B. 仅适用于中国籍船舶在中华人民共和国管辖水域载运危险货物的活动

C. 仅适用于外国籍船舶在中华人民共和国管辖水域运载危险货物的活动

D. 不适用于外国籍船舶在中华人民共和国管辖水域载运危险货物的活动

3. 根据我国《船舶载运危险货物安全监督管理规定》，下列说法错误的是________。

A. 规定适用于船舶在中华人民共和国管辖水域载运危险货物的活动

B. 交通运输部主管全国船舶载运危险货物的安全管理工作

C. 国家海事管理机构负责全国船舶载运危险货物的安全监督管理工作

D. 规定不适用于外国籍船舶在中华人民共和国管辖水域载运危险货物的活动

4. 根据我国《船舶载运危险货物安全监督管理规定》，下列哪些说法是正确的？

①规定适用于船舶在我国管辖水域载运危险货物的活动；②交通运输部主管全国船舶载运危

险货物的安全管理工作；③国家海事管理机构负责船舶载运危险货物的安全监督管理工作；④各级海事管理机构按照职责权限具体负责船舶载运危险货物的安全监督管理工作

A. ①②③　　B. ③④

C. ①②④　　D. ①②③④

5. 根据《船舶载运危险货物安全监督管理规定》，载运危险货物的船舶在装货前，应当检查货物的运输资料和适运状况。发现有违反管理规定的情形时，________。

A. 报告海事主管机构　　B. 报告港口行政管理部门

C. 不得装运　　D. 报告船舶管理人

6. 根据我国《船舶载运危险货物安全监督管理规定》，载运危险货物的船舶应当________。

①在装货前检查货物的运输资料；②在装货前检查货物的适运状况；③不得装运违反规定的危险货物；④遵守安全和防污染操作规程

A. ①③④　　B. ②③④

C. ①②③　　D. ①②③④

7. 根据我国《船舶载运危险货物安全监督管理规定》，下列做法中哪项不符合船舶装载危险货物的要求？

A. 从事危险货物运输的船公司应当建立和实施相应的安全管理体系

B. 从事危险货物运输的船舶不要求建立和实施相应的安全管理体系

C. 从事危险货物运输的船公司应当配备专职安全管理人员

D. 载运危险货物的船舶应当编制安全和防污染应急预案

8. 根据我国《船舶载运危险货物安全监督管理规定》，载运危险货物的船舶应当________，配备相应的________。

A. 建立和实施相应的体系或者制度；防污染设备及器材

B. 编制安全和防污染应急预案；应急救护、消防和人员防护等设备及器材

C. 建立和实施相应的体系或者制度；应急救护、消防和人员防护等设备及器材

D. 编制安全和防污染应急预案；防污染设备及器材

9. 根据我国《船舶载运危险货物安全监督管理规定》，载运危险货物的船舶应当编制安全和防污染应急预案，配备相应的________等设备及器材。

①应急救护；②消防；③人员防护

A. ①②　　B. ②③

C. ①③　　D. ①②③

10. 根据我国《船舶载运危险货物安全监督管理规定》，载运危险货物的船舶应当________的表述有误。

A. 取得相应的检验证书和文书

B. 编制安全和防污染应急预案

C. 配备专职的危险货物安全管理人员

D. 配备相应的应急救护、消防和人员防护等设备及器材

11. 根据我国《船舶载运危险货物安全监督管理规定》，载运危险货物的船舶应当________。

①取得相应的检验证书和文书，并保持良好状态；②编制安全和防污染应急预案；③配备相应

的应急救护、消防和人员防护等设备及器材

A. ①②　　B. ①③

C. ②③　　D. ①②③

12. 根据我国《船舶载运危险货物安全监督管理规定》,载运危险货物的船舶________。

①应当经国家海事管理机构认可的船舶检验机构检验合格;②取得相应的检验证书和文书;③保持良好状态

A. ①②　　B. ①③

C. ②③　　D. ①②③

13. 根据我国《船舶载运危险货物安全监督管理规定》,关于对载运危险货物的船舶的要求,下列叙述哪些正确?

①符合国家船舶检验的法规、技术规范的规定;②编制安全和防污染应急预案;③配备相应的应急救护、消防和人员防护等设备及器材;④具备相应的适航、适装条件

A. ①②③④　　B. ②③④

C. ①②③　　D. ①③④

14. 根据我国《船舶载运危险货物安全监督管理规定》,载运危险货物船舶的船员应当________的表述有误。

A. 按照规定持有特殊培训合格证

B. 熟悉危险货物的申报和监装程序

C. 事先了解所运危险货物的性质和安全预防措施

D. 了解所运危险货物的应急处置措施

15. 根据我国《船舶载运危险货物安全监管管理规定》,载运危险货物船舶的船员应按照有关规定持有________,熟悉所在船舶载运危险货物安全知识和操作规程。

A. 特殊培训合格证书　　B. 危险货物申报人员证书

C. 危险货物理货人员证书　　D. 危险货物检查人员证书

16. 根据我国《船舶载运危险货物安全监督管理规定》,有关对载运危险货物船舶的船员的要求,下列叙述正确的是________。

①应当了解所运危险货物的性质和安全预防措施;②熟悉相关法规、技术规范和申报程序;③按照规定持有特殊培训合格证;④熟悉所在船舶载运危险货物安全知识和操作规程

A. ①②③④　　B. ②③④

C. ①②③　　D. ①③④

17. 根据我国《船舶载运危险货物安全监管管理规定》,载运危险货物的船舶的船员应该满足________。

①按照规定持有特殊培训合格证,熟悉所在船舶载运危险货物安全知识和操作规程;②了解所运危险货物的性质和安全预防措施;③熟悉相关法规、技术规范和申报程序

A. ①②　　B. ①③

C. ②③　　D. ①②③

18. 根据我国《船舶载运危险货物安全监督管理规定》,船舶载运的危险货物包件、中型散装容器、大宗包装、货物运输组件,应当按照规定显示所装危险货物特性的________。

①标志；②标记；③标牌

A. ①②　　B. ①③

C. ②③　　D. ①②③

19. 根据我国《船舶载运危险货物安全监督管理规定》，关于危险货物的包装和集装箱，下列说法错误的有________。

A. 只要载运过危险货物的空包装或者空容器就应当视为盛装危险货物的包装或者容器

B. 危险货物包装应具有相应的检验合格证明

C. 处于熏蒸状态下的船用集装箱应显示熏蒸警告标牌

D. 载运危险货物的船用集装箱应当满足所装载货物要求

20. 根据我国《船舶载运危险货物安全监督管理规定》，船舶在运输途中发生危险货物________等情况的，应当在办理船舶载运危险货物申报手续时说明原因、已采取的控制措施和目前状况等有关情况。

①泄漏；②燃烧；③爆炸

A. ①②　　B. ①③

C. ②③　　D. ①②③

21. 根据《中华人民共和国船舶载运危险货物安全监督管理规定》，船舶载运危险货物进港，应当在________，向海事管理机构办理船舶载运危险货物申报手续，提交申请书和交通运输部有关规章要求的证明材料，经海事管理机构批准后，方可进港。

A. 抵港前 72 小时　　B. 抵港前 48 小时

C. 抵港前 24 小时　　D. 抵港前 12 小时

22. 根据《船舶载运危险货物安全监督管理规定》，以下有关安全作业的表述正确的有________。

①从事散装危险货物装卸作业的船舶，应严格按照船岸安全检查表的内容要求进行检查和填写；②载运散装液体危险货物的船舶装卸作业期间，禁止其他无关船舶并靠；③载运危险货物的船舶在装货前，应当检查货物的运输资料和适运状况；④从事散装液化气体装卸作业的船舶，应当在作业前与码头、装卸站，就货物操作、压载操作、应急等事项达成口头协定

A. ①③④　　B. ①②④

C. ①②③　　D. ①②③④

23. 根据我国《船舶载运危险货物安全监督管理规定》，载运危险货物的船舶航行、装卸或者停泊，应当________。

①加强瞭望，谨慎操作；②按规定显示专用信号；③悬挂专用的警示标志

A. ①②　　B. ②③

C. ①②③　　D. ①③

24. 根据我国《船舶载运危险货物安全监督管理规定》，载运危险货物的船舶发生________等事件，应当按照规定向海事主管机关报告，并及时启动应急预案，防止损害、危害的扩大。

①水上险情；②非法排放或危险货物落水；③交通事故

A. ①②③　　B. ②③

C. ①③　　D. ①②

25. 根据我国《船舶载运危险货物安全监督管理规定》，载运危险货物的船舶应________的表述

有误。

A. 遵守海事管理机构关于航路、航道等区域性的特殊规定

B. 与其他船舶相遇时,应当按照航行和避碰规则,尽早采取让路行动

C. 航行、装卸或者停泊时应当悬挂专用的警示标志

D. 航行、装卸或者停泊时还应按照规定显示专用信号

26. 根据我国《船舶载运危险货物安全监督管理规定》,载运危险货物的船舶发生________等事件,应当按照规定向海事管理机构报告。

①水上险情;②交通事故;③非法排放;④人员偷渡

A. ②③④　　B. ①②③

C. ①②③④　　D. ①②④

27. 根据我国《船舶载运危险货物安全监督管理规定》,从事散装液化气体装卸作业的船舶和码头、装卸站应当建立作业前会商制度,并就________等事项达成书面协议。

①货物操作;②压载操作;③应急

A. ①②③　　B. ①②

C. ②③　　D. ①③

28. 根据我国《船舶载运危险货物安全监督管理规定》,载运危险货物的船舶应________的表述有误。

A. 航行、装卸或者停泊时应当悬挂专用的警示标志

B. 与其他船舶相遇时,应当按照航行和避碰规则,尽早采取让路行动

C. 进行危险货物水上过驳作业时,应当符合国家水上交通安全和防治船舶污染环境的管理规定及技术规范

D. 进行洗(清)舱、驱气、置换时,应当符合国家水上交通安全和防治船舶污染环境的管理规定及技术规范

29. 根据我国《船舶载运危险货物安全监督管理规定》,载运危险货物的船舶应________的表述有误。

A. 遵守海事管理机构关于航路、航道等区域性的特殊规定

B. 航行、装卸或者停泊时,应当悬挂专用的警示标志和显示专用信号

C. 发生水上险情、交通事故、非法排放等事件,应当按照规定向海事管理机构报告

D. 发生事故和险情时,应及时向船东报告,并听从其指挥

30. 根据我国《船舶载运危险货物安全监督管理规定》,载运危险货物的船舶发生________等事件,应当按照该规定向海事管理机构报告。

①水上险情;②交通事故;③非法排放;④危险货物落水

A. ②③④　　B. ①②③

C. ①②③④　　D. ①②④

31. 根据我国《船舶载运危险货物安全监督管理规定》,载运危险货物的船舶在________时应当按规定显示信号。

①航行;②停泊;③修船;④装卸

A. ①②③④　　B. ②③④

C. ①②③　　D. ①②④

32. 根据我国《船舶载运危险货物安全监督管理规定》，下列说法正确的是________。

①载运危险货物的船舶航行、装卸或者停泊，应当悬挂专用的警示标志，显示专用信号；②载运散装液化天然气的船舶在内河航行，应当事先确定航行计划和航线；③载运散装液化天然气的船舶由沿海进入内河水域的，应当向途经的第一个内河港口的海事管理机构报告航行计划和航线；④始发地为内河港口的，船舶应当将航行计划和航线向始发地海事管理机构报告

A. ①②③④　　B. ②③④

C. ①②③　　D. ①②④

33. 根据我国《船舶载运危险货物安全监督管理规定》，散装液化天然气船舶应当在________向抵达港海事管理机构报告预计抵港时间。

①抵港 72 小时前；②航程不足 72 小时的，在驶离上一港口时；③预计抵港时间有变化的，还应当在抵港 24 小时前；④航程不足 24 小时的，在驶离上一港口时

A. ①②③　　B. ①②④

C. ①②③④　　D. ①③④

34. 根据我国《船舶载运危险货物安全监督管理规定》，船舶进行洗（清）舱、驱气或者置换，应当尽量远离________。

①饮用水地表水源取水口；②船舶定线制区；③渡口、客轮码头、通航建筑物、大型桥梁、水下通道；④内河等级航道和沿海设标航道

A. ①②③　　B. ②③④

C. ①②③④　　D. ①②④

35. 根据我国《船舶载运危险货物安全监督管理规定》，船舶进行洗（清）舱、驱气或者置换等作业活动期间，可以________。

A. 检修和使用雷达、无线电发报机、卫星船站

B. 使用供应船、车进行加油、加水作业

C. 进行压载水的注入作业

D. 进行拷铲作业

36. 根据我国《船舶载运危险货物安全监督管理规定》，船舶进行洗（清）舱、驱气或者置换，应当________。

①符合国家水上交通安全和防治船舶污染环境的管理规定及技术规范；②尽量远离船舶定线制区、饮用水地表水源取水口、渡口、客轮码头、通航建筑物、大型桥梁、水下通道；③远离内河等级航道和沿海设标航道；④制定安全和防污染的措施和应急计划并保证有效实施

A. ①②③　　B. ②③④

C. ①②③④　　D. ①③④

37. 根据我国《船舶载运危险货物安全监督管理规定》，船舶进行洗（清）舱、驱气或者置换等作业活动期间，可以________。

A. 检修和使用雷达、无线电发报机、卫星船站

B. 使用供应船、车进行加油、加水作业

C. 进行拷铲作业

D. 进行压载水的注入作业

38. 根据我国《船舶载运危险货物安全监督管理规定》，船舶进行洗(清)舱、驱气或者置换作业活动期间，不得________。

①检修和使用雷达；②检修和使用无线电发报机；③检修和使用卫星船站；④进行明火作业

A. ①②③ B. ①②③④

C. ②③④ D. ①③④

39. 根据我国《船舶载运危险货物安全监督管理规定》，船舶进行洗(清)舱、驱气或者置换作业活动期间，不得________。

①进行明火作业；②进行拷铲及其他易产生火花的作业；③使用供应船进行加油作业；④使用供应船进行加水作业

A. ①②③④ B. ②③④

C. ①②③ D. ①③④

第八节 船舶交通和进出港管理

1. 根据我国《VTS 监督管理规则》，主管机关设置的船舶________中心是负责具体实施船舶交通管理的运行中心。

A. 交通管理 B. 航行监控

C. 动态信息 D. 海上安全管理

2.《船舶交通管理系统监督管理规则》适用于在中华人民共和国沿海及内河设有船舶交通管理系统的区域内________。

①航行、停泊和作业的船舶；②航行、停泊和作业的设施；③船舶、设施所有人；④船舶、设施的经营人和代理人

A. ①②③ B. ①③④

C. ②③④ D. ①②③④

3. 根据我国《VTS 监督管理规则》，船舶在 VTS 区域内________的表述有误。

A. 航行、停泊和作业时，必须向 VTS 中心进行船舶动态报告

B. 发生交通事故、污染事故或其他紧急情况时，应立即向 VTS 中心报告

C. 避让来船时必须向 VTS 中心报告，并经过 VTS 中心的同意

D. 发现有妨碍航行安全的异常情况时，应迅速向 VTS 中心报告

4. 根据我国《VTS 监督管理规则》，船舶在 VTS 区域内的报告内容包括________。

①航行、停泊和作业时，必须向 VTS 中心进行船舶动态报告；②发生交通事故、污染事故或其他紧急情况时，应立即向 VTS 中心报告；③发现有妨碍航行安全的异常情况时，应迅速向 VTS 中心报告；④船舶避让时必须向 VTS 中心报告，并经过 VTS 中心的同意

A. ①② B. ②③

C. ①②③ D. ①②③④

5. 根据我国《船舶交通管理系统监督管理规则》，下列哪些说法是正确的？

①在 VTS 区域内航行的船舶应遵守《1972 年国际海上避碰规则》《中华人民共和国内河避碰

规则》及有关航行、避让的特别规定；②船舶在 VTS 区域内航行时，应遵守交通部和主管机关的限速规定；③船舶在 VTS 区域内应按规定锚泊，并应遵守锚泊秩序；④船舶在锚地过驳作业时无须通报 VTS 中心

A. ①②③　　B. ①③④

C. ②③④　　D. ①②③④

6. 根据我国《VTS 监督管理规则》，船舶在 VTS 区域内________的表述有误。

A. 航行时，应用安全航速行驶，并应遵守主管机关的限速规定

B. 航行、停泊和作业时，应在规定的 VHF 通信频道上正常守听

C. 航行、停泊和作业时，应及时向 VTS 中心询问和接受咨询

D. 应按规定锚泊，并应遵守锚泊秩序

7. 我国《船舶交通管理系统监督管理规则》规定，应船舶请求，VTS 中心可向其提供________和其他有关信息服务。

①他船动态；②助航标志；③水文气象；④航行警（通）告

A. ①②③　　B. ①③④

C. ①②④　　D. ①②③④

8. 我国《船舶交通管理系统监督管理规则》规定，应船舶请求，VTS 中心可为________提供助航服务。

①船舶在航行困难时；②船舶在气象恶劣环境下；③船舶出现故障时；④船舶损坏时

A. ①②③　　B. ①③④

C. ①②④　　D. ①②③④

9. 根据我国《VTS 监督管理规则》，应船舶请求，VTS 中心可向其提供________和其他有关信息服务。

①他船动态；②助航标志；③水文气象；④航行警（通）告

A. ①③④　　B. ②③④

C. ①②④　　D. ①②③④

10. 根据我国《VTS 监督管理规则》，应船舶请求，VTS 中心可为船舶在________时提供助航服务。

①航行困难；②气象恶劣；③出现故障；④出现损坏

A. ①②③④　　B. ②③④

C. ①②④　　D. ①②③

11. 根据《中国船舶报告系统管理规定》，加入中国船舶报告系统的船舶应当按照________中规定的报告方式、种类、格式、内容和要求进行报告。

A. 中国船舶报告系统船长指南　　B. 海上交通安全指南

C. VTS 指南　　D. 船长业务指南

12. 根据我国《中国船舶报告系统管理规定》，建立中国船舶报告系统（CHISREP）的目的不包括________。

A. 在没有收到遇险信号时，减少同船舶失去联系与开始搜救工作之间的时间间隔

B. 迅速认定能被召来提供援助的船舶

C. 在遇险人员、船舶的位置不明或不定时,可划定一定范围的搜寻区域

D. 在船舶遭受各海域的海盗袭击时,确定其所在的位置

13. 根据《中国船舶报告系统船长指南》,船舶可通过________方式向中国船舶报告管理中心发送船舶报告。

①窄带直接印字电报;②传真;③电子邮件;④Inmarsat 系统

A. ①②③　　B. ①②③④

C. ②③④　　D. ①②④

14. 根据《中国船舶报告系统船长指南》,CHISREP 共有七种报告,其中一般报告不包括________。

A. 航行计划报　　B. 船位报

C. 变更报　　D. 危险货物报

15. 根据《中国船舶报告系统船长指南》,CHISREP 中的特殊报告包括________。

①危险货物报;②有害物质报;③污染物质报;④生活污水或船舶垃圾报

A. ①②③④　　B. ①②④

C. ②③④　　D. ①②③

16. 根据《中国船舶报告系统船长指南》,当发生或有可能发生溢出 MARPOL 公约附则Ⅰ中规定的油类或附则Ⅱ中规定的有毒物质时应发送________。

A. 危险货物报　　B. 有害物报

C. 海上污染物报　　D. 有毒物质报

17.《中国船舶报告系统管理规定》的目的包括下列哪项?

①提高搜救行动的效率;②减少船舶碰撞事故;③保障海上人命、财产的安全;④保护海洋环境; ⑤加强海上安保力量

A. ②③④　　B. ①③④

C. ①③④⑤　　D. ①②③④⑤

18.《中国船舶报告系统管理规定》适用于航行在中国船舶报告区域内,且航行时间超过 6 小时的下列哪些船舶?

A. 300 总吨及以上的中国籍船舶　　B. 1600 总吨及以上的中国籍船舶

C. 300 总吨及以上的所有船舶　　D. 100 总吨及以上的中国籍船舶

19.《中国船舶报告系统管理规定》适用于航行在中国船舶报告区域内,且航行时间超过________小时的中国籍船舶。

A. 6　　B. 12

C. 8　　D. 24

20. 根据《中国船舶报告系统管理规定》,船舶报告有下列哪些类别?

①一般报告;②紧急报告;③特殊报告;④危险报告

A. ①②③　　B. ①③

C. ①②③④　　D. ②③④

21. 根据《中国船舶报告系统管理规定》,船舶一般报告包括下列哪几种?

①航行计划报(SP);②初始报(IR);③船位报(PR);④变更报(DR);⑤终止报(FR)

A. ①②③④⑤　　B. ②③④⑤

C. ①②④⑤　　D. ①③④⑤

22. 根据《中国船舶报告系统管理规定》，船舶特殊报告包括下列哪几种？

①危险货物报（DG）；②放射性物质报（RS）；③有害物质报（HS）；④污染物质报（MP）；⑤爆炸货物报（EG）

A. ①②③④⑤　　B. ①②③④

C. ①③④　　D. ①③④⑤

23. 根据我国《船舶引航管理规定》，下列叙述哪项有误？

A. 申请引航的船舶应当向相应的引航机构提出引航申请

B. 船舶可以直接聘请引航员

C. 船舶不得聘请非引航员登船引航

D. 申请引航的船舶应当向引航机构提供被引船舶的有关资料

24. 根据我国《船舶引航管理规定》，申请引航的船舶或者其代理人应当向引航机构提供被引船舶的资料包括________。

①船公司、船名、国籍、船舶呼号；②船舶的种类、总长度、宽度、吃水、水面以上最大高度；③装载货物种类、数量；④预计抵、离港或者移泊的时间和地点

A. ①②③　　B. ②③④

C. ①②③④　　D. ①②④

25. 根据我国《船舶引航管理规定》，以下陈述错误的是________。

A. 申请引航的船舶或者其代理人应当向相应的引航机构提出引航申请

B. 船舶可以直接聘请引航员，但不得聘请非引航员登船引航

C. 船舶进、出港或移泊的引航申请和变更，应当按规定的时间向引航机构提出

D. 申请引航的船舶或者其代理人应当向引航机构提供被引领船舶的有关资料

26. 根据我国《船舶引航管理规定》，以下表述有误的是________。

A. 引航机构应当安排持有有效证书的引航员引领船舶

B. 引航机构不得无故拒绝或者拖延为船舶提供引航服务

C. 对特殊船舶的引航作业，引航机构应当制订引航方案，经船方同意后再实施

D. 引航机构应当根据船舶状况和通航条件，制定合理的拖船使用方法

27. 根据我国《船舶引航管理规定》，以下表述不正确的是________。

A. 引航员登船后，应当向被引船舶的船长介绍引航方案

B. 被引船舶的船长应当向引航员介绍本船的操纵性能

C. 被引船舶的船长应当向引航员介绍其他与引航业务有关的情况

D. 引航员登船后须对被引领船舶的安全负全部责任

28. 根据我国《船舶引航管理规定》，引航员在遇到下列哪些情况时，有权拒绝、暂停或者终止引航？

①恶劣的气象、海况；②被引船舶不适航；③没有足够的水深；④被引船舶的引航梯和照明不符合安全规定

A. ②③④　　B. ①②③

C. ①②③④　　D. ①②④

29. 根据我国《船舶引航管理规定》，引航员在遇到下列情况之一时，有权拒绝、暂停或者终止引航？

①被引船舶不适航；②被引船舶吨位太大；③引航员身体不适，不能继续引领船舶；④其他不适于引航的原因

A. ①③④　　B. ①②③

C. ①④　　D. ①②④

30. 根据我国《船舶引航管理规定》，在引航过程中被引船舶发生水上安全交通事故，下列陈述有误的是________。

A. 引航员应采取有效措施减少事故损失

B. 引航员应尽快向引航机构报告

C. 尽管对引航员无要求，但引航员应督促船长尽快向事故发生地附近的海事主管机关报告

D. 船长和引航员均应接受、配合或者协助调查水上交通事故

31. 根据我国《船舶引航管理规定》，船舶接受引航服务，被引船舶的船长应当遵守________。

①按照 SOLAS 公约的规定，为引航员提供方便、安全的登离船设备；②采取必要的措施确保引航员安全登离船舶；③为引航员提供工作便利，并配合引航员实施引航；④回答引航员有关引航的疑问

A. ①③④　　B. ①②③

C. ②③④　　D. ①②③④

32. 根据我国《船舶引航管理规定》，以下陈述有误或不确切的是________。

A. 引航员登船后，应当向被引船舶的船长介绍引航方案

B. 被引船舶的船长应当向引航员介绍本船的操纵性能

C. 引航员上船引领时，被引船舶应当在其前桅上悬挂引航旗

D. 任何船舶不得在非引领时悬挂引航旗。

33. 根据我国《船舶引航管理规定》，引航员在遇到________时，有权拒绝、暂停或者终止引航。

①恶劣的气象、海况；②无法安全登轮；③身体不适不能继续引领船舶；④船舶吨位过大

A. ②③④　　B. ①②③

C. ①②④　　D. ①②③④

34. 根据我国《船舶引航管理规定》，被引船舶的船长应当遵守________的规定。

①确保引航员安全登离船舶；②回答引航员有关引航的疑问；③保证无条件的绝对采纳引航员的引航指令；④离开时告知值班人员

A. ①②③④　　B. ①②

C. ①②③　　D. ②③④

35. 引航员在遇到下述哪个情况下，有权拒绝、暂停或终止引航？

①恶劣的天气、海况；②没有足够的水深；③被引船舶的引航梯和照明不符合安全规定；④引航员身体不适，不能继续引领船舶；⑤其他不适于引航的原因

A. ①②③④⑤　　B. ①③④⑤

C. ①②④⑤　　D. ①②③⑤

36. 根据我国《船舶升挂国旗管理办法》的规定，下列哪类船舶可将中国国旗作为船旗国国旗悬挂？
A. 在中国建造的船舶
B. 中国船公司拥有的船舶
C. 在中国办理船舶登记，取得了中国国籍的船舶
D. 从国外购买的新船

37. 根据《船舶升挂国旗管理办法》的规定，下列哪些中国籍船舶应每日悬挂中国国旗？
①任何吨位的船舶；②航行在我国领水以外水域的船舶；③公务船舶；④航行在香港、澳门地区的船舶
A. ①②③④ B. ②③④
C. ①②④ D. ①③④

38.《船舶升挂国旗管理办法》适用于下列哪种情况？
①中国籍民用船舶；②进入中华人民共和国内水、港口、锚地的外国籍船舶；③船上有中国籍船员的所有船舶；④依照我国有关船舶登记法规办理船舶登记，取得了我国国籍的船舶
A. ①② B. ②③
C. ①②④ D. ①②③④

39. 根据《船舶升挂国旗管理办法》规定，以下做法错误的是________。
A. 除恶劣天气外，航行在中国领水以外水域和香港、澳门地区的中国籍船舶，应每日悬挂中国国旗
B. 进入中华人民共和国内水、港口、锚地的外国籍船舶，应当每日悬挂中国国旗
C. 船舶悬挂中国国旗应当日出升起，日没降下。但遇有恶劣天气时，仍然应当升挂中国国旗
D. 外国籍船舶悬挂的中国国旗尺度，一般应不小于其悬挂的船旗国国旗的尺度

40. 根据我国《船舶升挂国旗管理办法》的规定，下列有关船舶悬挂国旗的提法哪些正确？
①船舶悬挂的中国国旗应当整洁，不得破损、污损、褪色；②在任何天气情况下国旗应当早晨升起傍晚降下；③船舶按其长度悬挂不同尺度的国旗；④船舶非经批准不得将中国国旗下半旗
A. ①②③④ B. ②③④
C. ①③④ D. ①②④

41. 根据我国《船舶升挂国旗管理办法》的规定，当中国国旗和其他旗帜同时悬挂于右横桁时，中国国旗应悬挂于________。
A. 最内侧 B. 最外侧
C. 其他旗帜中间 D. 任何位置

42. 根据我国《船舶升挂国旗管理办法》的规定，外国籍船应将中国旗悬挂于________。
①船尾；②前桅或驾驶台信号杆顶部；③信号杆的右横桁
A. ①②③ B. ①②
C. ②③ D. ①③

43. 根据我国《船舶升挂国旗管理办法》的规定，中国籍船应将国旗悬挂于________。
①船尾；②前桅或驾驶台信号杆顶部；③信号杆的右横桁

A. ①②③　　B. ①②

C. ②③　　D. ①③

44. 根据我国《船舶升挂国旗管理办法》的规定，下列关于船舶下半旗提法哪些正确？

①中国籍船舶下半旗应由海事局或船舶代理人、船舶所有人通知；②非经许可，不得将中国国旗下半旗；③外国籍船需将船旗国国旗下半旗时应向海事机构报告

A. ①②③　　B. ②③

C. ①③　　D. ①②

45. 根据我国《船舶升挂国旗管理办法》的规定，下列有关船舶升挂国旗的叙述哪些正确？

①船舶取得中国国籍后第一次升挂中国国旗时可举行升旗仪式；②中国籍船改变国籍最后一次降中国国旗时可举行降旗仪式；③中国籍船遇难弃船时，船长应指定专人降下国旗并携带离船

A. ①②③　　B. ②③

C. ①③　　D. ①②

46. 对违反《中华人民共和国国旗法》和我国《船舶升挂国旗管理办法》的船舶和船员，主管海事机构可________。

①令其立即纠正；②根据情节予以处罚；③禁止其离港

A. ①②　　B. ①③

C. ①②③　　D. ②③

47. 根据我国《船舶升挂国旗管理办法》的规定，下列说法错误的是________。

A. 国旗应当早晨升起，傍晚落下

B. 即使遇到恶劣天气，仍不得降下国旗

C. 升挂国旗，应当将国旗置于显著的位置

D. 在直立的旗杆上升降国旗，应当徐徐升降

48. 根据《船舶升挂国旗管理办法》，下列关于悬挂国旗的位置说法错误的是________。

A. 中国籍的船舶应将中国国旗悬挂于船尾旗杆上

B. 船尾没有旗杆的，应悬挂于驾驶室信号杆顶部或右横桁

C. 外国籍船舶悬挂中国国旗，应悬挂于前桅或驾驶室信号杆顶部或右横桁

D. 中国国旗与其他旗帜同时悬挂于驾驶室信号杆横桁时，中国国旗应悬挂于最内侧

49. 根据《国际航行船舶进出中华人民共和国口岸检查办法》，实施口岸检查的机关包括________。

①海关；②边防检查机关；③质量监督检验检疫机关；④海事局管理机构

A. ①③④　　B. ①②④

C. ①④　　D. ①②③④

50. 根据《国际航行船舶进出中华人民共和国口岸检查办法》的规定，口岸检查机关实施检查的对象包括________。

①进出我国口岸的国际航行船舶；②进出我国口岸的国际航行船舶所载的旅客；③进出我国口岸的国际航行船舶所载的货物；④进出我国口岸的国际航行船舶所载的其他物品

A. ①③④　　B. ①②④

C. ①②③　　D. ①②③④

51. 船舶抵达口岸前未办妥进口岸手续，根据《国际航行船舶出入境检验检疫管理办法》，以下表述有误的是________。

A. 接受入境检疫的船舶，必须按照规定悬挂检疫信号

B. 在海关签发入境检疫证书或者通知检疫完毕以前，不得解除检疫信号

C. 除引航员外，其他人员不准上船，不准装卸货物、行李、邮包等物品，其他船舶不准靠近

D. 船上人员，除因船舶遇险外，未经海关许可，不得离船

52. 根据《国际航行船舶进出中华人民共和国口岸检查办法》，下列哪些情况下检查机关必须登轮检查？

①来自疫区的船舶，载有检疫传染病染疫人、疑似检疫传染病染疫人、非意外伤害而死亡且死因不明尸体的船舶；②未持有卫生证书或者证书过期或者卫生状况不符合要求的船舶；③载有危险货物的船舶；④来自动植物疫区的船舶；⑤来自疫区载运动植物、动植物产品及其他检疫物的船舶

A. ①②③④⑤　　B. ①③④⑤

C. ①②④⑤　　D. ①②③⑤

53. 根据我国《国际航行船舶出入境检验检疫管理办法》的规定，对________的船舶，经船方或者其代理人申请，海关可以实施靠泊检疫。

①未持有有效的船舶卫生证书；②因天气原因无法实施锚地检疫；③因潮水等原因无法实施锚地检疫；④装载的货物为活动物

A. ②③④　　B. ①②③④

C. ①②③　　D. ①②④

54. 根据我国《国际航行船舶出入境检验检疫管理办法》的规定，对装运出口________的船舱，必须在装货前申请适载检验，取得检验证书；未经检验合格的，不准装运。

①易腐烂变质食品；②冷冻品；③集装箱；④贵重货物

A. ①④　　B. ①②③

C. ①②　　D. ②④

55. 根据《国际航行船舶出入境检验检疫管理办法》的规定，对装运出口________的船舱，不必在装货前申请适载检验，取得检验证书。

①易腐烂变质食品；②冷冻品；③集装箱；④贵重货物

A. ②③④　　B. ①②③

C. ③④　　D. ②④

56. 根据《国际航行船舶出入境检验检疫管理办法》的规定，船舶在口岸停留期间，未经海关许可，不得擅自________。

①注入压舱水；②移下垃圾和污物；③将船上自用的动植物带离船舶；④将船上自用的动植物产品带离船舶

A. ②③④　　B. ①②③④

C. ①②③　　D. ①②④

57. 根据《国际航行船舶出入境检验检疫管理办法》的规定，________，船舶负责人应当向到达口

岸海关报告,接受临时检疫。

①来自国内疫区的船舶;②在国内航行中发现检疫传染病;③在国内航行中发现疑似检疫传染病;④有人非因意外伤害而死亡并死因不明的

A. ②③④　　B. ①②③④

C. ①②③　　D. ①②④

58. 根据我国《国际航行船舶出入境检验检疫管理办法》的规定,办理入境检验检疫手续时,船方或其代理应当向海关提交的材料包括________。

①航海健康申报书;②货物申报单;③船用物品申报单;④载货清单

A. ①②③　　B. ①②③④

C. ①②④　　D. ②③④

59. 我国《国际航行船舶出入境检验检疫管理办法》适用于________。

A. 进出中华人民共和国国境口岸的外国籍船舶

B. 航行国际航线的中国籍船舶

C. 航行国内航线的中国籍船舶

D. 进出中华人民共和国国境口岸的外国籍船舶以及航行于国际航线的中国籍船舶

60. 根据我国《国际航行船舶出入境检验检疫管理办法》,海关对存在下列情况之一的船舶应当实施锚地检疫,包括________。

①来自检疫传染病疫区的;②来自动植物疫区,国家有明确要求的;③有检疫传染病病人、疑似检疫传染病病人,或者有人非因意外伤害而死亡并死因不明的;④装载的货物为活动物的

A. ②③④　　B. ①②③

C. ①②④　　D. ①②③④

61. 根据我国《国际航行船舶出入境检验检疫管理办法》,海关对存在下列情况之一的船舶应当实施锚地检疫,包括________。

①发现有啮齿类动物异常死亡的;②废旧船舶;③未持有有效的船舶卫生控制免除/船舶卫生控制证书的;④船方申请锚地检疫的

A. ①②③④　　B. ①②③

C. ①②④　　D. ②③④

62. 根据我国《国际航行船舶出入境检验检疫管理办法》,以下陈述有误的是________。

A. 海关对经检疫判定没有染疫的入境船舶,应签发船舶入境卫生检疫证

B. 对经检疫判定染疫的船舶,在实施卫生处理合格后,签发船舶入境卫生检疫证

C. 对来自动植物疫区的船舶,应签发运输工具检疫证书

D. 对须实施卫生除害处理的船舶,应当向船方出具检验检疫处理通知书

63. 根据我国《国际航行船舶出入境检验检疫管理办法》,海关对________的船舶应当实施锚地检疫。

①来自检疫传染病疫区的;②来自动植物疫区的;③装载有活动物的;④废旧的

A. ①②③④　　B. ①②④

C. ②③④　　D. ①②③

64. 根据我国《国际航行船舶出入境检验检疫管理办法》,海关对________应当实施锚地检疫。

①有人非因意外伤害而死亡且死因不明的船舶；②载有活动物的船舶；③发现有啮齿类动物异常死亡的船舶；④废旧船舶

A. ①②④　　B. ②③④

C. ①②③　　D. ①②③④

65. 根据我国《国际航行船舶出入境检验检疫管理办法》，海关对________的船舶应当实施锚地检疫。

①未持有有效的 SSCEC/SSCC 证书；②船方申请锚地检疫；③船龄较长；④当地无船东代表

A. ①②③　　B. ①②③④

C. ①②　　D. ①②④

66. 根据我国《国际航行船舶出入境检验检疫管理办法》，经船方或者其代理人申请，________，可以实施随船检疫。

①船上有病人需要急救；②船上有特殊物资急需装卸；③船舶急需抢修等；④有船员家属需要立即上船

A. ①②④　　B. ①②③

C. ②③　　D. ②③④

67. 根据《国际航行船舶出入境检验检疫管理办法》，需接受入境检疫的船舶，在航行中如发现________，船方必须立即向入境口岸海关报告。

①检疫传染病；②疑似检疫传染病；③有人非因意外伤害而死亡且死因不明的

A. ①②③　　B. ①②

C. ③②　　D. ①③

68. 根据我国船舶检疫管理办法，海关对________应当实施锚地检疫。

①载有非意外伤害死亡且死因不明尸体的船舶；②船方申请实施锚地检疫的船舶；③来自疫区的船舶；④当地无船东代表的船舶

A. ①②③　　B. ①②③④

C. ①②　　D. ①②④

69. 根据我国船舶检疫管理办法，海关对________应当实施锚地检疫。

①未持有有效的 SSCEC/SSCC 证书的船舶；②船方申请实施锚地检疫的船舶；③来自疫区的船舶；④载有检疫传染病染疫的船舶

A. ①②③　　B. ①②③④

C. ①②　　D. ①②④

第九节　海上事故调查管理

1.《中华人民共和国海上交通事故调查处理条例》适用于________。

A. 船舶、设施在中华人民共和国沿海水域内发生的海上交通事故

B. 以渔业为主的渔港水域内发生的海上交通事故

C. 沿海水域内渔业船舶之间发生的海上交通事故

D. 船舶、设施在中华人民共和国管辖水域内发生的海上交通事故

2. 根据《中华人民共和国海上交通事故调查处理条例》，海上交通事故包括________。

①碰撞、触碰或浪损；②触礁或搁浅；③火灾或爆炸；④沉没；⑤在航行中发生影响适航性能的机件或重要属具的损坏或灭失；⑥其他引起财产损失和人身伤亡的海上交通事故

A. ①②③④⑤⑥　　B. ①②③④⑥

C. ①②③⑤⑥　　D. ①②③④⑤

3. 根据《中华人民共和国海上交通事故调查处理条例》，船舶、设施发生海上交通事故，提交扼要报告后，还必须向港务监督提交海上交通事故报告书和必要的文书资料的时限要求是________。

①船舶、设施在港区水域内发生海上交通事故，必须在事故发生后24小时内；②船舶、设施在港区水域以外的沿海水域发生海上交通事故，船舶必须在到达中华人民共和国的第一个港口后48小时内；③引航员在引领船舶的过程中发生海上交通事故，应当在返港后24小时内；④除引航事故外，因特殊情况不能按规定时间提交《海上交通事故报告书》的，在征得港务监督同意后可予以适当延迟；⑤任何海上交通事故须在24小时内

A. ①②③④⑤　　B. ①②③④

C. ①②③⑤　　D. ①③④⑤

4. 根据海上船舶污染事故调查处理规定，作为船舶污染事故调查的证据类型包括________。

①书证、物证、视听资料；②勘验笔录、调查笔录、现场笔录；③证人证言；④鉴定结论

A. ①②③　　B. ①②

C. ①②④　　D. ①②③④

5. 根据海上船舶污染事故调查处理规定，以下有关船舶污染事故调查，表述有误的是________。

A. 船舶污染事故的当事人和其他有关人员应当配合调查，如实反映情况和提供资料，不得伪造、隐匿、毁灭证据或者以其他方式妨碍调查取证

B. 船舶污染事故的当事人和其他有关人员提供的书证、物证、视听资料应当是原件原物或抄录件、复印件

C. 污染事故调查处理机构可责令船舶污染事故当事人提供相关技术鉴定或者检验、检测报告

D. 污染事故调查处理机构可暂扣相应的证书、文书、资料

第十节　防治船舶污染管理

1. 下列哪类船舶应执行我国现行《海洋环境保护法》的规定？

①在我国管辖海域以内航行的任何外国籍船舶；②在我国管辖海域以外造成我国海域污染的船舶；③在我国管辖海域以内航行的任何中国籍船舶

A. ①②③　　B. ②③

C. ①②　　D. ①③

2. 下列哪些情况适用于我国现行《海洋环境保护法》的规定？

①在我国管辖海域内从事航行、开发活动的；②在沿海陆域从事影响海洋环境活动的；③在我国管辖海域以外造成我国管辖海域污染的

A. ①②　　B. ②③

C. ①③　　D. ①②③

3.《中华人民共和国海洋环境保护法》适用于中华人民共和国________。

①内水、领海、毗连区；②专属经济区；③大陆架；④我国管辖的其他海域

A. ①②③　　B. ①④

C. ②③④　　D. ①②③④

4. 根据《中华人民共和国海洋环境保护法》，下列哪个部门负责所辖港区水域内非军事船舶污染海洋环境的监督管理，并负责污染事故的调查处理？

A. 国务院环境保护行政主管部门　　B. 国家海洋行政主管部门

C. 国家海事行政主管部门　　D. 国家渔业行政主管部门

5. 对国家海洋环保工作实施监督、指导和协调的部门是________。

A. 国家海洋行政主管部门　　B. 国家海事行政主管部门

C. 国务院环境保护行政主管部门　　D. 国家渔业行政主管部门

6.《中华人民共和国海洋环境保护法》的立法目的是________。

①保护和改善海洋环境；②保护海洋资源和防治污染损害；③维护生态平衡和保障人体健康；④促进经济和社会的可持续发展

A. ①②③　　B. ①②③④

C. ②③④　　D. ①③④

7. 根据《中华人民共和国海洋环境保护法》的规定，________负责制订全国船舶重大海上溢油污染事故应急计划。

A. 国务院环境保护行政主管部门　　B. 国家海洋行政主管部门

C. 国家海事行政主管部门　　D. 国家渔业行政主管部门

8. 根据《中华人民共和国海洋环境保护法》，下列说法不正确的是________。

A. 一切单位和个人都有保护海洋环境的义务

B. 国家海洋行政主管部门负责全国防治海洋倾倒废弃物对海洋污染损害工作

C. 军队环境保护部门负责军事船舶污染海洋环境的监督管理

D. 国家海事行政主管部门负责渔港水域外渔业船舶污染海洋环境的监督管理

9. 我国《海洋环境保护法》适用的水域是我国的________。

①海港和内海；②领海和毗连区；③大陆架；④专属经济区

A. ①②③④　　B. ①②③

C. ①③④　　D. ②③④

10. 从事下列哪些活动的船舶或生产单位必须遵守我国《海洋环境保护法》的规定？

①在我国沿海陆域从事影响海洋环境活动的；②在我国管辖海域内从事航行、开发活动的；③在我国管辖海域以外造成我国管辖海域污染的；④在公海上航行时排放污染物的

A. ②③④　　B. ①②③④

C. ①②③　　D. ①②

11. 根据我国《海洋环境保护法》，对国家海洋环保工作实施监督、指导和协调的是________行政主管部门。

A. 国家海洋　　B. 国家海事

C. 国务院环境保护　　D. 地方政府环境保护

12. 根据我国《海洋环境保护法》,国家海事管理机构负责________污染海洋环境的监督管理。

A. 所辖港区水域内非军事船舶　　B. 港区水域外军事船舶

C. 港区水域外非军事船舶　　D. 港区水域外非渔业船舶

13. 根据我国现行《海洋环境保护法》的规定,船舶不得违法排放________。

①废弃物、污染物;②船舶垃圾;③压载水;④其他有害物质

A. ①②③　　B. ①②④

C. ②③④　　D. ①②③④

14. 下列哪项符合我国现行《海洋环境保护法》的要求?

①船舶必须持有防污证书和文书;②船舶必须配置相应的防污设备和器材;③船舶应防止因海难事故造成海洋环境的污染;④所有船舶均有监视海上污染的义务

A. ①②③　　B. ①②④

C. ②③④　　D. ①②③④

15. 下列哪项符合我国现行《海洋环境保护法》的要求?

①船舶在进行污染物排放和操作时,应如实记录;②船舶必须配置相应的防污设备和器材;③载运污染物的船舶,其结构和设备应能防止或减轻所载污染物对海洋环境的污染;④船舶在港区水域内排放压载水应报请海事部门批准或者核准

A. ①②③　　B. ①②④

C. ②③④　　D. ①②③④

16. 根据《中华人民共和国海洋环境保护法》,下列哪些单位必须编制溢油污染应急计划?

①船舶;②装卸油类的港口;③装卸油类的码头;④装卸油类的装卸站

A. ①②③　　B. ①②

C. ②③④　　D. ①②③④

17. 根据我国现行《海洋环境保护法》的规定,下列哪些单位必须编制溢油污染应急计划?

①装卸油类的码头;②船舶;③船舶修造厂;④装卸油类的装卸站

A. ①②③　　B. ①②④

C. ②③④　　D. ①②③④

18. 根据《中华人民共和国海洋环境保护法》的规定,装卸油类的________必须编制溢油污染应急计划,并配备相应的溢油污染应急设备和器材。

①港口;②码头;③装卸站;④船舶

A. ①②③④　　B. ①②③

C. ②③④　　D. ①③④

19. 根据《中华人民共和国海洋环境保护法》的规定,发生________,经及时采取合理措施,仍不能避免对海洋环境造成污染损害的,造成污染损害的有关责任者不能免除责任。

A. 战争　　B. 不可抗拒的自然灾害

C. 负责灯塔的主管部门的过失行为　　D. 监管人员玩忽职守

20. 根据我国《海洋环境保护法》的规定,海洋环境污染损害,是指直接或者间接地把物质或者能量引入海洋环境,产生________等有害影响。

①损害海洋生物资源；②危害人体健康；③妨害渔业和海上其他合法活动；④损害海水使用素质和减损环境质量

A. ①②③　　B. ①②③④

C. ②③④　　D. ①②④

21. 下列哪项符合我国《海洋环境保护法》的要求？

①船舶必须持有防污证书和文书；②船舶必须配置相应的防污设备和器材；③船舶在进行污染物排放和操作时，应如实记录；④载运污染物的船舶，其结构和设备应能防止或减轻所载污染物对海洋环境的污染

A. ①②③　　B. ①②③④

C. ②③④　　D. ①③④

22. 根据我国《海洋环境保护法》的规定，________必须编制溢油污染应急计划。

A. 船舶　　B. 所有港口

C. 所有码头　　D. 所有货物装卸站

23. 根据我国《海洋环境保护法》，以下表述有误的是________。

A. 船舶必须按照有关规定持有防止海洋环境污染的证书与文书

B. 在进行涉及污染物排放及操作时，应当如实记录

C. 船舶必须配置相应的防污设备和器材

D. 载运具有污染危害性货物的船舶，其结构与设备应当能满足国际危规的要求

24. 根据《防治船舶污染海洋环境管理条例》规定，下列哪些活动应遵守相关操作规程，并采取必要的安全和防治污染的措施？

①从事船舶清舱、洗舱、油料供受、装卸、过驳、修造、打捞、拆解；②污染危害性货物装箱、充罐；③污染清除作业；④利用船舶进行水上水下施工作业

A. ①③④　　B. ①②③

C. ①②③④　　D. ①②④

25. 根据我国《防治船舶污染海洋环境管理条例》，下述陈述错误的是________。

A. 船舶应当按照应急预案，定期组织演练，并做好相应记录

B. 船舶拆解作业应采取冲滩方式进行

C. 任何个人发现船舶造成或者可能造成海洋环境污染的，应立即就近向海事管理机构报告

D. 防治船舶及其有关作业活动污染中华人民共和国管辖海域适用本条例

26. 按照《防治船舶污染海洋环境管理条例》规定，船舶污染事故报告应当包括________。

①船舶及船员的配备情况；②发生事故的时间、地点以及相关气象和水文情况；③船舶上污染物的种类、数量、装载位置等概况；④污染程度

A. ①②③④　　B. ②③④

C. ①②③　　D. ①②④

27. 根据我国《防治船舶污染海洋环境管理条例》，船舶污染事故报告至少应当包括下列________。

①船舶的名称、国籍、呼号或编号；②发生事故的时间、地点以及相关气象和水文情况；③事故原因或事故原因的初步判断；④污染程度

A. ①②③④ B. ①④

C. ①②③ D. ②③④

28. 根据《防治船舶污染海洋环境管理条例》规定，抵港船舶的压舱、洗舱、机舱等含油污水，在符合我国船舶污染物排放标准的前提下________。

A. 可任意排放

B. 经轮机长同意后排放

C. 经船长批准后排放

D. 应书面向海事主管机关申请并经批准后排放

29. 根据《防治船舶污染海洋环境管理条例》规定，散装水泥船卸货后需冲洗甲板、货舱时，下列规定哪项正确？

A. 应经大副同意 B. 不得在港内任意冲洗

C. 应事先经海事主管机关批准 D. 需经船长同意

30. 根根据我国《防治船舶污染海洋环境管理条例》，船舶发生污染事故后立即报告的内容应包括________。

①污染事故发生的时间、地点；②污染事故发生当时的气象及水文情况；③已采取的清除污染措施；④准备采取的清除污染措施

A. ①②③④ B. ①②③

C. ②③④ D. ①③④

31. 根据《防治船舶污染海洋环境管理条例》规定，船舶在我国管辖水域内发生污染事故，应立即向________报告。

A. 船籍港海事主管机关 B. 第一到港的船舶代理

C. 船公司 D. 就近港口的海事主管机关

32. 根据《中华人民共和国船舶及其有关作业活动污染海洋环境防治管理规定》，船舶从事下列哪项作业活动，应在作业前向海事管理机构报告，并遵守相关操作规程，落实安全和防治污染措施？

①冲洗沾有污染物、有毒有害物质的甲板；②在港区水域内进行洗舱、排放压载水；③在沿海港口进行舷外拷铲和油漆作业

A. ①②③ B. ②③

C. ①② D. ①③

33. 根据《中华人民共和国船舶及其有关作业活动污染海洋环境防治管理规定》，船舶从事下列哪项作业活动，无须在作业前向海事管理机构报告？

A. 在港内冲洗沾有污染物的甲板 B. 在港内注入压载水

C. 在港内使用焚烧炉 D. 在港内舷外油漆

34.《中华人民共和国船舶及其有关作业活动污染海洋环境防治管理规定》中所称的有关作业活动不包括________。

A. 船舶装卸作业 B. 船舶过驳作业

C. 船舶清舱、洗舱作业 D. 淡水添加作业

35. 根据我国《船舶及其有关作业活动污染海洋环境防治管理规定》，船舶________不需在作业

前向海事管理机构报告。

A. 在沿海港口进行舷外拷铲、油漆作业或者使用焚烧炉

B. 在港区水域内洗舱、清舱、驱气以及排放压载水

C. 冲洗沾有污染物、有毒有害物质的甲板

D. 清扫曾装过扬尘污染货物的货舱

36. 根据我国《船舶及其有关作业活动污染海洋环境防治管理规定》,在中华人民共和国管辖的海域内,船舶排放以下哪些物质需符合我国法规以及我国缔结或加入的国际公约?

①船舶垃圾;②生活污水;③含油污水、有毒有害物质的污水、废气等污染物;④压载水

A. ①②③　　B. ①②④

C. ①③④　　D. ①②③④

37. 依据《中华人民共和国船舶及其有关活动污染海洋环境防治管理规定》,有关船舶污染物的排放,以下表述有误的是________。

A. 使用完毕的船舶垃圾记录簿在船上保留至少 1 年

B. 来自疫区船舶产生的污染物,应当经有关检疫部门检疫处理后方可进行接收和处理

C. 船舶应对含有毒有害物质的垃圾单独存放

D. 船舶将含有毒有害物质的垃圾排入港口接受设施或委托船舶污染物接收单位接收的,应当向对方说明垃圾所含物质的名称、性质和数量等情况

38. 根据我国《防治船舶污染海洋环境管理条例》,船舶污染物接收单位应当在污染物接收作业完毕后,向船舶出具污染物接收单证,经________签字确认,并留存至少________年。

A. 污染物接收单位;2　　B. 污染物接收单位;3

C. 双方;2　　D. 船方;2

39. 对于"船舶污染物的接收单位",下列说法不符合《中华人民共和国船舶及其有关作业活动污染海洋环境防治管理规定》的是________。

A. 船舶污染物接收单位应当在污染物接收作业完毕后,向船舶出具污染物接收单证,如实填写所接收的污染物种类和数量,并由大副签字确认

B. 船舶污染物接收单位进行船舶垃圾、残油、含油污水、含有毒有害物质污水接收作业,应当具有与其作业风险相适应的预防和清除污染的能力,并经海事管理机构批准

C. 船舶污染物接收单位应当将接收的污染物交由具有国家规定资质的污染物处理单位进行处理,并每月将船舶污染物的接收和处理情况报海事管理机构备案

D. 船舶污染物接收作业单位应当落实安全与防污染管理制度,进行污染物接收作业的,应当遵守国家有关标准、规程,并采取有效的防污染措施,防止污染物溢漏

40. 根据《中华人民共和国船舶及其有关作业活动污染海洋环境防治管理规定》,船舶应当将使用完毕的________在船舶上保留________年;将使用完毕的________在船舶上保留________年。

A. 船舶垃圾记录簿;2 年;含油污水、含有毒有害物质污水记录簿;4 年

B. 含油污水、含有毒有害物质污水记录簿;2 年;船舶垃圾记录簿;4 年

C. 含油污水、含有毒有害物质污水记录簿;2 年;船舶垃圾记录簿;3 年

D. 船舶垃圾记录簿;2 年;含油污水、含有毒有害物质污水记录簿;3 年

41. 根据我国《船舶及其有关作业活动污染海洋环境防治管理规定》,进行船舶油料供受作业的,作业双方应当采取满足安全和防治污染要求的供受油作业管理措施,同时应当遵守作业前________的规定。
①检查管路、阀门,做好准备工作,堵好甲板排水孔,关好有关通海阀;②检查油类作业的有关设备,使其处于良好状态;③对可能发生溢漏的地方,设置集油容器;④供受油双方以受方为主商定联系信号,双方均应切实执行
A. ②③④ B. ①②③
C. ①②③④ D. ①②④
42. 根据《船舶及其有关作业活动污染海洋环境防治管理规定》的规定,任何单位和个人发现船舶及其有关作业活动造成或者可能造成海洋环境污染的,应当立即向________报告。
A. 就近的海事管理机构 B. 船籍港的海事管理机构
C. 就近的交通运输主管部门 D. 船公司
43. 根据《船舶及其有关作业活动污染海洋环境防治管理规定》的规定,以下有关船舶污染物的排放与接收,表述正确的有________。
①应当将不符合规定排放要求以及依法禁止向海域排放的污染物,排入具备相应接收能力的港口接收设施;②船舶委托船舶污染物接收单位进行污染物接收作业的,其船舶经营人应当在作业前明确指定所委托的船舶污染物接收单位;③应当将污染物接收单证保存在相应的记录簿中;④涉及污染物处置作业,应当在相应的记录簿内规范填写,如不需要配备记录簿的,可以不必记录
A. ①③④ B. ①②③
C. ①②④ D. ①②③④
44. 根据《船舶及其有关作业活动污染海洋环境防治管理规定》的规定,曾经载运污染危害性货物的空容器,在未取得有资质的检测机构出具的清洁证明之时,________。
A. 应当按照原所装货物的要求进行运输
B. 经彻底清洗并消除危害后按照普通货物要求进行运输
C. 应当按照普通货物的要求进行运输
D. 不得进行运输
45. 依据《船舶大气污染物排放控制区实施方案》,自 2019 年 1 月 1 日起,________应使用硫含量≤0.5% m/m 的燃油。
A. 船舶进入排放控制区
B. 船舶在排放控制区内所有港口靠岸停泊期间
C. 船舶在排放控制区内的核心港口区域靠岸停泊期间
D. 排放控制区内有条件的港口可以实施船舶靠岸停泊期间
46. 依据《船舶大气污染物排放控制区实施方案》,船舶可采取________替代措施以达到要求的排放要求。
①连接岸电;②使用清洁能源;③尾气后处理;④使用燃油添加剂
A. ①②③ B. ①②④
C. ①③④ D. ①②③④

47. 根据《中华人民共和国防治船舶污染内河水域环境管理规定》的规定，以下有关船舶污染物的排放，正确的有________。

①不符合排放规定的船舶污染物应当交由港口、码头、装卸站或者有资质的单位接收处理；②禁止船舶向内河水体排放有毒液体物质或含有此类物质的压载水、洗舱水；③禁止船舶在内河水域使用焚烧炉；④禁止在内河水域使用溢油分散剂

A. ①②④　　B. ①②③

C. ①②　　D. ①②③④

48. 交通运输部制定《船舶大气污染物排放控制区实施方案》的目的是控制船舶________的排放。

①二氧化碳；②硫氧化物；③颗粒物；④氮氧化物

A. ①②③　　B. ①②

C. ②③④　　D. ①②③④

49. 根据我国《船舶大气污染物排放控制区实施方案》，自 2019 年 1 月 1 日起，船舶进入排放控制区应使用硫含量≤________的燃油。

A. 0.5% m/m　　B. 0.1% m/m

C. 3.5% m/m　　D. 4.5% m/m

50. 根据我国《船舶大气污染物排放控制区实施方案》，船舶可采取________等与排放控制要求等效的替代措施。

①连接岸电；②使用清洁能源；③尾气后处理；④布设围油栏

A. ①②③④　　B. ①②③

C. ②③④　　D. ①③④

第十一节　船员劳动合同相关法规规定

1. 船员劳动合同是船员与________确立劳动关系，明确双方权利和义务的协议。

①船舶所有人；②船舶经营人；③船舶代理人

A. ①②③　　B. ①②

C. ①③　　D. ②③

2. 根据我国《劳动法》，劳动合同的期限分为________。

①固定期限；②无固定期限；③以完成一定的工作为期限

A. ①②③　　B. ①②

C. ②③　　D. ①③

3. 根据我国《劳动法》和《劳动合同法》的规定，关于船员劳动合同，下列哪些说法是正确的？

①船员劳动合同的期限主要分为有固定期限和无固定期限两种；②船员劳动合同期限由代表船员用人单位的船员服务机构与船员协商确定；③船员劳动合同期满，经当事人协商一致，可以续订劳动合同；④续定的船员劳动合同可以约定不超过 6 个月的试用期

A. ①②③　　B. ②③④

C. ①③④　　D. ①②③④

4. 船员与船员用人单位在履行劳动合同时应该遵循________原则和规定。
①船员用人单位和船员应当按照劳动合同的约定履行各自的义务；②船员用人单位应当按照劳动合同的约定及时足额支付劳动报酬；③船员用人单位应当执行船员工作和休息时间标准，不得强迫船员加班；④劳动合同一经订立，合同约定的内容就不可以变更
A. ②③④　　B. ①③④
C. ①②③　　D. ①②③④

5. 根据《中华人民共和国劳动法》，劳动合同可以约定试用期，试用期最长不得超过________个月。
A. 2　　B. 3
C. 6　　D. 12

6. 根据我国《劳动合同法》规定，如果海员提前________以书面形式通知海员用人单位，就可以解除海员劳动合同。
A. 7 天　　B. 10 天
C. 30 天　　D. 60 天

7. 根据我国《劳动合同法》，如果用人单位________，劳动者可以解除劳动合同。
①未及时足额支付劳动报酬的；②未依法为劳动者缴纳社会保险费的；③未按照劳动合同约定提供劳动保护或者劳动条件的；④其单位规章制度违反法律、法规的规定，损害劳动者权益的
A. ①②③④　　B. ①③④
C. ②③④　　D. ①②③

8. 根据有关国际公约和国内立法，如果海员________，海员用人单位可以与其解除劳动合同。
①严重违反用人单位的规章制度；②严重失职，给海员用人单位造成重大损害；③因违章被处罚；④不能胜任工作，经过培训或者调岗，仍不能胜任工作
A. ①②④　　B. ①②③④
C. ②③④　　D. ①②③

9. 根据有关国际公约和国内立法，在________的情形下，劳动合同终止。
①海员劳动合同期满；②海员死亡或被法院宣告失踪；③海员用人单位被依法宣告破产；④就船舶驶往战区或冰冻区这一事件达成一致意见
A. ①②③④　　B. ①③④
C. ②③④　　D. ①②③

10. 根据我国《劳动法》，船舶所有人或经营人可以与船员解除或终止劳动合同的是________。
A. 船员患有职业病或因工负伤并经劳动鉴定委员会确认
B. 企业宣告破产或者被吊销营业执照
C. 船员患病，在规定的医疗期内
D. 船员非因工负伤，在规定的医疗期内

11. 根据我国《劳动法》，船舶所有人或经营人可以与船员解除劳动合同的情况是________。
A. 船员严重违反用人单位的规章制度
B. 船员因工负伤而丧失劳动能力
C. 船员患病或非因工负伤，在规定的医疗期内

D. 船员患有职业病并经劳动鉴定委员会确认

12. 根据有关国际公约和国内法规，如果________，船员可以解除劳动合同。
①船员用人单位未按照合同的约定为船员提供劳动保护；②船员用人单位未及时足额向船员支付劳动报酬；③船员工作于合同约定的船舶，该船在 PSC 检查中被证实不适航；④船员用人单位未依法为船员缴纳社会保险
A. ①②③　　B. ①②④
C. ②③④　　D. ①②③④

13. 根据有关国际公约和国内法规，有下列哪些情形之一的，劳动合同终止？
①船员劳动合同期满；②船员死亡或失踪；③船员用人单位破产或被吊销营业执照；④船员劳动合同订立时所依据的客观情况发生重大变化，致使船员劳动合同无法履行，且船员用人单位已提前向船员通告
A. ①②③　　B. ②③④
C. ①③④　　D. ①②③④

14. 在________的情况下，船员具有遣返的权利，并且由船员用人单位（船东）支付遣返费用。
①海员就业协议被海员处于合理的理由终止；②船员用人单位破产或被吊销营业执照，船员劳动合同终止；③海员就业协议被船东终止；④船员患病或者非工负伤，在规定的医疗期满后仍不能上船任职，船舶用人单位解除船员劳动合同
A. ①②③④　　B. ②③④
C. ①③④　　D. ①②

15. 根据《中华人民共和国劳动合同法》规定，劳动者应提前________天以书面形式通知用人单位，可以解除劳动合同。
A. 7　　B. 10
C. 30　　D. 90

16. 根据《中华人民共和国劳动合同法》规定，用人单位应提前________天以书面形式通知劳动者本人或额外支付劳动者________月工资后，可以解除劳动合同。
A. 7；1　　B. 7；3
C. 30；1　　D. 30；3

17. 根据《中华人民共和国劳动合同法》的规定，用人单位在某些情形下可以解除与劳动者的劳动合同，包括________。
①在试用期间被证明不符合录用条件的；②严重违反用人单位的规章制度的；③严重失职，营私舞弊，给用人单位造成重大损害的；④劳动者同时与其他用人单位建立劳动关系，对完成本单位的工作任务造成严重影响的
A. ①②③　　B. ①②④
C. ②③④　　D. ①②③④

18. 根据《中华人民共和国劳动合同法》的规定，用人单位在某些情形下不能解除与劳动者的劳动合同，包括________。
①从事接触职业病危害作业的劳动者未进行离岗前职业健康检查；②疑似职业病病人在诊断或者医学观察期间的；③在本单位患职业病或者因工负伤并被确认丧失或者部分丧失劳动能

力的;④患病或者非因工负伤,在规定的医疗期内的

A. ①②③　　B. ①②④

C. ②③④　　D. ①②③④

19. 发生劳动争议时,当事人可通过________得以解决。

①依法申请调解;②仲裁;③提起诉讼;④协商解决

A. ①②③④　　B. ①②③

C. ①②　　D. ②③④

20. 根据有关国内劳动立法,海员用人单位与海员发生劳动争议,可以________。

①协商解决;②申请调解;③提交仲裁;④提起诉讼

A. ①②③　　B. ①②③④

C. ①②④　　D. ②③④

21. 根据我国《劳动法》,以下表述有误的是________。

A. 用人单位与劳动者发生劳动争议,当事人必须依法申请仲裁或提起诉讼

B. 劳动争议发生后,当事人可以向本单位劳动争议调解委员会申请调解

C. 调解不成,当事人一方要求仲裁的,可以向劳动争议仲裁委员会申请仲裁

D. 当事人一方也可以直接申请仲裁;对仲裁裁决不服的,可以向人民法院提起诉讼

22. 根据我国《劳动法》和《劳动合同法》的规定,以下表述有误的是________。

A. 海员拒绝海员用人单位违章命令、强令冒险作业的,不视为违反劳动合同

B. 劳动争议发生后,只有调解不成,方可以申请仲裁

C. 海员用人单位与海员协商一致,可以变更劳动合同约定的内容

D. 海员用人单位与海员协商一致,可以解除劳动合同

23. 根据我国《劳动法》和《劳动合同法》的规定,下列哪些说法是正确的?

①有关船员劳动合同的争议处理应按照合同中的争议处理条款进行;②如合同中没有规定的,应按照有关国际公约和国内法规的规定进行;③劳动争议发生后,船员及船员用人单位均可向合同中约定的劳动争议仲裁委员会申请仲裁;④劳动仲裁一裁终局制,对仲裁裁决不服的,不得向人民法院提起诉讼

A. ①②③　　B. ②③④

C. ①③④　　D. ①②③④

24. 根据《中华人民共和国工伤保险条例》的规定,工伤职工停止享受工伤保险待遇的情形包括________。

①丧失享受待遇条件的;②拒不接受劳动能力鉴定的;③所在的企业破产的;④拒绝治疗的

A. ①②③　　B. ①②④

C. ②③④　　D. ①②③④

25. 根据《中华人民共和国工伤保险条例》的规定,应当认定职工为工伤的情形包括________。

①在工作时间和工作场所内,因工作原因受到事故伤害的;②患职业病的;③因工外出期间,由于工作原因受到伤害的;④在上下班途中,受到非本人主要责任的交通事故的

A. ①②③　　B. ①②④

C. ②③④　　D. ①②③④

26. 船员上船工作前，均需要与代表船员用人单位的船员服务机构签订上船就业协议。在该协议中就船员在船期间的________等方面做出约定。
①具体职务、航区；②工资、奖金；③保险、休假、遣返；④违约责任
A. ②③④　　B. ①②③
C. ①②③④　　D. ①②④
27. 根据有关国内立法和国际公约，海员就业协议通常应包括________等内容。
①船员将服务的船舶及航区；②关于公休和休假的约定；③加班费的支付规定；④就业协议终止及终止条件
A. ②③④　　B. ①②③
C. ①②③④　　D. ①②④
28. 海员和船东提前终止海员就业协议的最短通知期由海上劳动关系三方协调机制协商后确定，原则上不得短于________天。
A. 3　　B. 5
C. 7　　D. 15
29. 签署中国船员集体协议的主要目的是保障中国船员的合法权益，促进中国船员体面劳动，满足 MLC 2006 的要求。其中代表中国船员的是________。
A. 中国船东协会　　B. 中国海员联盟
C. 中国海员建设工会　　D. 中国总工会
30. 依据《中华人民共和国海员船上工作和生活条件管理办法》，船长或者经船长授权的海员应当________对起居舱室进行检查，确保起居舱室保持健康、卫生和安全舒适的状况，并保存检查记录。
A. 每航次　　B. 每周
C. 每月　　D. 每季度
31. 依据《中华人民共和国海员船上工作和生活条件管理办法》的规定，下列表述不正确的是________。
A. 船东应当为海员免费提供船上的娱乐和福利设施
B. 船东为海员提供的船岸电话通信、电子邮件、互联网和邮件的投递，不得收取额外的费用
C. 船东应当采取适当的措施，在满足保安审查的条件下，保证船舶在港口停留期间允许海员的亲属和朋友登船探视
D. 船东应当在满足船舶安全条件的情况下允许海员的配偶陪同其航海，并为海员的配偶投有充分的人身意外和疾病保险
32. 根据《中华人民共和国海员船上工作和生活条件管理办法》的规定，配员________及以上的船舶应当配备船上厨师。
A. 8 人　　B. 10 人
C. 12 人　　D. 15 人
33. 根据《中华人民共和国海员船上工作和生活条件管理办法》的规定，载员________人及以上并且航程在________天以上的国际航行船舶应当至少配备 1 名专职医生负责船上的医疗服务。

A. 40;2　　B. 60;2
C. 80;3　　D. 100;3

34. 根据《中华人民共和国海员船上工作和生活条件管理办法》的规定,船长或者负责医疗、急救和药品管理的海员应当妥善维护船上配备的医疗设施、设备和指南,应________对全部药品的标签、有效期、存放条件、用法用量以及医疗设备的功能等至少进行一次全面检查,并保持检查记录。
A. 每航次　　B. 每月
C. 每季度　　D. 每年

35. 根据《中华人民共和国海员船上工作和生活条件管理办法》的规定,无须配备医生的船舶,负责船上医护和药品管理工作的海员应当持有________。
A. 精通急救培训合格证　　B. 基本急救培训合格证
C. 高级消防培训合格证　　D. 船上医护培训合格证

36. 根据《中华人民共和国海员船上工作和生活条件管理办法》的规定,船舶配员________人及以上的船舶应当成立由船长负责的船舶安全委员会。
A. 5　　B. 10
C. 12　　D. 15

37. 根据《中华人民共和国海员船上工作和生活条件管理办法》的规定,船舶安全委员会会议应当至少每________举行1次,做好会议记录并形成安全委员会报告,由船长签字确认后随船备查。
A. 1个月　　B. 每航次
C. 3个月　　D. 6个月

38. 根据《中华人民共和国海员船上工作和生活条件管理办法》的规定,下列表述错误的是________。
A. 实施监督检查的海事管理机构,可以询问当事人,向有关单位或者个人了解情况,查阅、复制有关资料,并保守被调查单位或者个人的商业秘密
B. 海事管理机构在监督检查中发现或接到投诉举报的应当及时处理,发现船东违反本办法的,应当督促船东和船舶及时整改
C. 海事管理机构应当加强对船上工作和生活条件的监督检查,督促船东以及相关机构建立健全海员在船舶上的人身安全、卫生、健康和劳动安全管理制度,落实相应的管理措施
D. 在船上投诉程序失效时,海员才可以向相关主管部门提出直接投诉

39. 根据我国《海员外派管理规定》,海员外派遵循________的原则。
A. "国家管理和海事管理机构监督相结合"
B. "谁派出,谁负责"
C. "船员用人单位负责制"
D. "船员用工单位负责制"

40. 根据我国《海员外派管理规定》,海员外派机构与境外船东签订的船舶配员服务协议的内容应包括________。
①船长的责任、权利和义务;②外派海员的工作、生活条件;③外派海员的上下船安排;④工资

福利待遇及其支付方式

A. ②③④　　B. ①②③④

C. ①②③　　D. ①③④

41. 根据我国《海员外派管理规定》，海员外派机构应当在外派海员上船工作前，与其签订上船协议，协议内容通常不包括________。

A. 船舶配员服务协议中涉及外派海员利益的所有条款

B. 海员外派机构对外派海员工作期间应收取的管理费

C. 外派海员在境外发生紧急情况时海员外派机构对其的安置责任

D. 违约责任

42. 根据我国《海员外派管理规定》，海员外派机构可以把海员外派到________上工作。

A. 被港口国监督检查中列入黑名单的船舶

B. 非经中国境内保险机构或者国际保赔协会成员保险的船舶

C. 未建立和运行 SMS 体系的船舶

D. 老龄船舶

43. 根据我国《海员外派管理规定》，海员外派机构为海员提供海员外派服务，应当保证外派海员与下列哪些单位之一签订有劳动合同？

①本机构；②境外船东；③我国的航运公司；④其他相关行业单位

A. ①②③　　B. ②③④

C. ①②④　　D. ①②③④

44. 根据我国《海员外派管理规定》，海员外派机构应当________。

①为外派海员购买境外人身意外伤害保险；②在充分了解并确保境外船东资信和运营情况良好的前提下，方可与境外船东签订船舶配员服务协议；③外派海员与我国的航运公司或者其他相关行业单位签订劳动合同的，海员外派机构在外派该海员时，应当事先经过外派海员用人单位同意；④外派海员与境外船东签订劳动合同的，海员外派机构不应审查劳动合同的内容

A. ①②③　　B. ②③④

C. ①②④　　D. ①②③④

45. 根据我国《海员外派管理规定》，海员外派机构应当在外派海员上船工作前，与其签订上船协议，协议内容应当包括________。

①海员外派机构对外派海员工作期间的管理和服务责任；②船舶配员服务协议中涉及外派海员利益的条款；③违约责任；④外派海员在境外发生紧急情况时海员外派机构对其的安置责任

A. ①②③　　B. ①③④

C. ②③④　　D. ①②③④

46. 根据我国《海员外派管理规定》，以下表述不正确的是________。

A. 交通运输部海事局主管全国海员外派工作

B. 交通运输部直属海事管理机构依照各自职责负责具体实施海员外派的监督管理工作

C. 海员外派遵循“谁派出，谁负责”的原则

D. 从事海员外派机构应当做好外派海员在船工作期间及登、离船过程中的各项保障工作

参考答案

第一节 海上交通安全法与船员条例

1. C	2. A	3. B	4. B	5. A	6. A	7. C	8. B	9. C	10. B
11. A	12. A	13. D	14. C	15. B	16. B	17. C	18. B	19. C	20. C
21. B	22. A	23. D	24. D	25. D	26. A	27. A	28. D	29. C	30. A
31. D	32. D	33. D	34. B	35. A	36. C	37. B	38. B	39. B	40. B
41. A	42. B	43. C	44. A	45. D	46. A	47. B	48. A	49. A	50. A
51. B	52. A	53. D	54. B	55. A	56. D	57. D	58. B	59. C	60. C
61. A	62. B	63. B	64. C	65. A	66. D	67. A	68. A	69. C	70. A
71. C	72. A	73. D	74. D	75. C	76. A	77. A	78. D	79. C	80. C
81. A	82. D	83. D	84. A	85. A	86. B				

第二节 船舶登记与配员管理

1. B	2. B	3. B	4. D	5. D	6. C	7. D	8. B	9. D	10. A
11. A	12. B	13. D	14. A	15. A	16. B	17. B	18. A	19. B	20. A

第三节 海船船员适任考试和发证管理

1. D	2. A	3. D	4. C	5. D	6. C	7. D	8. B	9. C	10. B
11. A	12. D	13. A	14. D	15. B	16. A	17. C	18. B	19. A	20. D

第四节 海船船员值班管理

1. D	2. D	3. D	4. A	5. C	6. B	7. A	8. D	9. C	10. A
11. B	12. B	13. D	14. B	15. C	16. C	17. A	18. D	19. C	20. D
21. B	22. A	23. A	24. B	25. D	26. B	27. C	28. A	29. B	30. D
31. B	32. A	33. D	34. A	35. B	36. A	37. D	38. A	39. A	40. A
41. A	42. B	43. A	44. B	45. D	46. B	47. C	48. C	49. D	50. A
51. C	52. D	53. A	54. B	55. A	56. D	57. A	58. A	59. B	60. B
61. A	62. A	63. B	64. D	65. C	66. D	67. D	68. D	69. B	70. B
71. A	72. B	73. B	74. A	75. B	76. C	77. A	78. A	79. D	80. C
81. A	82. A	83. A	84. D	85. D	86. D	87. A	88. A	89. A	90. C

91. B　92. A　93. A　94. D　95. A　96. D　97. D　98. A　99. A　100. D
101. A　102. C　103. B　104. A　105. D　106. C　107. D　108. D　109. B　110. C
111. C　112. D　113. D　114. C

第五节　船舶安全监督管理

1. D　2. B　3. A　4. B　5. C　6. B　7. A　8. D　9. A　10. D
11. D　12. A　13. B　14. B　15. D　16. A　17. D　18. D　19. A　20. B
21. C　22. A　23. D　24. D　25. C　26. B　27. B　28. B　29. D　30. B
31. A　32. B　33. A　34. D　35. A　36. A　37. C　38. B

第六节　海事行政处罚管理

1. A　2. A　3. C　4. D　5. D　6. B　7. B　8. C　9. C　10. D
11. B　12. A　13. A　14. B　15. C　16. D　17. A　18. C　19. C　20. D
21. B　22. D　23. A　24. B　25. A　26. C　27. B　28. A　29. A　30. B
31. D　32. D　33. A

第七节　货物安全运输管理

1. A　2. A　3. D　4. D　5. C　6. D　7. B　8. B　9. D　10. C
11. D　12. D　13. A　14. B　15. A　16. D　17. A　18. D　19. A　20. D
21. C　22. C　23. C　24. A　25. B　26. B　27. A　28. B　29. D　30. C
31. D　32. A　33. C　34. C　35. C　36. C　37. D　38. B　39. A

第八节　船舶交通和进出港管理

1. A　2. D　3. C　4. C　5. A　6. C　7. D　8. D　9. D　10. A
11. A　12. D　13. B　14. D　15. D　16. B　17. B　18. A　19. A　20. B
21. D　22. C　23. B　24. C　25. B　26. C　27. D　28. C　29. A　30. C
31. D　32. C　33. B　34. B　35. A　36. C　37. B　38. C　39. C　40. C
41. B　42. C　43. D　44. A　45. A　46. A　47. B　48. D　49. D　50. D
51. C　52. C　53. C　54. C　55. C　56. A　57. B　58. B　59. D　60. D
61. A　62. C　63. A　64. D　65. C　66. B　67. A　68. A　69. B

第九节 海上事故调查管理

1. A	2. A	3. B	4. D	5. B

第十节 防治船舶污染管理

1. A	2. D	3. D	4. C	5. C	6. B	7. C	8. D	9. A	10. C
11. C	12. A	13. D	14. D	15. D	16. D	17. B	18. A	19. D	20. B
21. B	22. A	23. D	24. C	25. B	26. B	27. A	28. D	29. C	30. A
31. D	32. A	33. B	34. D	35. D	36. D	37. A	38. C	39. A	40. D
41. C	42. A	43. B	44. A	45. A	46. A	47. D	48. C	49. A	50. B

第十一节 船员劳动合同相关法规规定

1. B	2. A	3. A	4. C	5. C	6. C	7. A	8. A	9. D	10. B
11. A	12. B	13. D	14. A	15. C	16. C	17. D	18. D	19. A	20. B
21. A	22. B	23. A	24. B	25. D	26. C	27. C	28. C	29. C	30. B
31. D	32. B	33. D	34. D	35. D	36. A	37. C	38. D	39. B	40. A
41. B	42. D	43. D	44. A	45. D	46. A				

答案解析

第一节 海上交通安全法与船员条例

1. C。《海上交通安全法》适用于在中华人民共和国沿海水域航行、停泊和作业的一切船舶、设施和人员以及船舶、设施的所有人、经营人。

3. B。"船舶"是指各类排水或非排水的船、筏、水上飞机、潜水器和移动式平台。

4. B。外国籍非军用船舶,未经主管机关批准,不得进入中华人民共和国的内水和港口。但是,因人员病急、机件故障、遇难、避风等意外情况,未及获得批准,可以在进入的同时向主管机关紧急报告,并听从指挥。外国籍军用船舶,未经中华人民共和国政府批准,不得进入中华人民共和国领海。

7. C。船舶必须持有船舶国籍证书,或船舶登记证书,或船舶执照。

8. B。(1)船舶应当按照标准定额配备足以保证船舶安全的合格船员。(2)船长、轮机长、驾驶员、轮机员、无线电报务员话务员以及水上飞机、潜水器的相应人员,必须持有合格的职务证书。其他船员必须经过相应的专业技术训练。(3)应当按照国家规定,配备掌握避碰、信号、通信、消防、救生等专业技能的人员。(4)船舶、设施上的人员必须遵守有关海上交通安全的规章制度和操作规程，保障船舶、设施航行、停泊和作业的安全。

9. C。船长、轮机长、驾驶员、轮机员、无线电报务员话务员以及水上飞机、潜水器的相应人员，必须持有合格的职务证书。其他船员必须经过相应的专业技术训练。

10. B。外国籍非军用船舶，未经主管机关批准，不得进入中华人民共和国的内水和港口。外国籍军用船舶，未经中华人民共和国政府批准，不得进入中华人民共和国领海。

11. A。除经主管机关特别许可外，禁止船舶进入或穿越禁航区。

12. A。船舶应当按照标准定额配备足以保证船舶安全的合格船员。

13. D。船舶进出港口或者通过交通管制区、通航密集区和航行条件受到限制的区域时，必须遵守中华人民共和国政府或主管机关公布的特别规定。

14. C。1. 外国籍非军用船舶，未经主管机关批准，不得进入中华人民共和国的内水和港口。但是，因人员病急、机件故障、遇难、避风等意外情况，未及获得批准，可以在进入的同时向主管机关紧急报告，并听从指挥。2. 经主管机关特别许可，救助遇难人员可以进入禁航区。3. 船舶装运危险货物，必须向主管机关办理申报手续，经批准后，方可进出港口或装卸。

15. B。外国籍军用船舶进入中华人民共和国领海，需要经过中华人民共和国政府批准。

16. B。因人员病急、机件故障、遇难、避风等意外情况，未及获得批准，外国籍非军用船舶可以在进入的同时向主管机关紧急报告，并听从指挥。

17. C。外国籍船舶进出中华人民共和国港口或者在港内航行、移泊以及靠离港外系泊点、装卸站等，必须由主管机关指派引航员引航。

18. B。除经主管机关特别许可外，禁止船舶进入或穿越禁航区。

19. C。船舶、设施有下列情况之一的，主管机关有权禁止其离港，或令其停航、改航、停止作业：(1)违反中华人民共和国有关的法律、行政法规或规章；(2)处于不适航或不适拖状态；(3)发生交通事故，手续未清；(4)未向主管机关或有关部门交付应承担的费用，也未提供适当的担保；(5)主管机关认为有其他妨害或者可能妨害海上交通安全的情况。

21. B。事故现场附近的船舶，设施，收到求救信号或发现有人遭遇生命危险时，在不严重危及自身安全的情况下，应当尽力救助遇难人员，并迅速向主管机关报告现场情况和本船舶、设施的名称、呼号和位置。

22. A。船舶装运危险货物，必须向主管机关办理申报手续。

25. D。船舶、设施发现下列情况，应当迅速报告主管机关：(1)助航标志或导航设施变异、失常；(2)有妨碍航行安全的障碍物、漂流物；(3)其他有碍航行安全的异常情况。

28. D。1. 船舶、设施储存、装卸、运输危险货物，必须具备安全可靠的设备和条件，遵守国家关于危险货物管理和运输的规定。2. 船舶装运危险货物，必须向主管机关办理申报手续，经批准后，方可进出港口或装卸。

31. D。在不严重危及自身安全的情况下，应当尽力救助遇难人员。

34. B。发生碰撞事故的船舶、设施，应当互通名称、国籍和登记港，并尽一切可能救助遇难人员。在不严重危及自身安全的情况下，当事船舶不得擅自离开事故现场。

35. A。互通名称、国籍和登记港。

39. B。船舶、设施发生的交通事故，由主管机关查明原因，判明责任。

41. A。事故现场附近的船舶,设施,收到求救信号或发现有人遭遇生命危险时,在不严重危及自身安全的情况下,应当尽力救助遇难人员。
49. A。海事管理机构对船员实施监督检查时,应当查验船员必须携带的证件的有效性,检查船员履行职责的情况,必要时可以进行现场考核。
50. A。年满 18 周岁(在船实习、见习人员年满 16 周岁)且初次申请不超过 60 周岁。
51. B。第十三条 中国籍船舶在境外遇有不可抗力或者其他特殊情况,无法满足船舶最低安全配员要求,需要由本船下一级船员临时担任上一级职务时,应当向海事管理机构提出申请。海事管理机构根据拟担任上一级船员职务船员的任职资历、任职表现和安全记录,出具相应的证明文件。
52. A。第十二条 中国籍船舶的船长应当由中国籍船员担任。
53. D。第十九条 在中国籍船舶上工作的外国籍船员,应当依照法律、行政法规和国家其他有关规定取得就业许可,并持有国务院交通主管部门规定的相应证书和其所属国政府签发的相关身份证件。
55. A。在不严重危及自身安全的情况下,尽力救助遇险人员。
57. D。第二十三条 船长、高级船员在航次中,不得擅自辞职、离职或者中止职务。
58. B。遵守船舶报告制度,发现或者发生险情、事故、保安事件或者影响航行安全的情况,应当及时报告。
59. C。在不严重危及自身安全的情况下,尽力救助遇险人员。
60. C。携带条例规定的有效证件。
61. A。不得利用船舶私载旅客、货物,不得携带违禁物品。
62. B。第二十五条 船员用人单位和船员应当按照国家有关规定参加工伤保险、医疗保险、养老保险、失业保险以及其他社会保险,并依法按时足额缴纳各项保险费用。
63. B。第二十六条第二款:船员用人单位应当为船员提供必要的生活用品、防护用品、医疗用品,建立船员健康档案,并为船员定期进行健康检查,防治职业疾病。
64. C。按照国家有关规定参加工伤保险、医疗保险、养老保险、失业保险以及其他社会保险;对在驶往或者驶经战区、疫区或者运输有毒、有害物质的船舶上工作的船员,办理专门的人身、健康保险,并提供相应的防护措施。不包括一般商业保险。
65. A。船员用人单位应当为在驶往或者驶经战区、疫区或者运输有毒、有害物质的船舶上工作的船员,办理专门的人身、健康保险,并提供相应的防护措施。
66. D。第二十六条 船舶上船员生活和工作的场所,应当符合国家船舶检验规范中有关船员生活环境、作业安全和防护的要求。
69. C。督促船员用人单位、船舶所有人以及相关的机构建立健全船员在船舶上的人身安全、卫生、健康和劳动安全保障制度,落实相应的保障措施。
70. A。船员用人单位应当向在劳动合同有效期内的待派船员,支付不低于船员用人单位所在地人民政府公布的最低工资。
75. C。船员用人单位应当在船员年休假期间,向其支付不低于该船员在船工作期间平均工资的报酬。
76. A。船员在船工作期间,有下列情形之一的,可以要求遣返:(一)船员的劳动合同终止或者依法解除的；(二)船员不具备履行船上岗位职责能力的；(三)船舶灭失的；(四)未经船员同意，船舶驶往战区、疫区的；(五)由于破产、变卖船舶、改变船舶登记或者其他原因，船员用人单位、船舶所有人不能继续履行对船员的法定或者约定义务的。

81. A。船员的遣返费用由船员用人单位支付。遣返费用包括船员乘坐交通工具的费用、旅途中合理的食宿及医疗费用和 30 千克行李的运输费用。

83. D。第三十四条 船员的遣返权利受到侵害的，船员当时所在地民政部门或者中华人民共和国驻境外领事机构，应当向船员提供援助；必要时，可以直接安排船员遣返。民政部门或者中华人民共和国驻境外领事机构为船员遣返所垫付的费用，船员用人单位应当及时返还。

85. A。船员服务机构为船员用人单位提供的船员受伤、失踪或者死亡的，船员服务机构应当配合船员用人单位做好善后工作。

86. B。船员服务机构为船员用人单位提供船舶配员服务，应当按照相关法律、行政法规的规定订立合同。

第二节　船舶登记与配员管理

2. B。1. 船舶应当具有下列标志：(1)船首两舷和船尾标明船名；(2)船尾船名下方标明船籍港；(3)船名、船籍港下方标明汉语拼音；(4)船首和船尾两舷标明吃水标尺；(5)船舶中部两舷标明载重线。受船型或者尺寸限制不能在前款规定的位置标明标志的船舶，应当在船上显著位置标明船名和船籍港。2. 同一公司的船舶只准使用一个船舶烟囱标志、公司旗。船舶烟囱标志、公司旗由船籍港船舶登记机关审核。船舶烟囱标志、公司旗不得与登记在先的船舶烟囱标志、公司旗相同或者相似。

4. D。同一公司的船舶只准使用一个船舶烟囱标志、公司旗。

7. D。船舶不得具有双重国籍。

8. B。配员规则对外国籍船舶做出规定的，从其规定。

11. A。军用船舶、渔船、体育运动船艇以及非营业的游艇，不适用本规则。

12. B。中华人民共和国海事局是船舶安全配员管理的主管机关。

13. D。船舶所有人或者其船舶经营人、船舶管理人，应当按照本规则的要求，为所属船舶配备合格的船员，但是并不免除船舶所有人为保证船舶安全航行和作业增加必要船员的责任。

14. A。不免除船舶所有人为保证船舶安全航行和作业增加必要船员的责任。

16. B。船舶所有人可以根据需要增配船员，但船上总人数不得超过经中华人民共和国海事局认可的船舶检验机构核定的救生设备定员标准。

18. A。配员规则从安全和防污染角度出发确定船舶最低安全配员标准，生产成本主要是船舶所有人、经营人和管理人考虑的因素。

第三节 海船船员适任考试和发证管理

2. A。担任值班水手职务的船员必须持有值班水手或者高级值班水手适任证书,担任值班机工职务的船员必须持有值班机工或者高级值班机工适任证书。
3. D。第十一条 取得适任证书,应当具备下列条件:(一)年满 18 周岁(在船实习、见习人员年满 16 周岁)且初次申请不超过 60 周岁;(二)符合船员任职岗位健康要求;(三)经过船员基本安全培训;(四)通过相应的适任考试。参加航行和轮机值班的船员还应当经过相应的船员适任培训、特殊培训,具备相应的船员任职资历,并且任职表现和安全记录良好。
4. C。申请海船船员适任证书的,应提交的材料不包括海员证;不参加航行和轮机值班的海船船员申请适任证书,不需要提交见习记录簿。
6. C。参加航行和轮机值班的船员适任证书有效期不超过 5 年,不参加航行和轮机值班的船员适任证书长期有效。适任证书有效期截止日期不超过持证人 65 周岁生日。
7. D。D 项适用于适任证书过期 5 年及以上 10 年以下的情况。
8. B。B 项适合适任证书过期 10 年及以上的情况。
9. C。根据(海船员〔2016〕685 号),专业培训合格证书知识更新包括基本安全培训合格证(Z01)、精通救生艇筏和救助艇培训合格证(Z02)、精通快速救助艇培训合格证(Z03)、高级消防培训合格证(Z04)。
10. B。第二十二条 因违反海事行政管理规定被吊销适任证书者,自证书被吊销之日起 2 年后,通过低一级职务的适任考试,可以按照规定提交相应材料,向原签发适任证书的海事管理机构申请低一级职务的适任证书。
11. A。对船员进行适任能力考核的,应当根据本规则规定的船员适任要求通过抽考、现场考核等方式进行。
13. A。申请适用于客船三副适任证书者,应当在其他种类的 500 总吨及以上海船上担任三副满 12 个月,任职表现和安全记录良好,并至少在客船上任见习三副 3 个月;或者通过三副适任考试,在客船上完成 18 个月的船上见习,任职表现和安全记录良好。
14. D。根据《海船培训合格证签发管理办法》的规定,在大型船舶上服务的船长、大副应持有 T07;"大型船舶"系指 80000 载重吨或船舶总长 250 米及以上的船舶。
18. B。第三十七条 海事管理机构应当核实有关情况,对符合规定条件的,应当在 3 日内办理有效期不超过 6 个月的特免证明,但船长或者轮机长特免证明的有效期不超过 3 个月。
19. A。STCW 公约缔约国签发的外国船长和高级船员适任证书的船员在中国籍船舶上任职的,应当取得由海事管理机构签发的外国船员适任证书的承认签证。

第四节 海船船员值班管理

1. D。D 项属于船长的职责。
4. A。制订航次计划是船长的职责。

5. C。从出发港到下一停靠港，锚地或泊位。
6. B。第八条航次计划包括以下内容：（一）航线的总里程和预计航行的总时间；（二）计划航线上的气象情况和海况；（三）各转向点的经纬度；（四）各段航线的航程和预计到达各转向点的时间；（五）复杂航段的航法以及航线附近的危险物的避险手段；（六）特殊航区的注意事项。
7. A。从出发港到下一停靠港，锚地或泊位。
8. D。大幅度避让他船偏离计划航线后，需要尽快驶回航线。
9. C。轮机长应当经船长同意，合理安排轮机值班，保证机舱运行安全。
10. A。根据情况合理地安排值班船员。
11. B。驾驶台上的无人机舱控制装置、警报和指示器及其使用程序和局限性。
12. B。确定驾驶台值班人员组成时，应当考虑下列因素，保证安全航行需要：（一）保证驾驶台 24 小时值守；（二）天气及能见度情况、白天及夜间的驾驶要求差异；（三）临近航行危险时需要值班驾驶员额外执行的航行职责；（四）电子海图显示与信息系统（ECDIS）、雷达或者电子定位仪等助航仪器及任何其他影响船舶安全航行的设备的使用和工作状态；（五）船上是否装有自动操舵装置；（六）是否需要履行无线电职责；（七）驾驶台上的无人机舱控制装置、警报和指示器及其使用程序和局限性；（八）特殊的操作环境对航行值班的特别要求。
14. B。第二十一条　值班驾驶员应当始终保持正规瞭望，并应当符合下列要求：（一）利用视觉、听觉等一切可用的方法和手段对当时环境和情况保持连续观察、观测；（二）充分估计到碰撞、搁浅和其他可能危害航行安全的局面和危险；（三）及时发现遇难的船舶和飞机、船舶遇难人员，及时发现沉船残骸等危害航行安全的物体。
15. C。第二十条　船长应当合理安排航行值班船员，以保持连续正规的瞭望。船长安排值班时应当考虑的因素包括：（一）能见度、天气和海况；（二）航行所在区域的通航密度和所发生的其他活动；（三）在分道通航区域内及其附近水域时所必需注意的情况；（四）由船舶特性、即时操纵要求和预期操纵可能引起的额外工作量；（五）指定的值班船员适于值班的状况；（六）值班船员的专业适任能力及经验；（七）值班驾驶员对船舶设备、装置和程序的熟悉程度及操船能力；（八）必要时召唤待命人员立即到驾驶台协助的可能性；（九）驾驶台仪器和操纵装置（包括报警系统）的工作状况；（十）舵和推进器的控制以及船舶操纵特性；（十一）船舶尺度和指挥位置的视野；（十二）驾驶台的结构对值班人员瞭望的影响；（十三）其他涉及值班安排、适于值班的标准、程序和指南。
17. A。第九十一条　停泊时，甲板值班人员应当至少包括一名值班驾驶员和一名值班水手。
19. C。第十五条　值班的高级船员在交班前正在进行重要操作的，应当在确认操作完成后再交班，船长或者轮机长另有指令的除外。
22. A。载运散装危险货物的船舶，安全值班应当由甲板部和轮机部各至少一名高级船员和普通船员组成。根据配员规则的规定，无论何时，船长和大副、轮机长和大管轮不能同时离船。
24. B。装卸一级危险品、重大件、贵重货时到现场监督指导。

25. D。按照船长、大副的指示或者根据情况需要，通知机舱注入、排出或者调整压舱水，并注意船体平衡。
30. D。加油船来时通知机舱并且注意防火安全。
37. D。主机状态和其应急使用的可能性。
44. B。关于运输途中货物的保管是大副的职责。
45. D。每天早晨或离港前，应看水尺并记入航海日志。
47. C。装运散装货必须要求船方按规定平舱。
49. D。发现有可能造成货损或混票情况时，应暂停装舱。
51. C。载运散装危险货物的船舶，安全值班应当由甲板部和轮机部各至少一名高级船员和普通船员组成。
53. A。会同值班轮机员核对船钟、车钟、试舵；机舱尽快备妥主机。
54. B。开航前 1 小时冲车试车。
56. D。主机试车前，值班轮机员应当征得值班驾驶员同意。
57. A。船长应当提前 24 小时将预计开航时间通知轮机长，如停港不足 24 小时，应当在抵港后立即将预计离港时间通知轮机长。
60. B。主机试车前，值班轮机员应当征得值班驾驶员同意。
61. A。主机试车前，值班轮机员应当征得值班驾驶员同意，而不是船长或值班驾驶员督促机舱冲车或转车。
64. D。判断将有恶劣天气来临时，船长应当及时通知轮机长做好各种准备。
65. C。主机试车前，值班轮机员应当征得值班驾驶员同意，而不是船长或值班驾驶员督促机舱冲车或转车；如开航时间变更，应当及时向轮机长更正；如停港不足 24 小时，应当在抵港后立即将预计离港时间通知轮机长。
66. D。添加燃油和淡水以及其他储备品分别是轮机长和大副的职责，向船长报告。
67. D。因调换发电机、并车等需要暂时停电时，值班轮机员应当事先通知驾驶台；开航前 1 小时，值班驾驶员应当会同值班轮机员核对船钟、车钟、试舵等；开航前备妥主机。
70. B。应急舵演练至少每 3 个月进行一次。
76. C。停车应当先征得船长同意。但情况危急，不立即停车会威胁人身安全或者主机安全时，轮机长可以立即停车并及时通知驾驶台。
77. A。值班驾驶员和值班轮机员应当执行船长和轮机长共同商定的主机各种车速，另有指示的除外。判断将有恶劣天气来临时，船长应当及时通知轮机长做好各种准备。抵港前，轮机长应当将本船存油情况告知船长。
79. D。一般由值班驾驶员通知机舱。
80. C。船舶在到港前，应当对主机进行停、倒车试验，当无人值守的机舱因情况需要改为有人值守时，驾驶台应当及时通知轮机员。
88. A。船舶在到港前，应当对主机进行停、倒车试验。
90. C。值班驾驶员应当将装卸货情况随时通知值班轮机员，以保证安全供电。在装卸重大件、特种危险品或者使用重吊之前，大副应当通知轮机长派人检查起货机，必要时应当派人值守。

93. A。驾驶和轮机部门应当对船舶压载的调整，以及可能涉及海洋污染的各种操作，建立起有效的联系制度，包括书面通知和相应的记录。
94. D。添装燃油前，轮机长应当将本船的存油情况和计划添装的油舱以及各舱添装数量告知大副，以便计算稳性、水尺和调整吃水。
96. D。机舱若需检修影响动车的设备，轮机长应当事先将工作内容和所需时间报告船长，取得同意后方可进行。
101. A。因装卸作业造成船舶过度倾斜，影响机舱正常工作的，轮机长应当通知大副或者值班驾驶员采取有效措施予以纠正。
106. C。船员处于待命情况下，因被派去工作而中断了正常休息时间的，应当给予补休。
109. B。（一）未按照要求保持正规瞭望；（二）未按照要求履行值班职责；（三）未按照要求值班交接；（四）不采用安全航速航行；（五）不按照规定守听航行通信；（六）不按照规定测试、检修船舶设备；（七）发现或者发生险情、事故、保安事件或者影响航行安全的情况未及时报告；（八）未按照要求填写或者记载有关船舶法定文书；（九）在船上值班期间，体内酒精含量超过规定标准；（十）在船上履行船员职务，服食影响安全值班的违禁药物；（十一）不遵守本规则规定的其他情形。

第五节　船舶安全监督管理

1. D。船舶安全监督规则适用于对中国籍船舶和水上设施以及航行、停泊、作业于我国管辖水域的外国籍船舶实施的安全监督工作，但不适用于军事船舶、渔业船舶和体育运动船艇。
2. B。船舶安全监督分为船舶现场监督和船舶安全检查。
3. A。交通运输部主管全国船舶安全监督工作。
4. B。船舶现场监督应当由具备相应职责的海事行政执法人员实施。
5. C。从事船舶安全检查的海事行政执法人员应当取得相应等级的资格证书，并不断更新知识。
6. B。船舶应当在预计离港或者抵港 4 小时前向将要离泊或者抵达港口的海事管理机构报告进出港信息。航程不足 4 小时的，在驶离上一港口时报告。船舶在固定航线航行且单次航程不超过 2 小时的，可以每天至少报告一次进出港信息。船舶应当对报告的完整性和真实性负责。
9. A。船舶可以通过互联网、传真、短信等方式报告船舶进出港信息，并在船舶航海或者航行日志内做相应的记载。
11. D。船舶报告的进出港信息应当包括航次动态、在船人员信息、客货载运信息、拟抵离时间和地点等。
14. B。船舶应当在预计离港或者抵港 4 小时前向将要离泊或者抵达港口的海事管理机构报告进出港信。
15. D。船舶安全检查的内容：(1)船舶配员情况；(2)船舶、船员配备和持有有关法定证书文书及相关资料情况；(3)船舶结构、设施和设备情况；(4)客货载运及货物系固绑扎情况;(5)船舶保安相关情况;(6)船员履行其岗位职责的情况,包括对其岗位职责相关的设施、设备的维护保养和实际操作能力等;(7)海事劳工条件;(8)船舶安全管理体系运行情况;(9)法律、法规、规章以及我国缔结、加入的有关国际公约要求的其他检查内容。

16. A。船舶安全检查的内容不包括相关规定缴纳相关费税情况。

17. D。船舶安全管理体系运行情况属于安全检查的内容。

18. D。海事行政执法人员在船舶安全监督过程中发现船舶存在缺陷的,应当按照相关法律、法规、规章和公约的规定,提出下列处理意见:(1)警示教育;(2)开航前纠正缺陷;(3)在开航后限定的期限内纠正缺陷;(4)滞留;(5)禁止船舶进港;(6)限制船舶操作;(7)责令船舶驶向指定区域;(8)责令船舶离港。

20. B。安全检查发现的船舶缺陷不能在检查港纠正时,海事管理机构可以允许该船驶往最近的可以修理的港口,并及时通知修理港口的海事管理机构。修理港口超出本港海事管理机构管辖范围的,本港海事管理机构应当通知修理港口海事管理机构进行跟踪检查。修理港口海事管理机构在收到跟踪检查通知后,应当对船舶缺陷的纠正情况进行验证,并及时将验证结果反馈至发出通知的海事管理机构。

21. C。被采取其他措施的船舶,可以在相应缺陷纠正后向海事管理机构申请复查,不申请复查的,在下次船舶安全检查时由海事管理机构进行复查。海事管理机构收到复查申请后,决定不予本港复查的,应当及时通知申请人在下次船舶安全检查时接受复查。

23. D。由于存在缺陷,被采取滞留、禁止船舶进港、限制船舶操作、责令船舶离港措施的船舶,应当在相应的缺陷纠正后向海事管理机构申请复查。

24. D。中国籍船舶应当建立开航前自查制度。船舶在离泊前应当对船舶安全技术状况和货物装载情况进行自查,按照国家海事管理机构规定的格式填写船舶开航前安全自查清单,并在开航前由船长签字确认。

25. C。船舶在固定航线航行且单次航程不超过 2 小时的,无须每次开航前均进行自查,但一天内应当至少自查一次。

26. B。海事行政执法人员在开展船舶安全监督时,船长应当指派人员配合。

27. B。(1)中国籍船舶应当建立开航前自查制度。船舶在离泊前应当对船舶安全技术状况和货物装载情况进行自查,按照国家海事管理机构规定的格式填写船舶开航前安全自查清单,并在开航前由船长签字确认。(2)船舶在固定航线航行且单次航程不超过 2 小时的,无须每次开航前均进行自查,但一天内应当至少自查一次。(3)船舶开航前安全自查清单应当在船上保存至少 2 年。

28. B。报备内容应包括:船名、船舶经营人、停泊位置、船舶载货状况、作业种类、作业时间、安全防范措施、船长安全声明、作业单位名称及联系方式(联系人、联系电话)、报备人联系方式。

29. D。如海事管理机构对报备材料有异议,应立即在作业前向船舶提出整改要求。船舶整改完毕后,方可进行作业。

30. B。"船舶港内安全作业"系指船舶在港内的以下作业:(1)船舶拆修锅炉、主机、锚机、舵机、电台;(2)船舶试航、试车;(3)船舶放艇(筏)进行救生演习;(4)船舶烧焊或明火作业;(5)船舶悬挂彩灯;(6)船舶校正磁罗经;(7)船舶在港内进行可能影响船舶和港口安全的其他作业。

32. B。船舶从事悬挂彩灯作业，还应提供彩灯悬挂示意图。

33. A。船舶试航、试车应满足以下条件：(1)船舶试航应尽可能选择在白天能见度、海况良好的情况下进行。(2)船舶试航应避开航道、狭水道、通航密集区等重要通航水域及水产养殖、重点捕捞区。(3)船舶试车时，应注意船尾部的周围环境，冬季应注意海冰的影响，应不危及其他船舶和港口设施的安全。(4)船舶在试航、试车时应配备足够的合格船员。

34. D。船舶从事校正磁罗经作业，还应提供罗经校正人员的资质证明及船舶航行的区域说明。

37. C。船舶放艇(筏)进行救生演习应注意以下事项：(1)不得随意释放救生或求生信号。(2)船舶不得将救生艇用于交通及其他目的。

38. B。测爆合格的舱室或处所，明火作业必须在 4 小时内开工，否则应重新测爆认可。作业前和作业中，必要时，应有专人对施工区域及受影响处所随时复测可燃气体浓度。

第六节　海事行政处罚管理

1. A。海事行政违法行为的类型包括：(1)违反安全营运管理秩序；(2)违反船舶、海上设施检验和登记管理秩序；(3)违反船员管理秩序；(4)违反航行、停泊和作业管理秩序；(5)违反危险货物载运安全监督管理秩序；(6)违反海难救助管理秩序；(7)违反海上打捞管理秩序；(8)违反海上船舶污染沿海水域环境管理秩序；(9)违反交通事故调查处理秩序。

4. D。货物交付属于航运业务范围的内容，不属于违反海事行政管理秩序的行为。

6. B。对有 2 个或者 2 个以上海事行政违法行为的同一当事人，应当分别处以海事行政处罚，合并执行。对有共同海事行政违法行为的当事人，应当分别处以海事行政处罚。

7. B。有海事行政违法行为的中国籍船舶和船员在境外已经受到处罚的，不得重复给予海事行政处罚。

8. C。海事行政违法行为的当事人有下列情形之一的，从轻或者减轻给予海事行政处罚：(1)主动消除或者减轻海事行政违法行为危害后果的；(2)受他人胁迫实施海事行政违法行为的；(3)配合海事管理机构查处海事行政违法行为有立功表现的；(4)法律、行政法规规定应当依法从轻或者减轻行政处罚的情形。海事行政违法行为轻微并及时得到纠正，没有造成危害后果的，不予海事行政处罚。

9. C。海事行政违法行为的当事人有下列情形之一的，应当从重处以海事行政处罚：(1)造成较为严重后果或者情节恶劣；(2)1 年内因同一海事行政违法行为受过海事行政处罚；(3)胁迫、诱骗他人实施海事行政违法行为；(4)伪造、隐匿、销毁海事行政违法行为证据；(5)拒绝接受或者阻挠海事管理机构实施监督管理；(6)法律、行政法规规定应当从重处以海事行政处罚的其他情形。

10. D。(1)海事管理机构实施海事行政处罚时，应当责令当事人改正或者限期改正海事行政违法行为。(2)对有 2 个或者 2 个以上海事行政违法行为的同一当事人，应当分别处以海事行政处罚,合并执行。对有共同海事行政违法行为的当事人,应当分别处以海事行政处罚。(3)实施海事行政处罚,应当与海事行政违法行为的事实、性质、情节以及社会危害程度相适应。(4)有海事行政违法行为的中国籍船舶和船员在境外已经受到处罚的,不得重复给予海事行政处罚。(5)对当事人的同一个海事行政违法行为,不得给予 2 次以上海事行政处罚。(6)当事人未按照海事管理机构规定的期限和要求改正海事行政违法行为的,属于新的海事行政违法行为。

13. A。1 年内因同一海事行政违法行为受过海事行政处罚。

15. C。违反《海上交通安全法》第七条的规定,未取得合格的船员职务证书或者未通过船员培训,擅自上船服务的,依照《海上交通安全法》第四十四条和《船员条例》第六十条的规定,责令其立即离岗,处以 2000 元以上 2 万元以下罚款,并对聘用单位处以 3 万元以上 15 万元以下罚款。前款所称未取得合格的船员职务证书,包括下列情形:(一)未经水上交通安全培训并取得相应合格证明;(二)未持有船员适任证书或者其他适任证件;(三)持采取弄虚作假的方式取得的船员职务证书;(四)持伪造、变造的船员职务证书;(五)持转让、买卖或者租借的船员职务证书;(六)所服务的船舶的航区、种类和等级或者所任职务超越所持船员职务证书限定的范围;(七)持已经超过有效期限的船员职务证书;(八)未按照规定持有船员服务簿。

16. D。违反《海上交通安全法》第九条的规定,船舶、设施上的人员不遵守有关海上交通安全的规章制度和操作规程,依照《海上交通安全法》第四十四条和《船员条例》第五十七条的规定,处以 1000 元以上 1 万元以下罚款;情节严重的,并给予扣留船员适任证书 6 个月至 24 个月直至吊销船员适任证书的处罚。发生事故的,按照第二十五条的规定给予扣留或者吊销船员适任证书的处罚。本条前款所称不遵守有关海上交通安全的规章制度,包括下列情形:(一)在船上履行船员职务,未按照船员值班规则实施值班;(二)未获得必要的休息上岗操作;(三)在船上值班期间,体内酒精含量超过规定标准;(四)在船上履行船员职务,服食影响安全值班的违禁药物;(五)不采用安全速度航行;(六)不按照规定的航路航行;(七)未按照要求保持正规瞭望;(八)不遵守避碰规则;(九)不按照规定停泊、倒车、调头、追越;(十)不按照规定显示信号;(十一)不按照规定守听航行通信;(十二)不按照规定保持船舶自动识别系统处于正常工作状态,或者不按照规定在船舶自动识别设备中输入准确信息,或者船舶自动识别系统发生故障未及时向海事管理机构报告;(十三)不按照规定进行试车、试航、测速、辨校方向;(十四)不按照规定测试、检修船舶设备;(十五)不按照规定保持船舱良好通风或者清洁;(十六)不按照规定使用明火;(十七)不按照规定填写航海日志;(十八)不按照规定采取保障人员上、下船舶、设施安全的措施;(十九)不按照规定载运易流态化货物,或者不按照规定向海事管理机构备案。

19. C。根据船员违法行为的严重程度,一次船员违法记分的分值为 15 分、8 分、4 分、2 分、1 分五种。

20. D。船员累计记分周期(即记分周期)为 1 个公历年,满分 15 分,自每年 1 月 1 日始至 12 月 31 日止。

27. B。船员违法行为发生地,包括船员违法行为的结果发现地、初始发生地和过程经过地。

28. A。
29. A。船员需参加法规培训的,可向最后被实施船员违法记分地、船员注册地或船员适任证书签发地的海事管理机构报名。海事管理机构收到船员的报名后,对符合上款规定的应在 15 个工作日内组织培训。法规培训应包括水上交通安全和防治船舶污染等管理法规、安全知识的教育和海事案例等内容。
30. B。规定的法规培训及考试,海事管理机构不收取费用。
33. A。船员需参加法规培训的,可向最后被实施船员违法记分地、船员注册地或船员适任证书签发地的海事管理机构报名。海事管理机构收到船员的报名后,对符合上款规定的应在 15 个工作日内组织培训。法规培训及考试不收取费用。

第七节　货物安全运输管理

1. A。船舶载运包装危险货物,还应当符合《国际海运危险货物规则》的要求;船舶载运 B 组固体散装货物,还应当符合《国际海运固体散装货物规则》的要求。
2. A。在中华人民共和国管辖水域载运危险货物的活动,不限于中国籍船舶。
5. C。载运危险货物的船舶在装货前,应当检查货物的运输资料和适运状况。发现有违反本规定情形的不得装运。
7. B。第四条 从事危险货物运输的船舶所有人、经营人或者管理人,应当按照交通运输部有关船舶安全营运和防污染管理体系的要求建立和实施相应的体系或者制度。
8. B。第五条 载运危险货物的船舶应当编制安全和防污染应急预案,配备相应的应急救护、消防和人员防护等设备及器材。
10. C。从事危险货物运输的船舶经营人或者管理人,应当配备专职安全管理人员。
14. B。按照本规定办理危险货物申报或者报告手续的人员和集装箱装箱现场检查的人员,应当熟悉相关法规、技术规范和申报程序。
15. A。从事危险货物运输船舶的船员,应当按照规定持有特殊培训合格证,熟悉所在船舶载运危险货物安全知识和操作规程,了解所运危险货物的性质和安全预防及应急处置措施。
18. D。第十五条 拟交付船舶载运的危险货物包件、中型散装容器、大宗包装、货物运输组件,应当按照规定显示所装危险货物特性的标志、标记和标牌。
19. A。第十六条 拟载运危险货物的船用集装箱应当无损坏,箱内应当清洁、干燥、无污损,满足所装载货物要求。处于熏蒸状态下的船用集装箱等货物运输组件,应当符合相关积载要求,并显示熏蒸警告标牌。
20. D。船舶在运输途中发生危险货物泄漏、燃烧或者爆炸等情况的,应当在办理船舶载运危险货物申报手续时说明原因、已采取的控制措施和目前状况等有关情况,并于抵港后送交详细报告。
22. C。从事散装液化气体装卸作业的船舶和码头、装卸站应当建立作业前会商制度,并就货物操作、压载操作、应急等事项达成书面协议。
25. B。载运危险货物的船舶应当遵守海事管理机构关于航路、航道等区域性的特殊规定;

载运危险货物的船舶航行、装卸或者停泊，应当悬挂专用的警示标志，按照规定显示专用信号。有关避让的要求不是该规定的内容。

26. B。载运危险货物的船舶发生水上险情、交通事故、非法排放、危险货物落水等事件，应当按照规定向海事管理机构报告，并及时启动应急预案，防止损害、危害的扩大。

27. A。从事散装液化气体装卸作业的船舶和码头、装卸站应当建立作业前会商制度，并就货物操作、压载操作、应急等事项达成书面协议。

28. B。有关避让的要求不是该规定的内容。

29. D。载运危险货物的船舶发生水上险情、交通事故、非法排放、危险货物落水等事件，应当按照规定向海事管理机构报告，并及时启动应急预案，防止损害、危害的扩大。

31. D。载运危险货物的船舶航行、装卸或者停泊，应当悬挂专用的警示标志，按照规定显示专用信号。

35. C。载运危险货物的船舶进行洗（清）舱、驱气或者置换活动期间，不得检修和使用雷达、无线电发报机、卫星船站；不得进行明火、拷铲及其他易产生火花的作业；不得使用供应船、车进行加油、加水作业。

第八节　船舶交通和进出港管理

1. A。中华人民共和国海事局是全国船舶交通管理系统安全监督管理的主管机关。主管机关设置的船舶交通管理中心（以下称 VTS 中心）是依据本规则负责具体实施船舶交通管理的运行中心。

3. C。在 VTS 区域内航行的船舶除应遵守《1972 年国际海上避碰规则》和《中华人民共和国内河避碰规则》外，还应遵守交通运输部和主管机关颁布的有关航行、避让的特别规定。

6. C。船舶在 VTS 区域内航行、停泊和作业时，必须按主管机关颁发的《VTS 用户指南》所明确的报告程序和内容，通过甚高频无线电话或其他有效手段向 VTS 中心进行船舶动态报告。

7. D。应船舶请求，VTS 中心可向其提供他船动态、助航标志、水文气象、航行警（通）告和其他有关信息服务。

8. D。应船舶请求，VTS 中心可为船舶在航行困难或气象恶劣环境下，或船舶一旦出现了故障或损坏时，提供助航服务。

11. A。加入中国船舶报告系统的船舶应当按照《中国船舶报告系统船长指南》中规定的报告方式、种类、格式、内容和要求进行报告。

12. D。保证中国船舶系统的有效运行，提高搜救行动的效率，保障海上人命、财产的安全，保护海洋环境。

14. D。（1）航行计划报（SP）；（2）船位报（PR）；（3）变更报（DR）；（4）终止报（FR）；（5）危险货物报（DG）；（6）有害物报（HS）；（7）海上污染物报告（MP）。

16. B。有害物报（HS）：当发生或有可能发生溢出《国际防止船舶造成污染公约》附则Ⅰ中规定的油类或附则Ⅱ中规定的有毒物质时应发送的报告。

18. A。（一）航行在中国船舶报告区域内，且航行时间超过 6 小时的下列船舶，必须加入中国船舶报告系统：①航行于国际航线300总吨及以上的中国籍船舶；②航行于中国沿海航线1600总吨及以上的中国籍船舶；③2005年1月1日后航行于中国沿海航线300总吨及以上的中国籍船舶。（二）中国政府鼓励外国籍船舶和本条（一）款规定以外的中国籍船舶自愿加入中国船舶报告系统。

20. B。七种船舶报告又可分为两大类，一类是一般报告（共四种）；另一类是特殊报告（共三种）。
21. D。一般报告：①航行计划报（SP）；②船位报（PR）；③变更报（DR）；④终止报（FR）。
22. C。特殊报告：⑤危险货物报（DG）；⑥有害物质报（HS）；⑦污染物质报（MP）。
23. B。船舶不得直接聘请引航员或者非引航员登船引航。
25. B。船舶不得直接聘请引航员或者非引航员登船引航。
26. C。第二十七条 引航机构应当满足船舶提出的正当引航要求，及时为船舶提供引航服务，不得无故拒绝或者拖延。对特殊引航作业船舶的引航，引航机构应当制订引航方案，报市级地方人民政府港口主管部门和海事管理机构批准后实施。
27. D。船舶接受引航服务，不解除被引船舶的船长驾驶和管理船舶的责任。
28. C。引航员在遇到下列情况之一时，有权拒绝、暂停或者终止引航，并及时向海事管理机构报告：（一）恶劣的气象、海况；（二）被引船舶不适航；（三）没有足够的水深；（四）被引船舶的引航梯和照明不符合安全规定；（五）引航员身体不适，不能继续引领船舶；（六）其他不适于引航的原因。
30. C。第三十四条 在引航过程中被引船舶发生水上安全交通事故，引航员应当采取下列措施：（一）采取有效措施减少事故损失；（二）尽快向引航机构和海事管理机构报告；（三）接受、配合或者协助调查水上交通事故。引航机构应当在水上交通事故发生后24小时内向海事管理机构递交水上交通事故报告书。
31. D。第三十六条 船舶接受引航服务，被引船舶的船长应当遵守下列规定：（一）按照SOLAS公约的规定，为引航员提供方便、安全的登离船设备，并采取必要的措施确保引航员安全登离船舶；（二）为引航员提供工作便利，并配合引航员实施引航；（三）回答引航员有关引航的疑问，除有危及船舶安全的情况外，应当采纳引航员的引航指令；（四）在离开驾驶台时，指定代职驾驶员并告知引航员，并尽快返回；（五）船长发现引航员的引航指令可能对船舶安全构成威胁时，可以要求引航员更改引航指令，必要时还可要求引航机构更换引航员，并及时向海事管理机构报告。
32. C。第三十一条 引航员上船引领时，被引船舶应当在其主桅悬挂引航旗。任何船舶不得在非引领时悬挂引航旗。
34. B。除有危及船舶安全的情况外，应当采纳引航员的引航指令；离开驾驶台时，指定代职驾驶员并告知引航员。
36. C。依照中华人民共和国有关船舶登记法规办理船舶登记，取得了中华人民共和国国籍的船舶，方可将中国国旗作为船旗国国旗悬挂。
37. B。除恶劣天气外，下列中国籍船舶应当每日悬挂中国国旗：（1）50总吨及以上的船舶；（2）航行在中国领水以外水域和香港、澳门地区的船舶；（3）公务船舶。
38. C。适用于中国籍民用船舶以及进入中华人民共和国内水、港口、锚地的外国籍船舶。

39. C。船舶悬挂中国国旗应当早晨升起，傍晚降下。但遇有恶劣天气时，可以不升挂中国国旗。
40. C。遇有恶劣天气时，可以不升挂中国国旗。
41. B。中国籍船舶应将中国国旗悬挂于船尾旗杆上。船尾没有旗杆的，应悬挂于驾驶室信号杆顶部或右横桁。外国籍船舶悬挂中国国旗，应悬挂于前桅或驾驶室信号杆顶部或右横桁。中国国旗与其他旗帜同时悬挂于驾驶室信号杆右横桁时，中国国旗应悬挂于最外侧。
44. A。遇有《中华人民共和国国旗法》规定必须下半旗的情形时，海事管理机构应通知或通过船舶代理人、所有人通知船舶下半旗。除此以外，船舶非经批准不得将中国国旗下半旗。外国籍船舶根据船旗国的规定需将船旗国国旗下半旗的，应向海事管理机构报告。
45. A。船舶取得中华人民共和国国籍后，第一次升挂中国国旗时，可以举行升旗仪式。中国籍船舶改变国籍，在最后一次降中国国旗时，可以举行降旗仪式。降旗仪式可参照升旗仪式进行。降旗仪式后，船长或船舶其他负责人应将中国国旗妥善保管，送交船舶所有人。船舶遇难必须弃船时，船长或船舶其他负责人应指定专人降下中国国旗，并携带离船，送交船舶所有人。
46. A。对违反《中华人民共和国国旗法》和本规定的船舶和船员，海事管理机构应令其立即纠正，并可根据情节，按照《中华人民共和国国旗法》和我国其他有关规定予以处罚。外国籍船舶拒绝按港务监督机构的要求纠正的，港务监督机构可令其驶离中华人民共和国内水、港口、锚地。
48. D。中国国旗与其他旗帜同时悬挂于驾驶室信号杆右横桁时，中国国旗应悬挂于最外侧。
49. D。中华人民共和国港务监督机构（以下简称港务监督机构）、中华人民共和国海关（以下简称海关）、中华人民共和国出入境边防检查机关是负责对船舶进出中华人民共和国口岸实施检查的机关（以下统称检查机关）。港务监督机构负责召集有其他检查机关参加的船舶进出口岸检查联席会议，研究、解决船舶进出口岸检查的有关问题。
50. D。适用于进出中华人民共和国口岸的国际航行船舶及其所载船员、旅客、货物和其他物品。
51. C。船方或其代理人在船舶抵达口岸前未办妥进口岸手续的，船舶抵达后，除检查机关办理进口岸检查手续的工作人员和引航员外，其他人员不得上下船舶、不得装卸货物和其他物品。
52. C。船舶进出中华人民共和国口岸，由船方或其代理人依照本办法有关规定办理进出口岸手续。除下列情形外，检查机关不登船检查。①对来自疫区的船舶，载有检疫传染病染疫人、疑似检疫传染病染疫人、非意外伤害死亡且死因不明尸体的船舶，未持有卫生证书或者证书过期或者卫生状况不符合要求的船舶，海关应当在锚地实施检疫。②海关对来自动植物疫区的船舶和船舶装载的动植物、动植物产及其实他检疫物，可以在锚地实施检疫。
53. C。对未持有有效的交通工具卫生证书，且没有应实施锚地检疫的情况或者因天气、潮水等原因无法实施锚地检疫的船舶，经船方或者其代理人申请，海关可以实施靠泊检疫。

54. C。对装运出口易腐烂变质食品、冷冻品的船舱，必须在装货前申请适载检验，取得检验证书。未经检验合格的，不准装运。
56. A。船舶在口岸停留期间，未经海关许可，不得擅自排放压舱水、移下垃圾和污物等，任何单位和个人不得擅自将船上自用的动植物、动植物产品及其他检疫物带离船舶。
57. B。来自国内疫区的船舶，或者在国内航行中发现检疫传染病、疑似检疫传染病，或者有人非因意外伤害而死亡并死因不明的，船舶负责人应当向到达口岸海关报告，接受临时检疫。
58. B。办理出境检验检疫手续时，船方或者其代理人应当向海关提交航海健康申报书、总申报单、货物申报单、船员名单、旅客名单及载货清单等有关资料（入境时已提交且无变动的可免于提供）。
59. D。国际航行船舶进出中华人民共和国国境口岸应当按照本办法规定实施检验检疫。
60. D。海关对存在下列情况之一的船舶应当实施锚地检疫：(1)来自检疫传染病疫区的；(2)来自动植物疫区，国家有明确要求的；(3)有检疫传染病病人、疑似检疫传染病病人，或者有人非因意外伤害而死亡并死因不明的；(4)装载的货物为活动物的；(5)发现有啮齿类动物异常死亡的；(6)废旧船舶；(7)未持有有效的除鼠/免予除鼠证书的；(8)船方申请锚地检疫的；(9)海关工作需要的。
62. C。对来自动植物疫区经检疫判定合格的船舶，应船舶负责人或者其代理人要求签发运输工具检疫证书。
65. C。SSCEC/SSCC 为除鼠/免予除鼠证书。
66. B。海关对旅游船、军事船、要人访问所乘船舶等特殊船舶以及遇有特殊情况的船舶，如船上有病人需要救治、特殊物资急需装卸、船舶急需抢修等，经船方或者其代理人申请，可以实施随船检疫。
68. A。海关对存在下列情况之一的船舶应当实施锚地检疫：(1)来自检疫传染病疫区的；(2)来自动植物疫区，国家有明确要求的；(3)有检疫传染病病人、疑似检疫传染病病人，或者有人非因意外伤害而死亡并死因不明的；(4)装载的货物为活动物的；(5)发现有啮齿类动物异常死亡的；(6)废旧船舶；(7)未持有有效的除鼠/免予除鼠证书的；(8)船方申请锚地检疫的；(9)海关工作需要的。

第九节　海上事故调查管理

1. A。条例适用于船舶、设施在中华人民共和国沿海水域内发生的海上交通事故。
2. A。海上交通事故是指船舶、设施发生的下列事故：(1)碰撞、触碰或浪损；(2)触礁或搁浅；(3)火灾或爆炸；(4)沉没；(5)在航行中发生影响适航性能的机件或重要属具的损坏或灭失；(6)其他引起财产损失和人身伤亡的海上交通事故。
3. B。小项⑤明显有误。
4. D。下列材料可以作为船舶污染事故调查的证据：(1)书证、物证、视听资料；(2)证人证言；(3)当事人陈述；(4)鉴定结论；(5)勘验笔录、调查笔录、现场笔录；(6)其他可以证明事实的证据。

5. B。船舶污染事故的当事人和其他有关人员提供的书证、物证、视听资料应当是原件原物,提供抄录件、复印件、照片等非原件原物的,应当签字确认;拒绝确认的,事故调查人员应当注明有关情况。

第十节　防治船舶污染管理

2. D。在中华人民共和国管辖海域内从事航行、勘探、开发、生产、旅游、科学研究及其他活动,或者在沿海陆域内从事影响海洋环境活动的任何单位和个人,都必须遵守本法。在中华人民共和国管辖海域以外,造成中华人民共和国管辖海域污染的,也适用本法。
3. D。适用于中华人民共和国内水、领海、毗连区、专属经济区、大陆架以及中华人民共和国管辖的其他海域。
4. C。国家海事行政主管部门负责所辖港区水域内非军事船舶和港区水域外非渔业、非军事船舶污染海洋环境的监督管理,并负责污染事故的调查处理。
5. C。国务院环境保护行政主管部门作为对全国环境保护工作统一监督管理的部门,对全国海洋环境保护工作实施指导、协调和监督。
7. C。国家海事行政主管部门负责所辖港区水域内非军事船舶和港区水域外非渔业、非军事船舶污染海洋环境的监督管理,并负责污染事故的调查处理。
8. D。国家渔业行政主管部门负责渔港水域内非军事船舶和渔港水域外渔业船舶污染海洋环境的监督管理。
10. C。适用于中华人民共和国内水、领海、毗连区、专属经济区、大陆架以及中华人民共和国管辖的其他海域。在中华人民共和国管辖海域以外,造成中华人民共和国管辖海域污染的,也适用本法。
13. D。在中华人民共和国管辖海域,任何船舶及相关作业不得违反本法规定向海洋排放污染物、废弃物和压载水、船舶垃圾及其他有害物质。
17. B。装卸油类的港口、码头、装卸站和船舶必须编制溢油污染应急计划,并配备相应的溢油污染应急设备和器材。
20. B。海洋环境污染损害,是指直接或者间接地把物质或者能量引入海洋环境,产生损害海洋生物资源、危害人体健康、妨害渔业和海上其他合法活动、损害海水使用素质和减损环境质量等有害影响。
22. A。装卸油类的港口、码头、装卸站和船舶必须编制溢油污染应急计划。
23. D。载运具有污染危害性货物的船舶,其结构与设备应当能够防止或者减轻所载货物对海洋环境的污染。
25. B。禁止采取冲滩方式进行船舶拆解作业。
26. B。船舶污染事故报告书应当至少包括以下内容:(1)船舶的名称、国籍、呼号或者编号;(2)船舶所有人、经营人或者管理人的名称、地址;(3)发生事故的时间、地点以及相关气象和水文情况;(4)事故原因或者事故原因的初步判断;(5)船上污染物的种类、数量、装载位置等概况;(6)事故污染情况;(7)应急处置情况;(8)船舶污染损害责任保险情况。
28. D。船舶在中华人民共和国管辖海域向海洋排放的船舶垃圾、生活污水、含油污水、含有毒有害物质污水、废气等污染物以及压载水，应当符合法律、行政法规、中华人民共和国缔结或者参加的国际条约以及相关标准的要求。

31. D。船舶在中华人民共和国管辖海域发生污染事故，或者在中华人民共和国管辖海域外发生污染事故造成或者可能造成中华人民共和国管辖海域污染的，应当立即启动相应的应急预案，采取措施控制和消除污染，并就近向有关海事管理机构报告。

32. A。船舶从事下列作业活动，应当遵守有关法律法规、标准和相关操作规程，落实安全和防治污染措施，并在作业前将作业种类、作业时间、作业地点、作业单位和船舶名称等信息向海事管理机构报告；作业信息变更的，应当及时补报：(1)在沿海港口进行舷外拷铲、油漆作业或者使用焚烧炉的；(2)在港区水域内洗舱、清舱、驱气以及排放垃圾、生活污水、残油、含油污水、含有毒有害物质污水等污染物和压载水的；(3)冲洗沾有污染物、有毒有害物质的甲板的；(4)进行船舶水上拆解、打捞、修造和其他水上、水下船舶施工作业的；(5)进行船舶油料供受作业的。

34. D。有关作业活动，是指船舶装卸、过驳、清舱、洗舱、油料供受、修造、打捞、拆解、污染危害性货物装箱、充罐、污染清除以及其他水上水下船舶施工作业等活动。

35. D。扫舱无须报告。

37. A。使用完毕的船舶垃圾记录簿在船上保留至少 2 年。

38. C。船舶污染物接收单位应当在污染物接收作业完毕后，向船舶出具污染物接收单证，经双方签字确认并留存至少 2 年。

39. A。污染物接收单证上应当注明作业单位名称，作业双方船名，作业开始和结束的时间、地点，以及污染物种类、数量等内容。船舶应当将污染物接收单证保存在相应的记录簿中。

40. D。船舶应当将使用完毕的船舶垃圾记录簿在船舶上保留 2 年；将使用完毕的含油污水、含有毒有害物质污水记录簿在船舶上保留 3 年。

43. B。船舶进行涉及污染物处置的作业，应当在相应的记录簿内规范填写、如实记录，真实反映船舶运行过程中产生的污染物数量、处置过程和去向。按照法律、行政法规、国务院交通运输主管部门的规定以及中华人民共和国缔结或者加入的国际条约的要求，不需要配备记录簿的，应当将有关情况在作业当日的航海日志或者轮机日志中如实记载。

44. A。曾经载运污染危害性货物的空容器和运输组件，应当彻底清洗并消除危害，取得由具有国家规定资质的检测机构出具的清洁证明后，方可按照普通货物交付船舶运输。在未彻底清洗并消除危害之前，应当按照原所装货物的要求进行运输。

45. A。2019 年 1 月 1 日起，海船进入排放控制区，应使用硫含量不大于 0.5% m/m 的船用燃油，大型内河船和江海直达船舶应使用符合新修订的船用燃料油国家标准要求的燃油；其他内河船应使用符合国家标准的柴油。2020 年 1 月 1 日起，海船进入内河控制区，应使用硫含量不大于 0.1% m/m 的船用燃油。

48. C。通过设立船舶大气污染物排放控制区(以下简称排放控制区)，降低船舶硫氧化物、氮氧化物、颗粒物和挥发性有机物等大气污染物的排放，持续改善沿海和内河港口城市空气质量。

第十一节　船员劳动合同相关法规规定

1. B。船员用人单位不包括船舶代理人。
2. A。劳动合同分为固定期限劳动合同、无固定期限劳动合同和以完成一定工作任务为期限的劳动合同。
3. A。续订的船员劳动合同不得约定试用期。
4. C。船员与船员用人单位协商一致,可以变更劳动合同约定的内容。
6. C。用人单位提前 30 天以书面形式通知劳动者本人或者额外支付劳动者 1 个月工资后,可以解除劳动合同。
8. A。船员有下列情形之一的,船员用人单位可以解除劳动合同:①严重违反船员用人单位的规章制度;②严重失职,给船员用人单位造成重大损害;③不能胜任劳动合同中规定的职务,经过调整职务,仍不能胜任;④患病或者非因工负伤,在规定的医疗期满后仍不能上船任职;⑤被依法追究刑事责任。
9. D。有下列情形之一的,劳动合同终止:①劳动合同期满的;②劳动者开始依法享受基本养老保险待遇的;③劳动者死亡,或者被人民法院宣告死亡或者宣告失踪的;④用人单位被依法宣告破产的;⑤用人单位被吊销营业执照、责令关闭、撤销或者用人单位决定提前解散的;⑥法律、行政法规规定的其他情形。
10. B。用人单位被依法宣告破产的,或被吊销营业执照、责令关闭、撤销或者用人单位决定提前解散的,可以终止劳动合同;劳动者患病或者非因工负伤,在规定的医疗期满后不能从事原工作,也不能从事由用人单位另行安排的工作的,用人单位提前 30 天以书面形式通知劳动者本人或者额外支付劳动者 1 个月工资后,可以解除劳动合同。
12. B。船员工作于合同约定的船舶,该船依照船旗国或港口国检查,被证实不适航,并且船舶的缺陷永久不能得到修复,使船员用人单位不能继续履行合同约定的义务的,可以解除劳动合同。
15. C。劳动者提前 30 天以书面形式通知用人单位,可以解除劳动合同。
16. C。用人单位提前 30 天以书面形式通知劳动者本人或者额外支付劳动者 1 个月工资后,可以解除劳动合同。
19. A。可以依法申请调解、仲裁或提起诉讼,也可以协商解决。
21. A。劳动争议发生后,船员及船员用人单位均可向合同中约定的劳动争议仲裁委员会申请仲裁。对仲裁裁决不服的,可以向人民法院提起诉讼。
22. B。可以依法申请调解、仲裁或提起诉讼,没有先后关系。
23. A。仲裁裁决不服的,可以向人民法院提起诉讼。
24. B。工伤保险待遇与企业破产无关。
25. D。有下列情形之一的,应当认定为工伤:(1)在工作时间和工作场所内,因工作原因受到事故伤害的;(2)工作时间前后在工作场所内,从事与工作有关的预备性或者收尾性工作受到事故伤害的;(3)在工作时间和工作场所内,因履行工作职责受到暴力等意外伤害的;(4)患职业病的;(5)因工外出期间,由于工作原因受到伤害或者发生事故下落不明的；(6)在上下班途中，受到非本人主要责任的交通事故伤害的；(7)法律、行政法规规定应当认定为工伤的其他情形。

28. C。海员和船东提前终止海员就业协议的最短通知期由海上劳动关系三方协调机制协商后确定，原则上不得短于7天。

29. C。中国船员集体协议由中国海员建设工会代表中国船员，中国船东协会代表中国船东共同签署。签署中国船员集体协议的主要目的是为保障中国船员的合法权益，促进中国船员体面劳动，满足《2006年海事劳工公约》的要求。

30. B。每周对起居舱室进行检查，并保存检查记录。

31. D。海员的配偶应当投有充分的人身意外和疾病保险，船东应当为其获得这种保险给予必要的帮助。

32. B。配员10人及以上的船舶应当配备船上厨师。配员少于10人的船舶，可不配备船上厨师，由膳食服务辅助人员替代。

35. D。无须配备医生的船舶，应当至少有1名海员负责船上的急救、医护和药品管理工作。其中负责船上急救工作的海员应当持有精通急救培训合格证，负责船上医护和药品管理工作的海员应当持有船上医护培训合格证。

38. D。船上投诉程序不得妨碍海员向船长、船东及相关主管部门提出直接投诉的权利。对于提出投诉的海员，船东不得以任何形式予以打击报复。

39. B。海员外派遵循“谁派出，谁负责”的原则。从事海员外派的机构应当对其派出的外派海员负责，做好外派海员在船工作期间及登、离船过程中的各项保障工作。

40. A。海员外派机构及境外船东的责任、权利和义务。

41. B。海员外派机构应当在外派海员上船工作前，与其签订上船协议，协议内容应当至少包括下列内容：(1)船舶配员服务协议中涉及外派海员利益的所有条款；(2)海员外派机构对外派海员工作期间的管理和服务责任；(3)外派海员在境外发生紧急情况时海员外派机构对其的安置责任；(4)违约责任。

42. D。海员外派机构不得把海员外派到下列公司或者船舶：(1)被港口国监督检查中列入黑名单的船舶；(2)非经中国境内保险机构或者国际保赔协会成员保险的船舶；(3)未建立SMS体系的公司或者船舶。

44. A。外派海员与境外船东签订劳动合同的，海员外派机构应当负责审查劳动合同的内容，发现劳动合同内容存在侵害外派海员利益条款的，应当要求境外船东及时予以纠正。

46. A。交通运输部主管全国海员外派工作。

第三章

防止船舶污染海洋环境

第一节　船舶污染海洋的途径

1. 船舶造成海洋环境污染的原因，主要有________。
①人员操作不当；②机械问题；③恶劣环境；④管理不善
A. ①②③④　　B. ①②④
C. ①③④　　D. ②③④

2. 船舶污染海域的途径有________。
①排放油类、油性混合物入海；②排放散装有毒液体物质入海；③包装有害物质跌落或散落或被抛弃入海；④排放专用压载舱中的压载水
A. ①②③④　　B. ①②③
C. ②③④　　D. ①②④

3. 船舶污染海域的途径不包括________。
A. 排放油类、油性混合物入海　　B. 丢弃或处理船舶垃圾入海
C. 排放船舶生活污水入海　　D. 排放专用压载舱中的压载水

4. 油类、油性混合物对海洋环境污染的途径主要有________。
①机舱污水和残油的排放；②含油的压载水和洗舱水的排放；③船舶海损事故造成的溢油；④供、受油作业中的跑、冒、滴、漏
A. ①②③　　B. ②③④
C. ①③④　　D. ①②③④

5. 散装有毒液体物质对海洋环境污染的途径主要有________。
①含散装有毒液体物质的压载水和洗舱水的排放；②含有毒液体物质的货泵舱舱底水的排放；③发生海损事故造成有毒液体物质的排放；④装卸作业中的有毒液体物质跑、冒、滴、漏
A. ②③④　　B. ①②③
C. ①②③④　　D. ①③④

6. 包装有害物质对海洋环境污染的途径主要有________。
①在船上用以清除从包装货物中洒落或泄漏的有害物质的清洗水直接排入海中；②从有货物洒落或泄漏的舱室中清除出来的垃圾、混合物或包装材料落入海中；③船舶发生海损事故造成的事故性排放；④装卸作业不慎，造成包装有害物质的意外落海

A. ①②③④　　B. ②③④
C. ①③④　　D. ①②③

7. 包装有害物质对海洋环境污染的污染途径有________。
①将冲洗从包装货物中洒落或泄漏出来的有害物质的水直接排入海中；②将从包装有害物质洒落或泄漏的舱室中清除出来的垃圾、混合物等直接投弃入海；③船舶发生海损事故，造成有害物质的事故性排放；④装卸作业不慎，造成包装有害物质的意外落海
A. ①②④　　B. ①②③④
C. ②③④　　D. ①③④

8. 船舶对海洋环境的污染源之一船舶生活污水不包括________。
A. 船上厕所、小便池和厕所排水孔的排出污水
B. 船上洗手盆、洗澡盆和这些处所排水孔的排出污水
C. 污水井和污水管系内的污水
D. 装有活体动物处所的排出污水

9. 操作性油污染的途径包括________。
①机舱舱底污水和机舱残油、污油、油泥的违规排放；②排放含油的压载水或洗舱水时，油量瞬间排放率超标；③在绝对禁止排放的海域排放油类或含油污水；④船舶碰撞造成燃油舱破损漏油
A. ①②④　　B. ①②③
C. ①②③④　　D. ①③④

10. 操作性油污染的途径包括________。
①舱柜满溢事故；②船舶搁浅造成货油舱破损漏油；③为了船舶安全的故意排油；④为了救助海上人命的故意排油
A. ①②④　　B. ①③④
C. ①②③④　　D. ①②③

11. 操作性包装有害物质污染的途径包括________。
①在船上将用以清除从包装货物中洒落的有害物质的清洗水直接排入海中；②将装有散装有毒液体物质泄漏的舱室中清除出来的垃圾、混合物或包装材料扔到海里；③将装有散装有毒液体物质的货泵舱中的舱底水排入海里；④装卸作业中不慎造成包装有害物质的意外落海
A. ①②③④　　B. ①②④
C. ①③④　　D. ①②③

12. 船舶的以下________作业会造成海洋环境污染，需要采取积极措施以保护海上环境。
①船舶注入压载水；②船舶机舱污水排放；③船舶生活污水排放；④船舶货舱洗舱水排放
A. ①②③④　　B. ①②③
C. ②③④　　D. ①③④

13. 船舶的以下________作业会造成海洋环境污染，需要采取积极措施以保护海上环境。
①船舶加装燃油；②船舶载运化学品；③油船清洗货舱；④油船驱气
A. ①②③④　　B. ①②③
C. ②③④　　D. ①③④

第二节　船舶污染对海洋环境的损害

1. 船舶污染将会________，破坏海洋环境。
①形成海面污染物；②污染海水水质；③形成污染物沉淀；④破坏大气臭氧层
A. ①②　　B. ①②③④
C. ③④　　D. ①②③

2. 船舶污染对海洋中的生物造成的损害，下列说法中正确的有________。
①企鹅身上沾满船舶泄漏到海里的原油，它们无法给自己清洗，只能任由毒素侵入自己的身体，慢慢死去；②海狮的鼻子被船舶所抛弃的食品罐紧紧地套住，自己无法摆脱，被活活饿死，或者成为其他动物的猎物；③海鸟被船舶抛下的塑料袋包裹住，自己无法摆脱，再也飞不起来；④海龟被塑料套住，自己无法摆脱，导致身体扭曲变形，生命进入倒计时
A. ①②③④　　B. ①②④
C. ①②③　　D. ①③④

第三节　防止船舶污染海洋环境的措施

1. 预防船舶污染海洋环境的措施主要有________。
①健全管理网络，提高管理者素质，规范管理行为；②提高从业人员的职业素质，规范其管理和操作行为；③控制防污染构造、系统和设备的建造和运行；④为船舶防污染提供良好的外围环境
A. ①②③④　　B. ①②④
C. ①③④　　D. ②③④

2. 预防船舶污染环境的措施主要包括________。
①完善并加强防治污染立法；②加强监督、严格执法；③加强船员防污染意识教育；④船公司应制订并要求船舶坚决执行有关安全生产的各项规章制度
A. ①②③④　　B. ①②③
C. ②③④　　D. ①③④

3. 预防船舶污染环境的措施主要包括________。
①完善并加强防治污染立法；②加强船员安全培训与教育；③主管机关应加强监督，消除隐患，防止事故发生；④规范船员在船上的操作行为和管理行为
A. ①②③　　B. ①②③④
C. ②③④　　D. ①②④

4. 预防船舶污染海洋环境的措施主要有________。
①完善立法，严格执法；②依法行政，加强监督；③宣传教育，增强意识；④规范行为，精心操作；⑤严格操作规程，完善船外环境
A. ①②③　　B. ②③④
C. ②③④⑤　　D. ①②③④⑤

5. 下列有关预防船舶污染海洋环境的说法错误的是________。
A. 中华人民共和国海事局主管我国管辖水域内的船舶防污染事务
B. 船舶防污染立法具有普遍性和强制性
C. 预防船舶污染海洋环境的目标是彻底消除船舶污染源
D. 预防船舶污染海洋环境需要相应的船外环境的支持

6. 完善立法和严格执法是防止船舶污染海洋环境的有效手段之一，严格执法是要求通过各种手段使船舶按立法的要求________。
①完善船舶的结构、布置和材料；②配齐防污染设备和文书；③健全防污染应急程序；④一旦发生污染则依法追究责任人造成的环境污染损害的法律责任，特别是经济赔偿责任
A. ①②③④　　B. ①②③
C. ①②④　　D. ①③④

7. 预防船舶污染海洋环境的措施通常包括________。
①完善立法，严格执法；②依法行政，加强监督；③宣传教育，增强意识；④规范行为，精心操作
A. ①②③　　B. ①②③④
C. ②③④　　D. ①②④

第四节　船舶防污染技术与设备

1. 根据 MARPOL 73/78 及我国相关规定对船舶防油污设备的要求，凡 400 总吨及以上但小于 10000 总吨的任何船舶，应装有保证通过该系统排放入海的含油混合物的含油量不超过________的滤油设备。
A. 15ppm　　B. 100ppm
C. 30 升/海里　　D. 60 升/海里

2. 根据 MARPOL 73/78 及我国相关规定对 150 总吨及以上的油船的排油监控系统的要求，以下正确的是________。
①每当有排出物排放入海时排油监控系统即应开始工作；②保证在油量瞬间排放率超过 30 升/海里时自动停止排放任何油性混合物；③排油监控系统应设有一个记录器；④排油监控系统遇到任何故障即应停止监控和记录
A. ①②③④　　B. ①②③
C. ②③④　　D. ①③④

3. 根据 MARPOL 73/78 的规定，150 总吨及以上的油船应配备的防污染设备有________。
①滤油设备；②排油监控系统；③油/水界面探测器；④污油水舱
A. ①②③④　　B. ①③④
C. ②③④　　D. ①②④

4. 根据 MARPOL 73/78 的规定，所有 400 总吨及以上的船舶应配备的防污染设备有________。
①滤油设备；②残油（油泥）舱；③油/水界面探测器；④污油水舱
A. ①②③④　　B. ③④
C. ②③　　D. ①②

5. 根据 MARPOL 73/78 的规定，关于排油监控系统，说法正确的有________。

①150 总吨及以上的油船和 400 总吨及以上的非油船应装有一个经主管机关批准的排油监控系统；②排油监控系统可以记录每海里排放升数和排放率；③应保证在油量瞬间排放率超过 30 升/海里时自动停止排放；④排油监控系统遇到任何故障即应停止排放

A. ①②③④　　B. ①③④

C. ②③④　　D. ①②③

6. 根据 MARPOL 73/78 的规定，________总吨及以上的油船应装有经主管机关批准的排油监控系统。

A. 150　　B. 400

C. 500　　D. 10000

7. 根据 MARPOL 73/78 的规定，________总吨及以上的油船应装有经主管机关批准的油/水界面探测器，以便能迅速而准确地测定污油舱水中的油水分界面。

A. 150　　B. 400

C. 500　　D. 10000

8. 船上油污应急计划的主要作用和目的包括________。

①帮助船员停止或减少排放；②帮助船员减轻油污染危害；③对船上操作性排油的指导；④发生事故性溢油时对船长的指导

A. ①②③④　　B. ①②③

C. ②③④　　D. ①②④

9. SOPEP 应包括以下哪些内容？

①报告油污事故时应遵循的程序；②油污事故中需联系的有关当局或人员的名单；③为减少或控制排油船上应采取的应急措施；④在油污应急行动中，船舶与沿岸国、地方当局取得联系的程序和要点

A. ①②④　　B. ①②③④

C. ①③④　　D. ①②③

10. 下列表述不正确的是________。

A. 150 总吨及以上的油船和 400 总吨及以上的非油船应备有经主管机关认可的船上油污应急计划(SOPEP)

B. 船上油污应急计划的目的是帮助船员在船舶发生意外排油时采取必要的措施，以控制或尽量减少排油，减轻油污损害

C. 船上油污应急计划应使用中英文编写

D. 船上油污计划应切实、可行、易于操作，应能被船上人员和岸上的船舶管理人员所理解

11. 如下表述不确切的是________。

A. 船上油污应急计划至少应提供包括操作性溢油和海损事故溢油两方面的应急措施

B. 操作性溢油是指正常装卸和内部驳运油的过程中所发生的管系渗漏、舱柜溢满以及船体泄露所引起的溢油

C. 海损事故性溢油计划针对搁浅、触碰、火灾、爆炸、碰撞、船体损坏、严重横倾、沉没等海损事故或可能引起的溢油

D. 船舶发生油污事故或可能发生油污事故时，船长或负责管理该船的其他人员首先应向船公司报告，以寻求岸基支持，然后再向最近沿岸国报告

12. 根据 MARPOL 73/78 的规定，下列有关船上油污应急计划的意义与作用说法正确的是________。
A. 制订船上油污应急计划的目的是帮助救助方在船舶发生意外排油时采取必要的措施
B. 制订船上油污应急计划的目的是帮助船东在船舶发生意外排油时采取必要的措施
C. 制订船上油污应急计划的目的是帮助船员在船舶发生意外排油时采取必要的措施
D. 制订船上油污应急计划的目的是帮助海事主管机关在船舶发生意外排油时进行有效的指挥

13. 根据 MARPOL 73/78 的规定，船上油污应急计划的强制性内容包括________。
①报告油污事故时应遵循的程序；②油污事故中需联系的有关当局或人员的名单；③为减少或控制排油船上应采取的应急措施；④在处理污染时，为使船舶与沿岸国、地方当局协同行动取得联系的程序和要点
A. ①②③④　　B. ①③④
C. ②③④　　D. ①②④

14. 根据 MARPOL 73/78 的规定，船上油污应急计划的非强制性内容包括________。
①计划核查程序；②培训和训练程序；③记录和保存程序；④公关事务处理程序
A. ①②③④　　B. ①③④
C. ②③④　　D. ①②④

15. 船舶发生油污事故后的需要联系的有关当局或人员包括________。
①指定的海岸电台；②船舶报告点；③船公司；④保险公司与保赔协会
A. ①②③④　　B. ①③④
C. ②③④　　D. ①②④

16. 根据 MARPOL 73/78 的规定，哪些船舶必须配备船上油污应急计划（SOPEP）？
A. 任何油船和 400 总吨及以上的非油船
B. 任何油船和 150 总吨及以上的非油船
C. 150 总吨及以上的油船和 400 总吨及以上的非油船
D. 1000 总吨及以上的油船和 2000 总吨及以上的非油船

17. 根据 MARPOL 73/78 的规定，符合附则Ⅳ的每艘船舶应配备的生活污水系统包括________。
①生活污水处理装置；②经主管机关认可的污水粉碎和消毒系统；③主管机关认为容积足够储存所有生活污水的集污舱；④装有把生活污水排往舷外接收设施的管路，管路装有标准排放接头
A. ①②③④　　B. ①③④
C. ②③④　　D. ①②④

18. 船上处理生活污水的方式包括________。
①收存于集污舱柜；②经处理后，在满足排放条件时排放入海；③不经处理，在满足排放条件时排放入海；④排放至岸上接收设施
A. ①②③④　　B. ①②③

C. ②③④　　D. ①②④

19. 根据 MARPOL 公约附则Ⅳ规定，客船在特殊区域外排放未经处理的生活污水时，允许在离岸最近距离为________以上的地方排放，经过粉碎机和消毒器处理的污水，允许在离岸最近距离________以上的地方排放。

A. 12 海里；3 海里　　B. 12 海里；4 海里

C. 25 海里；3 海里　　D. 25 海里；4 海里

20. 根据 MARPOL 公约附则Ⅳ，除客船外的所有船舶在所有区域排放生活污水时，不得将集污舱中储存的生活污水顷刻排光，而应于船舶以________在途中航行时，以中等速率进行排放。

A. 不少于海上速度一半的航速　　B. 不少于 4 节的航速

C. 不少于 6 节的航速　　D. 不少于 8 节的航速

21. 根据 MARPOL 公约附则Ⅳ，当从任何船舶的生活污水处理装置中排出的废液在其周围的水中不会产生可见的漂浮固体，也不会使水变色时，则这种排放可________。

A. 在距最近陆地 4 海里外排放　　B. 在距最近陆地 12 海里外排放

C. 在任何地方进行　　D. 在距最近陆地 3 海里外排放

22. 根据 MARPOL 公约附则Ⅳ，关于客船排放生活污水的做法正确的是________。

①当从生活污水处理装置中排出的废液在其周围的水中不会产生可见的漂浮固体，也不会使水变色时，则这种排放可任何地方进行；②除例外情况外，禁止客船在特殊区域内排放生活污水；③客船可在离最近陆地 24 海里以上的地方排放未经处理的生活污水；④客船在特殊区域外，可在离最近陆地 3 海里以上的地方排放经粉碎和消毒的生活污水

A. ①②③④　　B. ①③④

C. ②③④　　D. ①②④

23. 船上可以通过________等设备把船舶垃圾做相应的加工处理。

①粉碎机；②磨碎机；③压实机；④焚烧炉

A. ①②③④　　B. ①②③

C. ②③④　　D. ①②④

24. 粉碎机、压实机是船上用来把________做相应处理的防污染设备。

A. 船舶垃圾　　B. 油渣、油泥

C. 固体散装货物　　D. 生活污水

25. 当一艘海船航行于南海海域的 A 点时，A 点距离领海 20 海里，请问下列有关垃圾的排放符合 MARPOL 73/78 最新修正案的是________。

①排放未经粉碎或碾磨后的食品垃圾；②抛弃动物尸体；③排放无法以常用卸载方法回收的货物残留物，且这些货物残留物不含有有害海洋环境的物质；④抛弃废旧报纸

A. ①②③④　　B. ①②③

C. ②③④　　D. ①③

26. 某船航行于美国外海，晚饭后，一水手在甲板散步的过程中发现甲板上有废物，随即将它们抛弃入海，请问哪些废物的抛弃不符合 MARPOL 73/78 最新修正案的规定？

①纸箱；②墨水瓶子；③损坏的陶瓷茶壶；④一小块破布

A. ①②③④　　B. ①②③

C. ②③④ D. ①③

27. 根据我国2018年7月1日实施的《船舶水污染物排放控制标准》的规定，下列有关垃圾处理的做法正确的是________。

①在任何海域，应将塑料废弃物、废弃食用油、生活废弃物、焚烧炉灰渣、废弃渔具和电子垃圾收集并排入接收设施；②对于食品废弃物，在距最近陆地3海里至12海里的海域，应粉碎或磨碎至直径不大于25毫米后方可排放；③对于动物尸体可在距最近陆地12海里外排放；④对于货物残留物，在距最近陆地12海里以内的海域禁止排放

A. ①②③④ B. ①②③

C. ②③④ D. ①③④

28. 根据我国2018年7月1日实施的《船舶水污染物排放控制标准》的规定，下列有关垃圾处理的做法正确的是________。

①在任何海域，应将塑料废弃物、废弃食用油、生活废弃物、焚烧炉灰渣、废弃渔具和电子垃圾收集并排入接收设施；②对于食品废弃物，在距最近陆地3海里的海域禁止排放；③对于动物尸体在距最近陆地12海里内禁止排放；④对于货物残留物，在距最近陆地12海里以内的海域，禁止排放

A. ①②③④ B. ①②③

C. ②③④ D. ①③④

29. 73/78防污公约附则V规定，总长12米及以上的船舶应张贴________，向船员和旅客展示关于垃圾处理的要求。

A. 垃圾处理计划 B. 73/78防污公约附则V有关内容

C. 垃圾污染应急计划 D. 垃圾处理公告牌

30. 根据MARPOL 73/78附则V的规定，下列有关船舶垃圾管理计划的叙述哪项正确？

A. 计划应规定垃圾收集、存放、处理的程序

B. 由值班驾驶员负责计划的实施

C. 计划用船旗国的官方语言书写

D. 必须由船长亲自负责制订计划

31. 根据MARPOL 73/78附则V的规定，________须张贴公告牌，根据具体情况告知船员和乘客船舶垃圾排放的要求。

A. 总长在20米及以上的船舶

B. 设计船长在20米及以上的船舶、固定或浮动平台

C. 设计船长在12米及以上的船舶

D. 总长在12米及以上的船舶、固定或浮动平台

32. 下列关于船上垃圾“公告牌、垃圾管理计划和垃圾记录保存”的说法，不符合MARPOL 73/78的相关要求的是________。

A. 船舶垃圾排放公告牌必须以英语书写

B. 100总吨及以上的船舶，经核准载运15人或以上的船舶，须配备垃圾管理计划，且船员均须执行

C. 400总吨及以上的船舶和经核准载运15人或以上的船舶，均须配备垃圾记录簿

D. 总长 12 米及以上,总吨 400 及以上的船舶至少配备 3 块垃圾公告牌

33. 根据 MARPOL 73/78 附则Ⅴ及我国相关规定,船舶“垃圾管理计划”须提供书面的有关垃圾________,包括船上设施使用的程序。

①减少;②收集;③存储;④加工处理

A. ①②③④　　B. ①②③

C. ②③④　　D. ①②④

34. 根据 MARPOL 73/78 附则Ⅴ及我国相关规定,有关船舶“垃圾管理计划”的说法正确的是________。

①该管理计划须提供书面的有关垃圾减少、收集、存储、加工和处理的程序;②该管理计划须提供书面的有关船上设施使用的程序;③该计划须指定一名或多名人员负责执行垃圾管理计划;④该计划须基于 IMO 制定的相关导则(指南)

A. ①②③④　　B. ①②③

C. ②③④　　D. ①②④

35. 根据 MARPOL 73/78 附则Ⅴ对垃圾记录簿记载规定,排放垃圾的估计量是以________为单位的。

A. 吨　　B. 千克

C. 立方米　　D. 升

36. 根据 MARPOL 73/78 附则Ⅴ对垃圾记录簿的记载要求,将垃圾分成了________类,只能排入岸上接收设备的垃圾有________。

A. 9;食品废弃物　　B. 11;食用油

C. 11;动物尸体　　D. 9;货物残余

37. 根据 MARPOL 73/78 附则Ⅴ对垃圾记录簿的记载要求,下列哪些物质的排放不应记入垃圾记录簿?

① 生活污水;②操作废弃物;③生活废弃物;④散装有毒液体物质

A. ①②③④　　B. ②③

C. ①②③　　D. ①④

38. 根据 MARPOL 公约附则Ⅴ对垃圾记录簿的记载要求,下列哪项不应记入垃圾记录簿?

A. 生活污水　　B. 食品废弃物

C. 操作废弃物　　D. 焚烧炉灰渣

39. 根据 MARPOL 73/78 附则Ⅴ对垃圾记录簿的记载要求,船舶在下列哪些情况下应填写垃圾记录簿?

①向海里排放垃圾时;②向岸上接收设施或其他船舶排放垃圾时;③焚烧垃圾时;④意外情况下排放垃圾时

A. ①②③④　　B. ①②④

C. ①③　　D. ①③④

40. 根据 MARPOL 73/78 附则Ⅴ的规定,当船舶向海里排放垃圾时,垃圾记录簿应记录哪些内容?

①排放的日期和时间;②船舶位置;③垃圾种类;④航向和航速

A. ①②③④　　B. ①②④

C. ①②③　　D. ①④

41. 根据 MARPOL 73/78 附则Ⅴ的规定，当船舶向岸上或其他船舶排放垃圾时，垃圾记录簿应记录________。

①排放的日期、时间及港口或船舶的名称；②垃圾种类及每种垃圾的排放量；③负责操作的主管高级船员签名

A. ①②③　　B. ②③

C. ①③　　D. ①②

42. 根据 MARPOL 73/78 附则Ⅴ的规定，当船舶焚烧垃圾时，垃圾记录簿应记录________。

①焚烧开始与结束的日期和时间；②焚烧开始与结束船舶位置；③焚烧垃圾的种类；④焚烧垃圾的估算量

A. ①②③④　　B. ①②④

C. ①②③　　D. ①④

43. 根据 MARPOL 73/78 附则Ⅴ的规定，当船舶意外排放垃圾时，垃圾记录簿中应记录________。

①意外排放的日期和时间；②港口名称或发生意外排放时的船位；③种类和估计的垃圾排放量；④意外排放的一般原因

A. ①②③④　　B. ①②④

C. ①②③　　D. ①④

44. 根据 MARPOL 公约附则Ⅴ的规定，当船舶焚烧垃圾时，下列哪项不必记入垃圾记录簿？

A. 焚烧开始与结束的日期和时间　　B. 船舶航向、航速

C. 垃圾种类　　D. 焚烧垃圾的估计量

45. 根据 MARPOL 73/78 附则Ⅴ的规定，当船舶焚烧垃圾时，垃圾记录簿应记录哪些内容？

①焚烧开始与结束的日期和时间；②焚烧开始与结束的船舶位置；③焚烧垃圾的估计量；④负责操作的高级船员的签名

A. ①②③④　　B. ①②④

C. ①②③　　D. ①④

46. 根据 MARPOL 73/78 附则Ⅴ的规定，下列关于垃圾记录簿的说法正确的有________。

①每次垃圾排放和焚烧作业都应记录；②本记录簿所言垃圾包括食用油；③船上垃圾数量以立方米估计；④垃圾记录簿进行最后一项记录后应在船保留 3 年

A. ①②③④　　B. ①②③

C. ②③④　　D. ①②④

47. 根据 MARPOL 73/78 附则Ⅴ的规定，下列情况中________须记入垃圾记录簿。

①将垃圾排放入海；②将垃圾排入岸上接收设备；③垃圾在船焚烧；④意外排放垃圾

A. ①②③　　B. ①②③④

C. ②③④　　D. ①②④

48. 根据 MARPOL 73/78 附则Ⅴ的规定，将垃圾排放入海时需在垃圾记录簿上填写________内容。

①排放的日期和时间;②船位;③估计焚烧量;④所排垃圾的种类

A. ①②③　　B. ①②③④

C. ②③④　　D. ①②④

49. 根据 MARPOL 73/78 附则Ⅴ的规定,当垃圾排入岸上接收设备时需在垃圾记录簿上填写________内容。

①排放日期和时间;②港口设备名;③排放垃圾的种类;④估计排放量

A. ①②③　　B. ①②③④

C. ②③④　　D. ①②④

50. 根据 MARPOL 73/78 附则Ⅴ的规定,垃圾记录簿每记完一页由________签名。

A. 船长　　B. 负责的高级船员

C. 值班驾驶员　　D. 大副

51. 根据 MARPOL 73/78 附则Ⅴ的规定,下列有关船舶垃圾记录簿的记载和管理要求哪项不正确?

A. 每次垃圾排放的作业均应记录

B. 垃圾排放的当天由负责的高级船员签字

C. 用船旗国的官方文字记录,同时还须以英语、法语或西班牙语记录

D. 每记完一页由大副签字

52. 根据 MARPOL 73/78 Ⅴ附则Ⅴ的规定,表明垃圾已排放给港口接受设施或垃圾接收船的收据或证明须与垃圾记录簿一起在船上保存________年。

A. 1　　B. 2

C. 3　　D. 4

53. 根据 MARPOL 73/78 附则Ⅴ的规定,船舶垃圾记录簿用完后保存________年。

A. 1　　B. 5

C. 3　　D. 2

54. 根据 MARPOL 73/78 附则Ⅴ的规定,下述有关垃圾记录簿的叙述正确的是________。

①每次焚烧或排放都应记录;②每记完一页由轮机长签字;③发生意外失落垃圾的情况时,应在垃圾记录簿中说明这种失落的情况和原因;④应在完成最后一项记录后在船上保留 2 年

A. ①②③④　　B. ①②④

C. ①③④　　D. ②③④

55. 根据 MARPOL 73/78 附则Ⅴ的规定,垃圾记录簿在记完最后一项记录后通常留船保存________年。

A. 1　　B. 2

C. 3　　D. 4

56. 根据 MARPOL 73/78 附则Ⅴ的规定,下列关于垃圾记录簿的记载表述不正确的是________。

A. 垃圾记录簿通常由主管的高级船员当日签署

B. 每记完一页由船长签字

C. 通常使用船旗国官方文字和英文或法文或西班牙文填写

D. 当有争议时通常以英文的记录为准

57. 根据 MARPOL 73/78 附则Ⅴ的规定，下列有关垃圾记录簿的表述不正确的是________。
A. 垃圾记录簿通常由主管的高级船员当日签署
B. 每记完一页由船长签字
C. 垃圾记录簿应存放在随时可取的地方备查
D. 垃圾记录簿在记完最后一项记录后通常留船保存 3 年

58. 根据 MARPOL 公约，垃圾记录簿记录使用的文字应为________。
A. 船上工作语言
B. 船旗国官方文字
C. 船上工作语言和英文或法文两种文字
D. 船旗国官方文字和英文或法文两种文字

59. 根据 MARPOL 73/78 附则Ⅴ及我国相关要求，垃圾记录簿第一部分（Part Ⅰ）针对________；垃圾记录簿第二部分（Part Ⅱ）针对________。
A. 所有船舶；载运固体散装货物的船舶
B. 所有船舶；所有船舶
C. 载运固体散装货物的船舶；载运固体散装货物的船舶
D. 载运固体散装货物的船舶；所有船舶

60. 根据 MARPOL 73/78 附则Ⅴ及我国相关要求，垃圾记录簿第一部分（Part Ⅰ）针对________；垃圾记录簿第二部分（Part Ⅱ）针对________。
A. 所有船舶；载运固体散装货物的船舶
B. 所有船舶；所有固定或移动平台
C. 国际航行船舶；国内航行船舶
D. 所有固定或移动平台；所有船舶

61. 根据 MARPOL 73/78 附则Ⅴ及我国相关要求，每当发生________，须在垃圾记录簿上记录。
①垃圾被排放至岸上接收设施或其他船舶时；②垃圾被焚烧时；③将垃圾排放入海时；④垃圾因意外或其他异常情况排放或灭失入海时
A. ①②③④　　B. ①②③
C. ②③④　　D. ①②④

62. 根据 MARPOL 73/78 附则Ⅴ及我国相关要求，当发生垃圾例外的排放或意外落失时，垃圾记录簿中应记录________。
①意外排放的日期和时间；②发生意外排放时的港口名称或船位；③发生意外排放时的水深（如知晓）；④垃圾排放或落失的原因申明和一般说明
A. ①②③④　　B. ①②③
C. ②③④　　D. ①②④

63. 根据 MARPOL 73/78 附则Ⅴ及我国相关要求，当发生垃圾排放入海时，垃圾记录簿中应记录________。
①排放的日期和时间；②排放时的船位（经纬度）；③排放时的已知水深；④各类垃圾的排放估算量（以立方米计）
A. ①②③④　　B. ①②③

C. ②③④　　D. ①②④

64. 有关船舶垃圾记录簿记载和管理的要求，说法正确的是________。

①每次垃圾排放的作业均应记录；②垃圾排放的当天由服务生签字；③每页记录完成时须由船长签字；④记录簿在完成最后一次记录后须至少保留 2 年

A. ①②③④　　B. ①②③

C. ②③④　　D. ①③④

65. 根据 MARPOL 公约附则Ⅵ的规定，当你船舶在波罗的海区域航行时，船上使用的燃油，其硫含量不得超过________ m/m。

A. 3.5%　　B. 0.1%

C. 1.5%　　D. 0.5%

66. 根据 MARPOL 公约附则Ⅵ的规定，现阶段当你船舶在南海海域航行时，船上使用的燃油，其硫含量不得超过________ m/m。

A. 3.5%　　B. 0.1%

C. 1.5%　　D. 0.5%

67. 按 MARPOL 73/78 附则Ⅵ规定，要求船舶控制排放的物质有________。

①消耗臭氧物质；②氮氧化物 NO_x；③硫氧化物 SO_x；④挥发性有机化合物

A. ①②③④　　B. ①②③

C. ②③④　　D. ①③④

68. 按 MARPOL 73/78 附则Ⅵ规定，对防止船舶造成大气污染的技术主要包括________。

①对船舶实施检验与发证；②设定船用燃油硫含量和氮氧化物排放限值；③划定排放控制区；④强制船舶配备船舶能效管理计划

A. ①②③④　　B. ①②③

C. ②③④　　D. ①③④

69. 根据《控制和管理船舶压载水和沉积物国际公约》，“压载水管理”系指用________处理方法，单独或合并使用以清除、钝化或避免加装和排放压载水和沉积物中的有害水生物和病原体。

①机械的；②物理的；③化学的；④生物的

A. ①②③④　　B. ①②③

C. ②③④　　D. ①③④

70. 根据《船舶压载水和沉积物控制和管理规则》的规定，进行压载水置换的船舶应到达________体积压载水的置换率；对于使用注入顶出法进行压载水更换的船舶，注入排出量超过每个压载水舱________倍容量的水应被视为满足标准。

A. 95%；3　　B. 90%；2

C. 80%；3　　D. 85%；2

71. 在进行船舶压载水置换时，普遍适用的方法是________。

A. 溢流法　　B. 排空压入法

C. 混合法　　D. 稀释法

72. 在进行船舶压载水置换时，最安全的方法是________。

A. 溢流法　　B. 排空压入法

C. 混合法　　D. 稀释法

73. 在进行船舶压载水置换时，最直接、快捷的方法是________。

A. 溢流法　　B. 排空压入法

C. 混合法　　D. 稀释法

74. 根据《船舶压载水和沉积物控制和管理规则》，当船舶进行压载水置换时，其船位应在距最近陆地至少________，水深至少为________的地方。

A. 50 n mile；200 m　　B. 100 n mile；500 m

C. 200 n mile；200 m　　D. 150 n mile；1000 m

75. 根据《关于控制与管理船舶压载水减少有害水生物和病原体传播的指南》，船舶位于________时，应尽量减少或避免加装压载水。

①港口国所确定的区域；②夜间，当水底浮游生物易在水体中上升时；③非常浅的水域；④推进器易搅起沉积物的区域

A. ①②③④　　B. ①②③

C. ②③④　　D. ①③④

参考答案

第一节　船舶污染海洋的途径

1. A　2. B　3. D　4. D　5. C　6. A　7. B　8. C　9. B　10. B
11. A　12. C　13. A

第二节　船舶污染对海洋环境的损害

1. B　2. A

第三节　防止船舶污染海洋环境的措施

1. A　2. A　3. B　4. D　5. C　6. A　7. B

第四节　船舶防污染技术与设备

1. A　2. B　3. C　4. D　5. C　6. A　7. A　8. A　9. B　10. C
11. D　12. C　13. A　14. A　15. A　16. C　17. A　18. A　19. A　20. B
21. C　22. D　23. A　24. A　25. D　26. A　27. A　28. A　29. D　30. A
31. D　32. A　33. A　34. A　35. C　36. B　37. D　38. A　39. A　40. C
41. A　42. A　43. A　44. B　45. A　46. B　47. B　48. B　49. B　50. A

51. D	52. B	53. D	54. C	55. B	56. D	57. D	58. D	59. A	60. A
61. A	62. A	63. D	64. D	65. B	66. A	67. A	68. A	69. A	70. A
71. C	72. A	73. B	74. C	75. A					

答案解析

第一节　船舶污染海洋的途径

2. B。我国水域的压载水排放不算是污染途径之一。
3. D。我国水域的压载水排放不算是污染途径之一。
4. D。操作性油污染的途径有:机舱舱底污水和机舱残油、污油、油泥的违规排放;排放含油的压载水或洗舱水时,油量瞬间排放率超标;在绝对禁止排放的海域排放油类或含油污水;管系泄漏事故;舱柜满溢事故;船壳泄漏事故;为了船舶安全的故意排油;为了救助海上人命的故意排油等。装卸和移驳货油和添加燃油期间发生的跑、冒、滴、漏等也是造成海洋污染的途径之一。
5. C。操作性散装有毒液体物质污染的途径与操作性油污染类似,只是污染物质和排放条件不同而已。
6. A。操作性包装有害物质污染的途径有:在船上将用以清除从包装货物中洒落或泄漏的有害物质的清洗水直接排入海中;将装有散装有毒液体物质洒落或泄漏的舱室中清除出来的垃圾、混合物或包装材料扔到海里。将装有散装有毒液体物质的货泵舱中积聚的舱底水排入海中等。装卸作业中不慎,造成包装有害物质的意外落海,也是造成海洋污染的途径之一。
7. B。操作性包装有害物质污染的途径有:在船上将用以清除从包装货物中洒落或泄漏的有害物质的清洗水直接排入海中;将装有散装有毒液体物质洒落或泄漏的舱室中清除出来的垃圾、混合物或包装材料扔到海里。将装有散装有毒液体物质的货泵舱中积聚的舱底水排入海中等。装卸作业中不慎,造成包装有害物质的意外落海,也是造成海洋污染的途径之一。
8. C。操作性船舶生活污水污染,主要是不当排放船上产生的粪便水和尿液、医务室的脸盆和洗澡盆的排出物、活动物处所的排出物等。
12. C。压载水注入不会造成污染。

第三节　防止船舶污染海洋环境的措施

5. C。船舶污染源无法消除。

第四节　船舶防污染技术与设备

2. B。排油监控系统遇到任何故障即应停止排放。

3. C。(1)凡 400 总吨及以上但小于 10000 总吨的任何船舶,应装有保证通过该系统排放入海的含油混合物的含油量不超过 15ppm 的滤油设备。(2)150 总吨及以上的油船应装有一个经主管机关批准的排油监控系统。(3)150 总吨及以上的油船应设有污油水舱装置,70000 载重吨及以上的油船至少应设置两个污油水舱。(4)150 总吨及以上的油船应备有经主管机关认可的有效的油/水界面探测器,以便能迅速而准确地测定污油舱水中的油水分界面。400 总吨以下的油船未要求强制安装滤油设备。

5. C。150 总吨及以上的油船应装有一个经主管机关批准的排油监控系统;400 总吨及以上的非油船应装有保证通过该系统排放入海的含油混合物的含油量不超过 15ppm 的滤油设备。

6. A。150 总吨及以上的油船应装有一个经主管机关批准的排油监控系统。

7. A。150 总吨及以上的油船应备有经主管机关认可的有效的油/水界面探测器,以便能迅速而准确地测定污油舱水中的油水分界面。

10. C。使用船长和驾驶员的工作语言编写。

11. D。船舶发生油污事故或可能发生油污事故时,船长或负责管理该船的其他人员需立即向最近沿岸国做出初始报告。

12. C。制订船上油污应急计划的目的,是帮助船员在船舶发生意外排油时采取必要的措施,以控制或尽量减少排油,减轻油污损害。

16. C。150 总吨及以上的油船和 400 总吨及以上的非油船应备有经主管机关认可的船上油污应急计划(SOPEP)。

17. A。每艘符合附则规定的船舶应配备下列生活污水系统之一:(1)生活污水处理装置,该装置应为主管机关认可的类型。(2)经主管机关认可的污水粉碎和消毒系统。(3)容积足够储存所有生活污水的集污舱,该容积的确定应考虑到船舶操作、船上人员数目和其他相关因素。

22. D。在距最近陆地 12 海里外排放未经粉碎和消毒的生活污水。

25. D。题中 A 点距离最近陆地超过 12 海里,根据 MARPOL 公约规定,可以排放食品垃圾、货物残余;对于动物尸体,其排放须尽可能远离最近陆地,A 点距岸较近,禁止排放。

26. A。生活废弃物禁止排放入海,收集并排入接收设施。

27. A。《船舶水污染物排放控制标准》(GB 3552—2018)规定:(1)在任何海域,应将塑料废弃物、废弃食用油、生活废弃物、焚烧炉灰渣和废弃渔具收集并排入接收设施。(2)对于食品废弃物,在距最近陆地小于等于 3 海里的海域,应收集并排入接收设施;在距最近陆地大于 3 海里且小于等于 12 海里的海域,粉碎或磨碎至直径小于等于 25 毫米后方可排放;在距最近陆地大于 12 海里的海域可以排放。(3)对于货物残留物,在距最近陆地小于等于 12 海里的海域,应收集并排入接收设施;在距最近陆地大于 12 海里的海域,不含危害海洋环境物质的货物残留物方可排放。(4)对于动物尸体,在距最近陆地小于等于

12 海里的海域,应收集并排入接收设施;在距最近陆地大于 12 海里的海域可以排放。(5)在任何海域,对于货舱、甲板和外表面清洗水,其含有的清洁剂或添加剂不属于危害海洋环境物质的方可排放;其他操作废弃物应收集并排入接收设施。

29. D。总长在 12 米及以上的船舶,以及固定或浮动平台,均须张贴公告牌,告知船员和乘客有关垃圾排放的要求。

30. A。船舶垃圾管理计划须提供书面的有关垃圾减少、收集、存储、加工和处理,包括船上设施使用的程序。该计划还须指定一名或多名人员负责执行垃圾管理计划。该计划须使用船员的工作语言。

31. D。总长在 12 米及以上的船舶,以及固定或浮动平台,均须张贴公告牌。

32. A。公告牌须使用船员的工作语言,对于航行于本公约其他缔约国管辖权限范围内的港口或离岸式码头的船舶,还须使用英语、法语或西班牙语。

33. A。垃圾管理计划应就减少、收集、储藏、加工和处理垃圾以及船上设备使用等提供书面程序。

35. C。船上的垃圾数量应以立方米估算,如有可能应按类别分别估算。

36. B。就垃圾记录簿第Ⅰ和Ⅱ部分(或船舶的正式航海日志)记录而言,垃圾分类如下:第Ⅰ部分:A—塑料;B—食品废弃物;C—生活废弃物;D—食用油;E—焚烧炉灰渣;F—操作废弃物;G—动物尸体;H—渔具;I—电子废弃物。第Ⅱ部分:J—货物残余(对海洋环境无害物质);K—货物残余(对海洋环境有害物质)。除第 7 条(例外)规定外,禁止将食用油排放入海。

37. D。船舶垃圾分类为:A—塑料;B—食品废弃物;C—生活废弃物;D—食用油;E—焚烧炉灰渣;F—操作废弃物;G—动物尸体;H—渔具;I—电子废弃物。J—货物残余(对海洋环境无害物质);K—货物残余(对海洋环境有害物质)。

38. A。生活污水不属于船舶垃圾。

40. C。每次排放记录须包括日期、时间,船位,垃圾种类和被排放的垃圾的估算量。

44. B。每次排放记录须包括日期、时间,船位,垃圾种类和被排放的垃圾的估算量,不要求记录航向和航速。

46. B。垃圾记录簿在船上或固定或浮动平台上的存放位置应易于在任何合理时间随时可供检查。该记录簿应在进行最后一项记录后至少保留 2 年。

50. A。垃圾记录簿每填完一页应由船长签字。

51. D。垃圾记录簿每填完一页应由船长签字。

52. B。垃圾记录簿应在进行最后一项记录后至少保留 2 年。

54. C。每填完一页应由船长签字。

56. D。如同时使用船旗国的官方语言,则在有争议或分歧时,应以该国官方语言为准。

57. D。2 年。

63. D。每次排放记录须包括日期、时间,船位,垃圾种类和被排放的垃圾的估算量,对水深没有要求。

64. D。由主管高级船员在排放或焚烧作业的当日签署。

65. B。SO_x 排放控制区包括波罗的海区域,由 2015 年 1 月 1 日起,在排放控制区域内船上使用的燃油含硫量不得超过 0.1% m/m。

66. A。在排放控制区域外船上使用的燃油含硫量不得超过 3.5% m/m(单位质量),2020 年 1 月 1 日起调低至 0.5% m/m。

69. A。根据 BWM Convention 2004,“压载水管理”系指用机械的、物理的、化学的、生物的处理方法,单独或合并使用以清除、钝化或避免加装和排放压载水和沉积物中的有害水生物和病原体。

70. A。进行压载水更换的船舶应达到其所载压载水量的 95%的更换量。

71. C。船上常用注入顶出法,即通过泵入清洁海水使压载舱同时注入并排出的方法。

74. C。为符合压载水更换标准而进行压载水更换的船舶:(1)凡可能时,均应在距最近陆地至少 200 海里、水深至少为 200 米的地方进行此种压载水更换并应考虑 IMO 制定的指南。(2)当船舶不能按规定进行压载水更换时,应考虑在尽可能远离最近陆地的地方,并在所有情况下距最近陆地至少 50 海里、水深至少为 200 米的地方进行此种压载水更换。

第四章 海上应急

第一节 应急程序

1. 关于船舶应变部署表的内容,下列说法哪项不正确?
   A. 对应变的警报信号的规定
   B. 职务与编号、艇号的对照一览表
   C. 航行中驾驶台、机舱、电台固定人员及其任务
   D. 不应指明关键人员受伤后的替代人员
2. 关于船舶应变部署表中的内容,下列说法哪项不正确?
   A. 有关应变的警报信号的规定
   B. 职务与编号、姓名、艇号的对照一览表
   C. 航行中驾驶台、机舱、电台固定人员及其任务
   D. 不应指明哪些高级船员负责保证维护救生和消防设备
3. 关于应变部署表的张贴位置,下列说法哪项不正确?
   A. 各船员房间　　B. 驾驶台
   C. 机舱　　D. 主要走廊和其他船员集合的场所
4. 有关应变部署表,下列说法不正确的是________。
   A. 应变部署表是船舶发生海事时应采取应急措施的计划
   B. 应变部署表是平时进行应急演习的检查依据
   C. 应根据本船的设备和船员技术状况及人员数量编制应变部署表
   D. 应变部署表是海事管理部门处理海事的应急预案表
5. 按目前多数船上配置的船舶应变部署表,船舶应急部署不包括________应急部署。但此类应急的应急反应程序应放在船舶安全管理体系文件中。
   A. 消防　　B. 油污
   C. 碰撞　　D. 弃船
6. 按目前多数船上配置的船舶应变部署表中的应急部署,船舶应急不包括________。
   A. 弃船　　B. 人落水
   C. 货物被窃　　D. 油污
7. 我国规定,________总吨及以上的中国籍船舶,应配备由国家海事管理机构认可的货船或客船

应变部署表。

A. 200　　B. 500

C. 1600　　D. 3000

8. 我国规定，200 总吨及以上的运输船舶，都必须配备由________认可的货船（或客船）应变部署表。

A. 国家海事管理机构　　B. CCS 船级社

C. 船公司　　D. 国家安监机构

9. 船舶应变部署表的内容不包括________。

A. 有关应变的警报信号的规定

B. 职务与编号、姓名、艇号的对照一览表

C. 航行中驾驶台、机舱、电台固定人员及其任务

D. 救生及消防设备的用法

10. 按照 SOLAS 公约的要求，船舶应变部署表的内容不包括________。

A. 通用紧急警报信号和有线广播的细则

B. 发出警报时船员和乘客应采取的行动

C. 弃船命令如何发出

D. 通信设备的用法

11. 根据相关规定，船舶应变部署表的内容不包括________。

A. 有关应变的警报信号的规定

B. 职务与编号、姓名、艇号的对照一览表

C. 航行中驾驶台、机舱、电台固定人员及其任务

D. 救生及消防设备的用法

12. 根据相关规定，船舶应变部署表的内容不包括________。

A. 应急反应中使用的语言

B. 通用紧急报警信号

C. 指明关键人员受伤后的替代人员

D. 指明哪些船舶高级船员负责保证维护救生和消防设备

13. 以下各项中________不是编制船舶应变部署表应考虑的原则。

A. 应结合本船的船舶条件、船员条件、客货条件及航区自然条件

B. 关键岗位、关键动作应指派技术熟练经验丰富的人员

C. 尽量避免一人身兼多职

D. 人员的安排应有利于应急任务的完成

14. 根据相关规定，客船的应变须知不需要张贴在________。

A. 驾驶台　　B. 乘客房间

C. 集合地点　　D. 乘客处所

15. 根据相关规定，以下各项中________不是客船的应变须知应包括的内容________。

A. 乘客集合地点　　B. 逃生路线

C. 救生衣的穿着方法　　D. 灭火器的位置和用法

16. 船舶弃船应发出________。
A. 警铃或汽笛鸣放七短一长,连放一分钟,并伴随广播
B. 警铃或汽笛鸣放三长声 + 一短声,连放一分钟,伴随广播
C. 警铃或汽笛鸣放三长声 + 二短声,连放一分钟,伴随广播
D. 警铃或汽笛鸣放一短两长一短,连放一分钟,伴随广播

17. 船舶主甲板中部油漆间消防演习(火灾报警)的信号是________。
A. 短声一分钟 + 两长声　　B. 短声一分钟 + 三长声
C. 七短一长声 + 两长声　　D. 七短一长声 + 三长声

18. 船舶应变部署表的编制应考虑以下哪些原则?
①应结合本船的船舶条件、船员条件、客货条件以及航区自然条件;②关键岗位与关键动作应指派技术熟练、经验丰富的人员;③根据本船的具体情况,可以一职多人,或一人多职;④人员的安排应有利于应急任务的完成
A. ①②③④　　B. ②③④
C. ①②④　　D. ①②③

19. 船舶弃船演习信号是________,信号发出后,人员应在________分钟内到达集合地点。
A. 六短一长;2　　B. 七短一长;2
C. 六短一长;3　　D. 七短一长;3

20. 营救落水人员的演习信号是________。
A. 三长声,连放一分钟　　B. 一短一长一短,连放一分钟
C. 短声,连放一分钟　　D. 两长一短,连放一分钟

21. 白天,能使落水人员最容易被搜救者发现的信号是________。
A. 降落伞火箭信号　　B. 橙色烟雾信号
C. 闪光灯　　D. 手持火焰信号

22. 船舶应急准备工作的要点,不包括________。
A. 编制应急计划和制定应急反应程序
B. 熟悉应急岗位职责,组织各种应急演练、演习
C. 应急训练和授课,保持应急设备和器材的有效
D. 制订船舶航次维修保养计划

23. 船舶油污应变部署表的主要内容包括________。
①船公司名称;②船舶名称;③油污警报信号;④油污应变集合地点;⑤参加油污应变船员的编号、职务、应变岗位及应变职责;⑥船长签署、公布日期等
A. ①②③④⑤⑥　　B. ②③④⑤⑥
C. ①②③④⑤　　D. ①②③④

24. 在释放消防演习应急警报信号后,要求机舱在________分钟内开泵供水。
A. 3　　B. 4
C. 5　　D. 6

25. 弃船演习时,船长下达放艇命令后________分钟内将艇放至水面。
A. 3　　B. 4

C. 5　　D. 6

26. 由________将演习的起止时间、地点、演习内容和有关情况，如实正确地记入航海日志的重大记事栏内。

A. 船长　　B. 大副

C. 二副　　D. 三副

27. 以下各项中________不是船员应变任务卡应包含的内容。

A. 应变报警信号　　B. 本人应登艇筏的信号

C. 本人在应变部署中的任务　　D. 救生衣的位置和穿法

28. 船上的应变任务卡不需要分派给每名________。

A. 实习生　　B. 普通船员

C. 服务生　　D. 旅客

29. 弃船时，从哪里能找到船员个人应变职责？

A. 服务簿　　B. 船员名单

C. 训练手册　　D. 应变任务卡

30. 下列有关船员弃船应急岗位及职责的叙述哪些正确？

①船长任应急总指挥，在驾驶台指挥应急；②大副担任指定救生艇的艇长，并做好救生艇的释放准备；③二副在驾驶台协助船长，负责通信联络、记录应急过程等；④轮机长带领轮机员做好弃船前的规定保护动作

A. ①②③④　　B. ①②④

C. ①③④　　D. ②③④

31. 当有人落水时，下列哪些说法是正确的？

①船长担任应急总指挥；②大副在主甲板（放艇时在救生艇甲板）担任现场指挥，组织对落水人员的施救；③二副在驾驶台值班；④三副准备救生器材，并做好释放救生艇的准备工作

A. ①②③　　B. ②③④

C. ①③　　D. ①②③④

32. 以下各项中________不是船舶溢油应急反应的任务小组。

A. 指挥与通信组　　B. 清除组

C. 回收组　　D. 隔离组

33. 船舶发生火灾应急反应时，船员应急任务小组不包括________。

A. 隔离队　　B. 消防队

C. 救护队　　D. 维持秩序队

34. 船体漏损应急反应时，船员分工小组不包括________。

A. 隔离队　　B. 堵漏队

C. 排水队　　D. 修理队

35. 在船舶堵漏应急时，以下关于船员在应急反应中的职责的说法正确的是________。

A. 船长担任应急总指挥　　B. 大副在现场担任隔离队队长

C. 二副在现场负责记录　　D. 三副在现场担任堵漏队队长

36. 船上有人落水应急时，以下关于船员在应急反应中的职责的说法不正确的是________。

A. 船长应担任应急总指挥　　B. 二副在驾驶台值班,负责操纵船舶
C. 大副在主甲板担任现场指挥　　D. 三副应做好释放救生艇的准备

37. 船舶发生油污事故应急时,以下关于船员在应急反应中的职责的说法不正确的是________。
A. 船长担任应急总指挥　　B. 轮机长担任油污现场指挥
C. 大副协助轮机长现场指挥　　D. 三副担任油污清除组组长

38. 船舶货舱灭火或演习的现场指挥是________,机舱灭火或演习的现场指挥是________。
A. 船长;船长　　B. 轮机长;大副
C. 大副;轮机长　　D. 船长;轮机长

39. 在船舶消防应急时,二副负责________。
A. 驾驶台指挥应急和操纵船舶
B. 在火灾现场担任现场指挥
C. 驾驶台值班,通信联络、传达船长指令、执行船长的操船指令、记录应急过程
D. 带领消防队灭火,并根据火情进入大型灭火系统控制站做好施放准备

40. 以下各项中________不是船舶组织应急演习的目的。
A. 满足 PSC 及 FSC 检查要求
B. 使船员熟悉应变岗位及职责
C. 使船员熟练掌握应急设备的操作技能
D. 检查试验应急器材设备的技术状态

41. 以下各项中________不是船舶组织应急演习的目的。
A. 提高船员安全和防污染意识
B. 提高船员保安意识
C. 使船员树立船员危机观念,保持警惕性
D. 提高船员海洋权益意识

42. 船舶组织应急演习的意义和作用不包括________。
A. 检验船舶人员的快速反应能力　　B. 检验船舶人员的分工协作能力
C. 检验船舶人员的有效处置能力　　D. 检验船舶人员的专业技术能力

43. 关于封闭舱室的进入和救助演习的规定:考虑到人员进入船上封闭舱室工作会面临着严重的威胁,船员将必须参加船上每________举行一次的封闭舱室进入和救助的演习。
A. 一个月　　B. 二个月
C. 三个月　　D. 四个月

44. 船舶消防演习警报发出后,探火员应在________分钟内穿妥探火服。
A. 10　　B. 5
C. 3　　D. 2

45. 根据 ISM 规则要求,制定应急反应程序,应结合本船的________。
①类型;②航线;③挂港;④货物等
A. ①　　B. ①②
C. ①②④　　D. ①②③④

46. SOLAS 公约规定每________个月至少进行一次应急操舵演习(试验)。

A. 1　　B. 2

C. 3　　D. 4

47. SOLAS 公约规定，应尽快地不迟于船员上船后的________周内进行船舶救生、消防设备用法的船上训练。

A. 1　　B. 2

C. 3　　D. 4

48. 船舶火灾应急行动以下正确的是________。

A. 机舱火情发现者应立即用快捷可行的方式报警

B. 航行中，驾驶台接到报警后立即改向

C. 全体船员立即到集合地点集合

D. 三副立即开启大型灭火设施

49. 以下关于船舶发生火灾时的初始阶段应急行动程序要点，提法有误的是________。

A. 火灾发现者应大声呼唤报警

B. 航行中，驾驶台接到火灾报警后，应立即发出消防应急警报信号

C. 接到火灾报警后船长应立即赶到火灾现场，组织指挥应变

D. 全体船员应立即按应变部署表规定的分工和职责，携带指定的器材赶到火灾现场

50. 以下船员发现火情时的初期应急行动，表述不妥的是________。

A. 火灾发现者应大声呼唤报警

B. 如火情不大，可用就近的灭火器材进行扑救

C. 若火势较大，应按下就近的火灾报警装置，向全船报警

D. 航行中，驾驶台接到火情报警后，首先应报告船长

51. 消防应急时，下列说法不恰当的是________。

A. 船员发现火灾应立即发出消防警报，并就近使用灭火器材进行灭火

B. 如货舱着火，应立即施放二氧化碳

C. 如采用封闭窒息法灭火，必须封闭足够长的时间

D. 如火灾引起爆炸，抢救无效时，应弃船

52. 应指挥灭火人员尽快查明火源及火灾的性质、火场周围情况，以便确定合适得扑救方案、使用适当的灭火剂和正确的扑救方法的是________。

A. 大副　　B. 船长

C. 现场指挥　　D. 水手长

53. 控制火势包括________。

①在探明火情的基础上可立即展开灭火行动；②疏散、隔离火场周围的可燃物；③喷水降低火场周围的温度；④切断电源；⑤关闭通风，封闭门窗

A. ①②③④⑤　　B. ②③④⑤

C. ②③⑤　　D. ①②③⑤

54. 航行中发生火灾，为减少风对火势的助长与蔓延，下列做法不正确的是________。

A. 及时改向，变速或停船　　B. 将着火点置于上风舷

C. 将着火点置于下风舷　　D. 必要时，船长可令机舱紧急停车

55. 在装卸货物时货舱内发现火情时,下列叙述不正确是________。
A. 向舱内施放二氧化碳
B. 向舱内注水
C. 关闭舱盖,然后根据情况施放二氧化碳
D. 继续通风,便于人员进入

56. 如果船舶货舱发生火灾决定施放 CO_2 灭火,下列哪项说法不正确?
A. 撤离人员
B. 隔绝货舱空气流通
C. 按命令正确施放灭火剂
D. 通往该处的电源不用切断

57. 货舱内失火时,________。
A. 如使用水灭火系统,应首先关闭舱盖、通风及所有开口
B. 如首先使用二氧化碳固定灭火系统,要分次性施放灭火剂
C. 施放灭火剂后,要及时开舱,用水防止死灰复燃
D. 如使用水灭火系统,应估计大量注水后船舶浮力的损失

58. 以下关于船舶发生火灾应急阶段的行动程序要点,提法有误的是________。
A. 如有人员受困,应在控制火势的同时及时设法解救
B. 在控制火势的同时,立即展开灭火
C. 如船长指示使用固定灭火系统,应立即撤出舱内人员,隔绝火灾现场的空气流通
D. 根据船长命令,分批逐次向火灾舱室施放一定剂量的有效灭火剂

59. 以下关于船舶发生火灾应急阶段的行动程序要点,提法有误或不妥的是________。
A. 现场指挥应尽快查清火灾有关情况,并向驾驶台报告
B. 现场指挥应根据火灾的具体情况确定总的灭火方案
C. 应尽快确定拟使用的灭火剂和灭火方法等,并组织实施
D. 在探明火情的基础上应立即采取措施控制火势

60. 船舶发生火灾,以下灭火措施不妥的是________。
A. 如为初起小火,应立即组织人员进行现场扑救
B. 如为小面积油类火,可以使用干粉灭火器扑灭
C. 如为电器火,应立即使用泡沫灭火器扑灭
D. 如火情难以控制和扑灭,可以根据船长的命令开启固定灭火系统,一次性向火灾舱室施放规定剂量的有效灭火剂

61. 船舶发生火灾,以下灭火应急措施正确的有________。
①在确认着火处无人后应切断该处通风、关闭防火门窗、切断通往火场的电源、油路;②转移或隔离火场周围的可燃物、贵重物品,喷水减低火场周围的温度;③在控制火势的同时,立即展开灭火;④使用固定灭火系统前,应撤离舱内所有人员,隔离火灾现场的空气流通
A. ①②③
B. ②③④
C. ①②④
D. ①②③④

62. 关于船舶发生爆炸后的应急行动,下列说法正确的是________。
①有关船员应根据驾驶台发出的警报信号,按照应变部署表中的分工和职责,携带指定的器材到现场参加应急;②现场指挥到达现场后,应尽快查清相关情况并向船长报告;③现场指挥

应与船长尽快地商定具体的应急方案并组织实施；④应急结束后，应及时清查现场，查找隐患，避免再次发生爆炸

A. ①②③④　　B. ②③④

C. ①②③　　D. ①②④

63. 在爆炸发生后，现场指挥应迅速到达应急现场，尽快查清并报告船长以下哪些情况？

①爆炸发生的地点及可能的原因；②是否有人员受伤，以及船体和设备受损情况；③是否存在继续爆炸的可能，是否威胁全船人员的生命安全；④是否需要立即弃船

A. ①②③　　B. ②③④

C. ①②④　　D. ①②③④

64. 船舶发生爆炸后，以下应急措施正确的有________。

①现场指挥应与船长尽快商定具体的应急措施并组织实施；②如情况允许，现场指挥可亲自指挥隔离爆炸物；③如爆炸后发生油污染，还需要按照部署表进行控制油污的应急反应措施；④若爆炸发生后，船体受损严重，迅速下沉有立即沉没的危险，船长可发布弃船命令

A. ①②③　　B. ①③④

C. ①②④　　D. ①②③④

65. 船舶发生火灾时，以下应急行动不正确的是________。

A. 船长亲自副操纵船舶，使火场处于下风

B. 三副查明火情，决定灭火方案

C. 现场指挥实施灭火方案

D. 自力灭火无望时，应尽早请求外部援助

66. 船舶发生火灾时，以下应急行动正确的是________。

A. 火灾发现者立即报警，并视情就近取用灭火器材扑救

B. 船长上驾驶台操纵船舶使失火部位处于上风

C. 人员就位后，船长立即命令隔离队查明火情

D. 如火势太大，现场指挥决定使用固定灭火系统

67. 船舶发生爆炸后的应急行动不正确的是________。

A. 立即实施抢救船舶的行动

B. 尽快查明情况，决定应急方案并组织实施

C. 若爆炸引起火灾，同时执行灭火应急行动

D. 若爆炸引起船体破损，同时执行堵漏应急行动

68. 当起居处所发生火灾时，采取的下列哪项措施不正确？

A. 确认有无人员被困，并设法抢救　　B. 迅速打开门窗散出烟雾

C. 关闭门窗施放灭火剂　　D. 冷却四周舱壁，防止火势蔓延

69. 船舶机舱发生火灾，大型 CO_2 施放完毕后，至少应封闭机舱________。

A. 12 小时　　B. 24 小时

C. 36 小时　　D. 48 小时

70. 下列关于火场逃生的说法，存在明显错误的是________。

A. 通过有烟的走廊时，用浸湿的毛巾捂住口鼻可有效防止吸入烟气

B. 通过有烟的走廊时,采取低姿势甚至匍匐前进可尽量减少吸入烟气
C. 被火堵在个人房间出不去时,应迅速关闭房间门和门上透气孔/窗,堵严四周门框处缝隙,在房间内待援或通过对外的窗口逃生
D. 为尽快逃离火场区域,只要电梯工作正常,应首选乘电梯撤离

71. 机舱火灾失控须施放大型二氧化碳系统灭火,机舱内人员应首先从________撤离机舱。
A. 生活区通机舱的楼梯　　B. 舵机房通道
C. 机舱底层的逃生通道　　D. 管子弄

72. 下列哪项不是船舶发生火灾时初始阶段的应急行动?
A. 火灾发现者应大声呼叫报警;航行中,驾驶台接到火灾报警后,应立即发出消防应急警报信号
B. 有关船员应立即按应变部署表规定分工和职责,携带指定的器材赶到火灾现场
C. 大副或轮机长(如火灾发生在机舱)担任应急现场指挥
D. 彻底检查紧靠火场的区域,确定火是否蔓延到其他地方

73. 船舶发生火灾,现场指挥应尽快查清以下哪些情况?
①火源及火灾的类别;②火场周围情况;③有无人员受困;④是否威胁全船人员的生命安全;⑤有无贵重物品损坏
A. ①②③④⑤　　B. ①②③④
C. ②③④⑤　　D. ③④⑤

74. 船舶发生爆炸时初始阶段的应急行动有________。
①爆炸发现者若非值班驾驶员,则应立即向驾驶台报警;②航行中,当船舶发生爆炸时,驾驶台应立即报告船长和通知机舱,并向全船发出警报;③船员按照应变部署表中规定的分工和职责,携带指定的器材到集合点待命;④大副或轮机长(如爆炸发生在机舱)担任应急现场指挥;⑤爆炸引起的火灾已经或将波及全船,火势无法控制,威胁到全船人员的生命安全时,应根据船长命令,执行弃船应急行动计划
A. ①②③④⑤　　B. ②③④⑤
C. ①②③④　　D. ③④⑤

75. 救助封闭舱室由于气体事故的受伤人员时,一般应________。
①安排救助人员进入封闭舱室;②对伤员初步检查和判断;③如果是人员窒息但无骨折,应给伤员带上 EEBD(紧急逃生呼吸器),穿上救援安全带;④抬到人孔下方,挂上抬升装置,将伤员吊出
A. ①②③④　　B. ①④
C. ①②③　　D. ②③④

76. 船上发现有人在封闭舱室中毒或窒息,以下对其救助的措施不正确的是________。
A. 若伤者不可以随意搬动,由有资质的救护人员进舱进行现场救护
B. 若伤者可以搬动,用担架或吊具移至甲板或平台,按照医疗指南进行救护
C. 若伤员病理不明,应联系岸基医疗机构协助指导
D. 尽量避免将伤员送至岸上抢救治疗

77. 船舶大风浪区域航行,为避免船舶和设备及货物损坏,以下做法不正确的是________。

A. 进入大风浪区域前检查甲板上一切可移动物件、属具及重物、绳索、吊杆、小艇等绑扎固定情况
B. 进入大风浪区域前对甲板和舱内货物进行再检查和加固
C. 在大风浪区域内可适当调整航向或降低航速航行，保障船舶设备和保护船体安全
D. 将双锚备妥，以备不时之需

78. 船舶冰区航行，为避免船舶和设备损坏，以下做法不正确的是________。
A. 冰区航行时船壳、舵扇及车叶最容易受损，尤以开倒车时为甚
B. 空载或载货不多时，应尽量将船尾压低，使推进器全部浸入水中
C. 避免船体冻结在冰内，因为冰的压力对船壳造成的损坏，远远超过撞冰造成的损坏
D. 必须使用倒车时，应左右满舵，迅速加车

79. 当有人落水需要应急时，以下提法有误的是________。
A. 船长应担任应急总指挥　　B. 二副在驾驶台值班，负责操纵船舶
C. 大副在主甲板担任现场指挥　　D. 三副应做好释放救生艇的准备

80. 航行中如发现人落水时，应采取下列哪些措施？
①立即操舵使船尾靠近落水者；②鸣放报警信号；③就近抛下救生圈；④派人跟踪瞭望并执行人落水的应急部署
A. ①②③④　　B. ②③④
C. ①④　　D. ②③

81. 救助海中落水人员时，船舶驶近待救者的操纵方法有________。
①单旋回法；②Dogglas 旋回法；③Williamson 旋回法；④Scharnow 旋回法
A. ①③④　　B. ①②③
C. ②③④　　D. ③④

82. 当船舶发现人员落水后立即行动时，在救助落水者常用的操纵方法中，宜采取下列哪种方法驶近落水者？
A. 单旋回法　　B. Williamson 法
C. Scharnow 法　　D. 双旋回法

83. 当船舶发现人员落水后经过一定的延迟后才开始行动时，宜采取下列哪种操纵方法驶近落水者？
A. 单旋回法　　B. Williamson 法
C. Scharnow 法　　D. 右旋法

84. 船舶发现人员落水但为时已晚，采取下列哪种操纵方法有可能更快驶近落水者？
A. 单旋回法　　B. Williamson 法
C. Scharnow 法　　D. 双旋回法

85. 值班驾驶人员发现有人落水，应________。
①立即投下就近的救生圈、自发烟雾信号，夜间应抛下自亮浮灯；②立即向船长报告；③立即操纵船舶，避开落水者；④派专人登高瞭望，并发出人落水警报
A. ①②④　　B. ①②③
C. ①②③④　　D. ②③④

86. 如果有人落水,需要放艇救助,以下操作要领中表述有误或不妥的是________。
A. 本船应驶向落水者的上风一侧
B. 应释放下风舷的救生艇
C. 应在本船有较大的速度时放艇
D. 前进中放艇,应将本船速度控制在 2 节以下
87. 如果有人落水,需要放艇救助,以下操作要领中表述有误的是________。
A. 应尽量选择大浪过后海面相对比较平静时放艇
B. 如有波浪,当波峰即将到达时将艇降至水面,当下二个波峰来临之前同时解脱前后吊艇钩
C. 在救生艇降落下水前发动艇机,以便艇降落至水面后可迅速驶离
D. 如不能同时脱钩,应先脱前钩,并解去艇缆,用内舷舵进车驶离大船
88. 当船舶在航行途中发出"三长声(持续 1 分钟)"应急警报信号时,下列说法正确的包括________。
①该船舶发生有人员落水;②该船舶发现船舶进水,应立即采取堵漏应急行动;③值班驾驶员应迅速按下 GPS 上的"SAVE"或"MOB"按钮;④值班驾驶员应立即停车,并报告船长和通知机舱
A. ②④ B. ①③
C. ①③④ D. ②
89. 2012 年 11 月 30 日通过的海安会决议 RESOLUTION MSC. 338(91)对 1974 年 SOLAS 公约进行了修订,其中要求所有船舶都应建立适合本船的"营救落水人员的计划和程序",并按照要求________个月内进行营救落水人员知识培训和演习。
A. 一 B. 二
C. 三 D. 四
90. 如发现有人员落水,在无流而有风时,船上人员应将救生圈抛于落水人员的________位置。
A. 上风 B. 下风
C. 任意方向 D. 身上
91. 救助人落水时,方法错误的是________。
A. 大船驶向落水者的上风一侧,准备释放下风舷的救生艇
B. 当波峰即将到达时,将艇降至水面,同时脱钩;如不能同时,则先脱后钩
C. 在救生艇降落下水前,发动艇机,以便艇降落水面后可迅速驶离
D. 救生艇最好从落水者上风一侧接近,将落水者置于下风舷
92. 以下船载危险货物泄漏的应急措施不正确的是________。
A. 避免与泄漏的危险货物直接接触,尤其远离蒸气和气体
B. 操纵船舶使驾驶台和生活区处于下风
C. 确定泄漏货物的位置和识别货物
D. 根据 EmS 指南采取相应措施
93. 船舶溢油后,应立即采取相应的措施,防止继续溢漏,这些措施不包括________。
A. 立即停止有关操作,停止供、受油作业,关闭供、受油管系上的所有阀门
B. 核实并确保甲板排水孔已堵塞,甲板溢油不至于流出舷外

C. 将泄漏油舱中的油驳入空油舱或其他未满舱

D. 在必要并可能时，将溢出的油转驳到他船或岸上设施中去

94. 在为船舶供应燃油时如发生溢油，以下防止继续溢油的措施恰当的有________。

①立即停止有关操作，通知供油船或供油设施停止供应作业；②关闭供油管系上的所有阀门；③发出溢油报警信号，实施最初的溢油应急反应程序；④再次检查确认甲板排水孔已堵好，甲板溢油不会流出舷外

A. ①②③　　B. ①③④

C. ①②④　　D. ①②③④

95. 在为船舶供应燃油时如发生溢油，以下防止继续溢油的措施表述不妥的是________。

A. 立即停止有关操作，通知供油船或供油设施停止供应作业，关闭管系上的所有阀门

B. 发出溢油报警信号，实施最初的溢油应急反应程序

C. 尽快放艇入水清除海面溢油

D. 将泄漏油舱中的油驳入空油舱或其他未满舱

96. 船舶发生溢油事故后，以下各项中________是对已泄漏入海的油的回收方法。

A. 人工或机械回收　　B. 围油栏包围

C. 燃烧处理　　D. 沉降处理

97. 船舶加油时发生舱柜满溢事故后，以下各项中________不是防止继续溢漏的措施。

A. 确保甲板排水孔已堵塞　　B. 立即停止有关油类作业

C. 已泄漏入海的用围油栏包围　　D. 将泄漏油舱的油驳入其他未满舱

98. 船舶发生油污染事故后的应急行动不正确的是________。

A. 立即停止相关油类作业　　B. 操纵船舶使溢油部位处于下风

C. 清除甲板集油　　D. 防止溢油扩散、回收海面溢油

99. 当发现船舶周围海面有油花时，正确的做法是________。

①向海里喷洒溢油消散剂，消除油迹；②报告船长；③查找漏泄源；④回收海面溢油

A. ①②③④　　B. ②③④

C. ①②④　　D. ①②③

100. 在船舶加装燃油时，如果发现溢油情况，应首先________。

A. 报告船长　　B. 报告驾驶台

C. 报告轮机长　　D. 通知加油船停泵

101. 当甲板机械故障发生溢油时，应________。

①堵塞甲板泄水孔；②停止甲板机械运转；③关闭相关阀门

A. ①②　　B. ②③

C. ①③　　D. ①②③

102. 船舶溢油后，应立即采取相应的措施。下列措施不正确的是________。

A. 立即停止有关操作，通知供油船停止供油作业，关闭管系上的所有阀门

B. 发出溢油警报信号，实施最初的溢油应急反应程序

C. 核实并确保甲板排水孔已堵塞

D. 向海里喷洒溢油消散剂，消除已流到海里的油迹

103. 听到弃船警报信号后，全体船员应在________分钟内穿好救生衣并到达集合地点。

A. 1　　B. 2

C. 5　　D. 7

104. 当需要撤离船舶或弃船时，以下提法有误的是________。

A. 船长应担任应急总指挥

B. 轮机长担任一艘救生艇的艇长

C. 大副担任一艘救生艇的艇长

D. 需要时，三副担任另一艘救生艇的艇长

105. 在弃船行动中，下列提法哪些正确？

①人员撤离的顺序应是先旅客，后船员；②弃船登艇前，船长应先通知坚守值班岗位的人员撤离岗位船；③船长应最后离开；④弃船后，船长仍对全体人员负有指挥责任

A. ①③④　　B. ①②③

C. ②③④　　D. ①②③④

106. 以下有关弃船时的应急行动，表述正确的有________。

①如果船舶正在沉没不得不弃船时，尽可能采取措施延缓船舶下沉，直到不得已时宣布弃船登艇；②登救生艇筏前，船长应明确告知各艇筏负责人是否发出遇难求救信号及是否有回答；③弃船时，所有旅客必须正确穿着救生衣，为操作便利，船员可不必穿着救生衣；④在弃船过程中，每位船员和指挥人员应保持镇静，确保旅客稳定，防止惊慌和恐惧情绪及其蔓延

A. ①②③　　B. ②③④

C. ①②④　　D. ①②③④

107. 当船舶发生海事受损严重，处于沉没、倾覆、爆炸等严重危险情况并经抢救确属无效时，船长有权做出弃船决定，下列关于弃船应急行动说法正确的包括________。

①船长应亲自发出"七短声一长声"的弃船应急警报信号或宣布弃船；②船长弃船命令下达后，留守驾驶员必须在电台值守，按规定发送遇险电文或发送船长告知的遇险电文，直至必须离开；③离船前携带国旗、船舶证书、重要文件、双向无线电话、搜救定位装置、紧急卫星示位标等，并备足食品、毛毯等救生用具等到达指定集合地点；④弃船警报（命令）发出后，全体船员应按应变部署表中职责分工完成各自的弃船准备工作

A. ①②③④　　B. ②③④

C. ①②③　　D. ②③

108. 在弃船登艇筏前，船长应告知各艇筏负责人哪些事项？

①是否发出遇难求救信号以及遇难求救信号是否有回答；②放多艘救生艇后的救生艇集合地点；③是原地等待还是驶向指定的地点；④其他有关救生方面的指示

A. ①②③④　　B. ②④

C. ①③④　　D. ①④

109. 登救生艇筏前，各艇筏负责人应知悉________。

①本船的遇难地点；②是否发出遇难求救信号及是否有回答；③在原地等待还是驶往指定的地点；④驶往最近陆地或交通线的航线、距离

A. ①②③　　B. ②③④

C. ①③④　　D. ①②③④

110. 下列有关船舶在大风浪中释放救生艇的做法，哪些正确？

①在停车后余速不大时放艇；②救生艇放至登艇甲板时应使用碰垫，系上止荡索，便于人员登艇；③选择大浪过后海面相对平静的时机放艇；④如果船上一舷同时释放一艘以上的救生艇，大船顶浪时应先放船首方向的艇

A. ①②③④　　B. ②③④

C. ①②③　　D. ①②④

111. 下列有关船舶在大风浪中释放救生艇的做法哪种不正确？

A. 选择停车后余速不大时释放

B. 救生艇放至登艇甲板时应使用碰垫，系上止荡索，便于人员登艇

C. 选择大浪过后海面相对平静的时机放艇

D. 如果船上一舷同时释放一艘以上的救生艇，大船顶浪时应先放船首方向的艇

112. 船舶在大风浪中放艇，下列做法哪些正确？

①应放下风舷的艇；②选择大浪过后海面相对平静的时机释放；③争取在大船摆动至中间位置时将艇放至水面；④选择艇被波峰抬起，前后吊艇索都松弛时迅速脱钩

A. ①②③④　　B. ①②

C. ①②③　　D. ①②④

113. 船舶在大风浪中释放救生艇应________。

①选择停车后大船余速不大时释放；②一般应放大船下风舷的艇；③风浪中放艇应防止艇身与大船相碰；④吊艇钩应尽量同时解脱，防止先脱后钩

A. ①②③④　　B. ②③④

C. ①②③　　D. ①②④

114. 船舶在大风浪中释放救生艇时，下列哪种做法是错误的？

A. 选择停车后大船余速不大时放艇

B. 一般应放大船下风舷的艇

C. 风浪中放艇应防止艇身与大船相碰

D. 吊艇钩应尽量同时解脱，防止先脱后钩

115. 船舶在大风浪中释放救生艇时应________。

A. 尽量避免前、后钩同时脱钩

B. 尽量争取前、后钩同时脱钩，防止先脱前钩

C. 争取先脱前钩

D. 防止先脱后钩

116. 大风浪中救生艇已放至水面后，应选择下列哪个时机脱钩？

A. 等待海面完全平静时　　B. 艇随波谷下降，前后吊艇索都绷紧时

C. 艇被波峰抬起，前后吊艇索都松弛时　　D. 艇处于波峰时

117. 关于救生艇使用的一般规定，以下提法正确的是________。

A. 按船舶应急部署同时放艇时，由各艇长分别负责检查和指挥

B. 放一艘艇时，由三副和水手长负责检查指挥

C. 放艇前,三副应对艇机做认真的检查和试验

D. 负责检查和指挥放艇的人,经艇长同意后方可放艇

118. 航行中放救生艇,以下提法有误或不准确的是________。

A. 救生艇在降落时应备有碰垫,同时用艇篙支撑,防止艇与大船之间的碰撞

B. 将艇放至水面后迅速解脱吊艇钩,应防止先脱后钩

C. 对吊艇索下的滑车应事先用止荡索套住,脱钩后及时拉紧,防止滑车晃动伤人

D. 艇机应在落水前启动起来,脱掉吊艇钩后应立即解掉首尾缆,迅速驶离大船

119. 当船舶在风浪中且有固定横倾时放艇,下列哪种操作方法不正确?

A. 横倾较小时放高舷艇

B. 横倾较大高舷艇无法松放时放低舷艇

C. 放高舷艇过程中应防止艇因下滑受阻而倾覆

D. 放低舷艇时为防止艇与大船间距过大,应先松止荡索后解定位索

120. 当船舶在风浪中且有固定横倾时放艇,下列哪些操作方法正确?

①横倾较小时放高舷艇;②横倾较大高舷艇无法降放时放低舷艇;③放高舷艇过程中应防止艇因下滑受阻而倾覆;④放低舷艇时为防止艇与大船间距过大,应先解定位索后松止荡索

A. ①②③④　　B. ①②

C. ①②③　　D. ①②④

121. 在大船有横倾的情况下放救生艇,以下提法有误的是________。

A. 固定横倾较小时应先放高舷艇

B. 横倾较大以致高舷艇无法释放时,应立即放低舷艇

C. 降放高舷救生艇时,放艇速度要慢,防止将救生艇放翻

D. 放低舷救生艇时,应先解止荡索,然后用定位索定位,以便随艇艇员能够安全登艇

122. 在大船有横倾的情况下放救生艇,以下提法正确的是________。

A. 固定横倾较小时应先放低舷艇

B. 横倾超过20°时,应立即放高舷艇

C. 降放高舷救生艇时,放艇速度要快

D. 随艇降落的艇员登艇后,应先解定位索,然后慢慢松出止荡索,降放救生艇

123. 以下有关在大船横倾情况下放艇的操作要领,正确的有________。

①固定横倾较小时应先放高舷侧的救生艇;②横倾较大以至于高舷侧的救生艇无法释放时,应立即放低舷侧的救生艇;③降落高舷侧救生艇困难时,应尽力用艇篙向外抵住艇身,使艇缓缓放下;④放低舷侧救生艇时,应特别留意船艇过大的间距,尽可能避免救生艇在降落过程中剧烈摇晃,撞击大船

A. ①②③　　B. ②③④

C. ①③④　　D. ①②③④

124. 以下弃船前的准备工作正确的是________。

A. 关闭压载水舱在甲板上的透气孔、阀门

B. 封死淡水舱在甲板上的呼吸口

C. 关闭海底阀、应急遥控油阀

D. 启动 SSAS 设备发出遇险求救信息

125. 以下弃船行动中正确的行动是________。

A. 船长亲自宣布弃船命令，并亲自发出弃船信号

B. 机舱人员听到弃船命令，立即全部撤离

C. 各艇筏负责人将各自负责的艇筏编号报告船长

D. 客船上使旅客尽快紧张起来进入应急状态

126. 弃船时船长在登艇前应不必告知各艇筏负责人________。

A. 本船遇难地点和驶往最近陆地或交通线的航向距离

B. 弃船后各艇筏的集合地点

C. 无线电救生设备的使用方法及求救联系方式

D. 可能获救的时间地点

127. 弃船后，船长所在的救生艇离开大船后，船长作为艇员认为该艇艇长的命令有误，全体艇员应________。

A. 服从船长命令　　　　B. 服从艇长命令

C. 请示公司命令　　　　D. 少数服从多数

128. 当船舶出现危险情况时，关于逃生、求生，下列说法正确的是________。

A. 应第一时间跳入海中，并迅速游离大船以避开危险

B. 如情况危急，船长没有发布弃船命令，也可以自行离船逃生

C. 不到最后时刻，尽量留在大船上，不要太早跳入海中

D. 弃船登上救生艇后，应尽快驶离，寻找陆地或岛屿

129. 弃船后，在救生筏内，什么时候开始供应饮用水？

A. 24 小时后　　　　B. 12 小时后

C. 救生筏离开大船后，立即开始　　　　D. 6 小时后

130. 求生者饮用海水将会产生什么主要危险？

A. 如果饮用少量的海水，没有危险

B. 饮用海水将加剧饥饿感

C. 饮用海水将增加体内含盐量，使人容易虚脱

D. 饮用海水是安全的，没有危险

131. 船舶应急反应程序包括但不限于________。

①火灾、爆炸；②碰撞、触礁/搁浅；③破损进水、油污；④弃船、人员落水；⑤货物移动、严重倾斜；⑥临近战争危险、遭遇保安威胁

A. ①②③④⑤⑥　　　　B. ①②③

C. ①②③④　　　　D. ①②③④⑥

132. 为了保证人员安全，船舶在发生紧急事件时应遵守的准则包括________。

①检查有否人员伤亡，能否自力救治；②判断是否需要外部援助；③决定是否撤离船舶；④决定是否弃船

A. ①②③④　　　　B. ①②④

C. ①③④　　　　D. ②③④

133. 船舶在紧急情况下，最优先考虑的是如何保证________。

A. 船舶的安全　　B. 人员的安全

C. 环境的安全　　D. 货物的安全

134. 船舶在紧急情况下保护船上人员安全的行动准则为________。

①首先检查是否有人员伤亡；②然后判断是否需要救助；③其次清点贵重物品；④最后决定是否弃船

A. ①②③④　　B. ②③④

C. ①②④　　D. ①③④

135. 当船舶遇到紧急情况时，应最优先考虑________的安全。

A. 船舶　　B. 货物

C. 海洋环境　　D. 人命

136. 船舶在紧急情况下，为保证人员安全，下列各项中________不是应遵守的原则。

A. 检查是否有人员伤亡　　B. 判断是否需要外部援助

C. 考虑是否影响船期　　D. 决定是否弃船

137. 在海损事故的应急反应中，船长应优先考虑的是________。

A. 水域环境安全　　B. 货物安全

C. 船舶安全　　D. 人命安全

138. 船舶在紧急情况下，最优先的措施是保证人命安全，因此应遵循________的原则。

A. 首先判断是否需要救助，然后检查是否有人员伤亡，最后决定是否需要弃船

B. 首先检查是否有人员伤亡，然后判断是否需要救助，最后决定是否需要弃船

C. 首先决定是否需要弃船，然后判断是否需要救助，最后检查是否有人员伤亡

D. 首先判断是否需要救助，然后决定是否需要弃船，最后检查是否有人员伤亡

139. 在弃船行动中，下列哪些行动不正确？

A. 应按照先旅客后船员、船长最后离船的顺序撤离

B. 弃船后，船长仍对全体人员负有指挥责任

C. 弃船登艇前应先通知坚守值班的人员撤离岗位

D. 弃船后，各艇员只听从艇长的指挥

140. 在紧急情况下，有关船员保护乘客的任务不包括________。

A. 维持通道及梯道上的秩序　　B. 大体上控制乘客的动向

C. 确保把毛毯送到救生艇筏上　　D. 确保乘客能知道救生艇的操纵性能

第二节　船舶碰撞或搁浅初步应急措施

1. 航行中船舶搁浅或触礁时，值班驾驶员应采取________行动。

①立即停车；②发出警报；③报告船长；④通知机舱

A. ①②③　　B. ①②③④

C. ②③④　　D. ①②④

2. 以下船舶搁浅时的应急行动正确的是________。

A. 立即全速后退脱浅
B. 开车使船尾转向深水保护车舵
C. 操左右满舵并进车松动船体后再全速倒出
D. 立即查明情况，然后再行动

3. 以下船舶搁浅时的应急行动不正确的是________。
A. 值班驾驶员立即报告船长、通知机舱
B. 立即发出警报召集船员
C. 立即用车舵配合尝试脱浅
D. 首要工作是搞清搁浅或触礁部位和损害情况

4. 以下船舶搁浅后的应急行动不正确的是________。
A. 如船舶严重横倾，应设法调整船舶的浮态
B. 连续测定船位，检查船位是否发生移动
C. 先将低舷救生艇放出，以备急需
D. 如船体进水或漏油，应立即执行堵漏或油污应急部署

5. 船舶发生搁浅后的应急行动不正确的是________。
A. 长时间用主机脱浅　　B. 备好救生艇筏
C. 进行油水测量　　D. 连续观测船位、吃水和周围水深

6. 船舶搁浅后，为避免情况继续恶化，确保船体安全，以下措施不正确的是________。
A. 利用搁浅船的锚链及缆绳来固定船体
B. 对坐礁的船，还应将各压载水舱注满水
C. 查清搁浅部位及破损、溢油等情况后决定应急方案
D. 为减少破底现象，可立即抛弃货物使船浮起

7. 船舶发生搁浅后的应急行动不正确的是________。
A. 大副在现场指挥人员做连续测量和记录
B. 水手长带领水手测量船舶周围水深
C. 木匠测量淡水舱、污水沟、压载舱、燃油舱的液位变化，判断有无进水
D. 轮机长带领机舱人员检查动力和电力设备情况

8. 当船舶触礁、搁浅后，下列表述不正确的是________。
A. 为防止损失进一步扩大，尽早用车舵脱浅或摆脱礁石
B. 值班驾驶员应立即停车
C. 详细记录触礁、搁浅的时间、船舶概位
D. 如船体进水或漏油，应立即执行堵漏或油污应急部署

9. 船体破损进水后，应全面进行________。
①查明漏损部位，测量本船的油、水舱以及压载水舱、污水井；②确定船体是否已破损进水及进水情况；③立即关闭与进水舱室相邻舱室的水密门及其他水密装置；④现场指挥应对船舶的进水量进行正确估算并报告船长
A. ①②③　　B. ①②③④
C. ②③④　　D. ①③④

10. 船舶搁浅后,应对搁浅船的态势进行初步评估,内容包括________。
①人员的安全状况;②天气和海况;③潮流和潮汐情况;④海底底质
A. ①②③④ B. ①②
C. ③④ D. ②③④
11. 船舶搁浅后,应对搁浅船的态势进行初步评估,内容包括________。
①天气和海况及预报;②船体周围的水深;③吃水和纵倾;④船舶损坏情况
A. ①② B. ③④
C. ①②③④ D. ②③④
12. 船舶搁浅后,应对搁浅船的态势进行初步评估,内容包括________。
①船舶损坏情况;②进一步损失的危险性;③污染情况;④潜在污染的危险性
A. ①③ B. ②④
C. ①②③ D. ①②③④
13. 以下各项中________一般不是船舶搁浅后可能发生的危险情况。
A. 蹾底 B. 向岸漂移
C. 打横 D. 尾淹
14. 船舶搁浅期间,以下各项中________不是风、流、潮水等外界因素可能对船舶造成的不利影响。
A. 打横 B. 破损或断裂
C. 严重横倾或倾覆 D. 重心升高失去稳性
15. 船舶发生搁浅后,应根据当时水文、气象、环境以及事态可能的发展进行综合评估,以下各项中________不是需要做出的判断。
A. 船舶的安全是否受到严重威胁 B. 船舶能否按时完成航次任务
C. 是否需要请求外来援助 D. 是否需要弃船
16. 船舶发生碰撞后的应急行动不正确的是________。
A. 船长担任应急行动的总指挥,召集船员按应急程序进行应急
B. 如碰撞后造成船体破损,应操纵船舶使破损部位不要对着水流
C. 如本船撞入对方船体内,应尽快倒车退出
D. 督促大副和轮机长迅速查明碰撞的部位、破损情况以及进水情况
17. 船舶发生碰撞后的应急行动不正确的是________。
A. 如本船撞入对方船体内,应尽量保持姿态避免破损扩大和大量进水
B. 碰撞后造船体破损,应减速停车,使破损部位面对风流方向以减缓进速
C. 大副和轮机长迅速查明碰撞、破损进水、油污染、人员受伤等情况
D. 如碰撞造成船体破损、油污、火灾、人受伤等,应立即执行相应的应急行动
18. 船舶发生碰撞后的应急行动正确的是________。
A. 发出报警后应立即进行堵漏抢险
B. 如进水严重难以控制,应驶往深水区,避免阻塞交通
C. 任何情况下全力施救对方船上的人员
D. 如船舶有沉没危险,应尽快弃船

19. 船舶发生碰撞后的应急行动不正确的是________。
    A. 检查各种碰撞后果后再决定应急部署
    B. 如进水严重难以控制，应避免在深水区沉没
    C. 任何情况都应全力施救对方船上的人员
    D. 如船舶有沉没危险，应尽快弃船
20. 船舶发生碰撞后的应急行动不正确的是________。
    A. 如双方均有沉没危险，要迅速发出求救信号，做出弃船决定
    B. 检查受损情况后再决定应急部署
    C. 如有沉没危险，条件许可时可择地抢滩搁浅
    D. 尽量保持原有态势，利于判明责任
21. 船舶碰撞应急结束后，较为全面的做法是________。
    ①与相碰撞船互相通报船名、国籍、船籍港、始发港、目的港等；②迅速向有关当局报告；③检查确认船舶的续航能力；④设法保持或恢复船舶的续航能力
    A. ①②③　　B. ②③④
    C. ①③④　　D. ①②③④
22. 一般情况下，碰撞后担负查明全船漏损情况责任的船员是________。
    A. 大副和水手长　　B. 水手长木匠
    C. 船长和大副　　D. 三副和水手长
23. 他船船首撞入本船后，为了减少损害，所采取的行动下列哪项有误？
    A. 要求他船迅速脱离本船以减小破损
    B. 迅速查清船体受损情况
    C. 尽量减少水域污染
    D. 水线下破损时全力排水并堵漏
24. 船舶碰撞后，下列行动中不正确的是________。
    A. 尽量保持原有态势，利于判明责任
    B. 检查受损情况后再决定应急部署
    C. 如双方均有沉没危险，要迅速发出求救信号，做出弃船决定
    D. 如有沉没危险，条件许可时可择地抢滩搁浅
25. 船舶碰撞后的损害程度与碰撞位置和破损的大小有关，碰撞位置越接近________，破损________，碰撞损失越大。
    A. 船中；越小　　B. 船中；越大
    C. 船首；越小　　D. 船首；越大
26. 船舶碰撞后的损害程度与两船相对运动速度和碰撞角度有关，两船相对运动速度________，碰撞角度越接近________，碰撞损失越大。
    A. 越小；平行　　B. 越小；垂直
    C. 越大；垂直　　D. 越大；平行
27. 船舶碰撞后的损害程度与________没有直接关系。
    A. 两船相对运动速度和碰撞角度　　B. 碰撞海域海流速度的大小

C. 碰撞位置和破损的大小　　　　D. 碰撞船舶的吨位大小

28. 船舶发生碰撞后，在________情况下不需要采取抛弃货物的措施。
A. 因进水可能引起货物着火及货物急剧膨胀
B. 为了保持一定的剩余稳性
C. 为了保持一定的吃水差
D. 为保留储备浮力或减少进水量

29. 以下关于船舶发生碰撞，在初始阶段时的应急行动要点，提法有误的是________。
A. 船舶发生碰撞后，值班驾驶员应立即通知值班轮机员全速倒车
B. 船长应立即上驾驶台，组织指挥应变
C. 如碰撞造成船体破损、油污、火灾、人落水等，应立即发出相应的应急警报信号
D. 全体船员应根据发出的警报信号，携带指定的器材到现场参加应急

30. 船舶发生碰撞后，下列哪项提法有误或不妥？
A. 如船体已经进水，首先应组织力量排水、堵漏，如进水严重应设法抢滩
B. 如果船体碰撞的位置在机舱，轮机长应负责内部的破损及损害控制
C. 如果船体碰撞后发生火灾、油污染事故，应立即按相应的应急计划行动
D. 如果碰撞造成货物损失，应立即组织抢救

31. 以下船舶碰撞后的紧急处理措施，不正确的是________。
A. 现场指挥应带领有关船员迅速查明碰撞的部位
B. 立即对各液舱和污水沟井的液位进行测量，确定船体是否已破损进水以及进水情况
C. 机舱应对由于碰撞而造成的主、辅舵机等机电设备的损害立即做出评估和抢修
D. 机舱应立即做好消防和弃船的准备工作

32. 以下船舶碰撞后的紧急处理措施，不正确的是________。
A. 在任何情况下，应竭尽全力救助对方船上的船员及旅客
B. 应设法尽量减轻对方船舶因碰撞而造成的损失
C. 如本船装有遇水燃烧或吸水膨胀的货物，应根据具体情况及时妥善处理
D. 如本船有沉没危险，根据船长的命令迅速发出求救信号，并做好弃船准备

33. 船舶发生碰撞后，在应急阶段较为全面的应急行动是________。
①大副应在现场指挥有关人员做连续测量和记录；②在保证人身安全的前提下，大副应带领水手长检查货物有无移位、倒塌；③如碰撞导致船体机构损坏、船壳破损、进水等紧急情况，应立即组织力量排水、堵漏；④如本船装有遇水燃烧或吸水膨胀的货物，应根据具体情况及时妥善处理；⑤根据船长指示救助对方船上的船员及旅客，并设法减轻对方船舶因碰撞而造成的损失；⑥在不严重危及自身安全的情况下，根据船长指示救助对方船上的船员及旅客并设法尽量减轻对方船因碰撞而造成的损失
A. ①②③④⑤⑥　　　　B. ①②③④⑤
C. ①②③④　　　　D. ①②③

34. 有关碰撞后的续航应注意的事项，下列说法错误的是________。
A. 减速航行　　　　B. 近岸航行
C. 使损伤部位处于上风侧　　　　D. 风力增大应立即择地避风

35. 船舶发生碰撞后续航，应使碰撞损伤部位处于________，并尽可能________船舶的摇摆幅度。
A. 上风侧；减小　　B. 下风侧；减小
C. 上风侧；保持　　D. 下风侧；保持
36. 船舶发生碰撞以后全面检查，以下________不是船舶要续航应具备的条件。
A. 主、辅机无损，情况良好
B. 船体破损部位进水经采取措施后得以控制
C. 船舶具有正稳性及一定的保留浮力
D. 一舷救生设备受损
37. 船舶碰撞应急结束后，以下船舶后续处理措施不正确的是________。
A. 抵达第一港后向公司递交书面事故报告书
B. 接受主管机关的海事调查与处理
C. 申请相关部门检验与鉴定
D. 申请相关法定证书的附加检验
38. 发生碰撞事故后，船长处理碰撞事故通知书做法不正确的是________。
A. 及时向对方提交并要求由对方承担事故责任
B. 要求对方船长在通知书上签字认可
C. 对于对方送达的通知书不应承认本船对事故的责任，只签署收到的日期和时间
D. 如对方碰撞责任很明显，对于对方送达的通知书不应理睬

第三节　救助落水人员、协助遇险船舶、港内应急反应应遵循的程序

1. 在恶劣天气情况下，大船为放救生艇，应采取________。
A. 偏迎浪航行　　B. 偏顺浪航行
C. 滞航　　D. 漂航
2. 在海面平静的情况下应尽快释放救生艇或救助艇抢救落水人员，放艇时大船的余速不应超过________。
A. 3 kn　　B. 4 kn
C. 5 kn　　D. 6 kn
3. 船舶释放救生艇时，纵倾不应大于________，横倾不应大于________。
A. 20°；20°　　B. 20°；10°
C. 10°；20°　　D. 10°；10°
4. 大风浪中放艇时，艇一着水后，就要前后同时脱钩，在不能同时脱钩时，应________。
A. 先脱前吊钩，后脱后吊钩　　B. 先脱后吊钩，后脱前吊钩
C. 先脱中间钩，后脱后吊钩　　D. 先脱前吊钩，后脱中间钩
5. 大风浪中放艇时，为减少救生艇摇摆而与大船相碰撞，可用________。
①止荡索；②碰垫；③艇篙
A. ①②③　　B. ①②

C. ②③　　D. ①③

6. 大风浪中收艇,在横摇中挂钩,应在何时迅速前后同时挂钩?

A. 大船由本舷最大横摇角向另一舷横摇

B. 大船由本舷横摇至中间位置时

C. 大船由另一舷最大横摇角向本舷横摇

D. 大船由另一舷横摇至中间位置时

7. 大风浪中收艇时,应前后同时挂钩,在不能同时挂钩时,应________。

A. 先挂前吊钩,后挂后吊钩　　B. 先挂后吊钩,后挂前吊钩

C. 先挂中间钩,后挂后吊钩　　D. 先挂前吊钩,后挂中间钩

8. 航行中的船舶在风浪大的海面上放艇,应将航速减至能维持舵效的速度,使放艇舷侧处于下风舷,为避免遭受横浪,应保持风舷角为________。

A. 5°~10°　　B. 20°~30°

C. 80°~90°　　D. 140°~160°

9. 在大风浪中释放救生艇时,启动艇机的时机是________。

A. 艇落水前　　B. 艇落水后

C. 艇落水的同时　　D. 解掉艇缆后

10. 风浪中救助落水人员时,救助船应先驶向落水者的________,将________救生艇放下,从________靠拢落水者。

A. 上风;下风;上风　　B. 上风;下风;下风

C. 下风;下风;上风　　D. 下风;上风;下风

11. 救助遇难船舶人员,若难船不能放艇,本船应行驶到难船________,从________舷放本船救生艇,驶抵遇难船________,救助遇难船人员。

A. 上风;下风;上风　　B. 下风;上风;下风

C. 上风;下风;下风　　D. 下风;下风;上风

12. 从救生艇筏上救人或救助海面漂浮人员时,可采取下列哪些方法?

①操船把遇难者置于下风舷;②对已靠在舷边的遇难人员的救生艇筏可选择在船首部或尾部进行救助;③对已登上救生艇的遇难者,可利用吊艇设备,将人艇一起吊上船;④对漂浮在海上的遇难人员,可在舷边张挂救生网,供遇难人员攀附

A. ①②③④　　B. ①②③

C. ①②④　　D. ①③④

13. 从救生艇筏上救人或救助漂浮在海面上的遇难人员时,可采取下列哪些方法?

①操船把遇难者置于上风舷;②可用救生抛绳器;③对已登上救生艇的遇难者,可利用吊艇设备,将人艇一起吊上船;④对漂浮在海上的遇难人员,可在舷边张挂救生网,供遇难人员攀附

A. ①②③④　　B. ①②③

C. ①③④　　D. ②③④

14. 救助在舷边的遇难人员,最好选择________,将遇难人员救起。

A. 船舶中部　　B. 干舷低的部位

C. 无吊杆起重设备的部位　　D. 船舶首尾

15. 如有大批遇难人员漂在水中，救助船可以拖________。
A. 系有救生圈和救生衣且用浮力较大的缆绳在漂浮者上风处低速围绕其回转，让人员攀附
B. 系有救生圈和救生衣且用浮力较大的缆绳在漂浮者下风处低速围绕其回转，让人员攀附
C. 系有救生圈和救生衣且用浮力较大的缆绳在漂浮者上风处高速围绕其回转，让人员攀附
D. 系有救生圈和救生衣且用浮力较大的缆绳在漂浮者下风处高速围绕其回转，让人员攀附
16. 救助船收艇时，应行驶到遇险船的________侧，等待救生艇来靠本船的________舷。
A. 上风；上风　　B. 下风；下风
C. 上风；下风　　D. 下风；上风
17. 如遇险船能放下救生艇，救助船应行驶到遇险船的________侧，也可以驶向遇险船首尾近处，使遇险船处于________，便于遇险船救生艇来靠本船的________舷。
A. 上风；上风；上风　　B. 上风；上风；下风
C. 下风；上风；下风　　D. 下风；下风；下风
18. 救助已经登上遇险船救生艇上的幸存遇险人员，如果艇太重或救助船没有对应吊放装置时，合适的救助方法是________。
A. 让遇险人员攀爬到救助船上
B. 等待能够吊起遇险船救生艇的救助船施救
C. 将遇险人员转移到救助船的救生艇或救助艇后吊起
D. 遇险人员停留在遇险船救生艇上，由救助船拖带航行
19. 风浪中救助遇难船舶人员时，如需要救助船放艇，则救助船________，救助艇从________接近遇难船；之后救助船又开到遇难船________等待救助艇开回到救助船的________收艇。
A. 应行驶到遇难船下风放艇；遇难船下风；上风舷；下风舷
B. 应行驶到遇难船上风放艇；遇难船下风；下风舷；下风舷
C. 应行驶到遇难船下风放艇；遇难船下风；上风舷；上风舷
D. 应行驶到遇难船上风放艇；遇难船下风；下风舷；上风舷
20. 以下人员落水后的操船救助方法不正确的是________。
A. 驾驶台收到目击者报告，有人员从船尾处落水，为尽快驶近落水者，使用单旋回法
B. 驾驶台值班驾驶员发现人落水，但因能见度不良无法跟踪落水者，使用 Williamson 旋回法
C. 驾驶台值班驾驶员发现人落水，为尽快驶近落水者，使用单旋回法
D. 有人员失踪时，使用 Scharnow 旋回法
21. 如果有人落水，需要放艇救助，以下操作要领中表述有误或不妥的是________。
A. 本船应驶向落水者的上风一侧
B. 应释放下风舷的救生艇
C. 应在本船有较大的速度时放艇
D. 前进中放艇，应将本船速度控制在 2 节以下
22. 如果有人落水，需要放艇救助，以下操作要领中表述有误的是________。
A. 应尽量选择大浪过后海面相对比较平静时放艇
B. 如有波浪，当波峰即将到达时将艇降至水面，当下二个波峰来临之前同时解脱前后吊艇钩
C. 在救生艇降落下水前发动艇机，以便艇降落至水面后可迅速驶离

D. 如不能同时脱钩,应先脱前钩,并解去艇缆,用内舷舵进车驶离大船

23. 船舶发生人落水事故后的应急行动不正确的是________。
A. 立即就近抛下保温服 B. 专人瞭望跟踪落水者位置
C. 操纵船舶驶回落水处 D. 做好释放救助艇和救助准备

24. 船舶发生人落水事故后的应急行动不正确的是________。
A. 立即就近抛下带烟雾信号的救生圈 B. 专人瞭望跟踪落水者位置
C. 操纵船舶驶回落水处 D. 自由降落式救生艇做好释放准备

25. 船上有人落水需要放艇救助,以下放艇准备工作不正确的是________。
A. 本船应驶向落水者的上风一侧
B. 应释放下风舷的救生艇
C. 应在本船有一定的速度时放艇
D. 前进中放艇,应将本船速度控制在 5 节以下

26. 船上有人落水需要放艇救助,以下放艇操作不正确的是________。
A. 尽量选择大浪过后海面相对比较平静时放艇
B. 在救生艇降落下水前发动艇机,以便艇降落至水面后可迅速驶离
C. 艇入水后,当下一个波谷来临之前同时解脱前后吊艇钩
D. 如果不能同时脱钩应避免先脱前钩

27. 如需放艇救助落水人员,以下表述有误的是________。
A. 救生艇最好从落水者下风一侧接近,将落水者置于上风舷
B. 救生艇可以从落水者上风一侧接近,将落水者置于下风舷
C. 可以利用救生圈或网具将落水者救至艇内,然后送上本船
D. 可以使用本船吊货装置或用网具从艇内将遇险人员吊起送上大船

28. 释放救助艇救助落水人员的操作不正确的是________。
A. 艇从落水者上风一侧接近,将落水者至于下风舷
B. 利用带救生索的救生圈把落水者救至艇内
C. 救助艇驶回本船,先带妥艇缆
D. 本船利用吊货装置将落水人员吊起

29. 以下救助遇险艇筏上的人员的应急行动不正确的是________。
A. 本船一般应将艇筏置于上风
B. 艇筏靠妥本船,可让艇筏上的遇险人员经由软梯登船
C. 本船可用吊货网将艇筏上的遇险人员吊上本船
D. 本船可将遇险艇筏直接吊上本船

30. 以下救助遇险船上的人员的行动不正确的是________。
A. 本船应驶向遇险船上风,放下风舷艇
B. 放艇后,本船应绕至遇险船下风,救生艇驶靠本船上风
C. 应在本船下风舷张挂攀网
D. 在适当地点将遇险人员交给有关机构

31. 以下救助遇险船上的人员的行动不正确的是________。

A. 本船应驶向遇险船上风，放下风舷艇

B. 放艇后，本船应绕至遇险船下风，救生艇驶靠本船下风

C. 应在本船下风舷张挂攀网

D. 在适当地点将遇险人员遣返回家

32. 以下救助海上漂浮遇险人员的行动不正确的是________。

A. 释放救生艇拖曳浮具在遇险人员上风盘旋

B. 可用抛绳枪向远处遇险人员抛掷救生索

C. 已登上救生艇筏的遇险人员可通过软梯、攀网爬上本船

D. 必须镇浪救助时，船上无镇浪油时应缓慢排放燃油

33. 救助海上遇险船上人员的应急行动，下列表述不正确的是________。

A. 如果遇险船不能放艇，而需要本船释放救生（助）艇救助遇险船上的人员时，本船（施救船）应驶向遇险船的下风一侧，自本船上风舷放艇

B. 收艇时，本船应绕至遇险船的下风侧，等待救生（助）艇驶靠本船的下风舷后，再行收起

C. 如遇险船可放出救生艇或救生筏时，本船应驶往遇险船的下风侧停留，并等待对方救生艇驶来

D. 也可驶至遇险船首或船尾的近距离处，使本船位于遇险船的上风，以便遇险船放下的救生筏来本船的下风舷

34. 大风浪中放艇，操作错误的是________。

A. 大风浪中应放大船下风一舷的艇

B. 大船尽量减速，把定航向，利用下风舷海面比较平静时放艇

C. 应避免横风横浪导致剧烈横摇

D. 艇处于波峰时做好准备，当艇身降到波谷时，立即脱吊艇钩

35. 救助海上漂浮遇险人员到达现场后的应急行动________。

①通常考虑将本船驶到漂浮人员的上风不远处，为落水人员提供一个遮风水域；②对有大量的海上漂浮遇险人员，则应让救生（助）艇或救生筏拖曳各种浮具在海上漂浮遇险人员的下风处旋回；③对距本船较远的漂浮遇险人员，可用抛绳器向其抛掷带浮体的救生索，再设法对其进行救助

A. ①　　B. ②

C. ③　　D. ①③

36. 船舶在港停泊时发生火灾，船长的下列做法中哪项不对？

A. 不论火势大小，必须立即发出火灾警报

B. 向港口海事主管机关及（或）公安消防机关报告火灾情况

C. 如大副不在，船长亲自任现场指挥

D. 将火灾情况、受损程度记入航海日志

37. 如果船舶在港锚泊或系泊时发生火灾，船长应________。

①速向港口主管当局及（或）当地消防机关报警；②在消防队到达前应率领船员积极自救；③备好国际通岸接头，备妥防火控制图；④通知机舱备妥主机，做好出港准备

A. ①②④　　B. ①③④

C. ①②③④　　D. ②③④

38. 船舶在港内锚泊或系泊时发生火灾，以下有关船长的应急职责，表述正确的有________。
①立即向港口当局及当地消防机关报警后，在消防队到达前率领全体船员自救；②备好国际通岸接头，备妥防火控制图，准备应急拖带装置；③如可行，通知机舱备妥主机；④消防队到达后，移交灭火工作后带来全体船员撤离
A. ①②③　　B. ②③④
C. ①②④　　D. ①②③④

39. 以下船舶在港内发生火灾的处理措施不正确的是________。
A. 船上发出失火警报，进行灭火部署
B. 立即通知岸上消防机构及港务当局
C. 向周围其他船舶发出警告
D. 船长带领船员撤离船舶，灭火工作交由岸上消防队全权处置

40. 以下各项中________不是船舶在港内发生火灾时需要联系和协调的对象。
A. 岸上消防队和港口方当局　　B. VTS 交通管理中心
C. 周围其他船　　D. 货物托运人和收货人

41. 根据 SOLAS 公约的规定，一套防火控制图的复制品应放在________。
A. 驾驶台外面有明显标志的风雨密的盒子里
B. 二氧化碳间内有明显标志的盒子里
C. 船舶消防站内有明显标志的盒子里
D. 甲板室（生活区）外有明显标志的风雨密盒子里

42. 一套防火控制图的复制品应放在下列哪个位置最符合要求？
A. 驾驶台外面有明显标志的风雨密的盒子里
B. 二氧化碳间内有明显标志的盒子里
C. 船舶消防站内有明显标志的盒子里
D. 甲板室（生活区）外有明显标志的风雨密盒子里

43. 为了为岸上消防人员提供帮助，所有船上应有一套防火控制图的副本，对其存放要求说法不正确的是________。
A. 甲板室内　　B. 风雨密
C. 有明显标志　　D. 永久性存放

44. 为了为岸上消防人员提供帮助，所有船上应有一套防火控制图的副本，对其存放要求说法不正确的是________。
A. 甲板室外　　B. 水密和气密的容器
C. 有明显标志　　D. 永久性存放

45. 根据 SOLAS 公约的规定，下列有关防火控制图的提法哪些正确？
①防火控制图可编印成小册子，每个高级船员一本，并有一本放在船上易于到达的地方；②防火控制图或小册子的说明应用船旗国官方文字书写并译成英文或法文；③防火控制图和小册子应与船舶当时的实际情况一致，如有改动，应立即更正；④应有一套防火控制图的复制品，永久性地置于甲板室内有明显标志的盒子里

A. ①②③　　B. ②③④

C. ①②③④　　D. ①③④

46. 在港内的船舶发现港口或在港内的其他船发生火灾，以下做法不正确的是________。

A. 立即向港口消防队报警

B. 与港口方当局保持随时联系

C. 查清所有在船人员，随时做好船舶离港的准备

D. 全部人员立即撤离船舶

47. 出于安全原因，以下各项中________不是通常在港内的船舶遇到需要离港驶往外海的情况。

A. 港口发生火灾或爆炸　　B. 港内其他船发生火灾或爆炸

C. 台风临近　　D. 船舶机械或设备故障

48. 在锚泊的船发现周围其他锚泊船正在走锚，以下采取的措施中不正确的是________。

A. 立即报告船长

B. 汽笛鸣响五短声，以警告拖锚船

C. 通知机舱备妥主机，以便随时用车

D. 走锚的船应对造成的损失负全部责任，本船不需采取措施

49. 在锚泊的船发现周围其他锚泊船正在走锚，以下采取的措施中不正确的是________。

A. 用 VHF 等紧急联系走锚船及 VTS

B. 船员立即准备好碰垫，并随时做好抛弃锚链准备

C. 如有擦碰船首的危险，可松长锚链避让

D. 立即抛下本船另一锚

参考答案

第一节　应急程序

1. D	2. D	3. A	4. D	5. C	6. C	7. A	8. A	9. D	10. D
11. D	12. A	13. C	14. A	15. D	16. A	17. A	18. A	19. B	20. A
21. B	22. D	23. B	24. C	25. C	26. B	27. D	28. D	29. D	30. A
31. D	32. D	33. D	34. D	35. A	36. B	37. D	38. C	39. C	40. A
41. D	42. D	43. B	44. B	45. D	46. C	47. B	48. A	49. C	50. D
51. B	52. C	53. A	54. B	55. D	56. D	57. D	58. D	59. B	60. C
61. D	62. A	63. A	64. D	65. B	66. A	67. A	68. B	69. B	70. D
71. C	72. D	73. B	74. C	75. A	76. D	77. D	78. D	79. B	80. B
81. A	82. A	83. B	84. C	85. C	86. C	87. D	88. B	89. C	90. A
91. D	92. B	93. D	94. D	95. C	96. A	97. C	98. B	99. B	100. D
101. D	102. D	103. B	104. B	105. D	106. C	107. A	108. A	109. D	110. C
111. D	112. A	113. C	114. D	115. B	116. C	117. A	118. B	119. D	120. A

121. D　122. D　123. D　124. C　125. A　126. C　127. A　128. C　129. A　130. C
131. A　132. A　133. B　134. C　135. D　136. C　137. D　138. B　139. D　140. D

第二节　船舶碰撞或搁浅初步应急措施

1. B　2. D　3. C　4. C　5. A　6. D　7. C　8. A　9. B　10. A
11. C　12. D　13. D　14. D　15. B　16. C　17. B　18. D　19. C　20. D
21. D　22. A　23. A　24. A　25. B　26. C　27. B　28. C　29. A　30. D
31. D　32. A　33. A　34. C　35. B　36. D　37. A　38. D

第三节　救助落水人员、协助遇险船舶、港内应急反应应遵循的程序

1. C　2. C　3. C　4. B　5. A　6. D　7. A　8. B　9. A　10. B
11. C　12. D　13. D　14. A　15. A　16. B　17. D　18. C　19. B　20. A
21. C　22. D　23. A　24. D　25. C　26. C　27. B　28. A　29. A　30. B
31. D　32. D　33. A　34. D　35. C　36. C　37. C　38. A　39. D　40. D
41. D　42. D　43. A　44. B　45. C　46. D　47. D　48. D　49. D

答案解析

第一节　应急程序

1. D。应变部署表应指明关键人员受伤后的替换者，要考虑到不同的应急情况要求不同的行动。
2. D。应变部署表应指明各高级船员负责保证维护救生、消防设备并使其处于完好和立即可用状态。
3. A。船舶应变部署表应张贴或用镜框配挂在驾驶台、机舱、餐厅和生活区走廊的主要部位。
4. D。我国规定200总吨及以上的中国籍船舶应配备由国家海事管理机构认可的统一印制的货船或客船应变部署表，但不是海事管理部门处理海事的应急预案表。
5. C。船舶应变部署表一般包括消防、堵漏、人落水、弃船和油污应急。
6. C。船舶应变部署表一般不包括船舶碰撞、失窃等特殊应急情况。
7. A。我国规定200总吨及以上的中国籍船舶应配备由国家海事管理机构认可的统一印制的货船或客船应变部署表。
8. A。我国规定200总吨及以上的中国籍船舶应配备由国家海事管理机构认可的统一印制的货船或客船应变部署表。

9. D。救生及消防设备的用法属于船上培训手册的内容。
10. D。通信设备(包括双向无线电话、EPIRB、SART 等)的具体用法属于培训手册的内容。
11. D。救生及消防设备的用法属于船上培训手册的内容。
12. A。公约未明确要求在应变部署表中确定“应急反应中使用的语言”,但可以理解为使用工作语言。
13. C。船舶应变部署表的编制应考虑以下原则:(1)应结合本船的船舶条件、船员条件、客货条件及航区自然条件;(2)关键岗位与关键动作应指派技术熟练、经验丰富的人员;(3)根据本船的具体情况,可以一职多人,或一人多职;(4)人员的安排应有利于应急任务的完成。
14. A。客船上应在旅客舱室、集合地点及其他乘客处所张贴图解和应变须知。
15. D。客船上应在旅客舱室、集合地点及其他乘客处所张贴图解和应变须知,向乘客介绍集合地点、应急时必须采取的行动、救生衣穿着方法等。
16. A。弃船:警铃或汽笛七或七个以上短声继以一长声,连放一分钟。
17. A。消防:警铃或汽笛短声连放一分钟后,另加火灾部位指示信号,一声表示在船前(首)部;二声表示在船中部;三声表示在船后(尾)部;四声表示在机舱;五声表示在上层建筑居住区域。
19. B。根据《船舶消防演习管理规程》,在释放应急警报信号后,参加演习的船员应在 2 分钟内到达指定地点。
20. A。人落水:警铃或汽笛三长声,连放 1 分钟。
21. B。在白天橙色烟雾信号最明显。
22. D。D 项与船舶应急无关。
23. B。船舶油污应变部署表的主要内容包括:(1)船名;(2)油污警报信号;(3)油污应变集合地点(通常为主甲板);(4)参加油污应变的船员的编号、职务、应变岗位以及应变职责;(5)船长签署、公布日期等。
24. C。消防演习时,机舱在 5 分钟内开泵供水。
25. C。弃船演习时,在船长下达放艇命令后 5 分钟内将艇放至水面。
26. B。重大事项记录栏由船长、大副填写,航海日志记载中严重错漏的更正应由船长亲自填写。
27. D。应急任务卡或床头卡内应注明应变时相应船员的应急岗位、应急职责、应急时应携带的器材、弃船时应登乘的救生艇筏的编号,以及各种应急警报信号等。
28. D。三副应根据船长批准并公布的应变部署表以及船舶应急程序文件编制应急任务卡,分派给相应的船员,或将其制成床头卡,放置在每个船员床头边的专用卡槽内。
30. A。撤离船舶或弃船时,船长担任应急总指挥,在驾驶台负责指挥应急;货船上的大副和三副担任指定救生艇的艇长,做好救生艇的释放准备工作;二副在驾驶台值班,负责通信联络、传达船长指令、执行船长的操船指令、记录应急过程;轮机长应率领轮机员做好弃船前的机舱设备的规定保护动作。
31. D。当有人落水需要应急时,船长担任应急总指挥,在驾驶台负责指挥应急和操纵船舶;大副在主甲板(放艇时在救生艇甲板)担任现场指挥,组织对落水人员的施救;二副在驾驶台值班,负责通信联络、传达船长指令、执行船长的操船指令、记录应急过程;三副准备救生器材,并做好释放救生艇的准备。

32. D。隔离组属于火灾应急反应的任务小组。

35. A。船长是船舶各类应急的总指挥。

36. B。当有人落水需要应急时,船长担任应急总指挥,在驾驶台负责指挥应急和操纵船舶;大副在主甲板(放艇时在救生艇甲板)担任现场指挥,组织对落水人员的施救;二副在驾驶台值班,负责通信联络、传达船长指令、执行船长的操船指令、记录应急过程;三副准备救生器材,并做好释放救生艇的准备。

37. D。油污应急时,船长担任应急总指挥,在驾驶台或现场负责指挥应急;轮机长担任油污现场指挥,组织清除溢油;大副在油污现场会同轮机长担任现场指挥;二副在驾驶台值班,负责通信联络、传达船长指令,或在现场做好现场记录;三副在油污现场,准备消防和防污器材与设备,如需要,指挥放艇回收溢油。

38. C。大副是船舶各类应急的现场指挥;当事故现场在机舱时,通常由轮机长担任应急现场指挥,大副在现场协助指挥。

39. C。二副在驾驶台值班,负责通信联络、传达船长指令、执行船长的操船指令、记录应急过程;三副带领消防队负责灭火,并根据火情进入大型灭火系统控制站做好释放准备。

40. A。组织船舶应急演习是为了:(1)提高船员安全意识,树立居安思危、常备不懈的思想;(2)使船员熟悉应变岗位及职责,避免应急时惊慌失措;(3)使船员熟练掌握各种应急设备的操作技能,以便在应急时能正确操作这些设备;(4)检查、试验各类应急器材、设备的技术状态,发现问题及时解决,使其处于随时可用状态。

43. B。围蔽处所进入和救助演习每2个月至少进行一次。

45. D。根据ISM规则的要求,结合本船的类型、航线、挂港、货物情况等,制定相应的应急反应程序。

46. C。除常规核查和试验外,至少每3个月应进行一次应急操舵演习,以练习应急操舵程序。

47. B。SOLAS公约第Ⅲ章19条4.1款规定:船员上船后,应尽快在不迟于2个星期内,对其进行有关使用包括救生艇筏属具在内的船上救生设备和使用船上灭火设备的船上培训。

48. A。根据着火点的位置改向;船员携带指定的器材赶到火灾现场附近集合;根据船长的命令开启固定灭火系统。

49. C。船长作为总指挥,在驾驶台指挥。

50. D。驾驶台接到火灾报警后,应立即发出消防应急警报信号。

51. B。如船长指示使用固定灭火系统,应立即撤出舱内人员,隔绝火灾现场的空气流通,然后根据船长的命令开启固定灭火系统。

52. C。现场指挥应尽快查清现场情况,并向驾驶台报告。如在机舱,轮机长为现场指挥。

53. A。在确认着火处无人时应切断该处通风、关闭防火门窗;切断通往火场的电源、油路;转移或隔离火场周围的可燃物、贵重物品;喷水降低火场周围的温度;做好使用固定灭火系统的准备。

55. D。D 项明显错误，舱内失火不宜人员进入灭火。
56. D。D 项明显错误
57. D。根据火种，一次性向火灾舱室施放规定剂量的有效灭火剂；施放灭火剂后至少要封舱 24 小时，开舱前必须派探火员探火，确认火已经被扑灭。
58. D。一次性向火灾舱室施放规定剂量的有效灭火剂。
59. B。现场指挥应与船长尽快地商定具体的应急方案，确定拟使用的灭火剂和灭火方法等，并组织实施。
60. C。如为电器火，应立即切断有关部位电源，切断通风，然后再扑救。
61. D。在确认着火处无人时应切断该处通风、关闭防火门窗；切断通往火场的电源、油路；转移或隔离火场周围的可燃物、贵重物品；喷水降低火场周围的温度；做好使用固定灭火系统的准备。
63. A。现场指挥应尽快查清以下情况，并向船长报告：爆炸发生的地点；爆炸事故发生的可能原因；人员伤亡和被困情况；船体及设备损害情况；是否存在继续爆炸的可能；有无发生火灾的可能；有无可能隔离爆炸物；是否威胁全船人员的生命安全等。
65. B。大副或轮机长（如火灾发生在机舱）担任应急现场指挥。
67. A。船舶在紧急情况下，最优先的措施是保证人命安全。
68. B。在确认着火处无人时应关闭通风、封闭门窗。
69. B。施放灭火剂后至少要封舱 24 小时，开舱前必须派探火员探火，确认火已经被扑灭。
70. D。禁止乘坐电梯逃生。
71. C。机舱底层的逃生通道直通甲板。
72. D。D 项属于应急阶段。
73. B。现场指挥应尽快查清以下情况，并向船长报告：火源及火灾的类别；火场周围情况及防止火势蔓延的措施；有无人员受困；是否威胁全船人员的生命安全等。
74. C。⑤为应急阶段，不得不弃船的时候的行动。
76. D。D 项明显有误。
77. D。将吊货设备、锚设备、舷梯、救生艇筏以及一切没有固定的物件绑牢。
78. D。冰区被困后全速进车，交替使用左、右满舵，待船首松动后再快倒车、正舵退出。
79. B。有人落水需要应急时，船长担任应急总指挥，在驾驶台负责指挥应急和操纵船舶；大副在主甲板（放艇时在救生艇甲板）担任现场指挥，组织对落水人员的施救；二副在驾驶台值班，负责通信联络、传达船长指令、执行船长的操船指令、记录应急过程；三副准备救生器材，并做好释放救生艇的准备。
80. B。发现落水人员时的紧急处置：(1)采取操船措施，避开落水者；(2)立即投下就近的救生圈、自发烟雾信号，夜间应抛下自亮浮灯；(3)值班驾驶员应迅速按下 GPS 上的“SAVE”或“MOB”按钮；(4)立即向船长报告；(5)指派专人登高瞭望，不使目标丢失；(6)发出人落水警报，开始实施人落水应变部署；(7)有关人员应做好放下救助艇的准备工作。
81. A。可采用单旋回法（安德森回旋法）、威廉逊（Williamson）旋回法、斯恰诺（Scharnow）旋回法等操船方法，将船舶驶向落水者附近。

82. A。单旋回法驶近落水者的时间最短，它适用于上述的“立即行动”。
83. B。该方法最适用于发现落水者尚早，但采取行动较晚，落水者难以看到时，即适用于“延迟行动”的情况。
84. C。该方法适用于海上航行发现本船有失踪者，或已知有人落水但发现较晚，而船已驶出相当距离且根本看不到落水者时，即适用于“人员失踪”的情况。
86. C。最好是在本船停住后放艇；本船前进中放艇，则船速应小于 2 节以下。
87. D。如不能同时脱钩，应先脱后钩，并解去艇缆，用外舷舵进车驶离大船。
88. B。人落水：警铃或汽笛三长声，连放 1 分钟。
91. D。救生艇最好从落水者下风一侧接近，将落水者置于上风舷，利用救生圈或网具将落水者救至艇内，然后送上本船。
92. B。为避免与泄漏的危险货物直接接触，应操纵船舶使驾驶台和生活区处于上风。
93. D。D 项不属于船上的立即应急行动，不是防止继续溢油的措施。
95. C。C 项不是防止继续溢油的措施。
96. A。围油栏包围防止溢油在海面扩散，需要人工或使用机械回收。
97. C。C 项是防止溢油在海面扩散的措施。
99. B。谨慎使用溢油消散剂，避免二次污染。
100. D。立即停止有关操作，通知供油船或供油设施停止供、受油作业。
101. D。甲板机械故障溢油的油量较小，关键是避免流入海中。
102. D。谨慎使用溢油消散剂，避免二次污染。
103. B。在释放应急警报信号后，参加演习的船员应在 2 分钟内到达指定地点。
104. B。船长担任应急总指挥，在驾驶台负责指挥应急；货船上的大副和三副担任指定救生艇的艇长，做好救生艇的释放准备工作。
106. C。弃船时，所有人员都必须正确穿着救生衣。
110. C。若大船一舷不止一艘救生艇，大船顶浪时应先放靠近船尾的救生艇。
111. D。若大船一舷不止一艘救生艇，大船顶浪时应先放靠近船尾的救生艇。
113. C。在解吊艇钩时尽可能做到前后同时脱钩，防止先脱前钩。
114. D。在解吊艇钩时尽可能做到前后同时脱钩，防止先脱前钩。
116. C。艇处于波谷时做好准备，当艇身被波峰抬起，利用大船向救生艇一侧横摇，前后吊艇索都松弛时，立即解脱吊艇钩。
117. A。放一艘艇时，由大副和水手长负责检查指挥，机械部分由轮机长派人检查。
118. B。防止先脱前钩。
119. D。低舷救生艇很容易放至水面。解脱时，先解定位索，然后慢慢松出止荡索，避免救生艇猛然剧烈摇晃。
121. D。先解定位索，然后慢慢松出止荡索，避免救生艇猛然剧烈摇晃。
122. D。固定横倾较小时应先放高舷艇；横倾较大以致高舷艇无法释放时，应立即放低舷艇；降放高舷救生艇时，救生艇会斜压在大船船舷上，只能依靠滑橇慢慢滑下。
124. C。压载水舱、淡水舱在甲板上的透气孔中有一个自动关闭装置；SSAS 属于保安警报。
125. A。接到弃船命令后，船员应按应变部署表规定进行弃船准备；机舱值班人员应坚守岗位，完成弃船前规定的保护动作，直至船长通知撤离为止；各艇筏负责人在做好救生艇筏的降放准备后报告船长；每位船员和指挥人员应保持镇定，确保旅客稳定，防止惊慌和恐惧情绪的暴露和蔓延。

126. C。在登救生艇筏前，船长应告知各艇筏负责人（或各艇筏负责人向船长请示）下列事项：(1)本船遇难地点；(2)是否发出遇难求救信号及遇难求救信号是否有回答；(3)可能遇救的时间、地点；(4)驶往最近陆地或交通线的航向、距离；(5)放多艘救生艇筏后的救生艇筏集合地点；(6)是原地等待还是驶向指定的地点；(7)其他有关救生方面的指示。

127. A。船长在撤离船舶或弃船后仍需担负对所有登乘艇筏人员的指挥责任，并对他们的安全负责。

129. A。救生艇内淡水配额为 3 升，第一个 24 小时不喝不吃依靠体内原来的水分和营养。

133. B。船舶在紧急情况下，最优先的措施是保证人命安全。

134. C。遵循的原则为：首先检查是否有人员伤亡，然后判断是否需要救助，最后决定是否需要撤离船舶或弃船。

135. D。最优先的是保证人命安全。

136. C。首先检查是否有人员伤亡，然后判断是否需要救助，最后决定是否需要撤离船舶或弃船。

137. D。最优先的是保证人命安全。

139. D。船长仍需担负对所有登乘艇筏人员的指挥责任。

140. D。引导旅客有序地登乘救生艇筏。

第二节　船舶碰撞或搁浅初步应急措施

2. D。先查明原因，对搁浅船的态势进行初步评估，再决定采取的行动措施。

3. C。搁浅情况未判明前不应盲目动车脱浅。

4. C。为防止因大船严重横倾而无法放艇，应先将高舷救生艇放出，以备急需。

5. A。避免长时间超负荷使用主机脱浅，损害主机。

7. C。油舱液位变化判断由轮机部门负责。

8. A。搁浅情况未判明前不应盲目动车脱浅。

13. D。尾淹是大风浪航行时的情形之一。

14. D。船舶重心不会变化。

16. C。如本船撞入对方船体内，切忌立即倒车退出，应尽量设法保持原有态势，以免扩大破口和大量进水。

17. B。如碰撞后造成船体破损，应操纵船舶使破损部位不要对着水流，减少进水量。

18. D。如因碰撞造成船体严重破损，大量进水又不能及时排出，应尽可能将船舶驶往浅水区，避免船舶在深海中沉没。

19. C。在对本船不构成严重威胁的前提下，对相碰船及船上的人员施救。

22. A。大副担任应急现场指挥，如碰撞部位在机舱则由轮机长担任现场指挥。

25. B。判明损坏情况时应考虑下列因素：碰撞的船舶大小；碰撞前的相对速度；碰撞角度的大小；碰撞的部位。
28. C。在下列情况下应采取抛弃货物的措施：因进水可能引起货物着火；因进水可能引起货物急剧膨胀；为保持稳性；为保留储备浮力或减少进水量。
29. A。如本船撞入对方船体内，切忌立即倒车退出。
31. D。船员按体系文件或综合应急计划中的应急程序进行应急。
32. A。在对本船不构成严重威胁的前提下，对相碰船及船上的人员施救。
34. C。保护好损伤部位，尽量使之处于下风舷，经常根据实际情况调整航向和航速。
35. B。保护好损伤部位，尽量使之处于下风舷；风浪大时尽量减少船舶的摇摆。
36. D。因破损进水经过纵横倾的调整后具有正稳性及一定的保留浮力，救生设备完整无损，可继续航行至附近港口做进一步修复。
37. A。应急结束后的措施：(1)与相碰船互相通报船名、国籍、船籍港、始发港、目的港；(2)迅速向有关主管当局报告；(3)检查确认船舶是否可续航，是否有能力驶往避难港；(4)采取措施恢复船舶的续航。
38. D。对于对方船长提交并要求本船船长签认的"碰撞事故通知书"，本船船长可在通知书上签署收到的日期和时间，并注明保留申诉权，而不应草率承认本船对事故的责任。

第三节 救助落水人员、协助遇险船舶、港内应急反应应遵循的程序

1. C。大风浪中应放大船下风一舷的艇，大船偏顶浪 20°~30°，大船尽量减速，把定航向，利用下风舷海面比较平静时放艇。一般情况下应放本船下风一舷的艇。
2. C。航行中放艇，船长应掌握放艇时机，要在停车后余速不大(5 节以下，最好是保持舵效的速度)时，才可放艇入水。
3. C。吊艇索应有足够的长度，以便船舶在最轻载航行时在纵倾至 10°和任何一舷横倾至 20°时，可使救生艇筏到达水面。如配备封闭救生艇，应装设吊艇架横张索，在其上设置不少于 2 根足够长度的救生索，以便船舶在最轻载航行时在纵倾至 10°和任何一舷横倾至 20°的不利情况下，可使救生艇到达水面。
6. D。大船由另一舷横摇至中间位置时进行同时挂钩操作较佳。
8. B。一般情况下应放本船下风一舷的艇，大船偏顶浪 20°~30°，稳定航向，将艇放至水面后，迅速解脱吊艇钩。
9. A。艇机应在落水之前启动起来，脱掉吊艇钩后应立即解掉首尾系缆，迅速驶离大船。
10. B。救助艇最好从落水者下风一侧接近，将落水者置于上风舷；驶进落水人员后将落水人员置于下风舷，利用救生圈或网具将落水者救至艇内，然后送上本船。
11. C。本船应驶向遇险船的上风一侧，自本船下风舷放艇，绕航至遇险船的下风侧，救助遇难船人员。
12. D。在本船的最低开敞甲板进行救助遇难人员。
13. D。在到达载有遇险人员的救生艇筏后，一般应为救生艇筏做下风，但若艇筏漂移太快

而难以靠近时,可考虑将艇筏置于本船的上风舷。

14. A。在本船的最低开敞甲板进行救助遇难人员。
15. A。救助艇筏拖曳各种浮具在海上漂浮遇险人员的上风处旋回,让漂浮人员抓附。
16. B。收艇时,本船应绕航至遇险船的下风侧,等待救生艇驶靠本船的下风舷后,再行收起。
17. D。如遇险船可放出救生艇或救生筏时,本船应驶往遇险船的下风侧停留,并等待对方救生艇驶来;也可驶至遇险船首或船尾的近距离处,使本船位于遇险船上风,以便遇险船放下的救生艇筏来靠本船的下风舷。
18. C。对救生艇筏上体健的人员,可由软梯或攀网直接登船或攀爬上本船,力竭和伤病人员在本船派出水手的协助下用吊货网、盘等器材吊上本船。对有吊放环的救生筏,可直接吊上本船。
20. A。选项 A 属于"延迟行动"采用威廉逊(Williamson)旋回法。
21. C。最好是在本船停住后放艇。若前进中放艇,则船速应小于 2 节以下。
22. D。用外舷舵进车驶离大船。
23. A。立即就近抛下带烟雾信号的救生圈。
24. D。救助艇做好释放准备。
25. C。最好是在本船停住后放艇。
26. C。当下二个波峰来临之前,同时解脱前后吊艇钩。
27. B。本船驶向落水者的上风一侧,准备释放下风舷的救生艇,将落水者置于下风舷。
28. A。救生艇最好从落水者下风一侧接近,将落水者置于上风舷。
29. A。本船应驶往遇险船的下风侧停留,并等待对方救生艇驶来。
30. B。等待救生艇驶靠本船的下风舷后,再行收起。
31. D。将遇险人员交给有关部门、机构。
32. D。不得使用燃油镇浪,因为燃油对海中漂浮人员有害。
34. D。当波峰即将到达时,将艇降至水面,当下二个波峰来临之前,同时解脱前后吊艇钩。
35. C。通常考虑将本船驶到漂浮人员的下风不远处;对有大量的海上漂浮遇险人员,则应让救生(助)艇或救生筏拖曳各种浮具在海上漂浮遇险人员的上风处旋回。
36. C。应变部署表有关键人员受伤后的替换者,按照部署表的规定,一般由二副替代大副任现场指挥。
38. A。在消防队到达后,向消防队介绍失火情况,率领船员协助消防队灭火。
39. D。船长应率领船员协助消防队灭火。
41. D。所有船上应有 1 套防火控制图或具有该图的小册子的复制品,永久性地置于甲板室外面有醒目标志的风雨密盒子里,以有助于岸上消防人员取用。
44. B。有醒目标志的风雨密盒子。
48. D。《海船船员值班规则》规定,本船或他船走锚,应果断地采取一切有效措施,以避免或减少损失,并立即通知船长。
49. D。D 项是本船走锚的应急措施。

第五章
领导力和团队工作技能的运用

第一节　船上人员管理和培训的实用知识

1. 应将组织的工作合理地划分为具有可行性的个人行为，以下说法正确的是________。
①组织拟完成的工作是无法由个人完成的，应“合理”地划分给各个组织成员；②组织成员不应被指派去完成不适合他完成的工作；③工作的强度不宜过大，以免导致工作无法及时准确完成；④工作的强度不宜过小，以免造成时间的浪费、效率的降低及不必要的开支
A. ①③④　　B. ①②④
C. ①②③　　D. ①②③④
2. 应将组织的工作合理地划分为具有可行性的个人行为，以下说法正确的是________。
①组织拟完成的工作是无法由个人完成的，应“合理”地划分给各个组织成员；②组织成员应被指派去完成适合他完成的工作；③工作的强度不宜过大；④工作的强度不宜过小
A. ①③④　　B. ①②④
C. ①②③　　D. ①②③④
3. 驾驶台组织构架即驾驶台团队，成员包括________。
①船长、驾驶员；②值班水手；③值班的轮机员；④在船引航员
A. ①③④　　B. ①②④
C. ①②③　　D. ①②③④
4. 驾驶台组织的作用包括________。
①消除由于个人失误而可能造成灾难性局面的危险性；②强调保持良好视觉瞭望的必要性和执行避碰规则的必要性；③鼓励利用所有确定船位的方法，以便在一种方法失效的情况下其他方法立即可用；④只有在驾驶台团队的每位成员都认识到每个人在船舶安全航行中所起到的很重要作用且安全取决于每位海员尽自己的能力履行其职责
A. ①③④　　B. ①②④
C. ①②③　　D. ①②③④
5. 引航员在船时，船舶驾驶台团队间相互交换信息应包括________。
①船长、驾驶员应了解引航水域的特性、引航的困难程度和当地的相关规定；②引航员应了解船舶的操纵性能；③引航员应熟悉船舶的设备使用；④船舶靠、离泊操作计划
A. ①③④　　B. ①②④

C. ①②③　　D. ①②③④

6. 引航期间，船长应留在驾驶台，一旦引航的时间比较长，船长离开驾驶台时，船长应该把他的指挥权转交给________。

A. 值班驾驶员　　B. 大副

C. 引航员　　D. 辅助驾驶员

7. 从船员组织的角度来说，以下各项中________不是通常客船设立的部门。

A. 甲板部　　B. 轮机部

C. 客运部　　D. 营运部

8. 船员组织结构分为________，每个部门内部都有明确的岗位分工。

A. 甲板部、事务部、轮机部、电气部

B. 甲板部、电气部、轮机部

C. 甲板部（包括事务部）、轮机部

D. 事务部（包括甲板部）、轮机部

9. 以下各项中________不是通常船舶甲板部的职责。

A. 船体保养　　B. 航行中的货物照管

C. 压载水系统的使用　　D. 全船电力系统的管理和维护

10. 以下各项中________属于通常船舶甲板部的职责。

A. 救生艇筏的日常检查维护　　B. 机动艇艇机的日常试运转

C. 应急发电机的日常试运转　　D. 应急消防泵的日常检查维护

11. 跨文化交流的良好方式包括________。

①认识文化差异；②尊重其他文化；③先进文化融合落后文化；④协同文化差异

A. ①③④　　B. ①②④

C. ①②③　　D. ①②③④

12. 以下可认为是消极的工作态度的是________。

A. 其他人也应对此负责　　B. 这是我的本职工作

C. 这项工作很重要　　D. 再试一下

13. 以下可认为是不安全的工作态度的是________。

A. 按规章办事　　B. 为什么不试一试

C. 是到了我们改变的时候了　　D. 我们经常就这么干

14. 以下关于“文化”的说法不正确的是________。

A. 文化的内涵包括历史、地理、风土人情、传统习俗、生活方式、文学艺术

B. 文化的内涵包括行为规范、思维方式、价值观念

C. 文化是人类相互之间进行交流的普遍认可的一种意识形态

D. 文化是人类对客观世界理性上的认知与理解

15. “跨文化沟通”是指发生在________的人们之间的沟通。

A. 不同文化背景下　　B. 不同职务层次下

C. 不同教育背景下　　D. 不同年龄层次下

16. 以下各项中________不属于船上的“跨文化交流”。

A. 南方籍船员与北方籍船员的交流
B. 中国籍船员与外国籍船员的交流
C. 不同宗教信仰船员的交流
D. 高职务层次船员与低职务层次船员的交流

17. 以下各项中________不属于船上“跨文化沟通”时应注意的原则。
A. 正确认识自己　　B. 预设差异,减少误解的可能性
C. 避免文化中心主义　　D. 接受文化上的同类

18. 以下各项中________能力或技巧无助于“跨文化沟通”。
A. 处事灵活　　B. 移情能力
C. 洞察力和尊重　　D. 坚定和果断

19. 影响态度的因素不包括________。
A. 人际关系　　B. 个体的心理特征
C. 个人经验　　D. 个人能力

20. 以下关于“工作态度”的认识不正确的是________。
A. 工作态度是人们对于工作各个方面的心理倾向
B. 工作态度包括对工作的情感、行为意向和认知
C. 工作态度有可能是积极的或消极的
D. 在工作上,工作能力第一,其次就是工作态度

21. 以下对“行为”的认识不正确的是________。
A. 行为是指人们一切有目的的活动
B. 影响人类行为的因素包括外在因素和内在因素
C. 人类为了适应工作和环境的需要,必须经常改变自己的行为
D. 人类行为的改变与态度无关

22. 船上非正式组织的特点是________。
A. 具有高度的自发性和凝聚力　　B. 内部有统一领导,外部有调节机制
C. 按照一定章程形成规范或惯例　　D. 对船舶安全生产起消极作用

23. 以下关于正式组织的表述,正确的是________。
A. 正式组织是为实现目标而担当有明确职能的机构
B. 正式组织对成员不具有强制性
C. 正式组织会在共同的工作过程中,自然形成一种行为准则
D. 正式组织以效率和感情的逻辑为重要标准

24. 管理学领域所称“非正式组织”是指________。
A. 非法组织
B. 没有法人资格的组织
C. 没有合法身份的组织
D. 没有自觉的共同目标的任何联合的个人活动

25. 管理活动中的正式组织和非正式组织的根本区别在于________。
A. 组织规范　　B. 组织目标

C. 组织舆论　　D. 组织凝聚力

26. 非正式组织在管理上需要注意的消极作用包括________。

A. 弥补正式组织的不足　　B. 纠正正式组织管理的合理合法性

C. 协助正式组织管理　　D. 抵制正式组织的变革

27. 非正式组织在管理上的积极作用包括________。

A. 束缚成员的个人发展　　B. 对群众施以压力从中操纵

C. 抵制正式组织的变革　　D. 制衡正式组织的不合理管理

28. 船上的非正式组织有________。

A. 甲板部　　B. 水手群体

C. 伙食委员会　　D. 校友会、老乡会

29. 人为失误指的是________。

①不正确的决策；②采取不适当的行动；③没有采取适当的行动

A. ①　　B. ②

C. ③　　D. ①②③

30. 下列各项中最有可能形成失误链的是________。

A. 偏离计划航线　　B. 保持正规瞭望

C. 指挥水手改用手操舵　　D. 使用甚高频与来船协调避让

31. 下列各项中________属于指挥不当。

A. 未制定和落实航线设计　　B. 未安排足够称职的瞭望人员

C. 对局面难以确定　　D. 对规定不熟悉

32. 下列说法正确的是________。

A. 两个定位系统结果不一致，即是所谓“不确定性”

B. “不确定性”出现的本身就很危险

C. “不确定性”不会因经验不足而产生

D. “不确定性”不会因训练不足而产生

33. “失误链”形成的具体征兆不包括________。

A. 含糊不清或不确定性　　B. 注意力分散

C. 感觉准确，反应及时　　D. 沟通中断

34. 以下有关“失误链”的说法不正确的是________。

A. 海上事故或灾难往往是由单一事件引起的

B. 海上事故或灾难几乎都是由一系列看上去不严重的小的失误或事件相互叠加、互为因果导致的

C. 事故或灾难都是失误链或事件链发展的最终结果

D. 一系列失误链或事件链的连续发展，将导致事故或灾难的发生

35. 良好情境意识的表现不包括________。

A. 丰富的经验与训练　　B. 很强的理解力与操作技能

C. 敏感的怀疑和神经质　　D. 良好的领导与管理技能

36. 船舶驾驶员个人的情境意识不包括________。

A. 个人的经验　　B. 个人的训练
C. 个人的身体与精神状态　　D. 个人的适任证书航区与等级

37. 下列关于“情境意识”的说法不正确的是________。
A. 情境意识可以反映一个人的工作态度
B. 情境意识与人的工作经验有关
C. 情境意识与人的操作技能有关
D. 情境意识和环境复杂程度有关

38. 关于船上情境意识与船舶航行安全之间的关系,说法正确的是________。
A. 情境意识与船舶航行事故风险没有必然的关系
B. 情境意识与船舶航行事故风险没有很大的关系
C. 情境意识越好,船舶航行事故风险越大
D. 情境意识越好,船舶航行事故风险越小

39. 下列有关情境意识与事故风险的关系的说法正确的是________。
A. 低情境意识产生高风险　　B. 低情境意识产生低风险
C. 高情境意识产生高风险　　D. 情境意识与风险无关

40. 下列关于船舶团队情境意识的说法不正确的是________。
A. 船舶团队成员如果丧失情境意识,表明事故链正在形成,事故正在逼近
B. 船舶团队成员的情境意识越好,发生事故的概率就越小
C. 船舶团队成员的情境意识越差,其操作可获取各种信息的设备的技能越差
D. 为了保持船舶的航行安全,要求船舶团队成员具有和保持良好的情境意识

41. 为了保持良好的情境意识,驾驶台团队成员的做法不恰当的是________。
A. 培养和提高个人的情境意识
B. 提前做好周密详尽的计划和准备
C. 养成绝对服从领导和听从指挥的良好习惯
D. 在平时工作中养成安全的做法和习惯

42. 以下提高团队成员情境意识的较好方法是________。
A. 对工作中出现的问题立即予以指出,并提出严厉批评
B. 对工作中出现的问题立即提出批评和提示,并强调该问题的危害性
C. 对工作中出现的问题立即予以提示,并鼓励其将工作做好
D. 严格要求成员绝对服从领导和听从指挥

43. 船舶自动化程度越来越高对船舶驾驶员工作的影响,以下说法不正确的是________。
A. 驾驶员可以充分依赖并享受自动化科技的成果
B. 一旦自动化系统失效或出现紧急情况,需要立即恢复驾驶员对设备的掌控
C. 自动化系统的高可靠性容易导致驾驶员对自动化的自满,进而丧失情境意识
D. 低负荷单调的作业使人的警觉性降低,并导致脑力疲劳产生,产生厌倦情绪

44. 领导素质是指为了发挥其特定影响和作用必须具备一定的自身条件,包括________。
①自我意识;②情境意识;③人际交往;④正确激励;⑤尊重
A. ①③④　　B. ①③④⑤

C. ③④⑤　　D. ①②③④⑤

45. 团队形成的基本要素包括________。
①共同目标;②相互依赖;③团队意识;④责任心
A. ①②③④　　B. ①②③
C. ①③　　D. ②③④

46. 团队领导角色不包括________。
A. 对外联络官　　B. 困难处理专家
C. 冲突管理者　　D. 统治者

47. 领导的作用不包括________。
A. 指挥作用　　B. 协调作用
C. 激励作用　　D. 统治作用

48. 一个好的领导的标志不包括________。
A. 善于利用一切资源解决问题
B. 能抵御一切的诱惑
C. 善于鼓励成员请求具有挑战性的工作
D. 被团队成员惧怕和不敢反抗

49. 通过自己以身作则,率先示范的行动树立自己的权威,依靠个人的人格魅力的影响和职位上的优势来领导和带动下属职工,引导他们仿而效之。这种领导类型是________。
A. 民主型领导　　B. 榜样型领导
C. 制度型领导　　D. 教育型领导

50. 采用民主协商的方式,听取下属的意见,并鼓励员工积极发表改进工作中的问题的意见,从而提升自己组织管理上的灵活性和职工本身的职责感。这种领导类型是________。
A. 民主型领导　　B. 专制型领导
C. 制度型领导　　D. 激励型领导

51. 要求职工一切按规矩做,通过制度来约束自己的行动。这种领导类型是________。
A. 民主型领导　　B. 专制型领导
C. 制度型领导　　D. 激励型领导

52. 关于领导的类型,下列说法不正确的是________。
A. 民主型的领导依靠个人的人格魅力的影响和职位上的优势来领导和带动下属
B. 放任型的领导一般都会将工作任务与问题交付下属人员处理,自己不愿多加过问,也不想多担负工作的责任
C. 民主型的领导在工作中常采用民主协商的方式,听取下属的意见,并鼓励他们积极发表改进工作中的问题的意见,从而提升自己组织管理上的灵活性和下属本身的责任感
D. 专制型的领导独断独行,通过下达命令来要求下属绝对服从

53. 具有________领导风格的领导往往能在发出指示和布置具体工作任务的同时,自己主动地和下属一起共同讨论和决定完成工作任务与解决问题的最佳方案。
A. 命令型　　B. 指示型
C. 参与型　　D. 委托型

54. 作为船舶领导，应________。
   A. 在任何时候都采用民主的领导方式
   B. 杜绝专制的领导方式
   C. 处理任何事都坚持用同一种领导方式
   D. 灵活合理运用领导方式
55. 船舶领导的影响力种类不包括________。
   A. 权力性影响力　　B. 非权力性影响力
   C. 强制性影响力与非强制性影响力　　D. 法定影响力
56. 作为领导者，首要工作是________。
   A. 获得相关工作知识　　B. 建立起自己的领导权威
   C. 建立自己的威信　　D. 树立领导形象
57. 以下有关领导者的权威，表述有误的是________。
   A. 作为一名领导者，首先必须建立起自己适当的领导权威
   B. 权威就是权力与威严的统一，是权势、权益与威严的象征
   C. 一个优秀的领导者应通过自己的良好素质与魅力来创建其威信
   D. 一名优秀的领导者应当具备进取心、领导愿望、诚实与正直、自信、智慧、和工作有关的知识
58. 领导创建威信的基本素质不包括________。
   A. 内在驱动力　　B. 领导愿望
   C. 诚实与正直　　D. 权力与控制力
59. 以下关于“团队”，表述有误或不妥的是________。
   A. 团队是由一起工作以完成共同任务的个体组成的一个群体
   B. 团队成员有着共同的利害关系，为此，成员之间彼此合作和相互利用
   C. 团队成员之间有着和谐、成熟的人际关系，相互理解，具有一致的想法和情感
   D. 团队成员之间分工不同，但每个人为了实现共同的目标又都承担着一定的责任
60. 以下关于“团队”，表述有误的是________。
   A. 团队成员具备实现目标所必需的技术和能力
   B. 团队成员相互之间有能够良好合作的个性品质，从而能够出色完成任务
   C. 团队成员必须有各种性格，并且性格互补
   D. 团队成员之间为了完成共同的目标彼此合作
61. 团队的作用不包括________。
   A. 解决错综复杂的问题
   B. 进行必要的行动协调
   C. 保持组织应变能力和持续的创新能力
   D. 保持每个成员利益不受到损害
62. 优秀团队的特征不包括________。
   A. 明确的目标　　B. 个体的收益
   C. 良好的沟通　　D. 有效的领导

63. 优秀团队的特征不包括________。
A. 每个成员都能清楚地理解和赞同团队的目标
B. 能够克服困难、解决问题并达到目标
C. 成员间相互沟通交流使工作做到最好
D. 纪律严明,下级对上级绝对服从

64. 以下各项中________不是优秀的团队应具有的特征之一。
A. 一致的工作方式　　B. 充分的人际技能
C. 相互的信任　　D. 清晰的目标

65. 以下有关船舶团队管理,表述有误的是________。
A. 如果条件允许,船长在确定工作目标时应与自己的团队共同讨论,使相关人员能够充分地表明自己的观点
B. 船长可以考虑采取放手不管的领导方式
C. 船长应尽量避免形成过于专制的领导方式
D. 团队中每一队员都有自己明确的职责并恪尽职守

66. 有关船舶团队管理的说法不正确的是________。
A. 船舶团队成员做到保持不间断的警觉,加强情境意识
B. 对重要事件预先予以考虑在做事时先分出轻重缓急,但在处理时都要重视,同等对待
C. 相互保持良好的联络与沟通,建立质询和回应的氛围
D. 在工作中有疑虑时及时澄清,习惯性地进行相互检查

67. 以下关于船舶团队管理的说法正确的是________。
A. 各自做好各自的工作,不得干涉其他人工作
B. 坚决执行上级的所有决定,不得提出疑义
C. 消除由于个人失误造成严重后果的危险性
D. 任何人不得独自完成工作

68. 开展船上培训时值班驾驶员对见习生应承担的责任是________。
①制订海上实操计划;②监控实习生操作情况;③如实填写见习记录簿
A. ①②③　　B. ①②
C. ②③　　D. ①③

69. 开展船上培训的意义在于________。
①加强专业知识的理解,提高实习生的实际操作能力;②培养船员正确应对紧急事故的能力;③熟悉海员的通常做法
A. ①②③　　B. ①②
C. ②③　　D. ①③

70. 船上培训计划就是从船舶组织的战略出发,在全面、客观地分析________的基础上做出的对船上培训各方面的预先系统设定。
A. 培训需求　　B. 培训时间
C. 培训内容　　D. 培训对象

71. 一般来讲,船上培训的方法和方式不包括________。

A. 讲授法、演示法　　　　B. 研讨法、角色扮演法
C. 视听法、案例分析法　　　　D. 市场调研法

72. 以下制订船上培训计划的步骤顺序正确的是________。
A. 收集培训需求—设计培训内容与时间—制定控制措施—确定培训效果评估方法
B. 设计培训内容与时间—收集培训需求—制定控制措施—确定培训效果评估方法
C. 确定培训效果评估方法—收集培训需求—设计培训内容与时间—制定控制措施
D. 设计培训内容与时间—收集培训需求—确定培训效果评估方法—制定控制措施

73. 关于制订船上培训计划的原则,以下说法不正确的是________。
A. 培训计划的制订必须要进行培训需求调查
B. 应考虑设计一成不变的培训方式来针对所有参训船员
C. 充分考虑到培训对象工作时间安排,争取更多人参与
D. 兼顾船舶与船员两方面的需求和基础

74. 船上培训的内容一般不包括________。
A. 救生、消防设备的使用　　　　B. 船上应急反应程序及职责
C. 船舶保安与防反海盗　　　　D. 提高船舶营运经济效益的措施

75. 船上培训的内容一般不包括________。
A. 国际海事公约、国内海事法规
B. 公司安全管理体系
C. 船上油污应急计划、垃圾管理计划、压载水管理计划
D. 托运人和承运人的权利与义务

76. 下列有关个人能力的说法正确的是________。
①能力是船员完成海上工作中各种任务的可能性;②由于能力类型差异,每个船员处理和解决问题的方式方法各不相同;③影响能力发展的因素包括个人素质、知识和技能、海上经历等
A. ①②③　　　　B. ①②
C. ②③　　　　D. ①③

77. 影响个人的安全行为的因素包括________。
①个性心理因素的影响;②安全行为自觉性方面性格特征的影响;③社会心理因素的影响;④环境与物质的影响
A. ①③④　　　　B. ①②④
C. ①②③　　　　D. ①②③④

78. 以下有关个人行为与安全的表述,正确的有________。
①工作性质和连续的工作时间造成的精神疲劳对驾驶人员个人安全行为有影响;②由于生理节奏的打乱和不连续的睡眠,尤其是在夜间值班所引起警惕性的降低对驾驶人员个人安全行为有影响;③没有固定时间规律的工作与生活方式对驾驶人员个人安全行为有影响;④夜间值班所引起警惕性的降低对驾驶人员个人安全行为有影响
A. ①③④　　　　B. ①②④
C. ①②③　　　　D. ①②③④

79. 在团队成员中,________的思路开阔,观念新,富有想象力,在工作中善于产生新的创意,其想

法有时会十分偏激和缺乏实际感。

A. 协调者　　B. 推进者

C. 信息者　　D. 创新者

80. 在团队成员中，________非常注重现实和传统，崇尚努力，计划性强，有很好的自控力和纪律性，对组织的忠诚度高，为组织整体利益着想而较少考虑个人利益。

A. 协调者　　B. 推进者

C. 创新者　　D. 实干者

81. 关于团队成员的作用，说法正确的是________。

A. 协调者擅长领导一个具有各种技能和个性特征的群体，善于协调各种错综复杂的关系，喜欢平心静气地解决问题

B. 实干者是确保团队快速行动的最有效成员

C. 凝聚者善于分析和评价，善于权衡利弊来选择方案

D. 监督者善于调和各种人际关系，在冲突环境中其社交和理解能力会成为资本

82. 船上工作需要的个人能力不包括________。

A. 团队建设能力　　B. 正直诚信

C. 战略思维能力　　D. 绝对服从能力

第二节　有效资源管理的知识

1. 驾驶台团队值班沟通的目的是________。

①统一驾驶台团队的目标；②加强团队成员间的协作；③避免值班期间的无聊；④减少实施航行计划的偏差

A. ①②③　　B. ②③④

C. ①②④　　D. ①②③④

2. 有效沟通的方法包括________。

①表示尊重；②恰当提问；③认真倾听；④准确表达；⑤积极反馈

A. ①②③　　B. ②③④⑤

C. ①③④⑤　　D. ①②③④⑤

3. 沟通的定义是________。

A. 沟通是一种发送和接收信息的方式

B. 沟通是传递者—传达—接受者—反馈—传递者的环回过程

C. 沟通是用任何方式彼此交换信息的过程

D. 沟通是一种发送信息的方式

4. 下列有关沟通的说法不正确的是________。

A. 沟通是用任何方式彼此交换信息的过程

B. 一个人与另一个人以视觉、符号、电话、电报、电视或其他工具为媒介交换信息的过程

C. 沟通的组成元素包括发送者、接收者、信息、方式、编（解）码和噪声

D. 沟通是一种发送和接收信息的方式

5. 沟通的主要手段不包括________。

A. 口头语言沟通　　B. 文字语言沟通

C. 肢体语言沟通　　D. 思想意念沟通

6. 重要的船上沟通方式不包括________。

A. 船上会议　　B. 设备信号的干扰和噪声

C. 值班命令、夜航命令　　D. 航海通告、无线电天气警报

7. 船上通信的书面方式不包括________。

A. 通函、通告　　B. NAVTEX 天气预报

C. 传真、电报　　D. VTS 航行警告

8. 船上外部通信的要点不包括________。

A. 保持通信简短准确　　B. 把多余的通信降到最少

C. 在联系前先写好信息是有帮助的　　D. 表达方式无须注意

9. 通信与沟通人为障碍不包括________。

A. 语言、声音、肢体语言、词语选择　　B. 通信设备同频干扰

C. 工作负荷　　D. 压力、疲劳

10. 一般来说，在内部沟通中容易存在三大障碍和问题，包括________。

A. 向上沟通无心，向下沟通无力，平行沟通无胆

B. 向上沟通无心，向下沟通无胆，平行沟通无力

C. 向上沟通无胆，向下沟通无心，平行沟通无胆

D. 向上沟通无胆，向下沟通无心，平行沟通无力

11. 通信与沟通障碍的改进措施不包括________。

A. 尽量幽默和内涵，提高对方兴奋点

B. 通过资源管理避免精神不振

C. 加强通信技能培训，使用标准航海英语

D. 合理安排时间减少压力和疲劳

12. 下列哪项不是驾驶台外部资源？

A. 港口船舶交通服务系统　　B. 船舶自动识别系统

C. 航运公司支持系统　　D. 陆上信息支持系统

13. 下列有关资源优先排序的说法正确的是________。

①优先排序是对任务进行评估分类，按照其重要性优先安排；②分配资源时可基于时间限制或资源限制进行优先排序；③驾驶台值班时避碰优先于定位是优先排序的具体运用

A. ①　　B. ②

C. ③　　D. ①②③

14. 船舶资源管理是指通过协调和利用________，以实现保障船舶安全生产和提高船舶营运效益的目标。

①船上人员的知识；②船上人员的技能；③船上人员的经验；④船舶内外的相关资源

A. ①②③④　　B. ②③④

C. ①②③　　D. ①③④

15. 驾驶台资源不包括________。
A. 人力资源　B. 物质资源
C. 信息资源　D. 自然资源
16. 下述各项中________不可被认为是驾驶台资源。
A. 所有在驾驶台人员　B. 驾驶台人员的知识与经验
C. 航行仪器和设备　D. 程序与规范
17. 可以利用的船舶资源不包括________。
A. 船长　B. 引航员
C. 驾驶台和机舱值班人员　D. 船舶修理站人员
18. 驾驶台人力资源不包括________。
A. 值班驾驶员　B. 船长
C. 在船引航员　D. 他船引航员
19. 驾驶台资源管理中“物质资源”不包括________。
A. 确保船舶本身正常航行和操作所需要的设备、仪器、物品、工具
B. 靠离泊位作业所需要的拖船或带缆艇
C. 航行水域中的其他船舶
D. 船舶操纵设备、应急设备
20. 驾驶台资源管理中“信息资源”不包括________。
A. 确保船舶本身正常航行和操作所需要的信息
B. 确保船舶本身正常航行和操作所需要的资料
C. 电子海图、航次计划、航海出版物、港口 VTS 的信息等
D. 船舶获得信息所需要的设备、仪器、物品、工具
21. 下列有关驾驶台资源管理各种资源优先排序的说法不正确的是________。
A. 船员资源应放在首位考虑　B. 物质资源应重点考虑
C. 软件资源应予以特别考虑　D. 其他资源不需考虑
22. 有关驾驶台资源管理中各资源特点的说法不正确的是________。
A. 信息资源是最为重要的第一资源
B. 物质资源是确保正常航行与操作的基本资源
C. 信息资源是确保正常航行与操作的必要资源
D. 其他资源有助于组织目标的实现
23. 以下有关船舶资源管理的表述不正确的是________。
A. 船员资源属于人力资源，是船舶资源中最为重要的资源，在船舶资源的分配与排序时应放在首位考虑
B. 硬件资源属于物质资源，是确保船舶正常航行和操作的基本资源，在船舶资源的分配与排序时应予以重点考虑
C. 软件资源属于信息资源，是确保船舶正常航行和操作的必要资源，在船舶资源的分配与排序时应予以特别考虑
D. 其他资源有助于船舶资源管理的组织目标实现，但在船舶资源的分配与排序时可以忽视

24. 管理,是一个组织中为完成该组织的目标所从事的对________的协调过程。
A. 人和物质资源 B. 部门和物质资源
C. 组织和物质资源 D. 部门和人员
25. 以下各项中________不属于驾驶台资源管理的内容。
A. 强调船舶通信和人员交流沟通在船舶航行安全中的重要性
B. 明确团队以及团队工作在船舶航行中的必要性
C. 不断总结航海经验,努力提高驾驶和轮机人员的操作技能
D. 掌握正确处理船舶航行中的工作压力和消除疲劳的方法
26. 领导者保持团队活力的方法包括________。
①优化船舶文化,塑造团队精神;②保持良好沟通;③对下级船员充分授权;④建立激励机制;⑤学会换位思考
A. ①②③ B. ①②④⑤
C. ②③④⑤ D. ①②③④⑤
27. 值班驾驶员应该具备的领导力包括________。
①指挥能力;②协调能力;③决断力;④联想能力
A. ①②③ B. ①②④
C. ②③④ D. ①②③④
28. 以下关于"激励"的说法不正确的是________。
A. 激励是通过满足人们的需求来引导人们做出预期的行为
B. 激励过程受内外因素的制约
C. 激励是指激发人的行为动机的心理过程
D. 激励不具有时效性
29. 关于"激励"的原则,说法不正确的是________。
A. 激励的目标必须体现组织目标的要求,还必须能满足员工个人的需要
B. 物质激励比精神激励效果更好
C. 外在激励可以满足员工生存、安全和社交需要,其作用只是消除不满
D. 满足员工自尊和自我实现需要,最具有激发力量
30. 正确的激励应遵循的原则不包括________。
A. 组织目标与个人目标相结合 B. 物质激励与精神激励相结合
C. 外在激励与内在激励相结合 D. 只进行正激励,杜绝负激励
31. 正确的激励应遵循的原则不包括________。
A. 赏罚严明,一视同仁 B. 按员工需要激励
C. 正激励为主,负激励为辅 D. 组织目标为主,个人目标为辅
32. 行之有效的激励方法不包括________。
A. 目标激励 B. 奖罚激励
C. 榜样激励 D. 付出激励
33. 根据船员的需要层次理论,以下陈述不正确的是________。
A. 船员的需要是由不同层次的需要构成的

B. 船员的需要依次为生理需要、安全需要、社交需要、尊重需要和自我实现需要

C. 船员对生理、安全、社交、尊重、自我实现的需要一般是依次下降的

D. 在管理中应当因人而异，根据船员不同层次的需要因势利导

34. 下列哪一项属于缺乏情境意识的征兆？

A. 值班驾驶员迅速对会遇局面是否存在碰撞危险做出判断

B. 驶近锚地时船长督促驾驶员报告距锚位的方位和距离

C. 长期在某一班轮航线上航行的驾驶员凭经验操纵船舶

D. 值班驾驶员夜间接班时花了 10 分钟进行视力适应

35. 下列哪项不是值班驾驶员丧失情境意识的原因？

A. 疲劳　　B. 信息过载

C. 遵守规则　　D. 过度依赖助航仪器

36. 有效工作表现考评的作用是________。

①便于了解船舶的实际工作能力；②合理安排船员工作；③有针对性地开展培训；④为船员职务晋升提供重要依据

A. ①②③④　　B. ①②③

C. ②③④　　D. ②③

37. 正确的考评员工工作表现的一般程序是________。

A. 设定工作标准—工作表现评价—反馈和改善

B. 设定工作标准—反馈和改善—工作表现评价

C. 反馈和改善—工作表现评价—设定工作标准

D. 工作表现评价—设定工作标准—反馈和改善

38. 关于有效的工作表现考核标准的说法不正确的是________。

A. 考核的标准必须是和工作有关的　　B. 考核的标准是具体化的

C. 考核标准可以是难以达到的　　D. 考核标准是可测量的

39. 关于有效的工作表现考核体系的特点，以下说法不正确的是________。

A. 考核制度是实际可行的

B. 考核的结果有区分度

C. 考核的标准可以根据考核目的不同而有所不同

D. 考核的标准受到工作表现之外其他因素的影响

40. 有效的工作表现考核的作用和意义不包括________。

A. 有利于达成组织目标　　B. 有利于掩盖和回避问题

C. 有助于合理分配利益　　D. 有利于激励人员

41. 有效的工作表现考核的作用和意义不包括________。

A. 有助于合理分配利益

B. 有利于促进个人与企业的发展和成长

C. 有利于把绩效评价与未来发展相联系

D. 有利于打击和惩罚后进人员

42. 以下关于“短期策略”与“长期策略”的说法不正确的是________。

A. 长期策略是组织比较全面长远的发展方向和规划
B. 短期策略是为了落实长期策略而制订的短期工作实施计划
C. 长期策略目标远大,本身就具有持久的动力
D. 短期策略是长期策略的分解,服务于长期策略

第三节　运用决策技能的知识

1. 下列有关情境评估的说法正确的是________。
①情境评估是指为实现情境意识而采取的方法及其相关的行为过程;②值班驾驶员抽取对自己有用的航行环境信息即为情境评估;③情境评估为值班驾驶员决策和采取行动提供依据
A. ①　　B. ②
C. ③　　D. ①②③
2. 情境评估通常用来对分析对象做出________的设想。
A. 未来发展　　B. 过去状况
C. 当前情况　　D. 过去状况和未来发展
3. 正确的情境评估的步骤是________。
A. 确定评估主题—分析未来情境—寻找影响因素并分析—针对关键因素设计情境进行预测
B. 分析未来情境—确定评估主题—寻找影响因素并分析—针对关键因素设计情境进行预测
C. 确定评估主题—寻找影响因素并分析—针对关键因素设计情境进行预测—分析未来情境
D. 分析未来情境—寻找影响因素并分析—确定评估主题—针对关键因素设计情境进行预测
4. 以下各项中________不是导致情境意识变差的因素。
A. 精力分散　　B. 忽视日常项目的检查
C. 工作计划太过具体　　D. 没按照优先顺序处理问题
5. 以下各项中________不是导致情境意识变差的因素。
A. 精力旺盛　　B. 注意力分配不当
C. 疲劳与压力　　D. 缺乏沟通
6. 以下各项中________不是导致情境意识变差的因素。
A. 忽视日常项目的检查　　B. 工作计划预想不够
C. 按照优先顺序处理问题　　D. 注意力分配不当
7. 以下各项中________不是风险的特征。
A. 风险的不确定性　　B. 风险的主观性
C. 风险的普遍性　　D. 风险的可测定性
8. 风险评估就是________某一事件或事物带来的影响或损失的可能程度。
A. 量化测评　　B. 大约估计
C. 周密准备　　D. 完全消除
9. 正确的风险评估的步骤是________。
A. 风险辨识—风险分析—风险评价　　B. 风险分析—风险辨识—风险评价
C. 风险评价—风险辨识—风险分析　　D. 风险辨识—风险评价—风险分析

10. 风险评估的内容不包括________。

A. 风险辨识　　B. 风险分析

C. 风险评价　　D. 风险消除

11. 风险管理就是在________的基础上选择与优化组合各种风险管理技术，对风险实施有效控制和妥善处理风险所致损失的后果，从而以最小的成本收获最大的安全保障。

A. 风险识别和评估　　B. 制定和执行风险计划

C. 启动应对风险行动　　D. 监视风险状态

12. 风险管理的内容不包括________。

A. 制订和执行风险计划　　B. 监视风险状态

C. 降低风险的行动　　D. 消除风险的策略

13. 决策前的工作不包括________。

A. 明确目标　　B. 团队协作

C. 资料收集　　D. 核查进展

14. 决策时的工作要点不包括________。

A. 沉着及时　　B. 仔细考虑

C. 准备替代方案　　D. 坚持己见

15. 在讨论与决策时，当要做出最后决定时不需要________。

A. 取得所有参与人员的一致同意　　B. 考虑所有已知信息

C. 考虑所有人的建议　　D. 利用所有可利用的资源

16. 决策者在决策时应避免________。

A. 沉着果断地做出决策

B. 对收集到的各种资料和信息加以充分的分析与研究

C. 制订好一旦发生其他特定情况下的替代性方案

D. 在利用时间时不分轻重缓急

17. 船上在进行判断和决策时，下列说法不正确的是________。

A. 评定信息质量，审核它的可靠性和准确性

B. 知晓影响判断和决策的潜在压力的因素

C. 对潜在的压力予以适当的应对，始终保持安全第一

D. 在任何情况下都应要求所有驾驶人员参与决策过程

18. 决策后的工作要点不包括________。

A. 监督过程　　B. 评估过程

C. 改进过程　　D. 重复过程

19. 决策中结果有效性评估包括________。

①制订行动计划；②确定可监控的目标；③识别需要的资源

A. ①　　B. ②

C. ③　　D. ①②③

20. 决策的特点包括________。

①目标性；②可行性；③超前性；④选择性

A. ①②③④　　B. ①②③
C. ②③④　　D. ①④

21. 有关自信的说法正确的是________。
①自信是值班驾驶员对自己成功应付特定情境的能力的估计；②坚持己见，以自己的意愿代替实际客观事物发展的规律是过度自信；③船长发出的指令有明显错误并危及安全时值班驾驶员应展示自信
A. ①　　B. ②
C. ③　　D. ①②③

22. ________不是造成个人自信过低的原因之一。
A. 对领导者的职务权力产生的畏惧　　B. 对他人的能力有怀疑
C. 缺乏与领导者的沟通技巧　　D. 人际关系紧张

23. 拥有自信的人，其人格特点通常不包括________。
A. 控制力好，主动，不迷信，遇事镇静、不乱
B. 外向，好交际，易亲近，人际关系好
C. 人际关系较差，与人交流有障碍
D. 相信自己是对的，坚持自己的看法，想做的事一定去做

24. 领导者个性张扬，下属对这样的领导唯唯诺诺，什么事都是领导者一个人说了算，没有质疑，缺乏质询，这种权威和自信的不平衡属于________。
A. 过高的权威和过低的自信　　B. 过低的权威和过高的自信
C. 过高的权威和过高的自信　　D. 过低的权威和过低的自信

25. 判断的内涵包括________。
①做出决策的能力；②用于做出决策的思维过程；③运用判断而得到决策结果
A. ①②③　　B. ①②
C. ②③　　D. ①③

26. 以下有关“决策”，表述有误的是________。
A. 决策是为了推动事物向预定的方向发展，以实现决策者的预期目标
B. 决策是为达到一定的目标，从两个或多个可行方案中选择一个合理方案的分析判断和抉择的过程
C. 所有决策的目的都是避免失误的发生
D. 决策无处不在，无时不有，渗透在管理的计划、组织、控制、指挥和协调等职能中

27. 下列有关决策的说法不正确的是________。
A. 决策是指人们在改造世界过程中，寻求并实现某种最优化目标，即选择最佳的目标和行动方案的活动
B. 决策是对行动目标与手段的探索、判断、评价直到最后选择的全过程
C. 决策简单定义就是选择
D. 决策的选择是随机的

28. 船舶航行实际工作中，决策的主体是________。
A. 海事主管机关　　B. VTS 工作人员

C. 船舶驾驶人员　　D. 港口调度

29. ________不是决策的特点。

A. 目标性　　B. 超前性

C. 选择性　　D. 随意性

30. 船舶应急时需要特殊的领导力，下列哪项不属于这种领导力？

A. 亲自指挥船舶应变　　B. 保持镇静，冷静应对

C. 严格遵照船东指示　　D. 鼓舞士气，积极应变

第四节　任务和工作量管理的知识

1. 工作计划的要素包括________。

①工作方法；②工作进度；③工作内容；④工作分工

A. ①②③　　B. ②③④

C. ②③　　D. ①②③④

2. 船舶计划是为了确保船舶航行与作业安全事先制订的一些详细方法。下列哪项不是船舶计划？

A. 船舶营运计划　　B. 船舶油污应急计划

C. 船舶维护保养计划　　D. 船上人员培训计划

3. 工作计划的作用不包括________。

A. 提高工作效率　　B. 规范工作程序

C. 控制工作中的风险　　D. 限制工作的灵活性

4. 以下各项中________不属于船上常用的工作计划。

A. 航次计划　　B. 货物装卸计划

C. 船舶和设备维护保养计划　　D. 人力资源计划

5. 以下各项中________不属于船上常用的工作计划。

A. 年度培训计划　　B. 应急演习计划

C. 船员值班计划　　D. 船上应急反应计划

6. 对工作计划进行评估的内容不包括________。

A. 确定衡量的项目　　B. 确定衡量的方法与频度

C. 及时修改计划　　D. 检验标准的客观性和有效性

7. 以下各项中________不是通过反馈来对计划进行控制的有利作用。

A. 矫正措施实施之前，偏差、损失已经产生

B. 可以消除偏差对后续活动过程的消极影响

C. 可以总结经验教训，为下一轮工作的正确开展提供依据

D. 可以避免下一次同类活动发生类似的问题

8. 以下关于“协调”的说法不正确的是________。

A. 协调是管理的重要职能

B. 协调是管理过程中有效利用各种资源，以实现预期目标的活动

C. 协调的对象可以是个人、群体或组织

D. 协调仅是组织内部的一种管理活动

9. 以下各项中________不是管理中"协调"的作用。

A. 引导组织之间相互协作　　B. 引导人员之间互相配合

C. 有效利用各种资源　　D. 培养人员独立处理问题的能力

10. 以下各项中________不属于需要协调的船舶工作。

A. 驾驶台与机舱的协调　　B. 船舶与船公司的协调

C. 船方与港方的协调　　D. 发货人与收货人的协调

11. 疲劳的症状包括________。

①缺少必要的警觉，易于忘事，不能很好地做出判断，难于决策；②变得脾气暴躁、喜怒无常；③缺少积极性，对身边的事无动于衷；④动作缺乏准确性甚至出现失误

A. ①③④　　B. ①②④

C. ①②③　　D. ①②③④

12. 有效激励船员的方式包括________。

①合理安排饮食；②合理分配劳务费；③结合船员特点分配工作；④合理设立目标

A. ①②③④　　B. ②③④

C. ①②④　　D. ①④

13. 下列哪项不是有效领导力的特征？

A. 具有娴熟的专业技能　　B. 保持健全的心理素质

C. 将自己的权利全部授权给下级　　D. 与下级保持有效沟通

14. 下列有关时间限制的说法正确的是________。

①时间限制是指在某一时间段内完成某一项任务；②装货完毕后立即开航，尽快完成绑扎是一项时间限制的工作；③过度的时间限制会导致出错

A. ①②　　B. ②③

C. ①③　　D. ①②③

15. 船上可能导致资源限制的情形有________。

①灭火时大型二氧化碳泡沫灭火剂有限；②由于配员减少，船舶缺乏维护保养；③在狭水道航行可航水域限制

A. ①②　　B. ②③

C. ①③　　D. ①②③

16. 关于时间的属性，以下说法不正确的是________。

A. 毫无弹性　　B. 无法储存

C. 二维性　　D. 无法失而复得

17. 以下各项中________不是典型的受到时间限制的船上工作。

A. 船舶靠港后，要在卸货完成之前做好装货计划

B. 船舶航行中航次指令改变，短时间内重新制订航次计划

C. 船舶航行中主机故障停车漂航，需要尽快查明原因采取安全对策

D. 船舶到港前要在各方面都做好 PSC 检查的准备

18. 船上工作中应对时间限制的技巧不包括________。
A. 有计划地使用时间　　B. 目标明确
C. 所有要做的事情按部就班完成　　D. 要具有灵活性

19. 船上工作中应对时间限制的技巧不包括________。
A. 将要做的事情根据优先程度分先后顺序
B. 遵循人的生物钟
C. 对没有意义的事情可以有意忽略
D. 尽量完美主义

20. 在船上如果制订航次计划工作受到时间的限制，无论如何应把________放在首位考虑。
A. 航线的安全性
B. 航线的经济性
C. 沿途的 VTS 报告区域和报告制度
D. 避免无意义的绕航

21. 船舶在交通情况复杂的水域出现主机故障，停车漂航，________是当前的首要工作。
A. 查明故障性质，决定和采取安全对策
B. 查明故障原因，抓紧时间修复
C. 分析故障的源头，改进工作避免以后再次发生
D. 对事故的责任人进行批评教育

22. 以下各项中________不是典型的受到资源限制的船上工作。
A. 船舶临时挂靠某港口，但是缺少该港大比例尺海图
B. 船舶在港同时进行添加燃油、物料供应、修理和装卸货工作，人员安排紧张
C. 用有限的绑扎材料做好有效的货物系固工作
D. 根据航次指令做好航次计划，航次结束后做好航次报告

23. 对于受到资源限制的船上工作，应对的原则不包括________。
A. 简化解决方案，对功能块和功能点进行裁剪
B. 对核心功能和关键任务进行优先等级排序
C. 调整心态，控制好自己的情绪
D. 车到山前必有路，船到桥头自然直

24. 进行优先排序时需要考虑的因素包括________。
①可用资源；②可用时间；③可用人员；④可得到的报酬
A. ①②③④　　B. ①②③
C. ②③④　　D. ①②④

25. 决定工作负荷的因素包括________。
①工作性质；②完成某项工作的情况；③执行某项工作同时要求进行其他工作；④人的状态
A. ①②③④　　B. ②③④
C. ①②　　D. ①③④

26. 减少船员疲劳的措施，包括________。
①保证船员获得高质量、足够的和有效的睡眠；②可能情况下，给予小睡的时间；③按照 MLC

公约要求安排工作时间;④不安排非必要的夜间工作

A. ①③④ B. ①②④

C. ①②③ D. ①②③④

27. 造成疲劳的主要原因是________。

A. 紧张或不安 B. 睡眠问题

C. 噪声或振动 D. 饮食不当

28. 引起生理疲劳的主要原因是________。

A. 繁重的体力劳动 B. 劳动条件较差

C. 心里感到不舒服 D. 人际关系紧张、精神负担重

29. 以下各项中________不是导致人精疲力竭、学习或工作效率下降的原因。

A. 工作时间过长 B. 劳动强度过大

C. 心理压力过重 D. 睡眠时间过长

30. 一个有效的睡眠必须同时具备的条件不包括________。

A. 适当的持续时间 B. 高质量的睡眠

C. 较好的连续性,睡眠不应被打断 D. 服用适当剂量的安眠药

31. 每个人每天所需睡眠时间不尽相同,通常认为平均每天________是合适的。

A. 5~6 小时 B. 7~8 小时

C. 3~9 小时 D. 9~10 小时

32. 以下各项中________一般不会使人产生压力。

A. 空间不够宽敞 B. 没有私人空间

C. 温度控制得不好 D. 心理咨询和疏导

33. 以下对“压力”的认识,正确的是________。

A. 有压力是好事,没有压力人就没有上进的动力

B. 长期生活在压力中对人的精神面貌是有积极作用的

C. 人对压力的反应是不同的,如不能适应会导致身体损耗和疾病

D. 压力会使人成熟起来,使人能够冷静对待自己周围所发生的事情

34. 以下各项中________不是压力过大给团队带来的危害。

A. 同事间人际关系紧张 B. 团队成员之间交流、沟通不畅

C. 事故明显增多 D. 个人健康水平明显下降

35. ________指那些直接造成个人生活方式上的变化,并要求人们对其做出调整和适应的情境与事件,如重大社会变革、重大家庭变故、家庭长期矛盾、船上人际关系不适应问题等。

A. 情景与事件性压力源 B. 精神性压力源

C. 心理性压力源 D. 社会环境性压力源

36. 为减轻船员来自生理、心理以及工作上的压力,可以采取的以下应对措施中,不恰当的是________。

A. 只要有机会就安排船员上岸,通过岸上的各种活动来减轻船员在船期间产生的各种压力和满足船员生理上的需求

B. 船员应对船上存在的潜在的压力局面要有充分的了解并有必要的心理准备

C. 复杂的操作一定要采取团队协作的方式，不要把所有的责任和担子加于一人身上

D. 船舶管理人员要对船员进行有关压力知识的培训，并能够进行适当的心理咨询

37. 为减轻船员来自生理、心理以及工作上的压力，可以采取的以下应对措施中，不恰当的是________。

A. 通过采取多种方法与措施引导船员正确对待工作压力和心理压力

B. 加强与船舶领导和同事之间的沟通与交流，尤其是在遇到困难和情绪低落的时候

C. 为每艘船舶配备足够的能够胜任其工作的合格船员，避免船员在船上超期工作而导致的身体上疲惫和精神上的懈怠

D. 在复杂水域船长多为值班驾驶员替班，减少值班驾驶员因紧张而产生的压力

38. 下列各项中不属于领导方法的是________。

A. 制订清晰的未来愿景　　B. 提出合理问题

C. 娴熟的专业技能　　D. 敢于担当责任

39. 遇到专制型的船长独断独行，在船舶团队内产生过度压力和负担，作为驾驶员，应当________。

A. 积极采用质询的方式来表达自己的主张

B. 在不危及安全的情况下，服从领导，执行其指示或命令

C. 向船舶管理公司反映情况，要求更换船长

D. 组织驾驶员联合起来孤立船长

40. 应该提出质询的情形包括________。

①船长不在驾驶台，值班驾驶员对引航员的操作有疑问时；②抵港抛锚时，值班驾驶员认为船速过高想提醒船长时；③三副休假计划得不到批准时；④进港时，值班驾驶员怀疑船长认错浮标时

A. ①③④　　B. ①②④

C. ①②③　　D. ①②③④

41. 质询和回应可能存在的障碍包括________。

①质询方缺乏信心、不自信；②质询方有过质询失败被斥的不良经历；③被质询方不擅长沟通、缺乏信心；④被质询方担心权威受到威胁而反感被质询

A. ①③④　　B. ①②④

C. ①②③　　D. ①②③④

42. 关于船上工作中的质询与回应，以下说法不正确的是________。

A. 船长和船员应清楚质询与回应的基本概念

B. 船长和船员应认识到建立质询和回应的环境对安全的重要性

C. 质询和回应体系应涉及全体船员

D. 质询和回应仅是对船长、驾驶员和引航员的要求

参考答案

第一节　船上人员管理和培训的实用知识

1. D	2. D	3. D	4. D	5. D	6. A	7. D	8. C	9. D	10. A
11. B	12. A	13. D	14. D	15. A	16. D	17. D	18. D	19. D	20. D
21. D	22. A	23. A	24. D	25. B	26. D	27. D	28. D	29. D	30. A
31. B	32. A	33. C	34. A	35. C	36. D	37. D	38. D	39. A	40. C
41. C	42. C	43. A	44. D	45. A	46. D	47. D	48. D	49. B	50. A
51. C	52. A	53. C	54. D	55. D	56. B	57. B	58. D	59. B	60. C
61. D	62. B	63. D	64. A	65. B	66. B	67. C	68. A	69. A	70. A
71. D	72. A	73. B	74. D	75. D	76. A	77. B	78. D	79. D	80. D
81. A	82. D								

第二节　有效资源管理的知识

1. C	2. D	3. C	4. D	5. D	6. B	7. D	8. D	9. B	10. D
11. A	12. B	13. D	14. A	15. D	16. A	17. D	18. D	19. C	20. D
21. D	22. A	23. D	24. A	25. C	26. D	27. A	28. D	29. B	30. D
31. D	32. D	33. C	34. C	35. C	36. A	37. A	38. C	39. D	40. B
41. D	42. C								

第三节　运用决策技能的知识

1. D	2. A	3. A	4. C	5. A	6. C	7. B	8. A	9. A	10. D
11. A	12. D	13. D	14. D	15. A	16. D	17. D	18. D	19. D	20. A
21. D	22. B	23. C	24. A	25. A	26. C	27. D	28. C	29. D	30. C

第四节　任务和工作量管理的知识

1. D	2. A	3. D	4. D	5. C	6. C	7. A	8. D	9. D	10. D
11. D	12. A	13. C	14. D	15. D	16. C	17. D	18. C	19. D	20. A
21. A	22. D	23. D	24. B	25. A	26. D	27. B	28. A	29. D	30. D
31. B	32. D	33. C	34. D	35. D	36. A	37. D	38. C	39. B	40. B
41. D	42. D								

答案解析

第一节 船上人员管理和培训的实用知识

8. C。船员组织分为甲板和轮机两个部门，每个部门都有明确的岗位分工。
9. D。轮机部负责全船电力系统的管理和维护工作。
10. A。甲板部负责救生、消防、堵漏器材的管理。
11. B。实现良好的跨文化交流应培养文化融合的团队，创造良好的组织沟通氛围，建立共同的价值观。
15. A。跨文化交流是指任何在语言和文化背景方面有差异的人们之间的交际。
16. D。跨文化交流是指任何在语言和文化背景方面有差异的人们之间的交际。
19. D。态度是个体在一定环境中对事物或对象做出积极或消极反应的心理倾向，个人能力不是影响态度的因素。
20. D。工作态度与责任心紧密相关，工作态度第一。
21. D。人类行为的改变与态度有关。
22. A。非正式组织的特点：(1)存在形式是隐形的，没有正式机构和明文章程，没有固定的、长期的组织目标，但往往具有高度的自发性和凝聚力；(2)非正式组织内部无统一领导，外部无调节机制；(3)非正式组织有着在一定条件下自然形成的规范或惯例，其成员或多或少地以此为行为准则；(4)非正式组织与正式组织一样，也有核心人物。
24. D。非正式组织是指人们在共同的工作和生活中，以共同的利益、兴趣和感情为基础而自发形成的非正式团体，是一切没有正规的组织章程、组织机构的各种各样小群体的总称。这种无形的组织，有着其特殊的感情、规范和倾向，控制着每个成员的行为。
25. B。非正式组织以共同的利益、兴趣和感情为基础。
34. A。事故的发生通常不是一个孤立的事件，而是由互为因果的原因事件相继或重叠发生的结果。
39. A。船舶团队成员的情境意识越好，发生事故的概率就越小；反之，情境意识越差，发生事故的概率就越大。
40. C。情境意识差，操作技能不一定差。
43. A。对自动化科技的成果在船舶上的应用不能完全依赖。
55. D。权威是指管理者在组织中的威信、威望，是一种非强制性的“影响力”，权威不是法定的。
57. B。权威是指管理者在组织中的威信、威望。
58. D。权威不是法定的，权威与职位有一定的关系，但主要取决于管理者个人的品质、思想、知识、能力和水平；取决于同组织人员思想的共鸣，感情的沟通；取决于相互之间理解、信赖与支持。
59. B。团队成员有着共同的目标，为了完成这一目标，成员之间彼此合作，这是构成和维持团队的基本条件。

66. B。优先解决那些迫切需要及时解决的问题。

第二节　有效资源管理的知识

1. C。良好的沟通可以消除误解,增加团队的凝聚力,可以提高船舶指挥人员的情境意识和工作效率,保证船舶这样一个命令型的结构系统正常运作,减少人为事故的发生。
3. C。沟通是人与人之间、人与群体之间或群体与群体之间思想、感情、信息、指令的传递和反馈,是信息传与收的行为。
4. D。沟通的形式是多样化的。
5. D。按照沟通的表现形式来分,可分为口头沟通、书面沟通和非语言沟通。
6. B。设备信号的干扰和噪声不属于任何沟通方式。
7. D。VTS 航行警告不是书面方式。
8. D。表达方式也需注意。
9. B。通信设备同频干扰属于物理障碍。
10. D。按照沟通的方向来分,沟通可分为上行沟通、下行沟通和平行沟通。
12. B。船舶自动识别系统是驾驶台资源。
16. A。在驾驶台人员不一定全部都是可利用的驾驶台资源。
18. D。他船引航员不属于本船的人力资源。
19. C。航行水域中的其他船舶属于其他资源。
20. D。船舶获得信息所需要的设备、仪器、物品、工具属于物质资源。
21. D。其他资源有助于船舶资源管理的组织目标实现,在船舶资源的分配与排序时不能忽视。
22. A。船员资源属于人力资源,是船舶资源中最为重要的资源。
23. D。其他资源在船舶资源的分配与排序时不能忽视。
24. A。管理是在某一组织中,为完成目标所从事的对人力和物质资源的协调过程。
26. D。领导保持团队活力的方法有:优化船舶文化,塑造团队精神;团队成员之间有效的沟通与协作;对下级船员充分授权,角色明确;建立激励机制;学会换位思考;团队成员培育。
27. A。值班船员的领导力:(1)指挥能力,驾驶台值班时能正确指挥船舶,保持船舶安全;(2)协调能力,与值班水手、轮机值班人员以及其他相关人员协调;(3)自信,相信自己能够胜任本职工作;(4)处理紧急情况的能力。
33. C。船员对生理、安全、社交、尊重、自我实现的需要一般是依次上升的。
34. C。情境意识是指在一个特定的时间内影响船舶的因素和条件的准确感知。
35. C。情境意识出现障碍的原因:(1)缺乏沟通,掌握的信息不够;(2)疲劳/压力,人的思维受到抑制;(3)超负荷工作/工作量不足;(4)“集体思想”的思维,过于依赖他人;(5)“急于求成”的心理状态,满足于应付眼前的情况,无暇顾及对未来的判断;6)降低操作条件,工作环境不好,为适应环境分散精力,现代助航仪器可能会导致情境意识丧失。

第三节　运用决策技能的知识

1. D。情境评估是指一种通过考虑船舶领域各种可能发生的结果，分析未来的可能发生事件的过程。

2. A。情境评估是指一种通过考虑船舶领域各种可能发生的结果，分析未来的可能发生事件的过程。

4. C。导致情境意识变差的因素：(1)信息不确定性；(2)注意力分散或瞭望不当；(3)感知不全面或混乱；(4)通信中断；(5)指挥不当；(6)偏离计划航线；(7)违反已建立的规则或程序；(8)自满。

8. A。风险评估是在确定风险的存在及其客观分布情况的基础上，分析影响风险程度的各种因素。

11. A。风险评估包括风险识别和风险评价。

12. D。风险是指一个事件产生我们所不希望的后果的可能性，无法消除。

13. D。核查进展是决策后的工作。

17. D。驾驶台团队成员在时间许可的情况下，应当协助船长的工作，积极提供信息和参与决策的制定。

18. D。决策后，及时和连续地监督其实际进展情况；在监督决策的实施和查核其有效性的过程中，还应当对其进行评估；通过对决策方案的查核和评估，结合所收集到的经验与教训，在必要时对决策方案加以改进和完善。

19. D。决策者应当根据所需要解决问题的轻重缓急来考虑进行相应的决策；对收集到的各种资料和信息加以充分的分析与研究；在做出相应决定的同时，应当认真考虑采用该决定后可能发生的情况。

20. A。决策的特点包括目标性、选择性、可行性、风险性、过程性和普遍性。

21. D。自信就是相信自己，相信自己的判断和能力，相信自己所追求的目标，自己对自己的能力予以正面的肯定。

22. B。因对领导者的职务权力而产生的畏惧；对自己的能力有怀疑；对结果如何无预见；缺乏与领导者的沟通技巧；人际关系紧张等是造成自信过低的主要原因。

23. C。自信的人：外向，好交际，易亲近，人际关系好；勇敢、坚定，敢说敢做；有目标，相信自己是对的，坚持自己的看法，想做的事一定去做，不屈不挠；控制力好，主动，不迷信，遇事镇静、不乱。

24. A。权威和自信的不平衡。

25. A。决策的主体是人；决策有明确的目标性；决策是人心理活动的反映；决策是人思维活动的最终成果；决策是对方案分析、比较和选择的过程。

26. C。决策的最终目的是在船舶安全的前提下，确保船舶航行的正常与顺利进行。

27. D。正确的选择，就必须对所拟的多种备选方案进行分析、比较和排列。

28. C。在船舶航行过程中，需要做出决策的驾驶台团队成员包括船长、驾驶员和引航员。

29. D。决策的特点包括目标性、选择性、可行性、风险性、过程性和普遍性。

第四节　任务和工作量管理的知识

2. A。营运计划不属于船舶计划。
4. D。船舶计划包括航行计划、船舶应急计划、维护保养计划和船上船员培训计划等，船舶配员计划由公司负责。
5. C。船舶计划包括航行计划、船舶应急计划、维护保养计划和船上船员培训计划等，船员值班属于工作安排。
6. C。修改计划属于评估的目的。
15. D。资源限制是指完成某一工作所需要的人员、设备和其他资源有限。
23. D。做好计划，避免冲突；优先排序，合理分配；严格控制，节约资源。
24. B。资源限制是指完成某一工作所需要的人员、设备和其他资源有限。
25. A。决定工作负荷的因素包括：工作性质；完工标准和时间；其他工作要求；人和人的状态。
26. D。保证船员获得高质量、足够的和有效的睡眠；除了睡眠以外，休息或小睡是必须的；夜间工作可能会使人更加疲劳，尽量不安排非必要的夜间工作。
27. B。引起疲劳的主要原因是缺少睡眠、休息质量差、压力和工作量大。
28. A。引起心理疲劳的主要原因有：工作单调、缺乏兴趣；困难较多；技能不熟练；劳动条件较差；心里感到不舒服；人际关系紧张、精神负担重；不愉快；工作压力过大等。
29. D。疲劳是由于工作时间过长、劳动强度过大、心理压力过重以及得不到足够的休息和睡眠而导致精疲力竭、学习或工作效率下降的一种现象。
30. D。有效的睡眠的条件：适当的持续时间；高质量的睡眠；较好的连续性，睡眠不应被打断。
31. B。每个人所需睡眠时间不尽相同，通常认为平均 7~8 小时是合适的。
32. D。心理咨询和疏导是减轻船员压力的措施。
33. C。适度的压力可以激励人进步，但如果压力过大，时间过长，就会给个人和团队带来危害。
34. D。选项 D 是压力过大给个人带来的危害。
35. D。压力源包括生物性、精神性和社会环境性压力源；从题干描述中可以判断。
36. A。压力产生的原因不同，应对的措施也不尽相同。只有找准压力产生的原因，应对或减压措施才能做到有的放矢，对症下药。
37. D。为确保航行值班安全，必要时船长应亲自上驾驶台指挥，而不是替班。
38. C。领导方法是指领导者为达到某种领导目标而进行的认识活动和实践活动的方式和手段，专业技能不属于领导方法。
39. B。船长具有绝对权力采取决定性行为和一切必要措施，以维护船上秩序、保证船舶安全。在不危及安全的情况下，驾驶员应服从领导，执行其指示或命令。
40. B。船舶安全。
42. D。质疑与回应是指每一个团队成员对提出的假设和措施的合理性均可自由地质疑，且可得到积极回应。